本书出版获得以下项目和单位资助：
  河北大学学科建设项目"经济学类人才培养学科基础平台建设"（编号：521100302014）
  2020年度河北省社会科学发展研究课题"基于'三生'视角的流域国土空间利用质量评价"（编号：20200202009）
  河北大学高层次人才科研启动项目"基于多源数据的国土空间利用评价"（编号：521100224107）
  河北大学资源利用与环境保护研究中心
  保定市碳中和与数据科学重点实验室
  河北大学中国式现代化统计监测与高质量发展研究创新团队

JIYU "SANSHENG" SHIJIAO YU DUOYUAN SHUJU DE
GUOTU KONGJIAN LIYONG ZHILIANG PINGJIA

基于"三生"视角与多源数据的国土空间利用质量评价

马建辉　董敏⊙著

知识产权出版社
全国百佳图书出版单位
—北京—

图书在版编目（CIP）数据

基于"三生"视角与多源数据的国土空间利用质量评价 / 马建辉，董敏著 . —北京：知识产权出版社，2024.7. — ISBN 978-7-5130-9425-2

Ⅰ . F129.9

中国国家版本馆 CIP 数据核字第 202432RT05 号

内容提要

经济的高质量发展依赖并体现于国土空间的高质量利用。本书遵循"生产空间集约高效、生活空间宜居适度、生态空间山清水秀"的原则，基于"三生"（生产、生活、生态）功能视角构建指标体系，并充分利用多源数据，开展国土空间利用质量评价研究，对深化对国土空间利用的科学认知、实现经济高质量发展具有积极意义。

责任编辑：徐　凡　　　　　　　责任印制：孙婷婷

基于"三生"视角与多源数据的国土空间利用质量评价
马建辉　董敏　著

出版发行	知识产权出版社 有限责任公司	网　　址：	http://www.ipph.cn
电　　话：	010-82004826		http://www.laichushu.com
社　　址：	北京市海淀区气象路 50 号院	邮　　编：	100081
责编电话：	010-82000860 转 8363	责编邮箱：	laichushu@cnipr.com
发行电话：	010-82000860 转 8101	发行传真：	010-82000893
印　　刷：	北京中献拓方科技发展有限公司	经　　销：	新华书店、各大网上书店及相关专业书店
开　　本：	720mm×1000mm　1/16	印　　张：	24.75
版　　次：	2024 年 7 月第 1 版	印　　次：	2024 年 7 月第 1 次印刷
字　　数：	360 千字	定　　价：	120.00 元

ISBN 978-7-5130-9425-2

出版权专有　侵权必究

如有印装质量问题，本社负责调换。

前 言

可以说，任何人都很关心自己所处的环境。环境有广义概念和狭义概念，本书使用的是狭义的概念。人们关注的所谓环境，可以直观地理解为一个地方经济发展水平高低、生活便利程度、生态环境好坏等。人们选择自己学习、生活、工作的地点时，这些因素自然会在其考虑的众多因素之中，有时甚至会起到决定性的作用。人们虽然对所处的环境很在意、很关心，但一般人通常是不会定量、系统地对其进行评价的。普通人在作出有关学习、生活、工作地点的选择时，比较容易获取的可用指标大概只有城市的宜居指数、经济发展水平、教育医疗水平、交通便利程度等，可直接获取的量化指标并不多。另外，这么多零散的指标拿过来放在一起，难免顾此失彼。当一些指标方向相反时，则更容易让人难以取舍。

上面所说的人们所处的环境，就是学术领域里所谓的国土空间。学术领域对国土空间的评价是一直关注的，并且有较为深入的研究。只是，学术研究往往不直接服务于普通大众。较早的国土空间评价可追溯到古代统治阶级为征税对土地的丈量和评定等级。近代以来，随着社会的发展、进步，各种拓展、加深对自然界认知的科学活动逐渐兴起。人们对所生存的土地也逐渐开始了较为深入的科学探究，各种土地评价，如土地潜力评价、土地适宜性评价、土地可持续利用评价、土地定级、土地估价、土地集约评价、资源环境承载力评价等，陆续得以开展，体现了人们从不同角度对其生存空间的认知。

随着研究的深入，人们逐渐用国土空间的概念替代土地，并开始开展国土空间利用质量评价。国土空间是人类生存、生产、生活、发展的场所，可分为生产、生态、生活（简称"三生"）空间，但"三生"空间并不能严格区分开来，而是部分有机地融合在一起。因此，本书遵循"生产空间集约高效、生活空间宜居适度、生态空间山清水秀"的原则，基于"三生"功能的视角，构建指标体系，开展国土空间利用质量评价研究。生产功能方面，从生产效益、投入强度和生产可持续性3个维度构建指标体系；生活功能方面，从适宜、便捷和保障度3个维度构建指标体系；生态功能方面，从生态价值、环境质量和景观质量3个维度构建指标体系。

对于评价结果的分析，本书主要从数据的空间分布和时间演变特征两个方面进行。首先，基于数据分布的概括性特征指标对评价结果进行分析；然后，借助各时期的箱体图和核密度曲线探讨评价结果分布特征的时间演化规律，并基于马尔可夫链分析数据的时空跃迁特征；再次，利用三维趋势面、重心迁移、Moran's I 及基于 Moran's I 的时空跃迁特征来分析评价结果的空间格局特征及其演变规律。上述分析的本质可归结为表达评价结果的时空异质性。因此，本书还采用较为常用的表达数据区域差异性的基尼系数和 σ 收敛指标来展示评价结果的时空差异性，以与上述时空演进特征的结果互为印证。

本书分别以省域、市域和县域为评价单元开展国土空间利用质量的评价实践。其中，省域国土空间利用质量的评价包括全国除香港、澳门、台湾和西藏之外的30个省（区、市）。分析评价结果时，则先以省（区、市）为样本对全国整体的国土空间利用质量时空分布演进特征进行分析，然后，将这30个省（区、市）划分成东中西地区和南北地区，分别对两地区的评价结果进行更为细致的分析。市域层面的研究则主要基于中国区域发展战略，选取京津冀、成渝、长江中游、长三角、粤港澳、黄河流域、东北地区的城市进行评价。结果分析则先以上述所有市域为样本，对区域整体进行分析，然后选取其中重要、又有区域代表性的京津冀（代表北方）、长三角（代表东南沿海）和粤港澳（代表南方发达地区）3个国家级战略区域进行分区域分析。县域层面仅选取白洋淀流域为研究区域开展评价，基于评价结果，除对区域整体进行分析之外，还将整个流域分为山区和平原，分别进行分析。

此外，对于县域层面的研究，本书尝试了两套评价指标体系的评价，主要差别在于采用多源数据的多少。其中一套较少地采用多源数据，但进行了多时期的评价，与前面省域、市域为研究单元的评价成一个系列。另外一套则较多地采用多源数据，但因多时序多源数据的可获得性较差，因此只进行了一期的评价。需要说明的一点是，因基于两套指标进行评价研究的时间不同，笔者对于指标体系的认识有所变化，因此，除多源数据之外，两套评价部分指标也不一致。这也可算作一种试验，即两种不同的指标体系的评价结果可以互为印证。

任何人、事、物都带有其所属时代的烙印。当今我们处于大数据时代，充分利用多源数据对国土空间利用质量进行评价，以使评价结果更为客观，同时提高评价效率，是一项有意义的研究。因此，本书在各空间尺度上的评价非常注重多源数据的利用。在县域评价部分，尝试两套指标开展评价的重要原因之一，也在于此。

本书从生产、生活、生态功能对国土空间的评价，其结果或许可直接被普通人用来参考，以作出关于学习、工作、生活地点的选择。能使科学研究更接近大众，或许是本书研究最有意义之处。

目 录

第一篇 研究基础

第1章 绪 论 //1

1.1 研究背景及意义 //1
1.2 相关研究及评述 //3
1.3 研究框架与思路 //5
 1.3.1 指标构建的逻辑及多源数据的利用 //5
 1.3.2 评价结果分析的逻辑思路 //6
 1.3.3 篇章结构安排 //7
 1.3.4 其他说明 //8

第2章 概念、理论、数据与方法 //10

2.1 基本概念 //10
 2.1.1 从土地到国土空间 //10
 2.1.2 从"三生"空间到"三生"功能 //11
 2.1.3 多源数据 //11
2.2 理论基础 //12
 2.2.1 土地集约利用理论 //12
 2.2.2 可持续发展理论 //12
 2.2.3 协调发展理论 //13
2.3 多源数据的梳理 //14
 2.3.1 传统统计数据 //14

  2.3.2 空间数据 // 15
 2.4 主要研究方法 // 19
  2.4.1 国土空间利用质量评价方法 // 19
  2.4.2 国土空间利用质量耦合协调评价方法 // 21
  2.4.3 国土空间利用质量结果分析方法 // 23

第二篇 以省域为评价单元的研究

第3章 全国国土空间利用质量评价 // 32

 3.1 省域评价指标及数据说明 // 32
  3.1.1 评价指标体系 // 32
  3.1.2 数据说明 // 34
  3.1.3 指标权重 // 34
 3.2 评价结果分析 // 36
  3.2.1 全国生产功能评价结果分析 // 36
  3.2.2 全国生活功能评价结果分析 // 47
  3.2.3 全国生态功能评价结果分析 // 57
  3.2.4 全国综合功能评价结果分析 // 67
  3.2.5 "三生"功能耦合协调评价结果分析 // 76

第4章 东部、中部、西部国土空间利用质量评价 // 80

 4.1 评价指标及权重 // 80
  4.1.1 评价指标体系 // 80
  4.1.2 权重确定 // 80
 4.2 评价结果分析 // 84
  4.2.1 东部、中部、西部生产功能评价结果分析 // 84

4.2.2 东部、中部、西部生活功能评价结果分析 // 91

4.2.3 东部、中部、西部生态功能评价结果分析 // 100

4.2.4 东部、中部、西部综合功能评价结果分析 // 108

4.2.5 东部、中部、西部"三生"功能耦合协调评价结果分析 // 116

第5章 南部、北部分区域国土空间利用质量评价 // 124

5.1 评价指标及权重 // 124

5.1.1 评价指标体系 // 124

5.1.2 权重确定 // 124

5.2 评价结果分析 // 127

5.2.1 南部、北部生产功能评价结果分析 // 127

5.2.2 南部、北部生活功能评价结果分析 // 136

5.2.3 南部、北部生态功能评价结果分析 // 144

5.2.4 南部、北部综合功能评价结果分析 // 152

5.2.5 南部、北部"三生"功能耦合协调评价结果分析 // 160

第三篇 以市域为评价单元的研究

第6章 七大重要区域整体国土空间利用质量评价 // 166

6.1 市域评价指标及数据说明 // 166

6.1.1 评价指标体系 // 166

6.1.2 数据说明 // 168

6.2 区域整体国土空间利用质量评价结果分析 // 171

6.2.1 区域整体综合功能评价结果分析 // 171

6.2.2 区域整体生产功能评价结果分析 // 180

6.2.3 区域整体生活功能评价结果分析 // 189

6.2.4 区域整体生态功能评价结果分析 // 199

6.2.5 区域整体"三生"功能耦合度评价结果分析 // 208

6.2.6 区域整体"三生"功能协调发展度评价结果分析 // 209

第7章 三大重大战略区域国土空间利用质量评价 // 212

7.1 京津冀国土空间利用质量评价 // 212

7.1.1 京津冀综合功能评价结果分析 // 212

7.1.2 京津冀生产功能评价结果分析 // 217

7.1.3 京津冀生活功能评价结果分析 // 221

7.1.4 京津冀生态功能评价结果分析 // 227

7.1.5 京津冀"三生"功能耦合度评价结果分析 // 232

7.1.6 京津冀"三生"功能协调发展度评价结果分析 // 233

7.2 长三角国土空间利用质量评价 // 235

7.2.1 长三角综合功能评价结果分析 // 235

7.2.2 长三角生产功能评价结果分析 // 242

7.2.3 长三角生活功能评价结果分析 // 248

7.2.4 长三角生态功能评价结果分析 // 254

7.2.5 长三角"三生"功能耦合度评价结果分析 // 260

7.2.6 长三角"三生"功能协调发展度评价结果分析 // 262

7.3 粤港澳国土空间利用质量评价 // 264

7.3.1 粤港澳综合功能评价结果分析 // 264

7.3.2 粤港澳生产功能评价结果分析 // 268

7.3.3 粤港澳生活功能评价结果分析 // 271

7.3.4 粤港澳生态功能评价结果分析 // 277

7.3.5 粤港澳"三生"功能耦合度评价结果分析 // 281

7.3.6 粤港澳"三生"功能协调发展度评价结果分析 // 282

第四篇　以县域为评价单元的研究

第 8 章　白洋淀流域国土空间利用质量评价——全流域　// 285

8.1　县域评价指标及数据说明　// 285

8.1.1　评价指标体系　// 285

8.1.2　数据说明　// 287

8.2　评价结果分析　// 289

8.2.1　白洋淀流域生产功能评价结果分析　// 289

8.2.2　白洋淀流域生活功能评价结果分析　// 297

8.2.3　白洋淀流域生态功能评价结果分析　// 305

8.2.4　白洋淀流域综合功能评价结果分析　// 313

8.2.5　"三生"功能耦合协调评价结果分析　// 320

第 9 章　白洋淀流域国土空间利用质量评价——分区域　// 327

9.1　山区、平原评价指标及数据说明　// 327

9.1.1　评价指标体系　// 327

9.1.2　指标权重　// 327

9.2　评价结果分析　// 330

9.2.1　山区、平原生产功能评价结果分析　// 330

9.2.2　山区、平原生活功能评价结果分析　// 335

9.2.3　山区、平原生态功能评价结果分析　// 344

9.2.4　山区、平原综合功能评价结果分析　// 351

9.2.5　"三生"功能耦合协调评价结果分析　// 356

第 10 章　县域国土空间利用质量评价扩展研究——基于更多多源数据的应用　// 370

10.1　评价指标及多源数据说明　// 370
10.1.1　评价指标体系　// 370
10.1.2　数据说明　// 371

10.2　评价结果分析　// 372
10.2.1　结果的描述性统计　// 372
10.2.2　分布形态分析　// 373
10.2.3　空间分布趋势分析　// 373
10.2.4　空间重心分析　// 374
10.2.5　空间集聚特征及其跃迁分析　// 375
10.2.6　耦合协调评价结果分析　// 376

参考文献　// 378

后　记　// 383

第一篇 研究基础

第1章 绪 论

1.1 研究背景及意义

2020年10月，党的十九届五中全会审议通过《中共中央关于制定国民经济和社会发展第十四个五年规划和二〇三五年远景目标的建议》，提出要构建"主体功能明显、优势互补、高质量发展的国土空间开发保护新格局"。开展国土空间利用质量评价，科学认知区域国土空间利用状况，对于上述目标的实现具有重大意义。

国土空间是人类生存、生产、生活、发展的场所，是一个人类活动参与下空间域沿时间轴发展形成的动态、多维、复杂的人地关系时空系统[1]。为了更好地生存发展，人们从未停止对国土空间的认知探索。人类社会进入工业文明以来，人们的生产、生活空间急剧扩展，而生态空间受到严重挤压、干扰甚至破坏，从而影响人类持久、健康地生存和发展。改革开放以来，我国工业化、城镇化的高速发展也使得社会经济和资源环境的矛盾日益突出[2]，不同空间尺度存在着人和自然之间、生产和生活活动之间、自然生态系统内部关系不尽协调的矛盾[3]。经济的高质量发展依赖并体现于国土空间的高质量利用。因此，按照"生产空间集约高效、生活空间宜居适度、生态空间山清水秀"的原则，开展生产、生活、生态（以下简称"三生"）功能协调发展的国土空间质量利用研究十分必要。

人们对国土空间的认知评价始于土地评价。我国早在夏禹时期就根据土色、质地和水分将土地评为3等9级，战国时期已有将土地分为3等18类90物的土地评价系统[4-5]。国外土地评价体系的产生也有两千多年的历史，在古希腊、古埃及、古罗马的文献史料中，就有将土地划分成各种等级的记载[6]。但一般认为，现代意义上的土地评价研究实践始于19世纪70年代俄国土壤地理学家道库恰耶夫等对尼日格勒州和包勒特夫斯克省开展的土地评价工作。20世纪30年代，英国、德国、美国也开始开展土地评价的研究、实践及立法工作。此后，国外相继开展了土地潜力评价（20世纪60年代，以美国土地潜力分类系统为代表）、土地适宜性评价（20世纪70年代，以FAO《土地评价纲要》为代表）、土地可持续利用评价（20世纪90年代，以FAO《持续土地利用管理评价大纲》为代表）。新中国成立以来，我们借鉴国际经验，结合我国实际情况进行创新，以政府为主导，相继开展了荒地调查评价、《中国1∶1 000 000土地资源图》制作（其本质是兼具潜力评价和适宜性评价特点的土地资源评价分类系统）、土地分等定级及估价等土地评价工作。此外，学界及各地政府根据土地利用规划、城镇化、工业园区建设、生态文明建设等需要，从不同角度开展了土地适宜性评价、承载力评价、集约利用评价、生态安全评价、健康评价等。

21世纪以来，随着国土空间概念的提出以及土地规划、城乡规划等多规合一的发展趋势，我国提出进行统一的国土空间规划。进而，关于为国土空间规划体系服务的国土空间开发适宜性评价[7-10]，资源环境承载能力评价[11-13]，基于"三生"空间结构、格局、协调的视角对国土空间利用质量的评价[14-18]的研究和实践逐步兴起。与此同时，国外的相关研究，仍以土地可持续利用评价和生态系统健康评价为主[19-21]。

传统的土地评价中，土地潜力评价主要针对某种利用方向对土地的生产潜力进行分级，土地适宜性评价主要是对土地适宜的用途或利用方向的评估，土地承载力评价主要是对土地资源潜在的人口支撑能力（数量）的评估，土地可持续性评价是土地适宜性评价在时间方向上的延伸，土地生态安全评价主要从生态系统稳定性、生物多样性、生态风险等方面进行评估，土地经济评价主要是对土地产出效益方面的评估，土地集约利用评价主要是对土地利用效率和集约度进行评估，土地健康评价主要基于"压力-状态-响应"模型评估面对人类生产、生活活动的干扰，以及土地结构保持稳定和土地功能恢复的能力，其本质是一种可持续利用评价。土空间开发适宜性评价和资源环境承载能力评价是土地适宜性评价和土地承载力评价。为满足新时代国土空间规划工作的改造应用，其理论和方法本质上并没有变。上述土地评价从不同的角度评价土地质量，为国土空间利用质量评价提供了有益的借鉴。基于"三生"的视角对国土空间利用进行评价，开始关注国土空间的结构、布局和协调性，体现了新时代人们对国土空间利用的最新理念，是一项值得继续深入研究的课题。

1.2 相关研究及评述

近些年我国逐渐兴起的基于"三生"视角的国土空间利用相关研究主要包括有关"三生"空间的研究和有关国土空间利用质量的评价研究。其中，有关"三生"空间的研究，学界已从其内涵、分类体系、空间识别、空间格局优化等角度进行了深入研究[22-27]。此外，目前学界针对生产、生活、生态单一空间的利用质量的评价已有较多研究，主要集中在城市用地集约性[28-32]、城市宜居性[33-35]和生态评价[36-37]等方面。对"三生"国土空间利用质量的综合评价，已初步形成了省（自治区、直辖市）、城市（城市群）、市（县）、乡镇等不同空间尺度的评价成果。例如：张玉茜等对城市国土空间利用质量内涵进行了界定，并提出其评价标准应涵盖统筹协调、集约高效、生态文明、安全宜居、传承共享等5大方面[38]；李秋颖等从宏观尺度上界定了国土空间利用质量的内涵，构建了涵盖3大类、12个指标的评价体系，并基于2012年中国省级截面数据，进行了实证研究[39]；王映月等也构建了生产、生活和生态为一体的城市空间评价指标体系，基于熵权-耦合协调度模型，运用综合加权指数法对2013—2017年西安市城市"三生"空间综合利用质量与耦合协调度进行了评价和分析[40]；张景鑫从国土空间的现实状态，经济发展、社会和谐的保障作用，以及支撑能力等方面构建指标体系，运用熵值法对2005—2014年苏南城市群"三生"空间利用质量及其耦合协调度的时空分异特征进行了评价和分析[41]；陈莹等运用集对分析方法和耦合协调度模型对珠三角城市群"三生"国土空间利用质量和耦合协调度进行了评价和分析[42]；杨惠构建了"三生"国土空间适宜性评价指标体系，并以江苏扬中市为例进行了实证研究[43]；潘晓桦基于"三生"空间视角，运用综合评价法，以乡镇为单位对贵港市国土空间利用质量进行了评价[44]。已有基于"三生"视角的国土空间利用质量评价所选指标均针对"三生"空间分成3大类。生产空间主要从投入强度、产出效益的角度，生活空间主要从便捷、舒适、教育医疗安全保障等角度，生态空间主要从生态、景观、污染处理水平等角度进行具体指标的选取，较全面地反映了国土空间利用质量，但现有研究主要基于传统的统计数据开展，对多源数据的利用不够深入。指标权重的确定多采用熵权法，评价方法大多采用综合加权指数法。

随着数据来源的多元化，基于多源数据的国土空间利用质量评价也逐渐兴起。目前，已有较多基于夜间灯光、POI、百度指数、手机信令等多源数据对经济增长[45-46]、人口空间化[47-49]、城市扩张[50]、区域联系[51]等领域的研究。近一两年也出现了一些基于多源数据国土空间利用质量评价的研究，主要集中于城市人居环境质量的评价[52-53]、县域城乡生活空间适宜性评价[54]和生态安全格局构建[55]，其评价视角较单一，综合评价还有待进一步深入研究。孔宇等提出了基于多源数据国土空间利用质量评价总体思路，并分别从城镇空间、农业空间和生态空间3方面的评价给出了相应的指标体系，但并未进行实证研究[56]。

与国土空间利用质量评价相关的其他基于多源数据的研究，主要有3方面：①交通可达性相关研究。交通可达性是一个基于交通空间大数据评价区域交通发展状况的综合性指标，目前的相关研究在宏观尺度上主要集中于交通可达性对区域经济高质量发展的影响[57]，在微观尺度上，主要集中于城市医疗、公园绿地、教育等公共服务设施的可达性研究。②步行性相关研究。步行性反映了一个地区建成环境的步行友好程度[58]，评价结果可有效反映生活空间利用质量。目前的相关研究主要集中于城市15分钟社区生活圈内生活服务设施配置全理性[59]、基于步行指数的城市健康资源公平性[60]及建成环境健康效应[61]；③城市网络结构相关研究。社会网络分析是目前研究城市网络结构的主要范式之一，该方法的核心是以流数据为主要依据，通过中心性、凝聚子群等途径分析节点间的相对关系及该区域的网络结构特征[62]。城市网络的形成与演化是区域经济增长及其空间分工的结果，其发展又反作用于区域，尤其是城市网络结构韧性是影响区域可持续发展的关键因素之一[63]。上述研究均从不同角度体现区域国土空间利用质量，其在研究过程中对多源数据的应用为本书的研究提供了有益的借鉴。

综上，基于"三生"视角，构建科学完善的指标评价体系，利用多源数据，系统开展中国多时序、不同空间尺度的国土利用质量评价，并对结果的时空演化特征进行深入分析，是十分必要且有意义的。

1.3 研究框架与思路

1.3.1 指标构建的逻辑及多源数据的利用

参考现有文献，本书采用加权综合指数法进行国土空间利用质量评价，各指标的权重采用熵权法计算。本节重点讨论指标体系构建的逻辑。

本书所谓基于"三生"视角的国土空间的评价，并非划分"三生"空间分别评价，而是从国土空间的"三生"功能角度分别考虑并构建指标进行评价。指标构建时，还要适当结合数据的可获得性、可比性等因素。

生产功能方面，从生产效益、投入强度及生产可持续性3个维度构建指标体系。生产效益指标主要包括地均产出，产出用GDP表达。为了提高数据的客观、可信度，可用夜间灯光遥感数据替代GDP❶。进一步，夜间灯光数据主要反映建设用地上的经济活动，因此本书用夜间灯光数据代替第二、三产业GDP，而第一产业GDP仍采用传统统计数据。参考道格拉斯生产函数，投入强度指标主要包括固定资产投资、劳动力及技术研究的投入3类指标。生产可持续性指标主要包括工业三废及CO_2排放等一些非期望产出。

生活功能方面，从适宜度、便捷度及保障度3个维度构建指标体系。生活适宜度主要考虑生活工作区域的拥挤程度及绿化情况，其中生活工作区采用基于土地利用遥感数据提取的城镇建成区用地和居民点用地；生活便捷程度主要考虑交通、用水、用电、用（互联）网及文化生活设施便利性等；生活保障度主要考虑教育、医疗和社会保障等方面。

生态功能方面，从生态价值、环境质量及景观质量3个维度构建指标体系。生态价值基于土地利用遥感数据进行核算；环境质量从生活垃圾和工业废弃物的处理率2方面构建指标；景观质量从各类土地斑块的形状、破碎度及生物多样性3方面构建指标体系，这些指标均可基于土地利用遥感解译数据进行计算。

当然，结合数据的可获得性，针对不同空间尺度的评价单元，在上述基本思路的基础上，构建的具体指标体系略有不同，详见后面相应章节。

1.3.2 评价结果分析的逻辑思路

对于结果的分析，主要从数据的空间分布和时间演变特征2方面进行分析。

---

❶ 现有研究表明，夜灯光数据与GDP高度相关。

首先，分析数据分布的概括性特征指标，主要有最高值、最小值、平均数、中位数、方差等；其次，借助各时期的箱体图和核密度曲线探讨评价结果分布特征的时间演化规律，基于马尔可夫链分析数据的时空跃迁特征；再次，利用三维趋势面、重心迁移、Moran's I 及基于 Moran's I 的时空跃迁特征来分析评价结果的空间格局特征及其演变规律。上述分析，其本质可归结为表达评价结果的时空异质性。因此，本书还采用较为常用的表达数据区域差异性的基尼系数和 σ 收敛指标来展示评价结果的时空差异性，以与上述时空演进特征的结果互为印证。

1.3.3 篇章结构安排

本书分为四篇，第一篇（第1、2章）对研究背景、意义、框架思路、基本概念、基础理论和一些需要特别说明的情况进行阐述，然后分别以省域、市域❶和县域为评价单元分别开展国土空间利用质量评价的研究，分别作为第二、三、四篇。其中，第二篇为省域国土空间利用质量的评价，包括除香港、澳门、台湾和西藏之外的其他30个省（区、市）。分析评价结果时，则先以所有省（区、市）为样本对全国整体的国土空间利用质量时空分布演进特征进行分析（第3章），然后，将30个省（区、市）分成东、中、西、南、北，对各分区的国土空间利用质量评价结果进行更为细致的分析（第4、5章）。第三篇为市域层面的研究，主要基于中国重大的战略区域，选取京津冀、成渝、长江中游、长三角、粤港澳、黄河流域、东北共7个地区的地级市及直辖市进行评价。结果分析则先以上述所有的市域为样本，对区域整体进行分析（第6章），然后选取其中重要又有区域代表性的京津冀（代表北方）、长三角（代表东南沿海）和粤港澳（代表南方发达地区）3个国家战略区域进行分区域分析（第7章）。第四篇为县域层面的研究，由于全国县域太多，因此选取白洋淀流域

---

❶ 本书中所谓市域，指地级市及直辖市。另外，后面提及的城市，除特别说明，与市域内涵相同。

为研究区域进行研究，基于评价结果，除对区域整体进行分析之外（第8章），还将整个流域分为山区和平原分别进行分析（第9章）。对于县域层面的研究，本书尝试用两套评价指标体系进行评价，其主要差别在于采用多源数据的多少。其中，第一套相对较少地采用多源数据，但进行了多时期的评价（第8、9章），与前面以省、市为研究单元的评价成一个系列。另外一套则较多地采用多源数据，但因多时序、多源数据的可获得性较差，因此只进行了1期的评价（第10章）。此外，因基于两套指标进行评价研究的时间不同，作者对于指标体系的认识也有所变化，因此，除多源数据之外，仍有部分指标不一致。这也可算作一种试验，即两种不同的指标体系的评价结果可以互为印证。试验对比的结果是：两种评价结果的空间分布特征体现出较高的一致性。这说明，两套指标体系均能达到客观、科学地认识国土空间利用质量的目的。如有条件，更多采用多源数据，或当数据的可获得性较差时，用多源数据替换部分指标，对结果的影响是可控的，但效率却可大大提高。

1.3.4 其他说明

本书有一个基本的逻辑思路：先对研究区域整体进行分析，然后将整体样本划分为不同的区域分别进行分析。这里有一个问题值得讨论：在进行分区域分析时，基于同一套指标权重的评价结果进行分析还是针对各区域对各指标分别赋权的评价结果进行分析。由于各指标权重不同，所以对每个分区域分别进行赋权后进行评价的结果的可比性较差。而基于同一套权重的评价结果，区域之间则具有较强的可比性。但分区域进行赋权评价的好处是，更能体现分区域特点，对区域国土空间利用质量的评价更为准确，且区域内各评价单元之间是可比的。

总结起来，同权评价结果的可比性更好，分区赋权评价结果更能体现区域特征。孰优孰劣，不可一概而论。依本书作者的经验，对同一评价单元，两种情形下的评价结果差异非常微小，因此一般不影响区域之间的可比性。基于以上考虑，本书对省域和县域评价单元的研究，整体区域分析采用基于同权评价结果，而分区域则采用区域赋权的评价结果。以市为评价单元的研究，整体和分区域均采用同权评价的结果进行分析。本书展示两套思路，以便把这个问题更为清晰地展示出来。

第 2 章 概念、理论、数据与方法

2.1 基本概念

2.1.1 从土地到国土空间

土地管理专业领域的学者们认为:"土地是地球陆地表面由地貌、土壤、岩石、水文、气候和植被等要素组成的自然历史综合体,它包括人类过去和现在的活动结果。"理解土地的内涵需把握以下几个要点:①土地是综合体。组成土地的各要素在一定的时间和空间内相互联系、相互作用、相互依存,组成具有一定结构和功能的有机整体。②土地是自然的产物。土地虽然不是人类劳动的产物,但人类活动可以引起土地有关组成要素的性质变化,从而影响土地的性质和用途的变化。③土地是地球表面的一部分,是具有固定位置的空间客体。土地的水平范围一般包括陆地、内陆水域和海岸滩涂。土地的垂直范围取决于土地利用的空间范围。④土地是地球表面的陆地部分。海洋和陆地是地球表面的两大组成部分,将土地限定在陆地范围,符合人们的一般认识和劳动习惯。⑤土地包括人类过去和现在的活动结果。土地具有人类活动的历史烙印,它具有为人类利用的价值,是人类生存和发展最重要的一种自然资源。

如上所述,土地的内涵是十分丰富的。但似乎用"土地"这个词,不太能让人直接理解和认识到这种内涵。用生态系统或一个与空间相关的概念更能体现这种要点。于是,国土空间的概念逐渐被应用。一般认为,国土空间是一个复杂空间,包括土地资源、水资源、矿产资源、生态环境、社会经济等不同主题要素[64]。国土空间的概念更像是能包罗万象的一个概念,其中各种要素、系

统相互联系、相互作用，形成一个有机整体。其可以延伸至海洋而非仅指陆地表面，向上则可延伸到国家的领空。

但需要指出的一点是，虽然国土空间的概念的内涵和外延更为丰富，但本书中所谓的国土空间，仍主要接近土地的概念，即地球的陆地表面部分。目前的相关研究文献中提到的国土空间，也基本等同于土地。从土地到国土空间，更多体现了人们对土地认知研究思维的改变。

2.1.2 从"三生"空间到"三生"功能

基于国土空间的概念，"三生"空间的研究应运而生。相对于土地利用类型的划分，人们更为关注的是生产、生活和生态 3 类国土空间，相关的研究也非常多。但问题是，人们生产、生活的空间往往交叉存在，居住和办公混杂现象普遍存在，其中一般也都包括生态用地。在生态用地主导的空间上，又可能有着生产和生活活动。因此，国土空间的细分遇到较大挑战。以"三生"空间划分为基础开展国土空间利用评价也会遇到较大挑战。因此，本书所谓"三生"视角，并不是划分出"三生"空间后再对不同的空间进行评价，而是将国土空间当成一个整体，从其生产、生活和生态 3 个功能的角度分别去评价其利用质量。

2.1.3 多源数据

本书提到的多源数据主要指来源、类型等不同的数据，主要包括各类统计年鉴，政府、社会机构发布的传统的统计数据，采集、储存、处理方法均与传统统计数据不同的空间数据（如夜间灯光遥感数据、POI 数据、土地利用遥感解译数据、行政区划及路网水系等基础地理要素空间数据，以及地形地貌、气候、降水、PM2.5 等自然地理或生态环境数据）。

2.2 理论基础

在国土空间利用评价过程中，应体现土地集约利用、可持续发展和协调发展的原则，因此本节简单介绍一下本书的理论基础，即土地集约利用理论、可持续发展理论和协调发展理论。

2.2.1 土地集约利用理论

土地集约利用是指在一定区域内，通过合理布局、优化结构和提高效益，实现土地资源的最大化利用和最优化配置。它强调在保证土地生产力的前提下，提高土地利用强度，减少土地浪费，实现经济、社会和生态效益的统一。土地集约利用的核心观点是在一定面积的土地上，通过投入较多的生产资料和劳动，使用先进的技术和管理方法获得高额产量或收入。土地集约利用应遵循以下原则：①经济效益原则，即在满足生产和生活需要的前提下，追求土地利用的最大经济效益；②社会效益原则，即在保障人民群众基本生活和社会稳定的前提下，实现土地利用的社会公平和公正；③生态效益原则，即在保护生态环境和维护生物多样性的前提下，实现土地利用的可持续性。

2.2.2 可持续发展理论

可持续发展理论的核心观点是："既满足当代人的需要，又不对后代人满足其需要的能力构成危害。"这个理念主要围绕3个基本原则进行：公平性、持续性和共同性。公平性是指所有社会成员都应享有平等的机会和权利，特别是对资源分配和决策制定的公平参与。持续性强调的是保护环境，确保自然资源的可持续利用，不对环境造成不可逆的破坏。其包括减少污染、保护生物多样性、合理利用自然资源，以及采取措施应对气候变化等全球性环境挑战。共同性指的是全球范围内的合作和共识。面对全球性的可持续发展问题，各国需要携手共进，共同寻找解决方案。

可持续发展理论的产生可以追溯到20世纪70年代，当时人们开始意识到传统发展模式的局限性和不可持续性。1972年，联合国人类环境会议在瑞典斯德哥尔摩召开。会议提出了"人类环境"的概念，强调了环境保护与经济发展之间的紧密联系。这次会议提出的理念被认为是可持续发展理论的起点。1987年，世界环境与发展委员会发布了《我们共同的未来》报告。该报告首次提出了"可持续发展"的概念，并阐述了可持续发展的原则和目标。1992年，联合国在巴西里约热内卢召开了地球峰会，即联合国环境与发展大会。会议通过了《里约宣言》和《21世纪议程》，将可持续发展理念纳入全球议程。1997年，联合国发布了《可持续发展报告：改变我们的世界》。该报告进一步探讨了可持续发展的内涵和实施路径，提出了实现可持续发展的具体措施和政策建议。2000年，联合国制定了千年发展目标，其中包括关于贫困、教育、卫生、环境和性别平等方面的具体目标。2015年，联合国通过了《2030年可持续发展议程》。该议程包括17个可持续发展目标，涵盖了经济、社会和环境等多个领域。在可持续发展理论的发展过程中，国际社会逐渐形成了共识，认识到传统的经济增长模式无法持续下去，必须寻找一种更加综合和平衡的发展方式。同时，可持续发展理论也逐渐从概念转化为具体的行动和实践，各国纷纷制定相关政策并采取措施，推动可持续发展的实施。

2.2.3 协调发展理论

协调发展理论是研究不同系统、组织或个体之间如何协调合作、实现共同目标的一种理论。它强调了复杂系统中各个组成部分之间的相互依赖性和互动关系，以及它们之间要通过有效的协调和合作来实现整体的稳定和发展。协调发展理论的核心观点是，一个复杂的系统或组织的成功与否取决于其各个组成部分之间的协调程度。在一个协调良好的系统中，各个部分能够相互支持、相互补充，形成一个有机的整体。而在一个不协调的系统中，各个部分之间可能存在冲突、竞争甚至对抗，这可导致整个系统的不稳定和失败。现实中，协调发展往往不易实现。首先，不同的系统或组织可能有不同的目标、价值观和文化背景，这可能导致协调合作过程产生障碍；其次，协调合作的过程中也可能会涉及利益的分配和权力的争夺，这可能导致冲突和矛盾的产生；最后，协调合作的过程中可能会面临外部环境的变化和不确定性，这可能对协调合作的稳定性和持续性造成影响。

2.3 多源数据的梳理

2.3.1 传统统计数据

本书中传统的统计数据是针对空间数据而言的，主要包括统计年鉴中的数据，以及政府部门、事业单位或商业机构网上发布的数据。

本书所用到的统计年鉴主要有《中国统计年鉴》、各省（区、市）统计年鉴、中国城市统计年鉴、中国县域统计年鉴等。其中，《中国统计年鉴》和各省（区、市）的统计年鉴在国家统计局网站和各省（区、市）统计局网站上基本都是公开的，可直接获取。《中国城市统计年鉴》和各县域统计年鉴则并未见有公开，这两个年鉴在中国知网中国经济社会大数据研究平台数据库中有较为完整的收录。目前，高校和专业的科研机构都会购买其数据，因此，对于大多数从事研工作的研究者来讲，这两种数据的可获得性是比较好的。

前面提到的中国知网中国经济社会大数据研究平台数据库是一家商业机构开发的网上数据库，该库是一个集统计数据查询、数据挖掘分析及个人数据管理功能于一体的大型统计年鉴（资料）数据总库，完整收录了新中国成立以来我国已出版发行的833种权威统计资料，是我国最大的官方统计资料集合总库。此外，国内收录宏观数据比较知名的数据库还有国泰安经济金融研究数据库、Wind 数据库、EPS 数据平台、CEIC 经济数据库、中经网统计数据库、中国研究数据服务平台（CNRDS）、CCER 经济金融数据库、中国资讯行中国统计数据库、中国工业企业数据库等。还有一些数据库不仅收录统计数据，还收录一些学术文献上的数据及根据学术文献的思路计算出来的指标数据，如数字经济发展水平、基尼系数等。本书较为关注的主要有蓝莓科研网、马克数据网、立方数据学社等。这些数据库虽好，但基本都是收费数据库。

各政府部门在网站上也会发布一些与其行政职责相关的数据库，一些知名的社会机构如世界银行也会发布一些宏观数据。但总体来讲，相比上述数据库来讲，这些网站应用较少。

本书主要采用的传统统计数据的来源主要有国家级、省级统计网站以及中国知网中国经济社会大数据研究平台，并用草莓科研网、立方数据学社等数据库作为补充。

2.3.2　空间数据

目前较为常用的空间数据平台主要有全国地理信息资源目录服务系统、中国科学院资源环境科学与数据中心、生态环境部数据中心、国家地球系统科学数据中心共享服务平台、国家综合地球观测数据共享平台、国家青藏高原科学数据中心、中华人民共和国科学技术部国家遥感中心、国家森林资源智慧管理平台、5A景区数据、全国重点实时水情数据库、中国资源卫星应用平台、全球变化科学出版研究系统、美国国家航空航天局（NASA）、美国地质调查局（USGS）、欧洲航天局（ESA）、MODIS遥感数据、Earthdata Search、全球海洋陆地数据库、全球冰雪数据中心等。其中，全国地理信息资源目录服务系统是由自然资源部主管、国家基础地理信息中心负责运行的基础地理信息资源数据库，包括各类遥感影像数据以及行政、路网、水系基础地理信息数据，是目前国内最为权威的空间数据库。还有高德、百度、腾讯、阿里云、OpenStreet Map等众多网站也有在线地图及POI数据可以使用，但需要借助一些专业的软件或工具才可以实现。较为常用的权威数据库一般都有免费数据可供直接下载，但仍有相当数量的数据是收费的。这一点，空间数据和传统数据类似。

2.3.2.1 土地利用遥感解译数据

目前公开的土地利用类型数据主要有自然资源部公开的全国第二、第三次土地利用大调查（分别简称"二调""三调"）及年度变更调查数据，中国科学院资源环境科学与数据中心公开的 1980 年、1990 年、1995 年、2000 年、2005 年、2010 年、2015 年、2018 年、2020 年全国数据及 2023 年部分省（区、市）数据。

还有一类数据也可认为是土地利用数据，即土地覆盖数据，主要有国家基础地理信息中心组织开发的 2000 年、2010 年、2020 年共 3 期 30m 分辨率的全球地表覆盖（Global Land Cover，GLC）数据（简称"GCL30"）、地球大数据科学工程数据共享服务系统公开的 1985—2020 年 30m 分辨率的全球地表覆盖数据、武汉大学黄昕公布的中国 1985—2022 年逐年 30m 土地利用数据（简称"武汉 CLCD"）、中山大学许晓聪等公布的 2000—2015 年逐年全球 30m 分辨率土地覆盖数据，此外，还有欧洲航天局、清华大学鹏城实验室、Eris 公司等机构也都公布各年份、各分辨率的数据。

上述这些数据里，最权威的当属自然资源部公开的"二调""三调"及年度变更数据。此类数据的获取不仅利用先进的高精度遥感影像，还经过了大面积的人工实地调查、核实。不足之处是，这类数据最早一期为 2009 年的，不能满足较长时序的研究。其他数据主要靠遥感影像的解译获得，中国科学院解译的数据分类与"二调""三调"的分类最为接近，一般称为土地利用类型数据，更多从人类活动的角度对土地进行分类。其余的数据则为土地覆盖数据。其与土地利用数据的分类略有不同，其更多体现自然类型，对植被分类较细，而对人类干预较多的建设用地分类不够细。

遥感解译数据的优势在于其较少考虑人为因素产生的误差，其误差主要体现在解译技术层面。综合考虑，本节主要采用中国科学院土地利用遥感解译数据。

2.3.2.2 夜间灯光数据

夜间灯光数据目前主要有 3 种原始来源：① DMSP/OLS；② NPP/VIIRS；③中国的"珞珈一号"夜间灯光数据。DMSP 的全称是 Defense Meteorological Satellite Program，意思是国防（或军事）气象卫星计划，此计划由美国国防部启动。因此，DMSP 也可以理解为接收卫星的代名词，OLS 则是此卫星搭载的传感器。此传感器收集到的夜间灯光或火光数据经处理之后称为 DMSP/OLS 夜间灯光数据。早期的 DMSP/OLS 数据主要以照片的形式存在，1992 年开始由美国国家海洋和大气管理局（NOAA）下属的国家地理数据中心（NGDC）对原始数据进行处理并建立数字格式文档，同时对外提供全球夜间灯光数据产品。影像数据的空间分辨率大约为 1km，基本覆盖了人类所有的活动区域。目前，其拥有 1992—2013 年的数据。

2013 年之后的夜间灯光数据主要是 NPP/VIIRS。NPP 全称 National Polar-orbiting Partnership 或 National Polar-orbiting Operational Environmental Satellite System Preparatory Project，是由美国国家航空航天局（NASA）与 NOAA 联合研发的一个用于环境监测的卫星计划。NPP 卫星于 2011 年发射，其搭载多个传感器，其中一个叫 VIIRS（Visible Infrared Imaging Radiometer），是一种可见光红外成像辐射仪，可收集地球上的可见光红外波段的辐射图像，因此可以用来收集夜间灯光数据。此数据的分辨率约为 750m，略高于 DMSP/OLS 数据，也由 NOAA 自 2012 年开始定期发布。可以认为，其是 DMSP/OLS 数据的延续替代品。

"珞珈一号"卫星是中国发射的全球首颗专业用于收集夜间灯光遥感数据的卫星，由武汉大学团队与相关机构共同研发制作。此卫星于 2018 年发射，其空间分辨率为 130m。"珞珈一号"数据虽然在分辨率、成像周期方面均较上述美国两种数据优越，但由于此卫星发射时间相对较晚，因此，在现有文献中的应用相对较少。

DMSP/OLS 和 NPP/VIIRS 两种夜间灯光数据虽然实现了时间上的延续，但由于来自不同的卫星和不同的传感器，数据不具有可比性，因此陆续有研究者研发出基于两类数据校正后的统一数据，如 1km 空间分辨率的中国 2000—2020 年类 EANTLI 夜间灯光数据集、1km 空间分辨率的全球类 DMSP/OLS 数据、500km 空间分辨率的类全球 NPP/VIIRS 数据。

为了与土地利用类型数据分辨率一致，本书采用类 DMSP/OLS 数据。

2.3.2.3　POI 和 AOI 数据

POI 的全称为 Point of Interest，翻译为中文是"兴趣点"。顾名思义，其指一种点数据，一个点代表一个地理信息，如一个车站、一栋房子、一个邮局、一个公交站台、一个商铺等。其广泛存在于高德、百度、腾讯及 Open StreetMap 等在线地图上，是一种常见的空间数据。点数据主要包括地物的位置信息及名称等属性信息。与 POI 相对应的另一类数据是 AOI 数据，这是一种面状数据，相比于点数据来讲，其多了具体的形状，自然可计算周长、面积等更多的空间信息。

POI 和 AOI 数据的获取一般需要用专业的软件，如比较常用的编程类软件 Pyhton 以及 ArcGIS、八爪鱼等非编程类软件。当然，有些在线地图，如 Open StreetMap 也提供了直接下载数据的端口。下载的数据一般有 .json 和 .shp 两种格式。

2.3.2.4　生态环境数据

最系统的生态环境数据即土地利用或土地覆盖数据，耕地、草地、林地、水域及荒漠等未利用地均形成不同的生态系统，而生物多样性、生态价值、生态景观指数等均可基于不同的生态系统计算。就陆地生态系统而言，较为重要的是由植被所覆盖的生态系统，因此，有专门的研究者利用遥感影像数据解译耕地、林地和草地等植被系统，形成专门的耕地、林地、草地空间数据，还有专门的植被覆盖指数数据。人们关注生态系统本身，其最终目的，是了解其对人类的价值所在，因此，研究者开发了中国陆地生态系统服务价值空间分布数据集。除了生态系统及其价值之外，还有与人类生存健康密切相关的PM2.5、碳排放空间数据。其也被研究者关注，并被开发为系统的空间数据集。

2.3.2.5 自然地理基础数据

自然、地理基础数据主要是行政区划、土壤、地形、气候、水系、路网等地理基础信息数据，这些数据一般都由政府部门或事业单位性质的研究单位进行专门的测量、监测并形成相对较为系统的统计数据，但是就空间形式的数据来讲，目前能收集到的，只有气候数据比较丰富，官方权威的多时期序列数据还是比较缺乏的。由于本书用到的这类数据并不多，因此这里不过多介绍和讨论。

2.4 主要研究方法

2.4.1 国土空间利用质量评价方法

2.4.1.1 加权综合指数法

本书采用加权综合指数法对国土空间利用质量进行评价，利用式（2-1）分别计算各评价单元在各时期的"三生"功能指数，利用式（2-2）计算国土空间综合利用质量（功能）指数。

$$Y_{ptj} = \sum_{i=1}^{m} W_{pi} Y_{pij} \qquad (2-1)$$

$$Y_{tj} = \sum_{p=1}^{3} W_p Y_{pj} \qquad (2-2)$$

其中，p 代表"三生"功能，t 和 j 分别为时期和评价单元，Y_p 为生产功能、生活功能或生态功能指数，W_{pi} 为第 p 个功能第 i 个指标的权重，m 为每一类功能下的指标个数，Y 为评价区域的综合得分，W_p 为"三生"功能指数的权重。

2.4.1.2 熵权法

本书主要采用熵权法确定权重。熵权法的基本思想是根据指标变异性的大小来客观确定权重，某个指标的变异程度越大，其在评价中所起的作用则越大，表现为信息熵小、权重大，相反，某个指标的变异程度越小，其在评价中所起的作用则越小，表现为信息熵大、权重小。

（1）数据标准化

根据式（2-3）和（2-4）分别对正、负向指标进行标准化处理。

$$Z_{tji}^+ = \frac{X_{tji} - \min(X_i)}{\max(X_i) - \min(X_i)} \tag{2-3}$$

$$Z_{tij}^- = \frac{\max(X_i) - X_{tji}}{\max(X_i) - \min(X_i)} \tag{2-4}$$

其中，i、j、t 分别代表评价指标❶、评价单元和评价时期，X 代表指标原始值，Z 为标准化值。

（2）求各指标的信息熵

按照式（2-5）和式（2-6）进行各指标信息熵的计算如下：

$$E_i = -\ln(TN)^{-1} \sum_{t=1}^{T} \sum_{j=1}^{N} P_{tji} \ln P_{tji} \tag{2-5}$$

$$P_{tji} = \frac{Z_{tij}}{\sum_{t=1}^{T} \sum_{j=1}^{N} Z_{tji}} \tag{2-6}$$

其中，E 代表信息熵，T 和 N 分别代表研究时期和评价单元的个数，P_{tij} 代表第 j 个评价单元中第 i 个指标在整个指标体系中的占比。如果 $P_{tji} = 0$，则定义 $\lim\limits_{P_{tji}=0} P_{tji} \ln P_{tji} = 0$。

---

❶ 以下如无特殊说明，本书所采用符号前后意义一致，前面解释过后，后面再出现则不再进行注释。

（3）确定各指标权重

根据式（2-7）计算指标权重如下：

$$W_i = \frac{1-E_i}{k-\sum E_i} \quad i=1,2,\cdots,k \quad (2\text{-}7)$$

其中，W_i代表第i个指标的权重，k代表指标数量。

2.4.2 国土空间利用质量耦合协调评价方法

耦合协调度模型主要通过耦合度和协调发展度对若干系统的相互关系和协调发展程度进行评价。下面分别对耦合度和协调发展度进行介绍。

2.4.2.1 耦合度

耦合度源于物理学中的概念。其利用多系统之间的离差公式表征各系统间的相互作用程度，后被引入社会科学领域并得到广泛应用。目前学界普遍采用两个及两个以上社会经济系统中所有系统值的几何平均数与算数平均数之比表征耦合度。对于n个系统$A_1, A_2, A_3, \cdots, A_n$，目前较为常用的耦合度$C_A$值计算公式如式（2-8）所示。耦合度体现了整个系统内部各子系统之间的协调程度，即所研究的各子系统属性值的高低程度的一致性。比如，各子系统均较低或均较高，即为比较协调。

$$C_A = \left[\frac{\prod A}{\left(\frac{\sum A}{n}\right)^n}\right]^{\frac{1}{n}} = n\left[\frac{\prod A}{\left(\sum A\right)^n}\right]^{\frac{1}{n}} \quad (2\text{-}8)$$

通过式（2-8）计算出耦合度的值的区间为[0, 1]。耦合度越大，说明各系统之间离散程度越低，即协调程度越低；反之则越高。

2.4.2.2 协调发展度

如上所述，耦合度表达了各子系统的协调程度。协调程度较高体现的是两种情况，即各子系统低水平协调或高水平协调。假如，所研究的各子系统属性为正向指标，越高越好，那么，低水平协调意味着虽然各子系统发展较为一致，但其发展水平均相对较低，相对高水平协调来讲，是一种不理想的情况。但耦合度值却与高水平协调较为一致。因此，单纯用耦合度这个指标不太容易区分这种差别。于是，在耦合度的基础上，将各系统本身的发展程度纳入考虑，对二者进行几何平均计算，得到协调发展度，见式（2-9），用以对各子系统间的协调发展程度进行评价，以综合体现各子系统的协调程度和发展水平。

另外，根据王淑佳等的研究[65]，用式（2-8）计算耦合度也会产生各种问题❶，因此，本书借鉴王淑佳等的研究成果，对耦合度计算方法进行改进，构建国土空间利用质量耦合协调评价模型，见式（2-10）。

$$D = \sqrt{CY} \qquad (2\text{-}9)$$

$$C = \sqrt{\left[1 - \frac{\sqrt{(Y_3-Y_1)^2} + \sqrt{(Y_2-Y_1)^2} + \sqrt{(Y_3-Y_2)^2}}{3}\right] \times \sqrt{\frac{Y_1 Y_2 Y_3}{(Y_{max})^3}}} \qquad (2\text{-}10)$$

其中，D 为协调发展度，C 为耦合度，Y_1、Y_2、Y_3 和 Y 分别为生产、生活、生态和综合功能指数，Y_{max} 表示 Y_1、Y_2、Y_3 中的最大值。等级划分标准见表2-1。

表2-1　国土空间利用耦合度与协调发展度等级划分标准

耦合度 C/协调发展度 D 区间	协调程度	协调对比度
[0, 0.10)	失调衰退	极度失调型
[0.10, 0.20)		严重失调型
[0.20, 0.30)		中度失调型
[0.30, 0.40)		轻度失调型

---

❶ 有关耦合协调度模型的相关理论及讨论，可阅读参考文献[65]和[66]，这里不再展开介绍。

续表

耦合度 C/协调发展度 D 区间	协调程度	协调对比度
[0.40, 0.50)	过渡协调	濒临失调型
[0.50, 0.60)		勉强协调型
[0.60, 0.70)	协调发展	初级协调型
[0.70, 0.80)		中级协调型
[0.80, 0.90)		良好协调型
[0.90, 1.00]		优质协调型

2.4.3 国土空间利用质量结果分析方法

2.4.3.1 数据的描述性统计指标

数据的描述性统计指标即对数据分布特征的概括性指标，主要包括集中趋势的度量指标、离散趋势的度量指标及分布形状特征的度量指标。

数据的分布特征指标很多，本书采用较为常用的平均数、上四分位数、下四分位数、标准差、最大值、最小值对国土空间利用质量指数进行基本的描述性统计分析。上述指标是基本的统计指标，比较简单，常见于基本的统计学教材中，因此其计算公式在本书中不再予以展示。由于本书对国土空间利用质量的分布形态主要以直观的分布式图形体现，偏度系数和峰度系数则不再统计。

2.4.3.2 时空格局分析

（1）空间分布趋势分析

事物或现象空间分布最直观的表达方法是将其属性信息及位置信息同时进行刻画展示。目前较为常用的空间分布可视化方法主要有地理分布图和三维趋势面两种。地理分布图简单、直观。其将各评价单元的国土空间利用质量指数赋予研究区域矢量地图，并基于 ArcGIS 软件，采用自然断点法对数据进行分类，或直接显示各评价单元属性值，即可以直观展示区域国土空间利用质量的空间分布趋势及特征。三维趋势面是一种以 X（经度）、Y（纬度）和 Z（属性）三维坐标形式展示空间信息的方法，其可以利用 Z 属性值在 XZ 和 YZ 两个平面上的投影值所拟合的趋势线分别表达东西方向和南北方向的分布趋势特征。与地理分布图相比，三维趋势面的优点在于，在区域内基本空间单元较多的情况下，其对南北方向和东西方向上空间趋势的刻画可借助不同维度的趋势线来抽象表达，便于表明数据的空间分布趋势。因此，本书采用三维趋势面来展示国土空间利用质量的空间分布趋势。

（2）重心迁移分析

一般性的区域重心指区域几何形状的中心，是区域空间中各个方向上的力量能够保持均衡的点。以较低级别区域单元的国土空间利用质量指数为权重对几何中心坐标值进行加权求和，可以得到更高级别整个区域的国土空间利用质量重心。观察国土空间利用质量重心的迁移，有助于了解其在区域内的动态变化方向。

设研究区域内第 j 个评价单元的几何中心坐标经纬度分别为 U_j、V_j，则各研究时期的区域国土空间利用质量重心坐标 U 和 V 的计算公式分别见式（2-13）和式（2-14）。

$$U = \frac{\sum_{j=1}^{N} Y_j U_j}{\sum_{j=1}^{N} Y_j} \tag{2-13}$$

$$V = \frac{\sum_{j=1}^{N} Y_j V_j}{\sum_{j=1}^{N} Y_j} \tag{2-14}$$

（3）空间集聚模式分析

空间集聚分析是空间统计学中重要的统计方法之一，主要研究在不同空间位置上变量之间的相关性或相互依赖程度。所谓空间集聚，即研究单元与其邻近单元的相似度的表达。表达空间集聚状态的指标主要有 Moran's I、Geary's C、Getis-Ord G 及 Getis-Ord G^*。其中，Moran's I 较为常用，这里做较为详细的介绍，其他指标则不再介绍。

Moran's *I* 又有全局（Global）和局部（Local）之分。全局指数用于表达整个研究区域的空间集聚模式，即整个研究区域的集聚情况用一个指标 Global Moran's *I* 表示。局部指数用来表达整个研究区域内每一个研究单元与其邻近单元的关联模式，即以每一个研究单元为中心的集聚状态用一个指标 Local Moran's *I* 表示。相比而言，Global Moran's *I* 所表达的信息有限，只能表达出正相关还是负相关，以及相关程度的高低，不能表达出在相关情况下的具体集聚状态。就集聚状态而言，共有4种，分别是高高（HH）集聚、低低（LL）集聚、高低（HL）集聚和低低（LH）集聚。通俗地讲，HH 集聚表示研究单元自身所被关注的属性值较高，同时其被属性值较高的临近单元包围；LL 集聚则相反，表示研究单元自身属性值较低，同时其被属性值较低的临近单元包围；HL 集聚表示研究单元自身属性值较高，同时其被属性值较低的临近单元包围；LH 集聚则表示研究单元自身属性值较低，同时其被属性值较高的临近单元包围。如果研究单元的属性值与其邻近单元的属性值较为接近，则为正相关，表明研究现象呈现出 HH 集聚或 LL 集聚状态，但到底是 HH 集聚还是 LL 集聚则不能判断。相反，研究单元的属性值与其邻近单元的属性值差异较大则为负相关，表明研究现象呈现出 HL 集聚或 LH 集聚的状态，但不能区分是 HL 集聚还是 LH 集聚。而 Local Moran's *I* 则可以将研究单元与周边临近单元的相关关系分解成自身属性值的标准化（Z）与其邻近研究单元属性值标准化后的均值（$W(Z)$）两部分的乘积。分别计算出 Z 和 $W(Z)$ 的值后，可通过制作莫兰散点图来展示出各研究单元的集聚状态，如图 2-1 所示。

本书采用 Global Moran's *I*（I_q）和 Local Moran's *I*（I_{qj}）考察各评价单元国土空间利用质量之间的关联模式。计算公式分别如式（2-15）和式（2-16）所示。

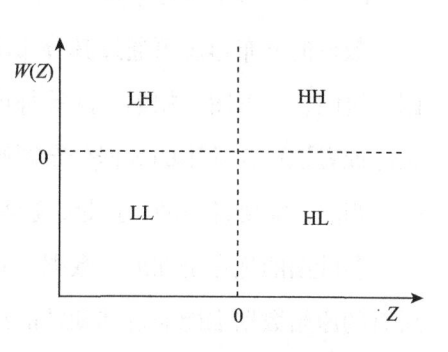

图 2-1　Moran 散点图的分区

$$I_q = \frac{N \sum_{j=1}^{N} \sum_{k=1}^{N} w_{jk} (Y_{qj} - Y_q)(Y_{qk} - Y_q)}{\sum_{j=1}^{N} (Y_{qj} - Y_q)^2 \sum_{j=1}^{N} \sum_{k=1}^{N} w_{jk}} \qquad (2-15)$$

$$I_{qj} = \frac{n(Y_{qj} - Y_q)}{\sum_{j=1}^{n} (Y_{qj} - Y_q)^2} \sum_{k=1}^{n} w_{jk}(Y_{qk} - Y_q) \qquad (2-16)$$

其中，q 代表生产、生活、生态或综合功能，j 和 k 为不同的评价单元，N 为评价单元的个数，Y_q 为所有研究单元第 q 个功能的国土空间利用指数均值，Y_{qj}、Y_{qk} 表示第 j、k 个评价单元不同功能的国土空间利用指数值，w_{jk} 为空间权重矩阵 W 中的第 j 行、第 k 列元素，即第 j、k 个评价单元的邻接信息。本书采用常用的 Queen 邻接法以及反距离确定评价单元的邻接信息。

不论是全局还是局部，Moran's I 的取范围为 –1~1。值越接近于 –1 或 1，则评价单元之间国土空间利用质量的空间关联性越强；越接近于 0，则评价单元之间的空间关联性越弱。Moran's I 大于 0 说明评价单元之间国土空间利用质量呈正相关关系，即呈 HH 集聚或 LL 集聚；Moran's I 小于 0 说明评价单元之间呈负相关关系，即呈 HL 集聚或 LH 集聚。根据 Local Moran's I 分解后的结果，可以制作 Moran 散点图来判断各研究单元的集聚状态。

2.4.3.3 动态演进分析

（1）分布形态演进分析

数据的分布形态可通过其分布图直观展示。广义地讲，常见、常用的柱状图、饼图、环形图、帕累托图等都可以用来展示数据的分布，但一般而言，狭义的或者说更为常用的数据分布图则是茎叶图、箱体图、直方图、核密度曲线等。当然，需要说明的一点是，这些分布图主要适用于数值型数据。

茎叶图的优点是在展示数据分布形态的同时保留了所有原始数据信息，即所有的原始数据都能通过茎和叶的组合得到。但这个优点同时也是缺点，因为与保留所有原始数据的信息伴随的是信息的冗余，而人们通常不会关注所有原始信息。相对于茎叶图，箱体图、直方图和核密度图则隐藏了原始信息，只聚焦于数据分布形态的表达。其中，直方图用连续矩形来表达数据的分布，核密度曲线可以看作直方图的微分化形态，其展示的是一种更为光滑的数据分布曲线，是一种光滑的直方图，也是科学研究领域应用非常广泛的一种数据分布图。制作核密度图的关键是通过构建概率密度函数（见式（2-18））进行核密度估计，从而得到一个概率密度曲线。箱体图不仅能直观展示数据的分布形态，同时还能将一些必要的数据特征值，如中位数、四分位数、离群值等一并展示在图形中，如图2-2所示。本书采用多时期箱体图和核密度图展示国土空间利用质量分布形态的动态深化趋势。

$$f(x) = \frac{1}{nh} \sum_{i=1}^{n} K\left(\frac{X_i - x}{h}\right) \quad （2-18）$$

$$K(x) = \frac{1}{\sqrt{2\pi}} \exp\left(-\frac{x^2}{2}\right) \quad （2-19）$$

其中，$f(x)$为随机变量X的密度函数，N为观测值的个数，$K(x)$为核函数（本书采用的是较为常用的高斯核函数），X_i为独立同分布的观测值，h为带宽。

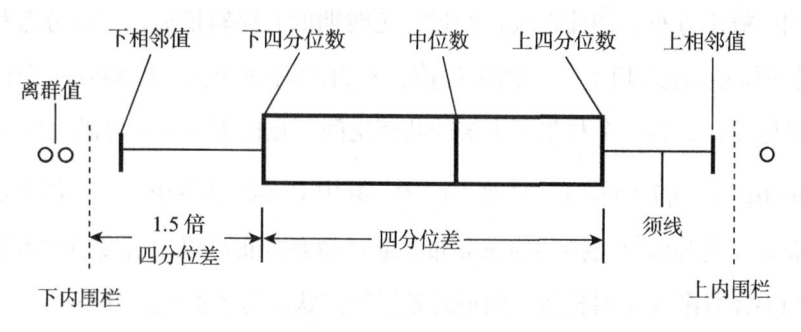

图 2-2 箱体图示意

图2-2中，下内围栏值为下四分位数减去四分位差的1.5倍，上内围栏值为上四分位数加上四分位差的1.5倍，上下内围栏之外的数据为离群值❶。

---

❶ 离群值可以理解为极值或极端值，即极大或极小值。需要注意的是，极值不是最大或最小值，它不是唯一的，也可能是不存在的。

（2）基于马尔可夫链的时空跃迁分析

马尔可夫链是基于时间与状态都离散情况下的随机过程 $\{X(t), t \in T\}$，其研究不同状态的初始概率以及不同状态之间的转换概率，可用于解释评价单元的状态变换趋势。在本书中，其实现过程如下：首先，将国土空间利用质量按照上四分位数、中位数、下四分位数分成低（Ⅰ）、中低（Ⅱ）、中高（Ⅲ）、高（Ⅳ）4种类型；然后，将每一时期的各类型的评价单元数量存储在一个状态空间矩阵；最后，可以得到一个 4×4 维的转移概率矩阵 $\boldsymbol{P}$。

$$\boldsymbol{P} = \begin{bmatrix} p_{11} & p_{12} & p_{13} & p_{14} \\ p_{21} & p_{22} & p_{23} & p_{24} \\ p_{31} & p_{32} & p_{33} & p_{34} \\ p_{41} & p_{42} & p_{43} & p_{44} \end{bmatrix} \quad (2\text{-}20)$$

其中，转移概率 $p_{ij} = n_{ij}/n_i$，$\sum_{j \in 4} p_{ij} = 1$，$i, j \in 4$，$n_{ij}$ 为在研究时间范围内样本由第 i 种类型转移到第 j 种类型的个数，n_i 为第 i 种类型总个数。

在得到样本期内的转移矩阵后，如果将期初的概率分布与转移矩阵相乘，可得第2期的概率分布。将第2期概率分布继续与转移矩阵相乘，则可得到第3期的概率分布。如此迭代，经过一定时期的有序转换后，使得分布状态概率在长时间运行后趋于一个固定的值，不再随时间变化，即得到一个稳态分布。具体而言，若一个马尔可夫链的状态空间存在概率分布 π 并满足如下关系：$\pi = \lim_{n \to \infty} p(X_n = s_i) = \pi(s_i)$，且 $\boldsymbol{\pi} = \boldsymbol{\pi} \cdot \boldsymbol{P}$，其中 $\boldsymbol{P}$ 是转移概率矩阵，那么这个概率分布 π 就是马尔可夫链的稳态分布。通过稳态分布可以知道按照样本期概率转移趋势经有限次序列转换达到最终处于稳定状态时各类型的分布。

（3）基于局部 Moran's I 的时空跃迁分析

雷伊（Rey）基于不同时期局部 Moran's I 变化情况，提出了时空跃迁分析方法，以反映 Moran's I 散点图的时空演化。根据观测评价单元及其相邻评价单元是否发生跃迁，分为4种类型。其中，类型Ⅰ表示自身稳定－邻域稳定；类型Ⅱ表示自身跃迁－邻域稳定，包括 $HH_t \to LH_{t+1}$、$HL_t \to LL_{t+1}$、$LH_t \to HH_{t+1}$

和 $LL_t \to HL_{t+1}$；类型Ⅲ表示自身稳定-邻域跃迁，包括 $HH_t \to HL_{t+1}$、$HL_t \to HH_{t+1}$、$LH_t \to LL_{t+1}$ 和 $LL_t \to LH_{t+1}$；类型Ⅳ表示自身跃迁-邻域跃迁，包括观测城市自身跃迁方向与邻域一致的ⅣA型跃迁（$HH_t \to LL_{t+1}$、$LL_t \to HH_{t+1}$）和观测城市自身跃迁方向与邻域相反的ⅣB型跃迁（$HL_t \to LH_{t+1}$、$LH_t \to HL_{t+1}$）。跃迁分析可以明确区域国土空间利用功能的时空变迁（SF）和时空凝聚（SC）特征，其计算公式分别为式（2-21）和式（2-22）。

$$SF = \frac{Y_2 + Y_3}{m} \quad (2-21)$$

$$SC = \frac{Y_1 + Y_{4A}}{m} \quad (2-22)$$

其中，Y_1、Y_2、Y_3 和 Y_{4A} 分别为Ⅰ、Ⅱ、Ⅲ和ⅣA类跃迁的数量，m 表示研究单元的数量。

2.4.3.4 区域差异分析

本书采用 Dagum 基尼系数来研究国土空间利用质量的区域差异情况。设定 n、m 分别代表评价单元和子区域的个数，y 代表所有评价单元国土空间利用质量指数的总和，$n_j(n_h)$ 表示子区域 $j(h)$ 区域内评价单元数量，$\bar{y}$ 代表所有评价单元国土空间利用质量指数的平均值，$\bar{y}_j(\bar{y}_h)$ 代表子区域 $j(h)$ 的平均值，y_{ji} 和 y_{hr} 分别代表子区域 j 内第 i 个评价单元的国土空间利用质量指数和 h 区域内第 r 个评价单元的国土地空间利用质量指数。

首先，定义组间基尼系数 G_{jh}，算式为

$$G_{jh} = \frac{\sum_{i=1}^{n_j}\sum_{r=1}^{n_h}|y_{ji} - y_{hr}|}{n_j n_h (\bar{y}_j + \bar{y}_h)} \quad (2-23)$$

如果参与测算的两个区域为同一个区域，即 $j = h$，组间基尼系数即为组内基尼系数 G_{jj}，其算式为

$$G_{jj} = \frac{1}{2\bar{y}_j n_j^2} \sum_{i=1}^{n_j} \sum_{r=1}^{n_j} |y_{ji} - y_{jr}| \qquad (2-24)$$

将所有样本单元视为一组，该"虚拟分组"的组内基尼系数便是总体基尼系数 G：

$$G = \frac{\sum_{j=1}^{m} \sum_{h=1}^{m} \sum_{i=1}^{n_j} \sum_{r=1}^{n_h} |y_{ji} - y_{hr}|}{2n^2 \bar{y}} \qquad (2-25)$$

根据达格马（Dagum）提出的分解方法，将总体差异分解为组内差异（G_w）、组间差异（G_{nb}）、组间超变密度（G_t）3部分，即 $G = G_w + G_{nb} + G_t$，各差异测度为

$$G_w = \sum_{j=1}^{k} G_{jj} p_j s_j \qquad (2-26)$$

$$G_{nb} = \sum_{j=2}^{m} \sum_{h=1}^{j-1} G_{jh}(p_j s_h + p_h s_j) D_{jh} \qquad (2-27)$$

$$G_t = \sum_{j=2}^{m} \sum_{h=1}^{j-1} G_{jh}(p_j s_h + p_h s_j)(1 - D_{jh}) \qquad (2-28)$$

其中，$p_j = \frac{n_j}{n}$，$s_j = \frac{n_j \bar{y}_j}{n \bar{y}}$（$j = 1, 2, \cdots, k$），$D_{jh}$ 为 j、h 区域之间的相对影响力，核算公式为

$$D_{jh} = \frac{d_{jh} - p_{jh}}{d_{jh} + p_{jh}} \qquad (2-29)$$

$$d_{jh} = \int_0^\infty dF_j(y) \int_0^y (y - x) dF_h(x) \qquad (2-30)$$

$$p_{jh} = \int_0^\infty dF_h(y) \int_0^y (y - x) dF_j(x) \qquad (2-31)$$

计算 d_{jh} 和 p_{jh} 之前需要调整区域的编号，使得 $\overline{y}_j \geqslant \overline{y}_h$，$F_j(\cdot)$ 和 $F_h(\cdot)$ 为调整区域后的科技创新效率的累计分布函数，d_{jh} 为区域 j 和 h 间的总影响力。

2.4.3.5 收敛特征分析

本书基于 σ 收敛模型分析国土空间利用质量的收敛情况。σ 收敛指随着时间的推移，各地区国土空间利用质量的离散程度呈现出不断下降的趋势，采用变异系数来衡量，算式为

$$\sigma = \frac{\sqrt{\sum_{i=1}^{N_j}(Y_{ji}-\overline{Y}_j)^2 / N_j}}{\overline{Y}_j} \quad (2-32)$$

其中，Y_{ji} 为子区域 j 内 i 评价单元的国土地空间利用质量指数，$\overline{y}_j$ 为子区域 j 内所有评价单元的国土地空间利用质量指数均值，N_j 为子区域 j 内评价单元的个数。

第二篇 以省域为评价单元的研究

第3章 全国国土空间利用质量评价

3.1 省域评价指标及数据说明

3.1.1 评价指标体系

本章借鉴已有相关研究成果，同时考虑数据的可获得性、便利性、权威性，结合省域的特点，综合考虑多重因素，最终确定了省级层面国土空间利用质量评价指标体系，见表3-1，并从生产、生活、生态3个基准层来评价国土空间利用质量。

表3-1 省域国土空间利用质量评价指标体系

目标层	基准层	准则层	指标层	方向	单位
国土空间利用质量指数 A	生产功能指数（集约高效）$B1$	利用效益指数 C_1	建设用地地均夜间灯光总值 D_1	+	万元/km²
			第一产业用地地均 GDP D_2	+	万元/km²
		利用强度指数 C_2	地均劳动力数量 D_3	+	万人/km²
			地均全社会固定资产投资 D_4	+	万元/km²
			地均研究费用 R&D D_5	+	万元/km²
		利用可持续性指数 C_3	万元 GDP 二氧化碳排放量 D_6	−	万吨/万元
			万元 GDP 用水量 D_7	−	万m³/万元
			万元 GDP 废水量 D_8	−	万吨/万元
			万元 GDP 废气排放量 D_9	−	万吨/万元
			万元 GDP 固体废物排放量 D_{10}	−	万吨/万元

续表

目标层	基准层	准则层	指标层	方向	单位
国土空间利用质量指数 A	生活功能指数（宜居适度）B_2	生活适宜程度 C_4	城镇人均居住用地 D_{11}	+	km²/万人
			农村人均居住用地 D_{12}	+	km²/万人
			人均生态用地 D_{13}	+	km²/万人
		生活便捷程度 C_5	公路网密度 D_{14}	+	km/km²
			铁路网密度 D_{15}	+	km/km²
			互联网普及率 D_{16}	+	%
			燃气普及率 D_{17}	+	%
			用水普及率 D_{18}	+	%
		生活保障程度 C_6	师生比 D_{19}	−	—
			每万人医疗机构床位数 D_{20}	+	张/万人
	生态功能（山清水秀）指数 B_3	生态利用指数 C_7	气体调节 D_{21}	+	万亿元
			气候调节 D_{22}	+	万亿元
			水源涵养 D_{23}	+	万亿元
			土壤形成与保护 D_{24}	+	万亿元
			生物多样性保护 D_{25}	+	万亿元
			娱乐文化 D_{26}	+	万亿元
		生态景观指数 C_8	景观破碎度 D_{27}	−	—
			景观分维度 D_{28}	−	—
			香农多样性指数 D_{29}	+	—

注：第一产业 GDP、固定资产投资总额、R&D 经费均采用以 2000 年为基期的可比值。

生产功能指数包含 3 个准则层：利用效益指数、利用强度指数和利用可持续性指数。利用效益指数包括建设用地地均夜间灯光总值、第一产业地均 GDP；利用强度指数包括地均劳动力数量、地均固定资产投资总额、地均研究费用 R&D；利用可持续性指数包括万元 GDP 二氧化碳排放量、万元 GDP 用水量、万元 GDP 废水量、万元 GDP 废气排放量及万元 GDP 固体废物排放量。

生活空间功能指数也包含 3 个准则层：生活适宜程度、生活便捷程度和生活保障程度。适宜程度指数包括城镇人均居住用地、乡村人均居住用地、人均生态用地；便捷程度指数包括公路网密度、铁路网密度、互联网普及率、燃气普及率及用水普及率；保障程度指数包括师生比、每万人医疗机构床位数。

生态功能指数则包含 2 个准则层指数：生态利用质量指数和景观利用质量指数。生态利用质量指数包括气体调节、气候调节、水源涵养、土壤形成与保护、生物多样性保护及娱乐文化；景观利用质量指数包含景观破碎度、景观分维度和香农多样性指数。

3.1.2 数据说明

省域的指标数据主要来自历年《中国统计年鉴》及各省（区、市）的统计年鉴，对个别省（区、市）、个别年份的缺失数据则基于 Stata 软件运用线性插值法进行填补。土地利用数据来源于中国科学院资源环境科学与数据中心，数据空间分辨率为 1km，各土地类型面积利用 ArcGIS10.2 软件提取而来。碳排放数据来源于中国碳排放数据库（CEADS）。生态空间利用质量指数中生态服务价值基于土地利用覆盖数据，参考谢高地的研究折算而来，其中土地利用覆盖数据来源于武汉大学发布的 1985—2020 年逐年 30m 分辨率中国土地覆盖数据集（China Land Cover Dataset，CLCD）。该数据为栅格数据，土地覆盖类型分为 9 类：耕地、森林、灌丛、草地、水体、积雪/冰川、裸地、不透水面及湿地。通过对数据的整理和研究区域的筛选，最终确定了包含 30 个省（区、市），2000 年、2005 年、2010 年、2015 年、2020 年共 5 年的平衡面板数据。

3.1.3 指标权重

通过熵权法可计算出各指标层的权重及得分，具体见表 3-2。在基准层的权重中，权重最大的是生产功能指数，权重为 0.5848，其主要由子维度指标中的利用强度指数贡献，权重为 0.8547，这反映出生产功能内部指标的分异程度相对较大。生活功能指数的权重为 0.1972，其子维度指标中权重贡献率居于首位的为生活适宜程度，为 0.5307。生态功能指数的权重为 0.2180，其子维度指标中权重贡献最高的是生态利用质量指数，为 0.7683。

表 3-2 省域指标体系权重表

基准层	权重	准则层	权重	指标层	权重
B_1	0.5848	C_1	0.1248	D_1	0.3563
				D_2	0.6437
		C_2	0.8547	D_3	0.1549
				D_4	0.3728
				D_5	0.4722
		C_3	0.0204	D_6	0.2146
				D_7	0.1062
				D_8	0.3072
				D_9	0.2755
				D_{10}	0.0964
B_2	0.1972	C_4	0.5307	D_{11}	0.1065
				D_{12}	0.2021
				D_{13}	0.6914
		C_5	0.3348	D_{14}	0.3565
				D_{15}	0.3685
				D_{16}	0.1873
				D_{17}	0.0668
				D_{18}	0.0210
		C_6	0.1345	D_{19}	0.2560
				D_{20}	0.7440
B_3	0.2180	C_7	0.7683	D_{21}	0.1667
				D_{22}	0.1667
				D_{23}	0.1667
				D_{24}	0.1667
				D_{25}	0.1667
				D_{26}	0.1667
		C_8	0.2317	D_{27}	0.3507
				D_{28}	0.4499
				D_{29}	0.1994

注：D_{21}~D_{26} 的权重未用熵权法计算，而是做等权处理，这是由于本书借鉴谢高地的系列研究，基于单位面积生态系统服务价值当量与土地覆盖数据直接折算出 C_7 的数值，其中 D_{21}~D_{26} 对于 C_7 贡献相等，此处列出权重仅为从逻辑上体现指标体系的完整性。

3.2 评价结果分析

3.2.1 全国生产功能评价结果分析

3.2.1.1 结果的描述性统计

全国全样本生产功能指数的描述性特征值和 2000 年、2005 年、2010 年、2015 年、2020 年 5 个时间节点的均值见表 3-3 和表 3-4。

表 3-3 全国全样本生产功能指数描述性统计

特征指标	最小值	最大值	平均值	中位数	标准差
数值	0.011 6	0.941 4	0.099 2	0.070 0	0.120 4

表 3-4 全国生产功能指数年份均值

年份	2000	2005	2010	2015	2020
均值	0.058 5	0.074 5	0.100 6	0.120 4	0.141 8

从表中可以看出，研究期内全国生产功能指数的变化区间为 0.011 6~0.941 4，总体的平均值为 0.099 2，总体标准差为 0.120 4。这说明各时期省域生产功能指数之间存在一定的差异且存在极大值。而从年份的均值变化来看，指数的变化呈现逐渐上升的趋势。

3.2.1.2 分布形态及动态演进分析

（1）分布形态及变化特征

图 3-1 用箱体图和核密度图展示了 2000 年、2005 年、2010 年、2015 年及 2020 年的全国国土空间利用生产功能指数分布情况。可以看出，2000—2020 年箱体上下相邻值、四分位值、极值等各特征值均略有缓慢上升的趋势，核密度曲线也有逐期向右略微移动的趋势。这说明研究期内全国生产功能略有提高。从箱体图和核密度图的形态看，箱体图上下邻值之间的差距在 2010 年

和 2020 年均明显变大，核密度曲线的宽度也逐渐变宽，曲线峰值逐渐略有降低。这说明研究期内各省域间国土空间利用生产功能的差异呈逐渐变大趋势。箱体图和核密度图在研究期内均呈现右偏分布的态势且右偏程度逐渐增大，箱体图中极大值也有较为明显的增长趋势。这说明研究区域内存在极大值，即区域内个别省（区、市）的生产功能指数显著高于其他省（区、市），这也是区域内生产功能差异性扩大的主要原因。从核密度曲线的波峰数目看，全国范围内生产功能指数在样本期间均未出现过明显的双峰或多峰现象，这表明全国层面上生产功能指数在空间分布上不存在多极分化现象。

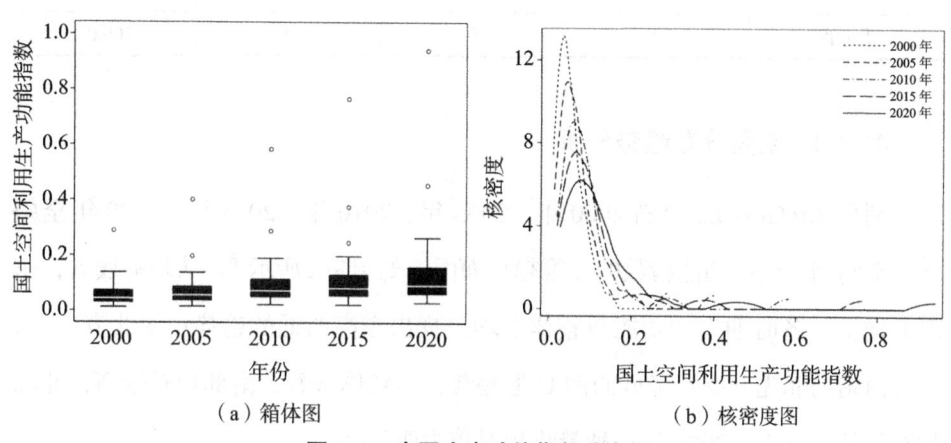

（a）箱体图　　　　　　　　（b）核密度图

图 3-1　全国生产功能指数分布图

（2）基于马尔可夫链的跃迁分析

全国 2000—2020 年生产功能指数马尔可夫链转移概率分布矩阵见表 3-5。由表可知，全国生产功能指数初始类型为Ⅰ、Ⅱ、Ⅲ、Ⅳ的区域维持其原有状态的概率分别为 61.11%、56.67%、67.86%、100%，研究期初为类型Ⅰ的省（区、市）中有 38.89% 在研究期末跃升为类型Ⅱ，期初为类型Ⅱ的省（区、市）中有 43.33% 在期末跃升为类型Ⅲ，期初为类型Ⅲ的省（区、市）中有 32.14% 在期末跃升为类型Ⅳ，期初为类型Ⅳ的省（区、市）全部维持在类型Ⅳ。表 3-5 中对角线上的元素值均大于非对角线上的元素值。这表明全国各省（区、市）国土空间利用状态变化程度相对较弱，尤其类型Ⅰ和类型Ⅱ转向类型Ⅳ的概率均为 0，较难实现跨级跃迁。表中不存在从高级别类型向低级别类型转移的情况，这说明各省域国土空间利用生产功能不存在下降趋势，展示出持续向好的态势。

表 3-5 全国 2000—2020 年生产功能指数马尔可夫链转移概率分布矩阵

单位：%

期初/期末	类型Ⅰ	类型Ⅱ	类型Ⅲ	类型Ⅳ
类型Ⅰ	61.11	38.89	0	0
类型Ⅱ	0	56.67	43.33	0
类型Ⅲ	0	0	67.86	32.14
类型Ⅳ	0	0	0	100.00

3.2.1.3 空间分布趋势分析

利用 ArcGIS10.2 绘制 2000 年、2005 年、2010 年、2015 年、2020 年全国国土空间利用生产功能指数的三维趋势面图，如图 3-2 所示❶。从趋势线看，东西方向上，各时期生产功能数整体上均呈现出东高西低的趋势；南北方向上，呈现由南向北先升高再降低的倒 U 形趋势，但整体来看，南部相对较高，北部相对较低，其中，2000 年这种趋势相对较为明显。

（a）生产功能（2000 年）　　　　（b）生产功能（2020 年）

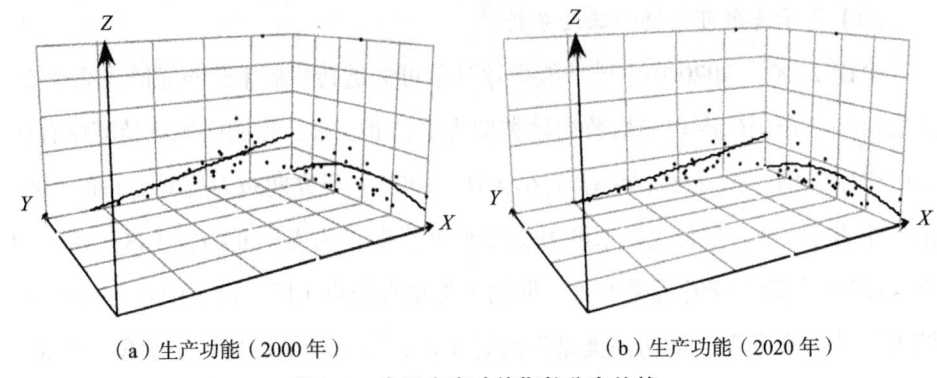

图 3-2 全国生产功能指数分布趋势

❶ 由于各年份趋势基本没有变化，这里仅展示 2000 年和 2020 年的三维趋势面图。

3.2.1.4 重心迁移分析

全国生产功能指数重心迁移图如图 3-3 所示。由图可知，2000—2020 年全国国土空间利用生产功能指数重心始终位于安徽省界内。其重心迁移轨迹可以分为 3 个阶段：2000—2010 年基本呈现向北稍偏东方向发展的趋势；2010—2015 年呈现向东稍偏北方向发展的趋势，且移动速度明显加快；2015—2020 年则呈现向南发展趋势。

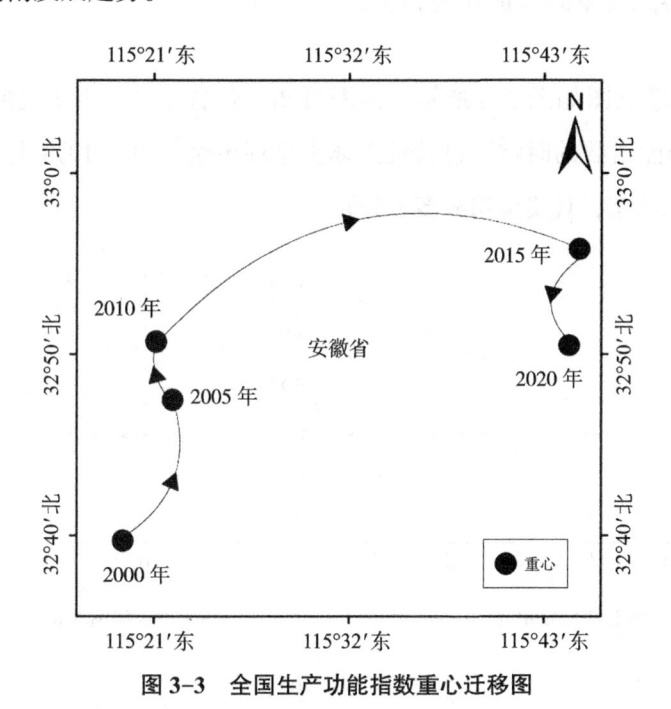

图 3-3　全国生产功能指数重心迁移图

3.2.1.5 空间集聚特征及其跃迁分析

（1）空间集聚特征

全国生产功能 Global Moran's I 及其相关参数见表 3-6。基于 Global Moran's I 的空间自相关检验可知，各样本期的国土空间利用生产功能指数在研究期间均存在 1% 水平下显著的空间正相关性。这说明各省（区、市）的生产功能会受到邻域省（区、市）的正向影响。

表 3-6　全国生产功能 Global Moran's I 及其相关参数

年份	I	$E(I)$	$sd(I)$	z	p-value
2000	0.350	−0.034	0.093	4.130	0
2005	0.288	−0.034	0.090	3.593	0
2010	0.245	−0.034	0.086	3.249	0.001
2015	0.244	−0.034	0.086	3.247	0.001
2020	0.221	−0.034	0.083	3.072	0.001

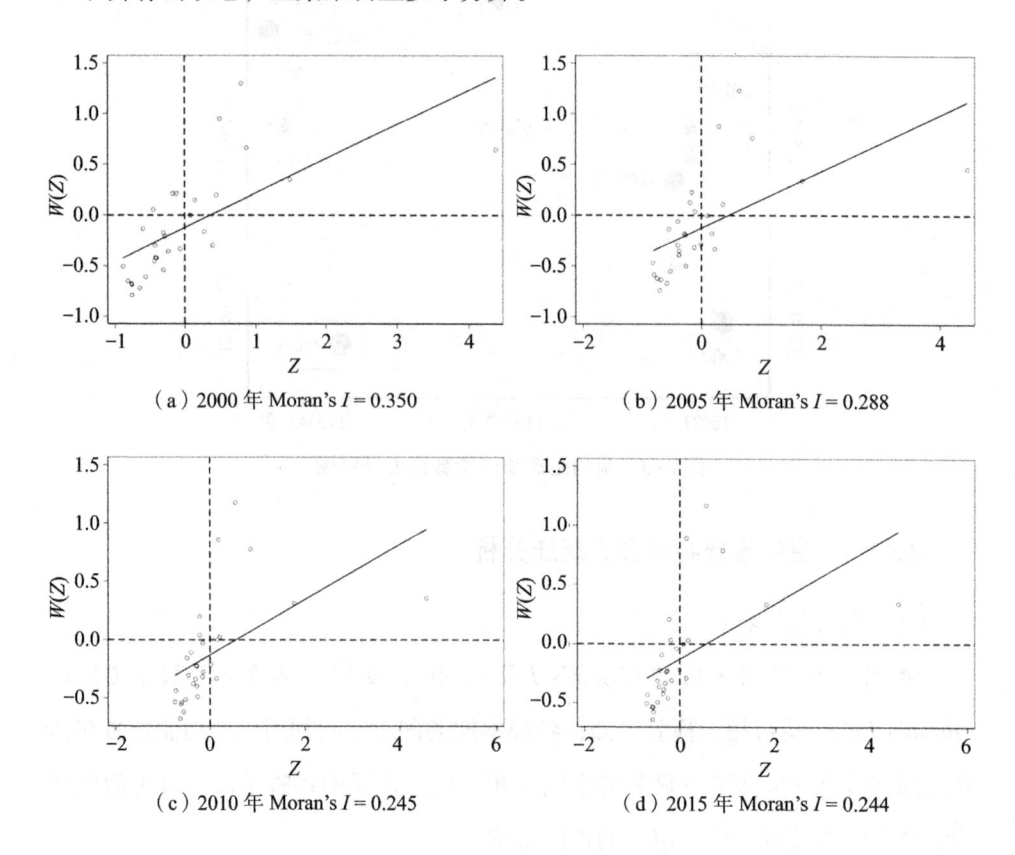

注：本章集聚分析均采用 0-1 邻接空间权重矩阵。

Moran 散点图如图 3-4 所示。由图可知，各省（区、市）之间国土空间利用生产功能指数的时空演进特征总体上呈现集聚（HH、LL）与分异（HL、LH）并存的状态，且集聚明显多于分异。

（a）2000 年 Moran's I = 0.350

（b）2005 年 Moran's I = 0.288

（c）2010 年 Moran's I = 0.245

（d）2015 年 Moran's I = 0.244

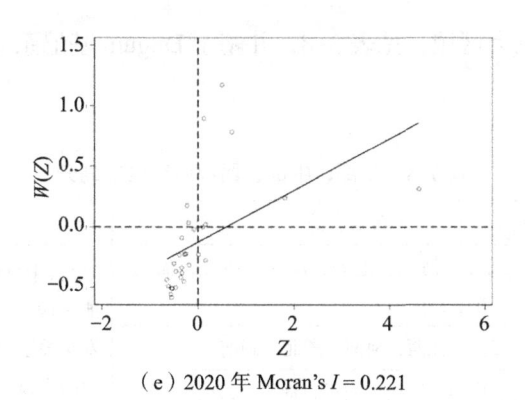

(e) 2020 年 Moran's I = 0.221

图 3-4　全国生产功能指数 Moran 散点图

（2）集聚形态的动态变化

选取 2000 年、2005 年、2010 年、2015 年和 2020 年为时间节点，根据图 3-4 中各单元局部空间关联类型的转移情况，总结 2000—2005 年、2005—2010 年、2010—2015 年、2015—2020 年 4 个阶段内国土空间利用生产功能指数的时空跃迁转移概率矩阵，见表 3-7。结果表明，4 个时段内，生产功能指数的跃迁形式以类型 I 为主。这说明各区域生产功能指数发生跳跃转移的概率相对较低。其中，I 类跃迁占比不断上升。这说明全国层面上的生产功能指数的转移惰性不断上升，局部时空关联类别间的转移特征不断弱化。

表 3-7　全国生产功能集聚形态跃迁类型的概率分布

单位：%

跃迁类型	2000—2005 年	2005—2010 年	2010—2015 年	2015—2020 年
类型 I	93.33	96.67	96.67	96.67
类型 II	0	0	3.33	3.33
类型 III	0	3.33	0	0
类型 IV A	0	0	0	0
类型 IV B	0	0	0	0

3.2.1.7　东部、中部、西部区域差异分析

依据国家相关发展规划文件，我们进一步对研究区域进行划分，分为东

部、中部、西部三大区域，见表3-8，并基于Dugum基尼系数和变异系数进行区域差异分析。

表3-8　东部、中部、西部研究区域划分

区域名称	覆盖省份	划分依据
东部	北京、天津、河北、上海、江苏、浙江、福建、山东、广东、海南	《中共中央国务院关于促进中部地区崛起的若干意见》《国务院发布关于西部大开发若干政策措施的实施意见》以及党的十六大报告精神
中部	山西、安徽、江西、河南、湖北、湖南	
西部	内蒙古、广西、重庆、四川、贵州、云南、陕西、甘肃、青海、宁夏、新疆	

（1）组内差异

全国及分区域生产功能指数组内基尼系数如图3-5所示。

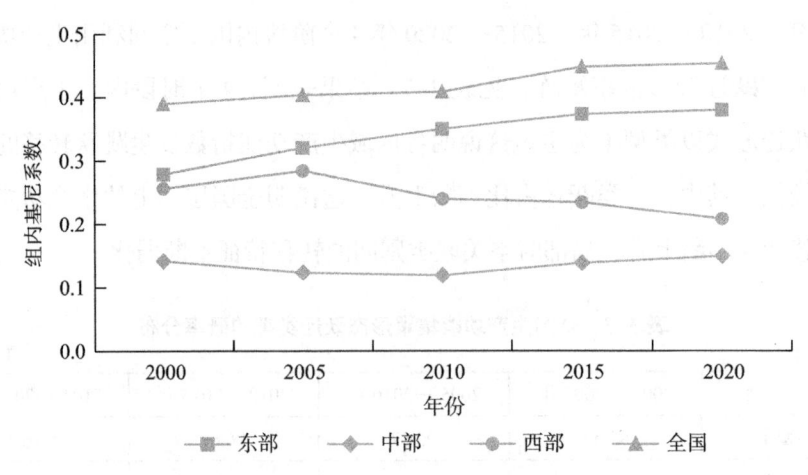

图3-5　全国及分区域生产功能指数组内基尼系数

由图可知，样本期内全国组内基尼系数呈现持续上升状态。这说明全国生产功能指数的区域差异在扩大。全国组内基尼系数均值为0.4207，高于3个分区，这说明各省（区、市）生产功能指数存在着明显的不均衡现象。各区域内部差异程度各不相同：东部地区的样本均值最高，基尼系数持续上升，国土空间利用生产功能不平衡问题较为突出；西部地区基尼系数在短暂上升后持续下降,但仍高于中部,这说明生产功能指数地区内部差异在缩小,但不平衡问题依然突出;中部地区基尼系数均值最低,且相对较为稳定。

(2)组间差异

东部、中部、西部生产指数组间差异的时序变化情况见表3-9。由表可见,东部与中部之间的生产指数差异呈现逐渐增加趋势,2005—2010年差异变动率最大,东部与西部之间的生产指数差异呈现先轻微波动后增加,2010—2015年差异变动率最大,中部与西部之间的生产指数差异波动最大。

表3-9 东部、中部、西部生产指数组间差异变化情况

年份	组间差异			变动率/%		
	东部-中部	东部-西部	中部-西部	东部-中部	东部-西部	中部-西部
2000	0.3923	0.5697	0.2769	—	—	—
2005	0.4120	0.5693	0.2724	5.02	-0.07	-1.63
2010	0.4489	0.5642	0.2229	8.96	-0.90	-18.17
2015	0.4830	0.6252	0.2513	7.60	10.81	12.74
2020	0.4895	0.6290	0.2496	1.35	0.61	-0.68

(3)差异来源及其贡献率

全国(东部、中部、西部)生产功能指数差异来源及贡献如图3-6所示。

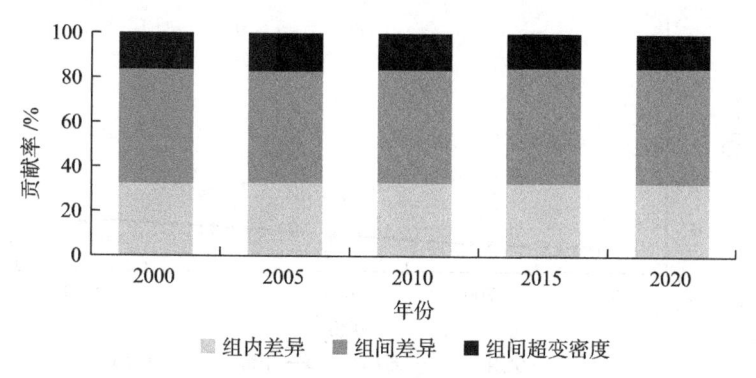

图3-6 全国(东部、中部、西部)生产功能指数差异来源及贡献

由图可知，各时期组间差异的贡献率最大，组内差异的贡献率次之，超变密度的贡献率则最小。研究期内，组间差异的贡献率均值为51.12%，一直稳定于较高水平，组内差异和超变密度的贡献率则一直处于较低水平。总体来看，组间差异为国土空间利用生产功能指数整体差异的主要原因。

（4）收敛特征分析

表3-10和图3-7呈现了考察期内全国及中部、东部、西部生产功能指数变异系数的动态变化趋势。可以看出，除西部外，全国与中部、东部地区的变异系数整体上均呈现上升趋势，尤其全国上升趋势比较明显，这说明全国与中部、东部地区的生产功能指数均不收敛。而西部地区变异系数虽表现出轻微下降的趋势，体现出 σ 收敛特征，但这种收敛特征并不明显。

表3-10 全国及东部、中部、西部生产功能指数变异系数

年份	2000	2005	2010	2015	2020
全国	0.889 0	1.207 0	1.810 1	2.438 1	3.018 5
东部	0.622 6	0.710 1	0.780 9	0.831 2	0.864 6
中部	0.273 3	0.302 2	0.406 3	0.496 6	0.581 2
西部	0.460 5	0.511 8	0.423 0	0.414 7	0.370 5

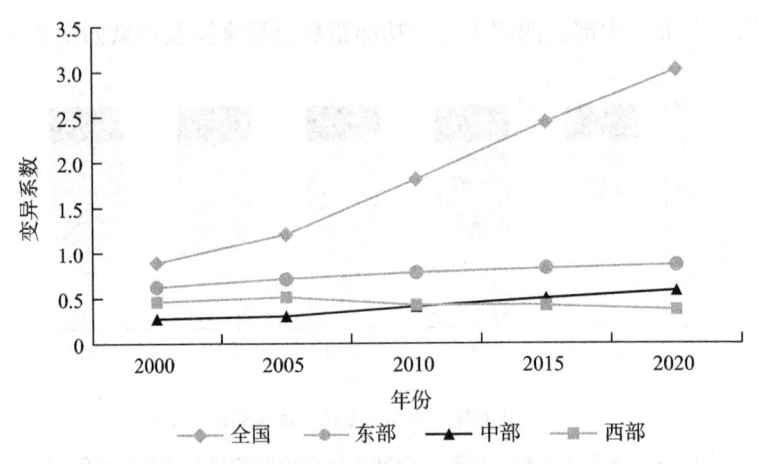

图3-7 全国及分区域生产功能指数变异系数演化趋势

3.2.1.8 南部、北部区域差异分析

本书基于秦岭—淮河分界线，进一步将全国划分为南部、北部两大区域，见表3-11，并利用Dugum基尼系数和变异系数进行区域差异分析。

表3-11 南部、北部研究区域划分

区域	覆盖范围	划分依据
南部	上海、江苏、浙江、安徽、福建、江西、湖北、湖南、广东、广西、海南、重庆、四川、贵州、云南	以秦岭—淮河为界
北部	北京、天津、河北、山西、内蒙古、辽宁、吉林、黑龙江、山东、河南、陕西、甘肃、青海、宁夏、新疆	

（1）组内差异

全国及分区域生产功能指数组内基尼系数如图3-8所示。由图可知，样本期内全国及南部、北部区域组内基尼系数均呈现持续上升状态，这说明国土空间利用生产功能的区域差异在全国及南部、北部分区域层面均存在扩大态势。组内基尼系数大致为0.3~0.5，其中，全国组内基尼系数均值为0.4207，北部地区为0.4284，南部地区为0.3814，这说明全国各省（区、市）国土空间利用生产功能存在着明显的不均衡现象，而北部地区国土空间利用生产功能不平衡问题相对更为突出。

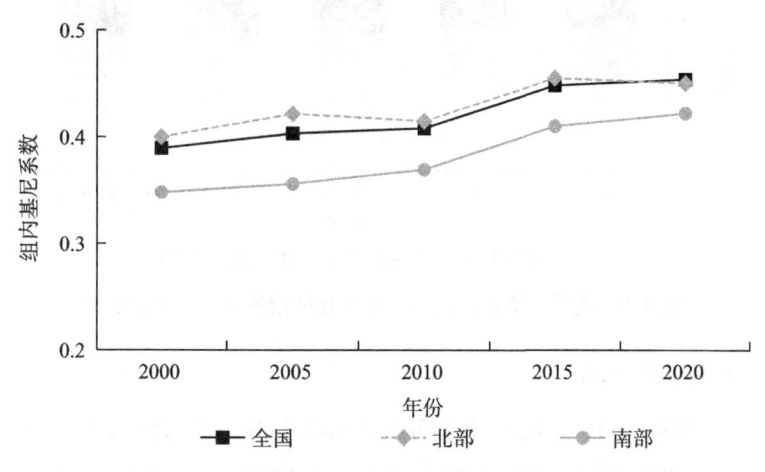

图3-8 全国及分区域生产功能指数组内基尼系数

（2）组间差异

南部、北部国土空间利用生产功能指数组间差异的时序变化情况见表3-12，可以看出，南部、北部之间的生产功能指数差异呈现逐渐加大趋势，其中，2005—2010年差异变动率最小，2010—2015年差异变动率最大。

表 3-12 南部、北部地区生产功能指数组间差异变化情况

年份	2000	2005	2010	2015	2020
组间差异	0.410 3	0.424 1	0.428 6	0.468 4	0.474 7
变动率/%	—	3.36	1.06	9.29	1.35

（3）差异来源及其贡献率

全国（南部、北部）生产功能指数差异来源及贡献如图3-9所示。在各样本期，组间超变密度的贡献率均最大，组内差异的贡献率次之，组间差异的贡献率最小。研究期内，组间超变密度的贡献率均值为45.09%，一直稳定于较高水平，组内差异和组间差异的贡献率则一直处于较低水平。总体来看，超变密度为国土空间利用生产功能整体差异的主要原因。

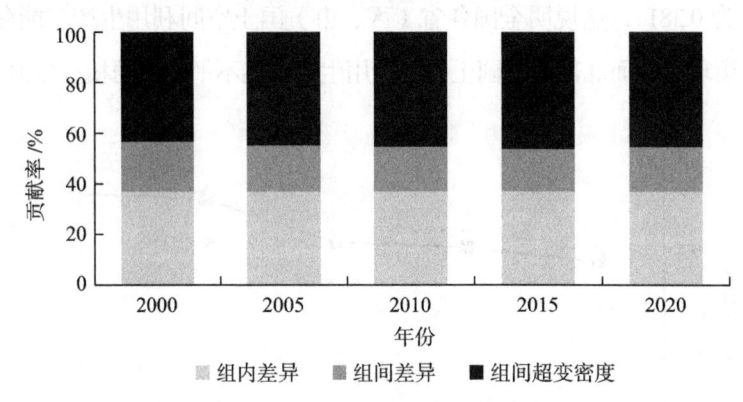

图 3-9 全国（南部、北部）生产功能指数差异来源及贡献

（4）收敛特征分析

表3-13和图3-10呈现了样本期内全国与南部、北部的国土空间利用生产功能指数变异系数的动态变化趋势。南部与北部的变异系数均呈现出轻微上升

趋势，南部略高于北部。而全国生产指数变异系数呈现大幅上升态势，样本期末的变异系数相比于样本期初上升 2.129 5。这表明，全国、南部和北部在研究期内的生产功能指数均不存在 σ 收敛特征。

表 3-13　全国及南部、北部地区生产功能指数变异系数

年份	2000	2005	2010	2015	2020
全国	0.889 0	1.207 0	1.810 1	2.438 1	3.018 5
南部	0.878 5	0.968 1	1.058 5	1.179 1	1.222 5
北部	0.770 5	0.834 1	0.867 8	0.974 5	0.987 3

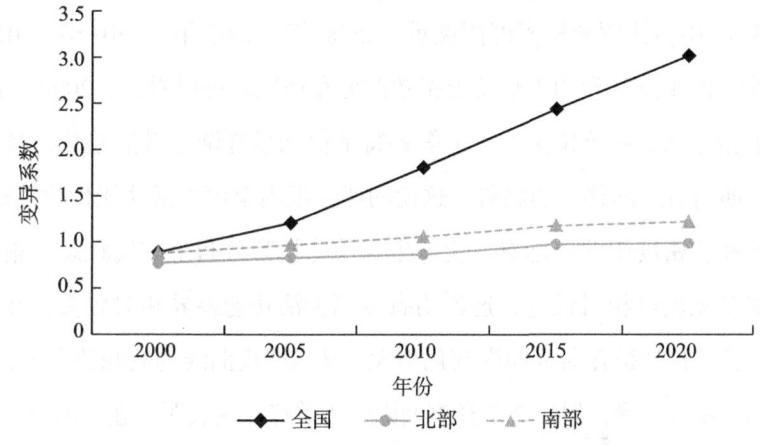

图 3-10　全国及分区域生产功能指数变异系数演化趋势

3.2.2　全国生活功能评价结果分析

3.2.2.1　结果的描述性统计

全国国土空间利用生活功能指数的描述性统计特征值和 2000 年、2005 年、2010 年、2015 年、2020 年 5 个时间节点的均值变化见表 3-14 和表 3-15。可以看出，全国全样本生活功能指数的变化区间为 0.009 7~0.641 9，均值为 0.225 9，标准差为 0.129 6，这说明省域之间的生活功能指数存在一定的时空差异，而从年份的均值变化来看，生活功能指数的变化呈现出逐渐上升的趋势。

表 3-14　全国全样本生活功能指数描述性统计

特征指标	最小值	最大值	平均值	中位数	标准差
数值	0.009 7	0.641 9	0.225 9	0.201 6	0.129 6

表 3-15　全国生活功能指数年份均值表

年份	2000	2005	2010	2015	2020
均值	0.148 2	0.166 3	0.212 3	0.267 3	0.335 5

3.2.1.2　分布形态及动态演进分析

（1）分布形态及变化特征

图 3-11 用箱体图和核密度图展示了 2000 年、2005 年、2010 年、2015 年及 2020 年全国国土空间利用生活功能指数的分布情况。可以看出，2000—2020 年箱体上下相邻值、四分位值、极值等各特征值均呈逐渐上升的趋势，核密度曲线也有逐期向右逐渐移动的趋势，这说明研究期内全国生活功能指数逐渐提高。从箱体图和核密度图的形态看，全国生活功能指数分布呈右偏状态，箱体图和核密度曲线宽度也相对较宽，这说明省域间生活功能差异相对较大，并有极大值存在，且这种特征在研究期内变化不大。从核密度曲线的波峰数目看，在前 3 个样本期出现过双峰，但后 2 个样本期则变为单峰。这表明，在全国层面上，生活功能指数空间分布前期存在两极分化现象，后期这种现象逐渐消失。

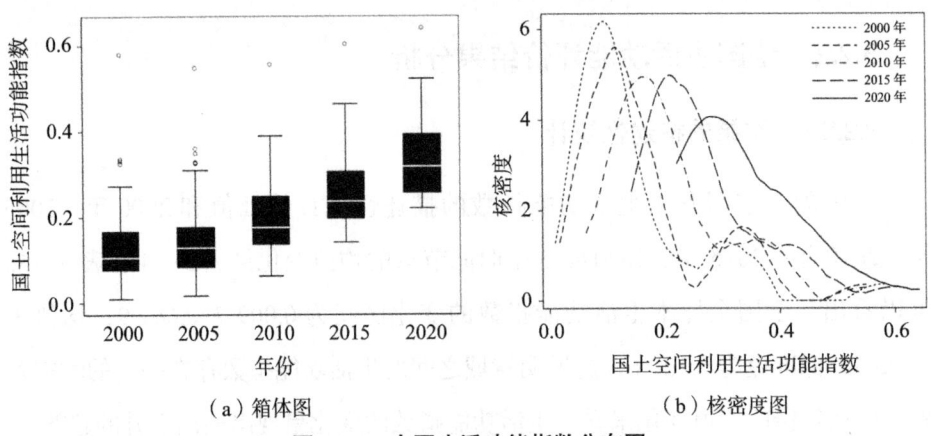

（a）箱体图　　　　　　　　　（b）核密度图

图 3-11　全国生活功能指数分布图

（2）基于马尔可夫链的跃迁分析

全国2000—2020年生活功能指数马尔可夫链转移概率分布矩阵见表3-16。由表可见，研究期内，各省（区、市）生活功能指数保持当前水平的最小概率为35%，最大为100%。跃迁发生在邻近的状态等级之间，且均由低级跃迁至高一级状态，不存在跨级跃迁的情况，也不存在向下跃迁的情况。除中低值区的对角线数值低于外转数值外，其他对角线数值都等于外转数值。这说明，全国各省（区、市）国土空间利用生活功能状态在研究期内变化程度相对较高，尤其是中低类型省（区、市），且总体趋势向好。

表 3-16　全国 2000—2020 年生活功能指数马尔可夫链转移概率分布矩阵

单位：%

期初/期末	类型Ⅰ	类型Ⅱ	类型Ⅲ	类型Ⅳ
类型Ⅰ	50	50	0	0
类型Ⅱ	0	35	65	0
类型Ⅲ	0	0	50	50
类型Ⅳ	0	0	0	1

3.2.2.3　空间分布趋势分析

全国生活功能指数分布趋势如图 3-12 所示❶。在东西方向上，各时期生活功能整体呈现由西向东先降低后升高的 U 形趋势；在南北方向上，呈现北高南低的趋势。各研究期内这种空间分布趋势基本一致。

3.2.2.4　重心迁移分析

全国生活功能指数重心迁移图如图 3-13 所示。由图可知，2000—2020 年全国国土空间利用生活功能的重心持续向东南方向移动，从山西省移动至河南省内。这说明中国东南部地区国土空间利用生活功能相对于西北部地区提高幅度较大。

---

❶ 由于各年份趋势基本没有变化，这里仅展示 2000 年和 2020 年的三维趋势面图。

（a）生活功能（2000年）　　　　　　（b）生活功能（2020年）

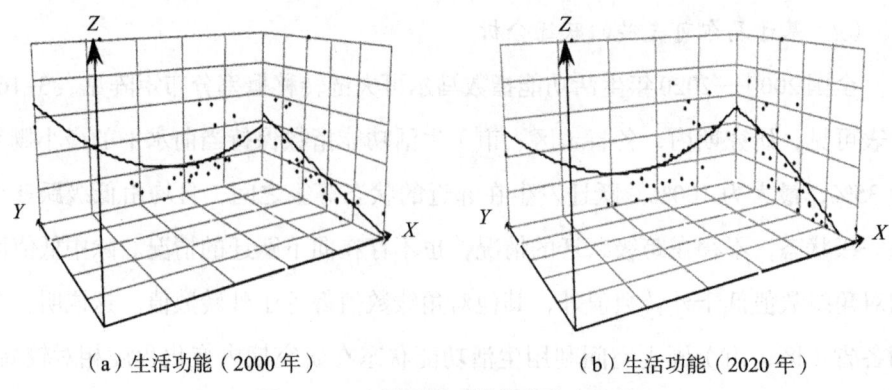

图 3-12　全国生活功能指数分布趋势

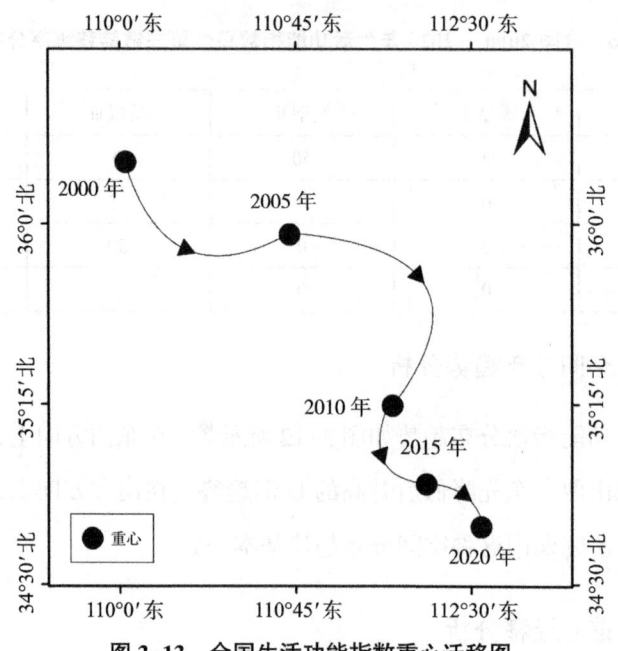

图 3-13　全国生活功能指数重心迁移图

3.2.2.5　空间集聚特征及其跃迁分析

（1）空间集聚特征

基于 Global Moran's I 的空间自相关检验见表 3-17。由表可见，各样本期的国土空间利用生活功能指数均存在 1% 水平下显著的空间正相关性，这说明各省（区、市）的生活功能会受到邻域省（区、市）的正向影响。从如图 3-14 所示的 Moran 散点图可知，各省（区、市）生活功能大多处于 HH 或 LL 集聚状态。

表 3-17 全国生活功能 Global Moran's *I* 及其相关参数

年份	*I*	*E*(*I*)	sd(*I*)	*z*	*p*-value
2000	0.278	−0.034	0.111	2.816	0.002
2005	0.281	−0.034	0.116	2.725	0.003
2010	0.253	−0.034	0.117	2.465	0.007
2015	0.243	−0.034	0.117	2.377	0.009
2020	0.275	−0.034	0.119	2.612	0.005

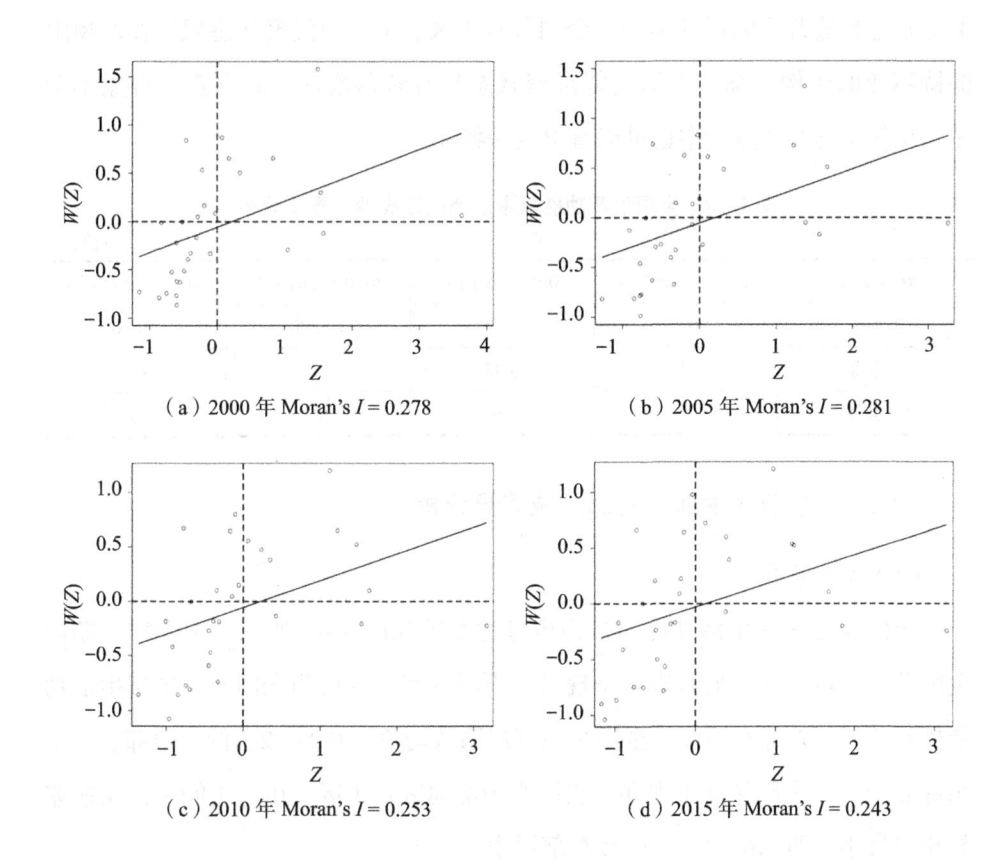

（a）2000 年 Moran's *I* = 0.278

（b）2005 年 Moran's *I* = 0.281

（c）2010 年 Moran's *I* = 0.253

（d）2015 年 Moran's *I* = 0.243

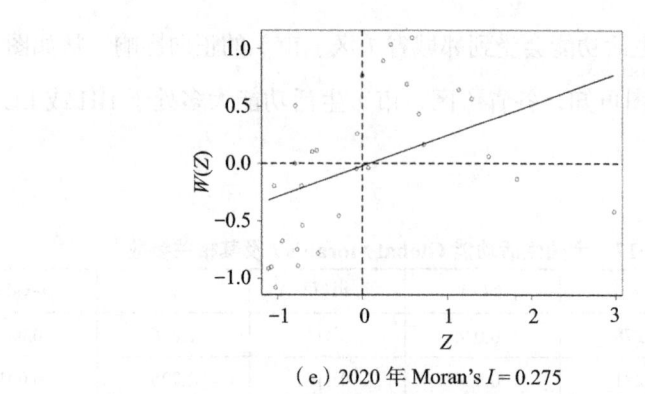

（e）2020 年 Moran's I = 0.275

图 3-14　全国生活功能指数 Moran 散点图

（2）集聚形态的动态变化

全国生产功能集聚形态跃迁类型的概率分布见表 3-18。在 4 个时间段内，I 类始终为最普遍的跃迁类型，全国各省（区、市）中集聚状态保持在原象限保持不变的比例较高，生活功能集聚状态具有转移惰性，时空跃迁现象不明显，从各期莫兰散点图中也可以看出这一特征。

表 3-18　全国生产功能集聚形态跃迁类型的概率分布

单位：%

跃迁类型	2000—2005 年	2005—2010 年	2010—2015 年	2015—2020 年
类型 I	90.00	90.00	100.00	90.00
类型 II	0	3.33	0	6.67
类型 III	0	6.67	0	0

3.2.2.7　东部、中部、西部区域差异分析

（1）组内差异

全国及分区域生活功能指数组内基尼系数如图 3-15 所示。图中样本期内全国及各区域组内基尼系数均呈现持续下降状态，这说明全国及各区域生活功能指数的区域差异在缩小。全国组内基尼系数均值为 0.273 2，低于西部、高于东部和中部，东部又高于中部。这说明中部地区省（区、市）之间生活功能差异相对最小，西部最大，全国和东部居中。

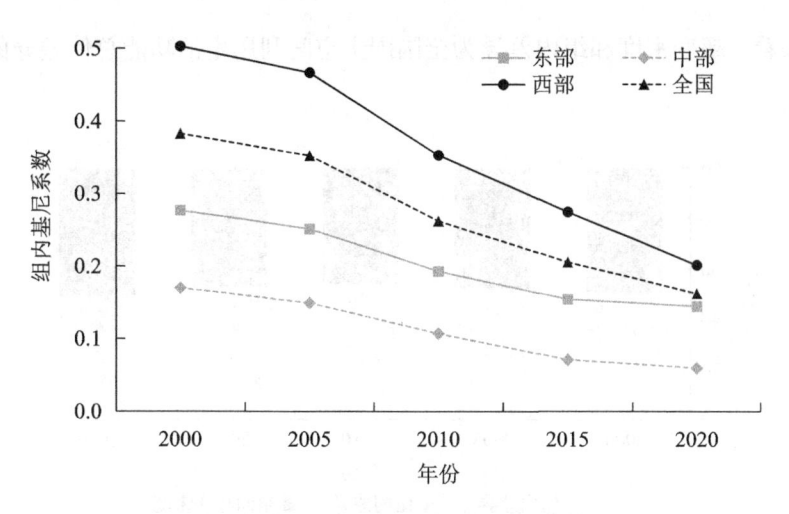

图 3-15　全国及分区域生活功能指数组内基尼系数

（2）组间差异

东部、中部、西部生活功能指数组间差异的时序变化情况见表 3-19。由表可见，各地区之间生活功能指数差异均呈现下降趋势，同时，各地区之间生活功能指数差异均在 2005—2010 年期间波动最大。

表 3-19　东部、中部、西部生活功能指数组间差异变化情况

单位：%

年份	组间差异			变动率		
	东部－中部	东部－西部	中部－西部	东部－中部	东部－西部	中部－西部
2000	0.320 2	0.429 0	0.455 8	—	—	—
2005	0.329 8	0.402 2	0.408 3	3.00	-6.25	-10.42
2010	0.239 7	0.311 3	0.288 8	-27.32	-22.60	-29.27
2015	0.177 8	0.250 0	0.221 7	-25.82	-19.69	-23.23
2020	0.141 3	0.196 8	0.164 6	-20.53	-21.28	-25.76

（3）差异来源及其贡献率

全国（中部、东部、西部）生活功能指数差异来源及贡献如图 3-16 所示。由图可知，各时期超变密度的贡献率最大，平均贡献率为 48.38%，组内差异的贡献率次之，平均贡献率为 34.88%，组间差异的贡献率最小，均值为 16.72%。

总体来看，超变密度和组内差异为全国国土空间利用生活功能总体差异的主要原因。

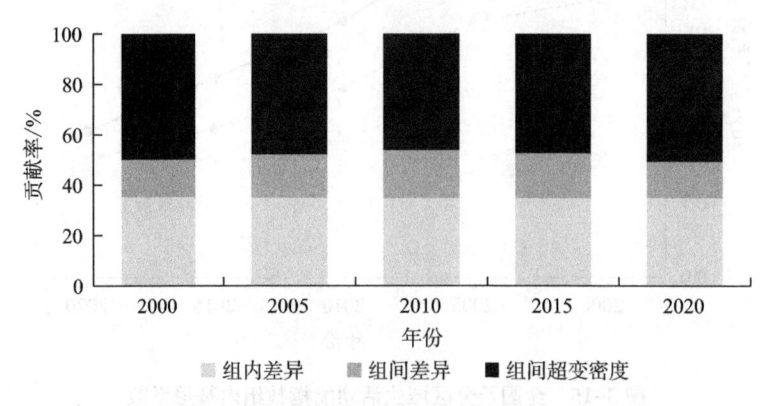

图 3-16 全国（中部、东部、西部）生活功能指数差异来源及贡献

（4）收敛特征分析

表 3-20 和图 3-17 呈现了考察期内全国与中部、东部、西部地区的国土空间利用生活功能指数变异系数的动态变化趋势，其中全国与中部的变异系数演变趋势表现大致一致，都呈现上升的动态演化过程，同时，全国离散程度高于中部地区，这说明全国和中部生活功能指数呈现发散的特点。东部和西部地区的变异系数呈现下降态势，东部样本期末的变异系数相比于样本期初下降0.277 7，西部样本期末的变异系数相比于样本期初下降0.612 9，二者离散程度明显缩小，且样本期末值远低于样本期初值，这说明东部和西部地区生活功能指数存在 σ 收敛。

表 3-20 全国及东部、中部、西部生活功能指数变异系数演变趋势

年份	2000	2005	2010	2015	2020
全国	0.791 9	0.754 1	0.814 5	1.028 1	1.374 1
东部	0.534 5	0.473 3	0.347 9	0.277 1	0.256 8
中部	0.277 4	0.326 4	0.472 4	0.597 3	0.710 1
西部	1.029 6	0.943 7	0.705 2	0.556 4	0.416 7

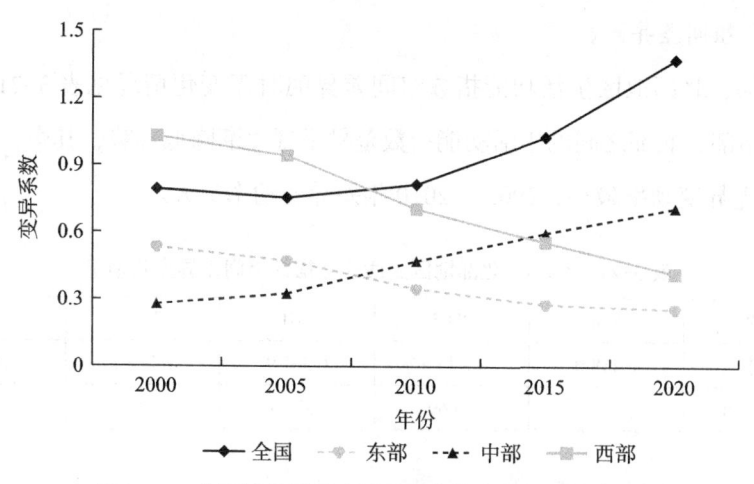

图 3-17 全国及分区域生活功能指数变异系数演变趋势

3.2.2.8 南部、北部区域差异分析

(1) 组内差异

全国及分区域生活功能指数变异系数演变趋势如图 3-18 所示。由图可知，样本期内全国及南部、北部区域组内基尼系数呈现持续下降状态，这说明全国及南部、北部区域内国土空间利用生活功能的区域差异在逐渐缩小。南部、北部组内基尼系数大体相等，略低于全国。

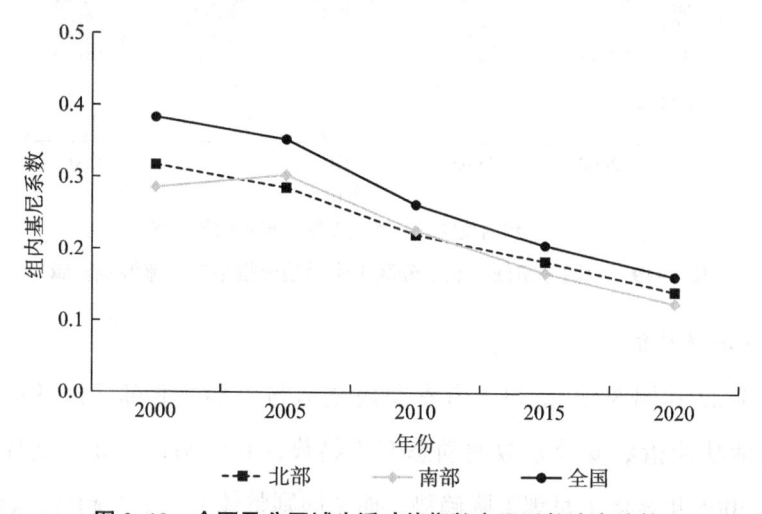

图 3-18 全国及分区域生活功能指数变异系数演变趋势

（2）组间差异

南部、北部地区生活功能指数组间差异的时序变化情况见表 3-21。由表可见，南部、北部之间的生活功能指数差异呈现逐渐降低趋势，其中，2000—2005 年差异变动率最小，2005—2010 年差异变动率最大。

表 3-21　南部、北部地区生活功能指数组间差异变化情况

年份	2000	2005	2010	2015	2020
组间差异	0.458 0	0.413 6	0.301 9	0.235 1	0.190 4
变动率 /%	—	−9.69	−27.01	−22.13	−19.01

（3）差异来源及其贡献率

由图 3-19 可知，在 2005 年及之前，组间差异的贡献率最大，组内差异的贡献率次之，超变密度最小，2010 年之后，组间差异的贡献率持续下降，组内差异的贡献率达到最大。总体来看，在全样本时期，组间和组内差异为影响国土空间利用质量生活功能整体差异的主要原因。

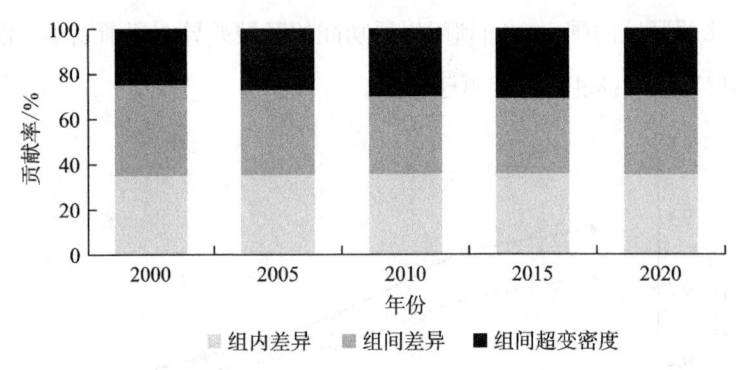

图 3-19　全国（南部、北部分区）生活功能指数差异来源及贡献

（4）收敛特征分析

表 3-22 和图 3-20 呈现了考察期内全国与南部、北部地区的国土空间利用生活功能指数变异系数的动态变化趋势，其中南部、北部变异系数在 2000—2005 年整体上呈现下降趋势，而全国则整体上呈上升趋势，这说明在

南部、北部区域内部，其生活功能差异有所收敛，但全国层面则呈现非收敛特征。

表 3-22 全国及南部、北部地区生活功能指数变异系数

年份	2000	2005	2010	2015	2020
全国	0.791 9	0.754 1	0.814 5	1.028 1	1.374 1
南部	0.637 5	0.643 2	0.463 5	0.340 7	0.254 0
北部	0.626 0	0.548 2	0.418 8	0.344 9	0.260 2

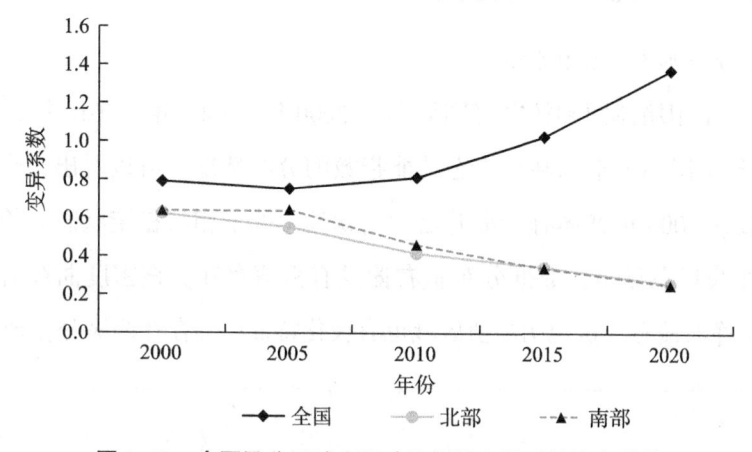

图 3-20 全国及分区域生活功能指数变异系数演变趋势

3.2.3 全国生态功能评价结果分析

3.2.3.1 结果的描述性统计

全国全样本国土空间利用生态功能指数的描述性特征值和 2000 年、2005 年、2010 年、2015 年、2020 年 5 个时间节点的均值见表 3-23 和表 3-24。可以发现，全国生态功能指数的变化区间为 0.058 3~0.977 2，总体的平均值为 0.307 4，总体标准差为 0.194 4。这说明研究期内全国各省（区、市）生态功能具有一定的差异性。从年份的均值变化来看，生态功能指数在 2000—2005 年有所上升，2005—2020 年基本没有变化。

表 3-23 全国全样本生态功能指数描述性统计

特征指标	最小值	最大值	平均值	中位数	标准差
数值	0.058 3	0.977 2	0.354 0	0.307 4	0.194 4

表 3-24 全国生态功能指数年份均值表

年份	2000	2005	2010	2015	2020
均值	0.279 8	0.370 9	0.373 3	0.372 5	0.373 5

3.2.3.2 分布形态及动态演进分析

（1）分布形态及变化特征

图 3-21 用箱体图和核密度图展示了 2000 年、2005 年、2010 年、2015 年及 2020 年全国国土空间利用生态功能指数的分布情况。可以看出，全国生态功能指数在 2005 年整体有所提升之后，就基本处于相对稳定状态。箱体图和核密度曲线形态显示，数据分布呈右偏且有极值存在。核密度曲线有两个峰值，且次峰值偏右。这说明高值区域也有极化特征，即存在两极分化现象。

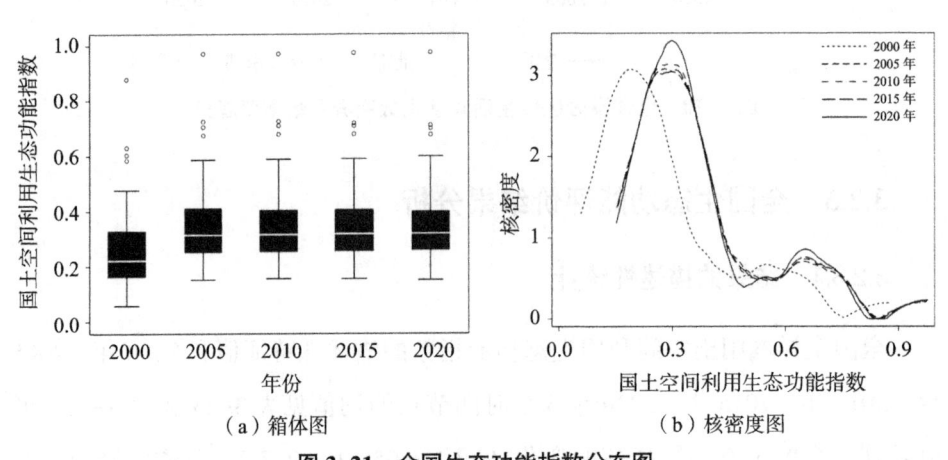

（a）箱体图　　（b）核密度图

图 3-21 全国生态功能指数分布图

（2）基于马尔可夫链的跃迁分析

研究期内，国土空间利用生态功能在研究期初为类型 I 的省（区、市）中有 21.21% 在研究期末跃升为类型 II，有 9.09% 在研究期末跃升为类 III，有

69.69% 维持在类型Ⅰ。期初为类型Ⅱ的省（区、市）中有 25% 在期末跃升为类型Ⅲ，75% 维持在类型Ⅱ。期初为类型Ⅲ的省（区、市）中有 6.89% 在期末跃升为类型Ⅳ，有 6.89% 在期末重新降为类型Ⅱ，有 86.21% 维持在类型Ⅲ。期初为类型Ⅳ的省（区、市）全部维持在类型Ⅳ。全国 2000—2020 年生态功能指数马尔可夫链转移概率分布矩阵见表 3-25。从对角线单元格上的概率可以看出，维持在类型Ⅰ、Ⅱ、Ⅲ、Ⅳ 4 个类型的概率都较高，尤其是中高和高类型。这说明生态功能类型的流动性较弱，不存在"跨越式发展"，同时，生态功能指数下降的概率非常小，这说明我国国土空间利用生态功能指数发展态势整体向好。

表 3-25　全国 2000—2020 年生态功能指数马尔可夫链转移概率分布矩阵

期初/期末	类型Ⅰ	类型Ⅱ	类型Ⅲ	类型Ⅳ
类型Ⅰ	69.70	21.21	9.09	0
类型Ⅱ	0	75.00	25.00	0
类型Ⅲ	0	6.89	86.21	6.89
类型Ⅳ	0	0	0	1.00

3.2.3.3　空间分布趋势分析

利用 ArcGIS10.2 绘制的 2000 年、2005 年、2010 年、2015 年及 2020 年全国国土空间利用生态功能指数的空间趋势图如图 3-22 所示。由图可知，在东西方向上，各时期国土空间利用生态功能整体呈现西高东低趋势，南北方向上，则呈现由南向北先降低后升高的 U 形趋势。

3.2.3.4　重心迁移分析

全国生态功能指数重心迁移图如图 3-23 所示。可以看出，2000—2020 年全国的国土空间利用生态功能指数重心始终位于河南省界内，其中 2000—2005 年重心迁移轨迹基本呈现向东南发展的趋势，在 2005—2020 年重心略向西北方向折返。总体来讲，重心由西北向东南迁移。

(a) 生态功能（2000 年）   (b) 生态功能（2020 年）

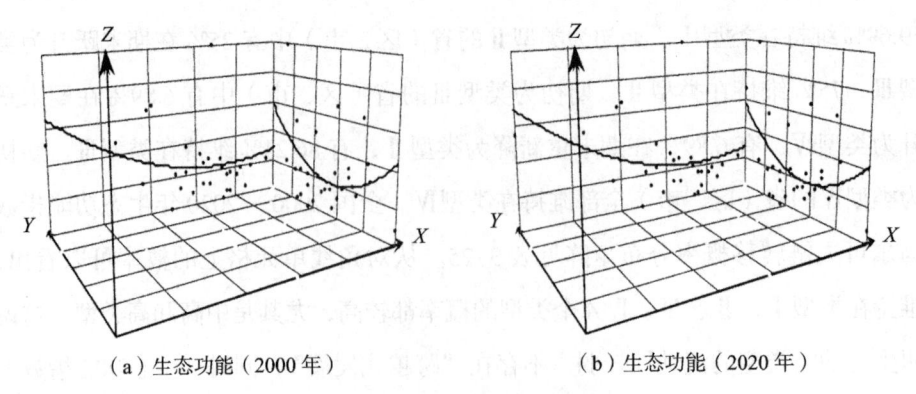

图 3-22 全国生态功能指数分布趋势

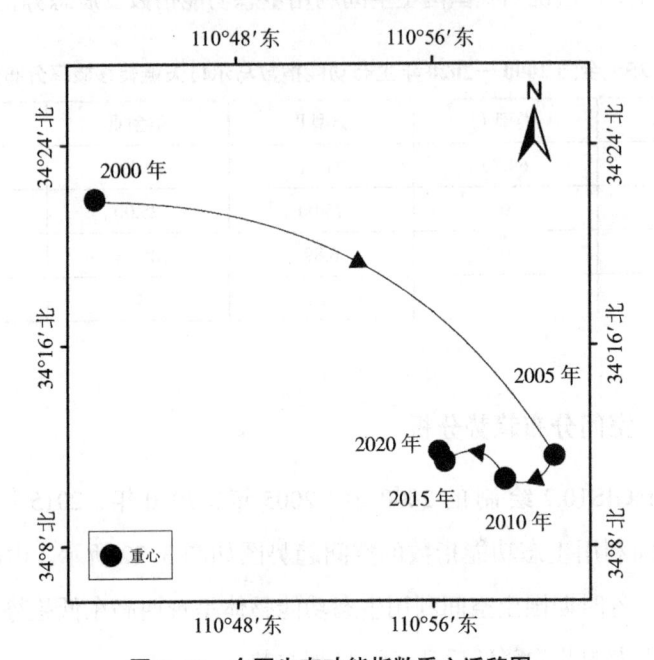

图 3-23 全国生态功能指数重心迁移图

3.2.3.5 空间集聚特征及其跃迁分析

（1）空间集聚特征

基于 Global Moran's I 的空间自相关检验见表 3-26。由表可见，各研究期全国国土空间利用生态功能指数的莫兰指数值均在 5% 置信水平下显著为正，这说明全国生态功能整体上呈正相关性。

表 3-26　全国生态功能 Global Moran's I 及其相关参数

年份	I	$E(I)$	sd(I)	z	p-value
2000	0.198	−0.034	0.117	1.997	0.023
2005	0.201	−0.034	0.117	2.013	0.022
2010	0.205	−0.034	0.117	2.047	0.020
2015	0.206	−0.034	0.117	2.053	0.020
2020	0.205	−0.034	0.117	2.053	0.020

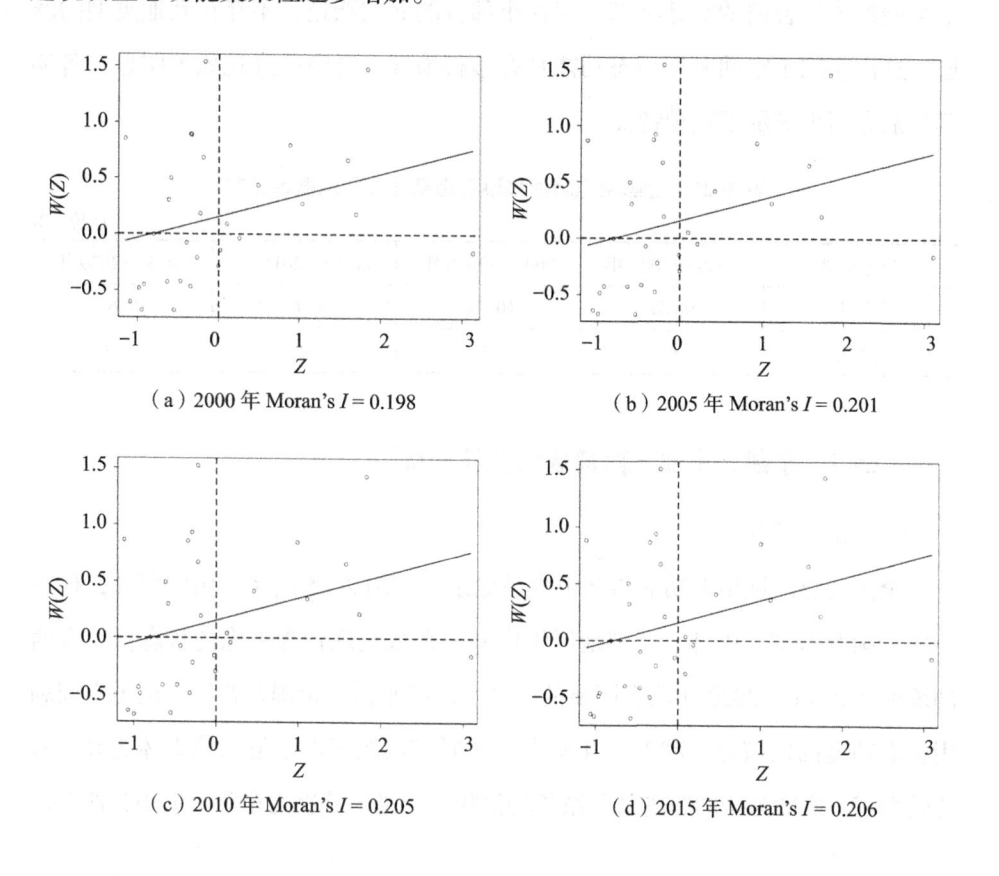

Moran 散点图如图 3-24 所示。由图可知，生活功能为 HH 或 LL 集聚状态的省（区、市）占比较大。随着时间的变化，国土生态空间利用质量指数的莫兰指数整体呈现轻微上升的趋势，由 2000 年的 0.198 增加至 2020 年的 0.205。这说明生态功能集聚性逐步增加。

（a）2000 年 Moran's I = 0.198

（b）2005 年 Moran's I = 0.201

（c）2010 年 Moran's I = 0.205

（d）2015 年 Moran's I = 0.206

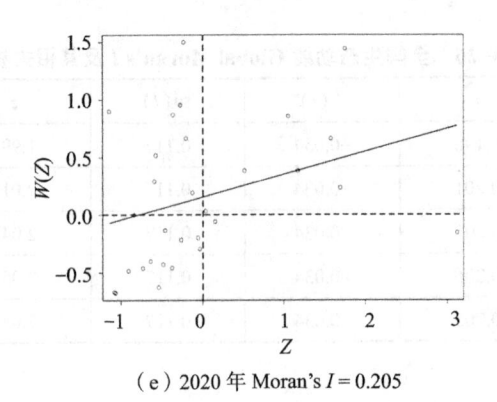

(e) 2020 年 Moran's I = 0.205

图 3-24　全国生态功能 Moran 散点图

(2) 集聚形态的动态变化

全国生态功能集聚形态跃迁类型的概率分布见表 3-27。在 4 个时间段内，Ⅰ类始终为最普遍的跃迁类型，存在小部分的Ⅱ类跃迁，不存在其他类型的跃迁。这说明国土空间利用生态功能具有转移惰性，时空跃迁现象不明显。各期莫兰散点图也显示了这种特征。

表 3-27　全国生态功能集聚形态跃迁类型的概率分布

单位：%

跃迁类型	2000—2005 年	2005—2010 年	2010—2015 年	2015—2020 年
类型Ⅰ	96.67	100.00	96.67	96.67
类型Ⅱ	0	0	0	3.33

3.2.2.7　东部、中部、西部区域差异分析

(1) 组内差异

全国及分区域生态功能指数组内基尼系数如图 3-25 所示。由图可知，样本期内全国及东部、中部、西部地区组内基尼系数呈现较为平稳的状态，只有西部地区在 2015—2020 年略有明显的下降。总的来讲，全国及各地区国土空间利用生态功能的区域差异状况变化不大。各研究区域组内基尼系数大体为 0~0.3。比较而言，西部与全国组内基尼系数均值相对较高，其次为东部，最小为西部。

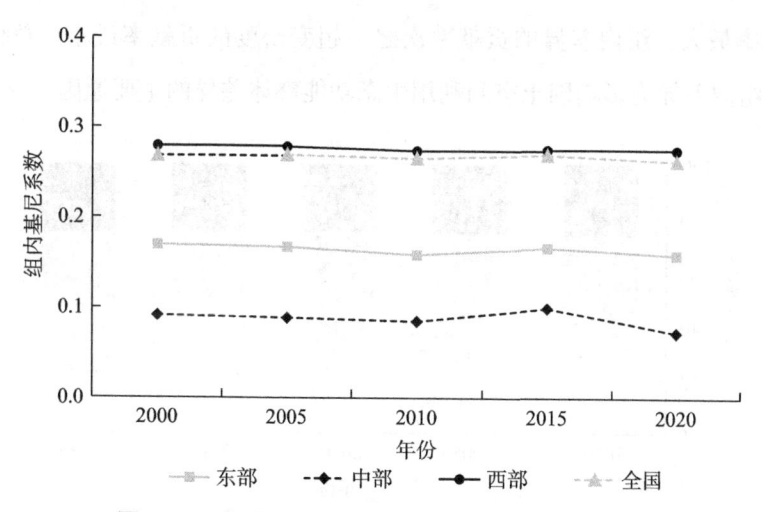

图 3-25　全国及分区域生态功能指数组内基尼系数

（2）组间误差

东部、中部、西部生态功能指数组间差异的时序变化情况见表 3-28。由表可见，东部与中部之间的生态功能指数差异整体呈现下降趋势，东西部、中西部之间的生态功能指数差异都呈现轻微波动，各地区生态功能指数差异变动率均在 2015—2020 年最大。

表 3-28　东部、中部、西部生态指数组间差异变化情况

年份	组间差异			变动率 /%		
	东部 – 中部	东部 – 西部	中部 – 西部	东部 – 中部	东部 – 西部	中部 – 西部
2000	0.144 5	0.349 3	0.297 5	—	—	—
2005	0.141 8	0.351 6	0.301 6	−1.87	0.66	1.38
2010	0.135 7	0.346 6	0.301 7	−4.30	−1.42	0.03
2015	0.148 0	0.355 3	0.297 9	9.06	2.51	−1.26
2020	0.131 1	0.343 4	0.303 9	−11.42	−3.35	2.01

（3）差异来源及其贡献率

全国（中部、东部、西部）生态功能指数差异来源及贡献如图 3-26 所示。由图可知，研究期内，中部、东部、西部组间差异对全国生态功能区域差异的

的贡献率最大，组内差异的贡献率次之，超变密度的贡献率最小。总体来看，组间和组内差异为影响国土空间利用生态功能整体差异的主要原因。

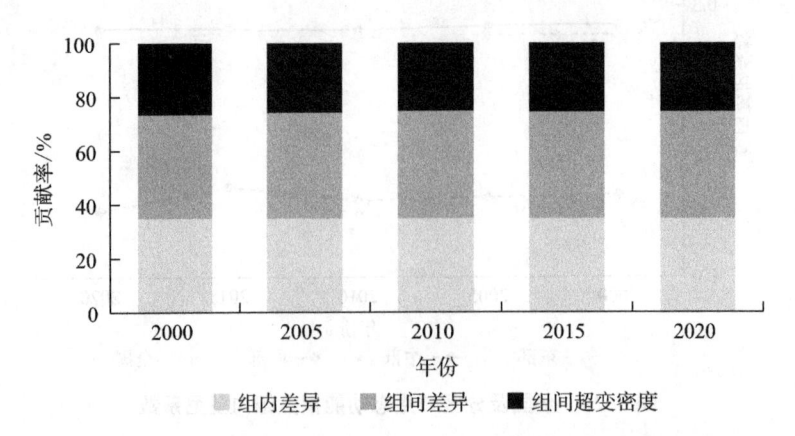

图 3-26 全国（中部、东部、西部）生态功能指数差异来源及贡献

（4）收敛特征分析

图 3-27 和表 3-29 展示了研究期内各年份全国及中部、东部、西部地区国土空间利用生态功能指数变异系数的动态变化趋势。总体来看，均未表现出明显的下降趋势，因此，在研究期内，全国及中部、东部、西部国土空间利用生态功能均不存在明显的 σ 收敛特征。

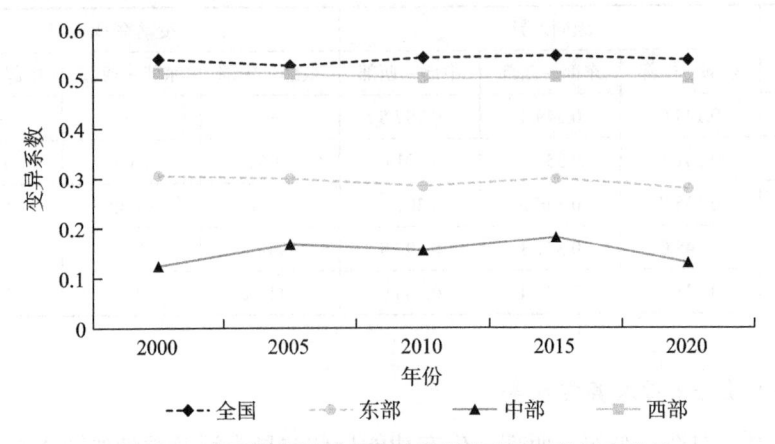

图 3-27 全国及分区域生态功能指数变异系数演变趋势

表 3-29　全国及东部、中部、西部生态指数变异系数

年份	2000	2005	2010	2015	2020
全国	0.539 4	0.526 7	0.542 0	0.545 6	0.537 5
东部	0.305 6	0.300 0	0.284 7	0.298 4	0.279 5
中部	0.124 2	0.167 7	0.155 8	0.181 6	0.130 8
西部	0.511 9	0.510 3	0.501 6	0.503 6	0.500 5

3.2.3.8　南部、北部区域差异分析

（1）组内差异

全国分区域生态功能指数组内基尼系数如图 3-28 所示。由图可知，样本期内，全国及南部、北部组内基尼系数较为稳定，这说明全国及南部、北部地区国土空间利用生态功能的区域差异程度无明显变化。就区域而言，北部地区生态功能组内差异最大，全国次之，南部相对最低。

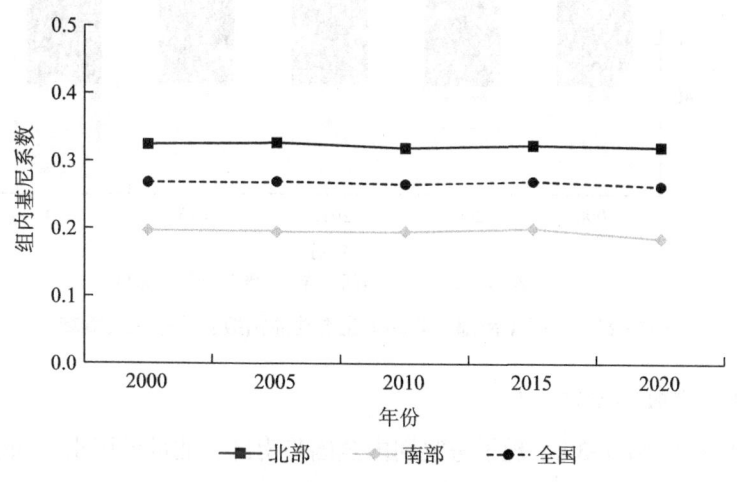

图 3-28　全国分区域生态功能指数组内基尼系数

（2）组间差异

南部、北部地区生态功能指数组间差异的时序变化情况见表 3-30。由表可见，南部、北部之间的生态功能指数差异呈现波动趋势。总体来看，变化不大。其中，2000—2005 年差异变动率最小，2015—2020 年差异变动率最大。

表 3-30 南部、北部地区生态功能指数组间差异变化情况

年份	2000	2005	2010	2015	2020
组间差异	0.274 0	0.275 6	0.271 7	0.275 5	0.269 3
变动率 /%	—	0.58	-1.42	1.40	-2.25

（3）差异来源及其贡献率

全国（南部、北部）生态功能指数差异来源及贡献如图 3-29 所示。由图可知，研究期内，南部、北部区域组间超变密度对全国生态功能区域差异的贡献率最大，组内差异的贡献率次之，组间差异的贡献率最小。整个研究期内超变密度的贡献率均值为 56.95%。这表明，在研究期内，组间交叉重叠问题是国土空间利用生态功能全国整体差异的主要原因。

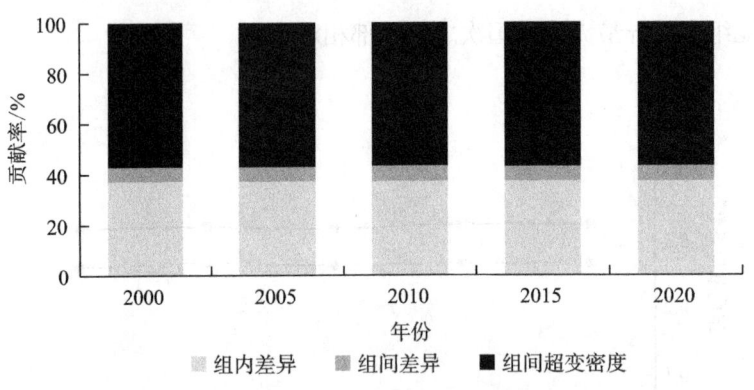

图 3-29 全国（南部、北部）生态功能指数差异来源及贡献

（3）收敛特征分析

表 3-31 和图 3-30 呈现了考察期内全国与南部、北部的国土空间利用生态功能指数变异系数的动态变化趋势。在研究期内，变异系数均无明显下降的特征，这表明全国及南部、北部地区在研究期内的国土空间利用生态功能均不存在 σ 收敛特征。

表 3-31 全国及南部、北部生态功能指数变异系数

年份	2000	2005	2010	2015	2020
全国	0.539 4	0.526 7	0.542 0	0.545 6	0.537 5
南部	0.405 8	0.407 2	0.408 0	0.411 3	0.388 0
北部	0.628 0	0.632 8	0.621 0	0.626 4	0.621 3

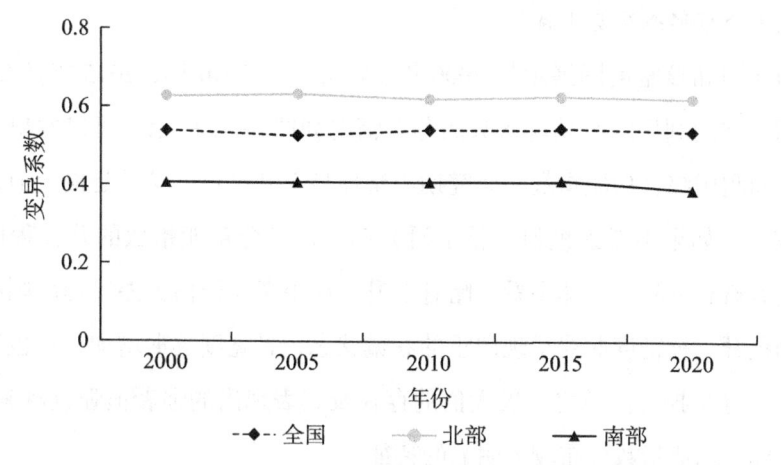

图 3-30 全国及分区域生态功能指数变异系数演变趋势

3.2.4 全国综合功能评价结果分析

3.2.4.1 结果的描述性统计

全国全样本国土空间利用综合功能指数的描述性特征值和 2000 年、2005 年、2010 年、2015 年、2020 年 5 个时间节点的均值见表 3-32 和表 3-33。由表可见，全国综合功能指数的变化区间为 0.040 3~0.775 2，样本总体的平均值为 0.192 7，总体标准差为 0.100 1。这说明，研究期内全国各省（区、市）生态功能具有一定的差异性，从年份的均值变化来看，综合功能指数的变化呈现上升趋势。

表 3-32 全国全样本综合功能指数描述性统计

特征指标	最小值	最大值	平均值	中位数	标准差
数值	0.040 3	0.775 2	0.192 7	0.175 9	0.100 1

表 3-33 全国综合功能指数年份均值表

年份	2000	2005	2010	2015	2020
均值	0.125 2	0.162 6	0.193 9	0.223 3	0.258 3

3.2.4.2 分布形态及动态演进分析

（1）分布形态及变化特征

箱体图和核密度图展示的 2000 年、2005 年、2010 年、2015 年及 2020 年全国国土空间利用综合功能指数的分布情况如图 3-31 所示。可以看出，全国国土空间利用综合功能指数在研究期内整体呈上升趋势，尤其是极大值，上升幅度较大。如果不考虑极值，整个研究期内，综合功能指数的差异程度先上升，然后略有下降，总体来看，略有上升。如果考虑极值，差异程度则有较大幅度的提升。核密度曲线呈现严重的右偏状态，且宽度逐期增加，这也说明了差异程度逐步提升。总之，极大值的存在及其表现出的强者恒强且越来越强，是全国综合功能指数分布较为明显的特征。

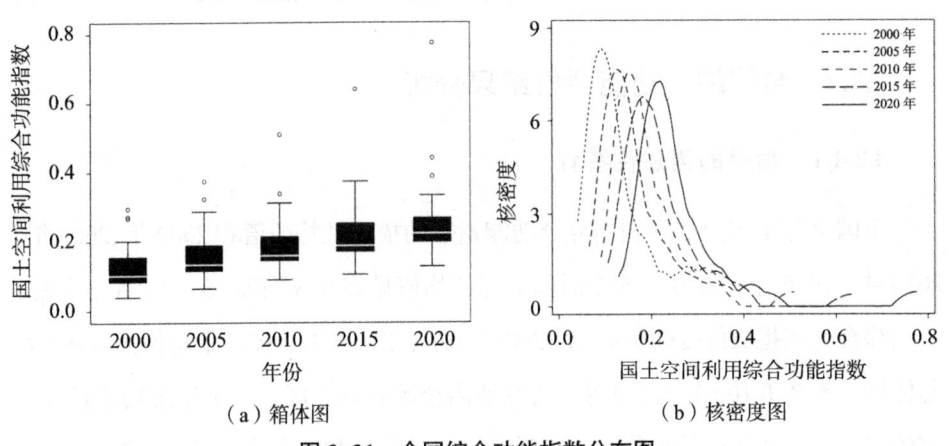

（a）箱体图　　　　　　　　　　（b）核密度图

图 3-31 全国综合功能指数分布图

（2）基于马尔可夫链的跃迁分析

全国 2000—2020 年综合功能指数马尔可夫链转移概率分布矩阵见表 3-34。由表可知，研究期内，各省（区、市）综合功能指数在研究期初为类型Ⅰ的省（区、市）中有54.05%在研究期末跃升为类型Ⅱ，45.95%维持在类型Ⅰ，期初为类型Ⅱ的省（区、市）中有60%在期末跃升为类型Ⅲ，40%维持在类型Ⅱ，期初为类型Ⅲ的省（区、市）中有45.83%在期末跃升为类型Ⅳ，54.17%维持在类型Ⅲ，期初为类型Ⅳ的省（区、市）依然全部维持在类型Ⅳ。从对角线单元格上的概率可以看出，维持在类型Ⅰ、Ⅱ、Ⅲ、Ⅳ4个类型的概率为40%~55%，而各类跃迁概率约为45%~60%，这说明各类型省（区、市）国土空间利用综合功能存在相对较强的流动性，且低水平地区向中低水平发展、较中高水平向高水平发展相对容易，但不存在"跨越式发展"。各类型没有向下转移的现象。这说明我国国土空间利用综合质量整体呈现向好趋势。

表 3-34　全国2000—2020年综合功能指数马尔可夫链转移概率分布矩阵

单位：%

期初/期末	类型Ⅰ	类型Ⅱ	类型Ⅲ	类型Ⅳ
类型Ⅰ	45.95	54.05	0	0
类型Ⅱ	0	40	60	0
类型Ⅲ	0	0	54.17	45.83
类型Ⅳ	0	0	0	1

3.2.4.3　空间分布趋势分析

全国综合功能指数分布趋势如图3-32所示[1]。由图可知，东西方向上，各时期国土空间利用综合功能指数整体呈现由西向东先降低后上升的U形趋势，其中2000年这种趋势相对较为明显，其他各年份这种趋势相对变弱。南北方向上，呈现北高南低的趋势，其中2000年这种趋势也相对较为明显，随着时间推移，这种趋势逐渐变弱。

---

[1] 由于各年份趋势变化非常小，这里仅展示2000年和2020年的三维趋势面图。

（a）综合功能（2000年）　　　　　　（b）综合功能（2020年）

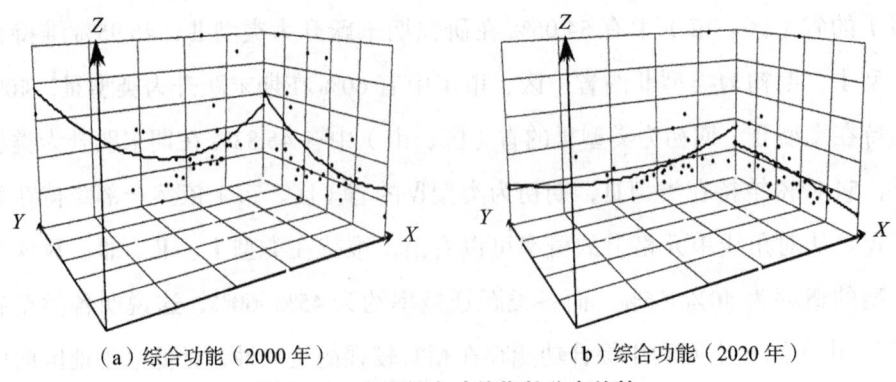

图 3-32　全国综合功能指数分布趋势

3.2.4.4　重心迁移分析

全国综合功能指数重心迁移图如图 3-33 所示。由图可知，2000—2020 年全国国土空间利用综合功能指数重心始终位于河南省界内，重心迁移轨迹基本呈现向东南方向发展的趋势，这说明东南沿海地区的国土空间利用综合功能提升效果更加明显。

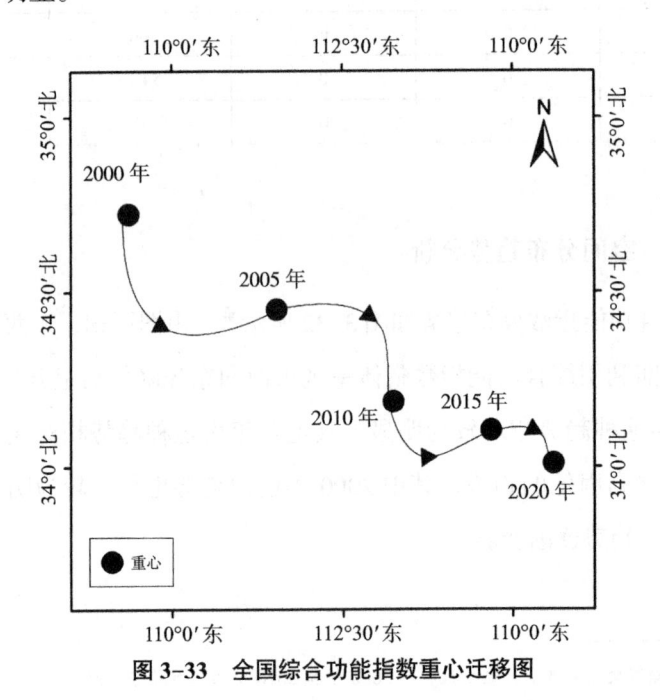

图 3-33　全国综合功能指数重心迁移图

3.2.4.5 空间集聚特征及其跃迁分析

全国综合功能 Global Moran's I 及其相关参数见表 3-35。

表 3-35 全国综合功能 Global Moran's I 及其相关参数

年份	I	$E(I)$	$sd(I)$	z	p-value
2000	0.049	−0.034	0.119	0.706	0.240
2005	0.038	−0.034	0.117	0.619	0.268
2010	0.042	−0.034	0.109	0.701	0.242
2015	0.066	−0.034	0.101	0.995	0.160
2020	0.076	−0.034	0.093	1.182	0.119

基于 Global Moran's I 的空间自相关检验可知，研究期间全国各年份国土空间利用综合功能莫兰指数均未通过显著性检验，这说明全国综合功能不存在显著的集聚特征。因此，本部分不再分析基于集聚特征的跃迁情况。

3.2.4.7 东部、中部、西部区域差异分析

（1）组内差异

全国及分区域综合功能指数组内基尼系数如图 3-34 所示。

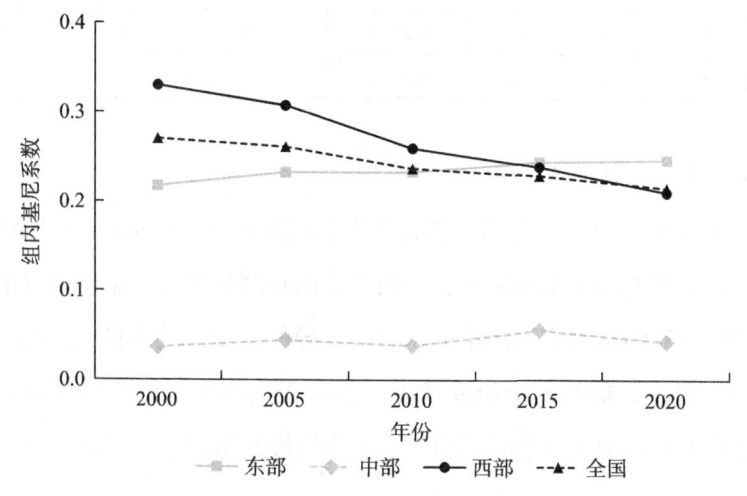

图 3-34 全国及分区域综合功能指数组内基尼系数

由图可知，全国组内基尼系数全样本均值为0.2426，相对较低。各研究区域内部差异程度也不相同，组内基尼系数大体为0~0.4。其中，西部地区的样本均值最高，中部地区基尼系数均值最低。样本期内全国与西部地区组内基尼系数呈持续下降趋势，这说明其国土空间利用综合功能的区域差异在缩小，中部和东部地区差异程度则均略有上升。

（2）组间差异

东部、中部、西部综合功能指数组间差异的时序变化情况见表3-36。由表可见，东部与中部之间的综合功能指数差异程度呈现先上升后下降的趋势，2000—2005年差异变动率最大，东部与西部之间的综合功能指数差异均呈现下降趋势，2005—2010年差异变动率最大，中部与西部之间的综合功能指数差异波动最大且均呈现下降趋势。

表3-36 东部、中部、西部综合功能指数组间差异变化情况

年份	组间差异 东部-中部	组间差异 东部-西部	组间差异 中部-西部	变动率/% 东部-中部	变动率/% 东部-西部	变动率/% 中部-西部
2000	0.2196	0.2995	0.3211	—	—	—
2005	0.2488	0.2850	0.2935	13.30	-4.84	-8.60
2010	0.2558	0.2615	0.2423	2.81	-8.25	-17.44
2015	0.2546	0.2610	0.2114	-0.47	-0.19	-12.75
2020	0.2481	0.2532	0.1762	-2.55	-2.99	-16.65

（3）差异来源及其贡献率

全国（东部、中部、西部）综合功能指数如图3-35所示。由图可知，研究期间，超变密度的贡献率最大，组内差异的贡献率次之，组间差异的贡献率最小。组间差异的贡献率不断增大，组内差异的贡献率较为稳定，超变密度的贡献率持续减小，但在整个研究期内一直高于组内和组间的贡献率。总体来看，超变密度为影响国土空间利用综合功能指数整体差异的主要原因。

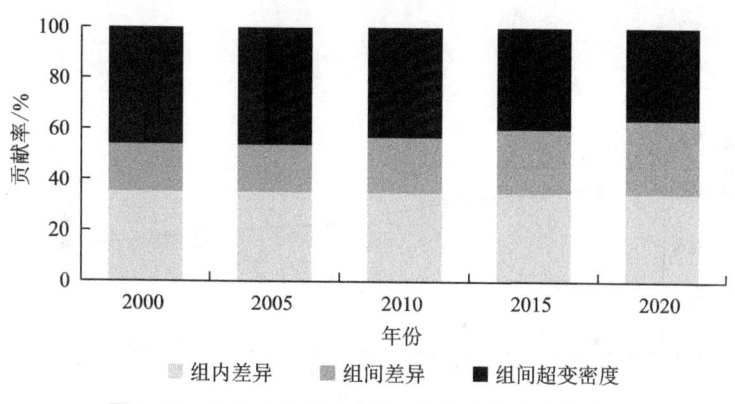

图 3-35　全国（东部、中部、西部）综合功能指数

（4）收敛特征分析

表 3-37 和图 3-36 呈现了考察期内全国与中部、东部、西部地区的国土空间利用综合功能指数变异系数的动态变化趋势，其中全国与中部的变异系数演变趋势表现大致一致，2000—2005 年轻微上升，从 2005 年开始大幅度上升，研究期内整体呈现出上升的动态演化过程，不存在 σ 收敛特征。东部的变异系数呈现小幅上升态势，东部样本期末的变异系数相比于样本期初上升 0.119 2，这说明东部在研究期内的国土空间利用综合功能也不存在 σ 收敛特征。西部的变异系数呈现下降态势，西部样本期末的变异系数相比于样本期初下降 0.217 9，样本期末值远低于样本期初值，这说明西部地区国土空间利用综合功能存在显著的 σ 收敛特征。

表 3-37　全国及东部、中部、西部综合功能指数变异系数

年份	2000	2005	2010	2015	2020
全国	0.520 1	0.541 3	0.675 2	0.853 9	1.077 7
东部	0.420 9	0.463 4	0.485 8	0.518 6	0.540 1
中部	0.050 7	0.096 9	0.266 6	0.392 6	0.488 8
西部	0.599 6	0.559 1	0.470 4	0.436 0	0.381 7

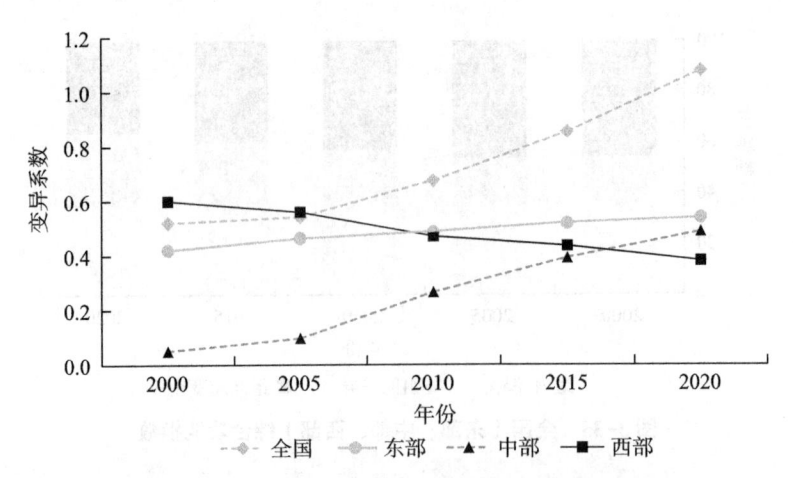

图 3-36　全国及分区域综合功能指数变异系数演变趋势

3.2.4.8　南部、北部区域差异分析

（1）组内差异

全国及分区域综合功能指数组内基尼系数如图 3-37 所示。由图可知，样本期内全国及北部地区组内基尼系数持续下降，这说明其国土空间利用综合功能的区域差异程度在缩小。南部地区组内基尼系数则基本稳定，总体来讲，全国及南部、北部区域组内基尼系数在研究期内差别不大，且整体差别越来越小。

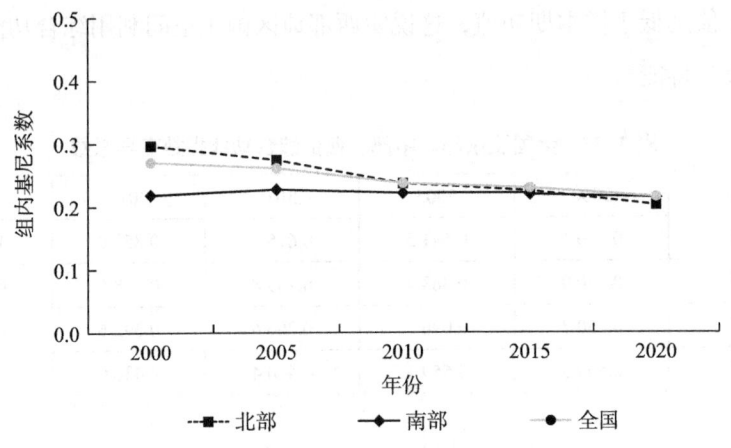

图 3-37　全国及分区域综合功能指数组内基尼系数

(2)组间误差

南部、北部地区综合功能指数组间差异的时序变化情况见表3-38。由表可见,南部、北部之间的综合功能指数差异均呈现逐渐下降趋势,其中,2010—2015年差异变动率最小,2005—2010年差异变动率最大。

表3-38　南部、北部地区综合功能指数组间差异变化情况

年份	2000	2005	2010	2015	2020
组间差异	0.2791	0.2698	0.2447	0.2368	0.2228
变动率/%	—	-3.33	-9.30	-3.23	-5.91

(3)差异来源及其贡献率

全国(南部、北部)综合功能差异来源及贡献图如图3-38所示。由图可知,各时期超变密度的贡献率最大,组内差异的贡献率次之,组间差异的贡献率最小。超变密度的平均贡献率为55.45%,一直处于较高水平,且不断增长。组内差异较为稳定,组间差异处于较低水平,且不断缩小。总体来看,在研究期内,组间超变密度为影响国土空间利用综合功能指数整体差异的主要原因。

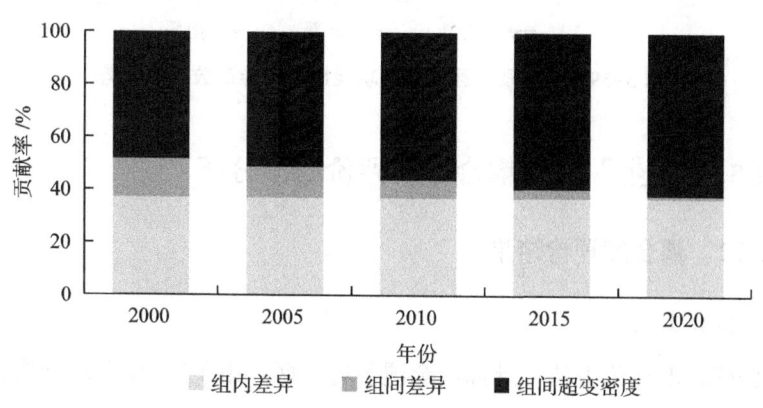

图3-38　全国(南部、北部)综合功能差异来源及贡献图

(4)收敛特征分析

表3-39和图3-39呈现了考察期内全国与南部、北部地区的国土空间利用

综合功能指数变异系数的动态变化趋势。可以看到，全国和南部地区变异系数呈上升趋势，北部则呈下降趋势，这说明全国和南部地区国土空间利用综合功能不存在 σ 收敛特征，北部地区则存在 σ 收敛。

表 3-39　全国及南部、北部综合功能指数变异系数

年份	2000	2005	2010	2015	2020
全国	0.520 1	0.541 3	0.675 2	0.853 9	1.077 7
南部	0.443 6	0.489 6	0.517 3	0.549 2	0.572 9
北部	0.544 2	0.499 0	0.427 4	0.404 1	0.364 4

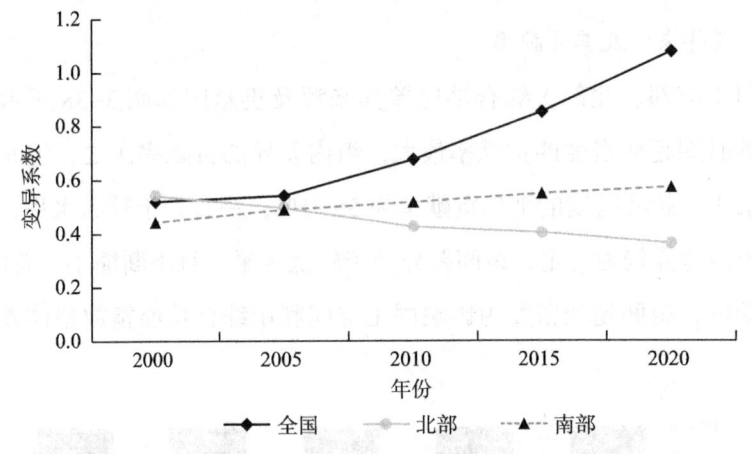

图 3-39　全国及分区域综合功能指数变异系数演变趋势

3.2.5　"三生"功能耦合协调评价结果分析

3.2.5.1　耦合度评价结果

（1）耦合类型

根据耦合度评价方法，计算出全国各省（区、市）"三生"功能耦合结果，并根据表 2-1 划分不同等级，再根据分级结果统计研究期内各等级区域占比变化趋势，见表 3-40。

表 3-40 全国"三生"功能耦合类型

单位：%

区间	协调程度	协调对比度	2000年占比	2005年占比	2010年占比	2015年占比	2020年占比
[0, 0.1)	失调衰退	极度失调型	46.67	36.67	23.33	23.33	16.67
[0.1, 0.2)		严重失调型	33.33	40.00	33.33	23.33	26.67
[0.2, 0.3)		中度失调型	13.33	13.33	30.00	36.67	33.33
[0.3, 0.4)		轻度失调型	3.33	10.00	13.33	20.00	23.33
[0.4, 0.5)	过渡协调	濒临失调型	3.33	0	0	0	0

全国各省（区、市）耦合度及协调对比度研究期内位于极度失调型—濒临失调型区间内，耦合度水平参差不齐，没有明显分布规律，但整体水平不高，最高等级仅处于过渡协调状态，耦合度水平则参差不齐，没有明显分布规律。在研究期内，极度失调型的省（区、市）数量逐渐减少，严重失调型的省份数量基本保持不变，中度失调型与轻度失调型的省（区、市）数量逐年增多，濒临失调型的省（区、市）仅在2000年出现过。

（2）耦合度空间分布趋势分析

全国"三生"功能耦合度空间分布趋势如图 3-40❶所示，东西方向上，2000—2015年"三生"功能耦合度整体呈现东高西低的趋势，2020年呈现由西向东先上升后下降的倒 U 形趋势，总体而言，东部相对较高，西部相对较低。南北方向上，2000—2010"三生"功能耦合度整体由南到北呈现先上升后下降的倒 U 形趋势，2015—2020 年呈现南高北低的趋势。

3.2.5.2 协调发展度评价结果

（1）协调发展类型

根据协调发展度评价方法，计算出全国各省（区、市）"三生"功能协调发展度结果，并根据表2-1划分不同等级，详细结果见表3-41。

---

❶ 为节省篇幅，只展示了两期具有代表性的趋势图。

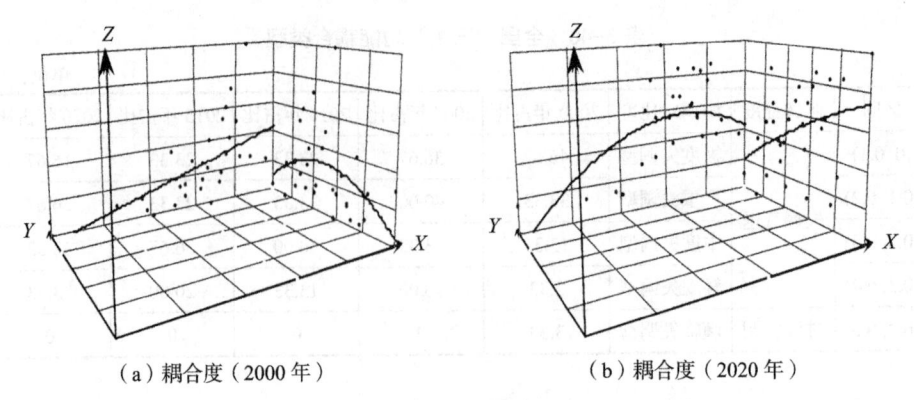

(a) 耦合度（2000年）　　　　　　（b）耦合度（2020年）

图3-40　全国"三生"功能耦合度空间分布趋势

表3-41　全国"三生"功能协调发展类型

单位：%

区间	协调程度	协调对比度	2000年占比	2005年占比	2010年占比	2015年占比	2020年占比
[0, 0.1)	失调衰退	极度失调型	43.33	23.33	0	0	0
[0.1, 0.2)		严重失调型	46.67	63.33	80.00	60.00	40.00
[0.2, 0.3)		中度失调型	6.67	10.00	13.33	33.33	53.33
[0.3, 0.4)		轻度失调型	3.33	3.33	6.67	6.67	6.67

本书通过对2000年、2005年、2010年、2015年、2020年省级"三生"功能协调发展度的发展阶段进行划分和对比分析，探究全国层面国土空间利用各功能水平现状。结果显示，在全国层面，全国各省（区、市）国土空间利用质量协调发展水平位于平均水平以下。在各研究阶段中，严重失调型省（区、市）所占比例最高，极度失调型城市数量一直在减少，到2010年时全国层面不存在极度失调型省（区、市），严重失调型省（区、市）数量呈现先增加后减少的趋势，中度失调型省（区、市）数量在研究期间一直递增。

（2）协调发展度空间分布趋势分析

全国"三生"功能协调发展度空间分布趋势如图3-41所示❶，东西方

---

❶ 为节省篇幅，只展示了两期具有代表性的趋势图。

向上，2000年国土空间利用质量协调发展度整体由西向东呈现先下降后上升的U形趋势，2005—2020年呈现东高西低的趋势；南北方向上，"三生"功能协调发展度整体由南到北呈现先上升后下降的倒U形趋势，研究期末与期初相比，南部地区协调发展度有所提高。

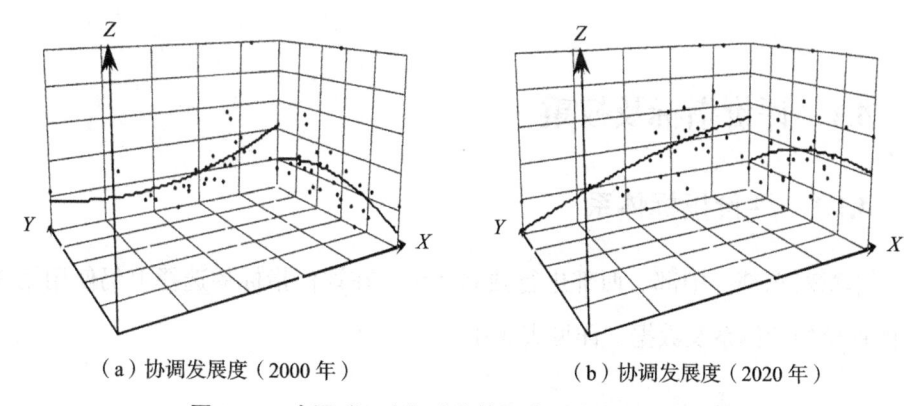

（a）协调发展度（2000年） （b）协调发展度（2020年）

图 3-41 全国"三生"功能协调发展度空间分布趋势

第4章 东部、中部、西部国土空间利用质量评价

4.1 评价指标及权重

4.1.1 评价指标体系

本章对东部、中部、西部进行独立评价，在评价指标的选择上仍使用第3章的评价指标体系及数据，详见表3-1。

4.1.2 权重确定

通过熵权法分别计算东部、中部、西部各个指标层的权重，详见表4-1、表4-2和表4-3。

表4-1 东部指标体系权重表

基准层	权重	准则层	权重	指标层	权重
B_1	0.420 7	C_1	0.143 1	D_1	0.398 5
				D_2	0.601 5
		C_2	0.786 1	D_3	0.212 3
				D_4	0.365 3
				D_5	0.422 4
B_1	0.420 7	C_3	0.070 8	D_6	0.272 8
				D_7	0.128 4
				D_8	0.314 2
				D_9	0.150 9
				D_{10}	0.133 7

续表

基准层	权重	准则层	权重	指标层	权重
B_2	0.230 5	C_4	0.256 6	D_{11}	0.264 7
				D_{12}	0.284 9
				D_{13}	0.450 4
		C_5	0.465 4	D_{14}	0.389 8
				D_{15}	0.369 2
				D_{16}	0.156 8
				D_{17}	0.050 4
				D_{18}	0.033 7
		C_6	0.277 9	D_{19}	0.331 6
				D_{20}	0.668 4
B_3	0.348 8	C_7	0.812 6	D_{21}	0.166 7
				D_{22}	0.166 7
				D_{23}	0.166 7
				D_{24}	0.166 7
				D_{25}	0.166 7
				D_{26}	0.166 7
		C_8	0.187 4	D_{27}	0.254 1
				D_{28}	0.360 2
				D_{29}	0.385 7

表 4-2　中部指标体系权重表

基准层	权重	准则层	权重	指标层	权重
B_1	0.271 9	C_1	0.278 9	D_1	0.408 4
				D_2	0.591 6
		C_2	0.429 3	D_3	0.322 9
				D_4	0.327 2
				D_5	0.349 9

续表

基准层	权重	准则层	权重	指标层	权重
B_1	0.271 9	C_3	0.291 8	D_6	0.174 5
				D_7	0.208 8
				D_8	0.219 8
				D_9	0.127 4
				D_{10}	0.269 4
B_2	0.383 2	C_4	0.317 1	D_{11}	0.336 9
				D_{12}	0.349 5
				D_{13}	0.313 6
		C_5	0.342 5	D_{14}	0.224 3
				D_{15}	0.256 3
				D_{16}	0.241 2
				D_{17}	0.234 2
				D_{18}	0.044 0
		C_6	0.340 4	D_{19}	0.254 9
				D_{20}	0.745 1
B_3	0.344 9	C_7	0.702 3	D_{21}	0.166 7
				D_{22}	0.166 7
				D_{23}	0.166 7
				D_{24}	0.166 7
				D_{25}	0.166 7
				D_{26}	0.166 7
		C_8	0.297 7	D_{27}	0.221 1
				D_{28}	0.488 3
				D_{29}	0.290 6

表 4-3 西部指标体系权重表

基准层	权重	准则层	权重	指标层	权重
B_1	0.479 0	C_1	0.299 0	D_1	0.402 5
				D_2	0.597 5

续表

基准层	权重	准则层	权重	指标层	权重
B_1	0.479 0	C_2	0.631 9	D_3	0.195 2
				D_4	0.336 1
				D_5	0.468 7
		C_3	0.069 1	D_6	0.189 3
				D_7	0.125 2
				D_8	0.299 1
				D_9	0.287 2
				D_{10}	0.099 2
B_2	0.277 7	C_4	0.512 2	D_{11}	0.181 7
				D_{12}	0.339 8
				D_{13}	0.478 5
		C_5	0.337 0	D_{14}	0.392 3
				D_{15}	0.284 4
				D_{16}	0.184 5
				D_{17}	0.109 0
				D_{18}	0.029 8
		C_6	0.150 8	D_{19}	0.264 7
				D_{20}	0.735 3
B_3	0.243 3	C_7	0.624 2	D_{21}	0.166 7
				D_{22}	0.166 7
				D_{23}	0.166 7
				D_{24}	0.166 7
				D_{25}	0.166 7
				D_{26}	0.166 7
		C_8	0.375 8	D_{27}	0.230 9
				D_{28}	0.564 3
				D_{29}	0.204 8

4.2 评价结果分析[1]

4.2.1 东部、中部、西部生产功能评价结果分析

4.2.1.1 结果的描述性统计

全国及东部、中部、西部生产功能指数的描述性特征值和2000年、2005年、2010年、2015年、2020年5个时间节点的均值见表4-4和表4-5。总体来看，全国以及东部、中部、西部地区国土空间利用生产功能存在一定的时空差异性。

表4-4 全国及东部、中部、西部生产功能指数描述性统计

组别	最小值	最大值	平均值	中位数	标准差
全国	0.011 6	0.941 4	0.099 2	0.070 0	0.120 4
东部	0.006 6	0.913 8	0.198 9	0.145 1	0.174 3
中部	0.024 2	1.000 0	0.425 8	0.412 2	0.251 3
西部	0.047 9	1.000 0	0.284 0	0.244 7	0.209 2

表4-5 全国及东部、中部、西部生产功能指数年份均值表

年份	2000	2005	2010	2015	2020
全国	0.058 5	0.074 5	0.100 6	0.120 4	0.141 8
东部	0.100 2	0.136 8	0.199 5	0.255 2	0.308 2
中部	0.184 9	0.302 9	0.433 6	0.542 3	0.665 1
西部	0.165 5	0.207 8	0.285 2	0.342 4	0.418 8

4.2.1.2 分布形态及动态演进分析

图4-1~图4-3用箱体图和核密度图展示了2000年、2005年、2010年、2015年及2020年的东部、中部、西部地区国土空间生产功能指数的分布情况。

---

[1] 由于东部、中部、西部各地区样本省（区、市）太少，本节统一不再分析基于Moran's I 的空间集聚特征。

（1）分布形态及变化特征

从图 4-1 可以看出，2000—2020 年箱体主要特征值大都呈上升趋势，核密度曲线也有逐期向右移动的趋势，这说明研究期内东部生产功能有所提升。从箱体图和核密度图的形态看，箱体图上下邻值之间的差距在 2000—2015 年期间均明显变大，核密度曲线的宽度也逐渐变宽，曲线峰值逐渐降低，说明东部各省（区、市）间国土空间利用生产功能的差异呈逐渐变大趋势。在研究期内，箱体图和核密度图均体现出右偏分布的态势且右偏程度逐渐增大，箱体图中极大值也有较为明显的增长趋势，这说明研究区域内极大值的存在，即区域内个别省（区、市）的生产功能指数显著高于其他省（区、市），这也是区域内生产功能差异性扩大的主要原因。从核密度曲线的波峰数目看，东部生产功能指数在样本期间出现过双峰，这表明东部生产功能指数在空间分布上存在两极分化现象。

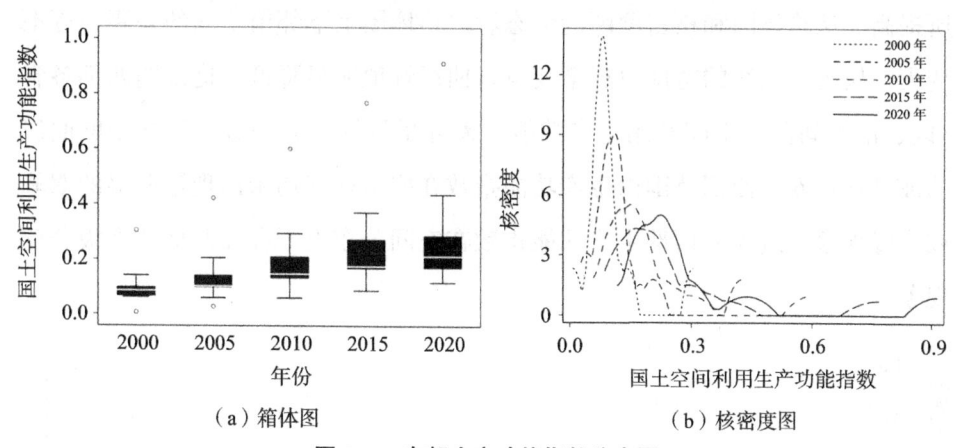

(a) 箱体图　　　　　　　　　(b) 核密度图

图 4-1　东部生产功能指数分布图

从图 4-2 可以看出，2000—2020 年箱体特征值均呈明显上升的趋势，核密度曲线右移趋势明显，这说明研究期内中部生产功能显著提高。研究期内，箱体和核密度曲线宽度也逐渐变宽，说明中部省（区、市）间生产功能差异相对较大。从箱体图和核密度图的形态看，中部生产功能指数分布状态由右偏状态转为左偏状态，说明研究期内影响差异的主要因素是极大值区域，后期则为极小值区域。

（a）箱体图　　　　　　　　　　（b）核密度图

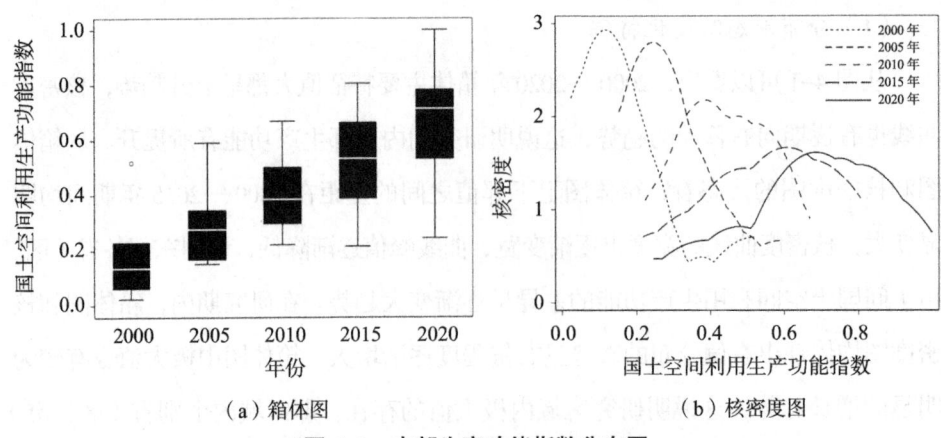

图 4-2　中部生产功能指数分布图

从图 4-3 可以看出，2000—2020 年箱体特征值均略有缓慢上升的趋势，核密度曲线也有逐期向右略微移动的趋势，这说明研究期内西部生产功能有所提高。从箱体图和核密度图的形态看，箱体图上下邻值之间的差距在逐渐变大，核密度曲线的宽度也逐渐变宽，曲线峰值明显降低，这说明西部各省（区、市）间国土空间利用生产功能的差异呈逐渐变大趋势。从核密度曲线的波峰数目看，西部范围内生产功能指数在样本期间均未出现过明显的双峰或多峰现象，这表明西部生产功能指数在空间分布上不存在两极或多极分化现象。

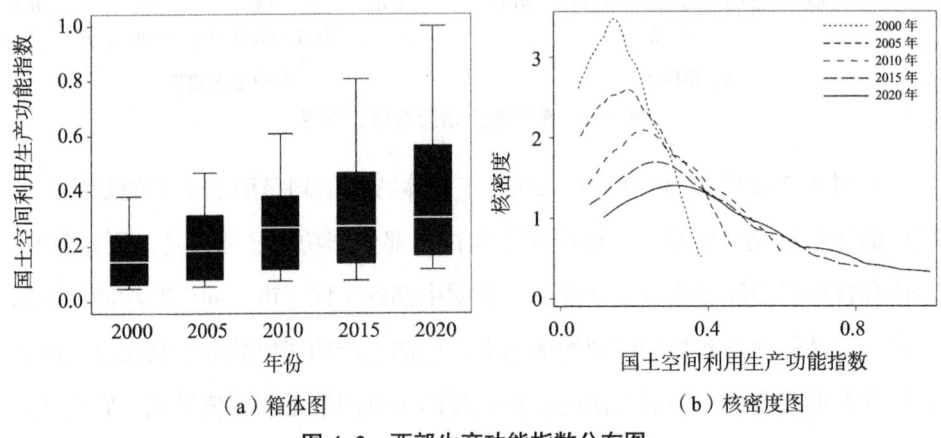

（a）箱体图　　　　　　　　　　（b）核密度图

图 4-3　西部生产功能指数分布图

（2）基于马尔可夫链的跃迁分析

东部、中部、西部2000—2020年生产功能指数马尔可夫链转移概率分布矩阵见表4-6。

表4-6　东部、中部、西部2000—2020年生产功能指数马尔可夫链转移概率分布矩阵

单位：%

地区	期初/期末	类型Ⅰ	类型Ⅱ	类型Ⅲ	类型Ⅳ
东部	类型Ⅰ	46.15	53.85	0	0
	类型Ⅱ	0	27.27	72.73	0
	类型Ⅲ	0	0	50.00	50.00
	类型Ⅳ	0	0	0	100.00
中部	类型Ⅰ	50.00	50.00	0	0
	类型Ⅱ	0	33.33	66.67	0
	类型Ⅲ	0	0	33.33	66.67
	类型Ⅳ	0	0	0	100.00
西部	类型Ⅰ	69.23	30.77	0	0
	类型Ⅱ	0	54.55	45.45	0
	类型Ⅲ	0	0	54.55	45.45
	类型Ⅳ	0	0	0	100.00

从表4-6可以看出，东部在研究期初为类型Ⅰ的省（区、市）中有53.85%在研究期末跃升为类型Ⅱ，有46.15%在研究期末维持在类型Ⅰ，东部在研究期初为类型Ⅱ的省（区、市）中有72.73%在研究期末跃升为类型Ⅲ，有27.27%在研究期末维持在类型Ⅱ，东部在研究期初为类型Ⅲ的省（区、市）中有50%在研究期末跃升为类型Ⅳ，有50%在研究期末维持在类型Ⅲ，东部在研究期初为类型Ⅳ的省（区、市）在期末依然都维持在类型Ⅳ。中西部地区与东部转移现象类似。3个分区均只发生向邻近的上一水平转移现象，没发生跨级转移现象，也没有向下转移的现象。总体而言，从向上转移的程度看，东部高于中部，中部又略高于西部。

东部、中部、西部的生产功能指数的初始状态和通过转移概率分布矩阵迭

代求解计算出的稳态分布见表 4-7, 在稳定状态下, 各地区均可由初始相对较低水平类型经有限次序列转换最终稳定于最高水平类, 这说明未来国土空间利用生产功能整体发展趋势向好。

表 4-7 东部、中部、西部 2000—2020 年生产功能指数的初始分布及稳态分布

单位: %

地区	分类	类型 I	类型 II	类型 III	类型 IV
东部	初始分布	70.00	20.00	0	10.00
	稳态分布	0	0	0.01	99.99
中部	初始分布	66.67	16.67	16.67	0
	稳态分布	0	0	0.01	100.00
西部	初始分布	45.45	27.27	27.27	0
	稳态分布	0	0	0.01	99.97

4.2.1.3 空间分布趋势分析

利用 ArcGIS10.2 绘制 2000 年、2005 年、2010 年、2015 年和 2020 年东部、中部、西部国土空间利用生产功能指数的三维趋势面图, 如图 4-4~图 4-6 所示❶, 以展示各区域生产功能的空间分布趋势。

（1）东部地区

从趋势线看, 东西方向上, 各时期生产功能指数整体呈现由西向东先降低再升高的 U 形趋势且东部相对西部较高。南北方向上, 呈现由南向北先升高再降低的倒 U 形趋势且北部相对南部较高。

（2）中部地区

从趋势线看, 东西方向上, 各时期生产功能指数整体呈现由西向东先升高再降低的倒 U 形趋势, 研究期初东西部地区大体相当, 期末则东部相对较高, 西部相对较低。南北方向上, 呈现由南向北先升高再降低的倒 U 形趋势, 期初北部相对较高, 南部相对较低, 期末则相反。

---

❶ 由于各研究期趋势基本一致, 故只显示两期趋势图。

(a)生产功能（2000年） (b)生产功能（2020年）

图 4-4 东部生产功能指数分布趋势

(a)生产功能（2000年） (b)生产功能（2020年）

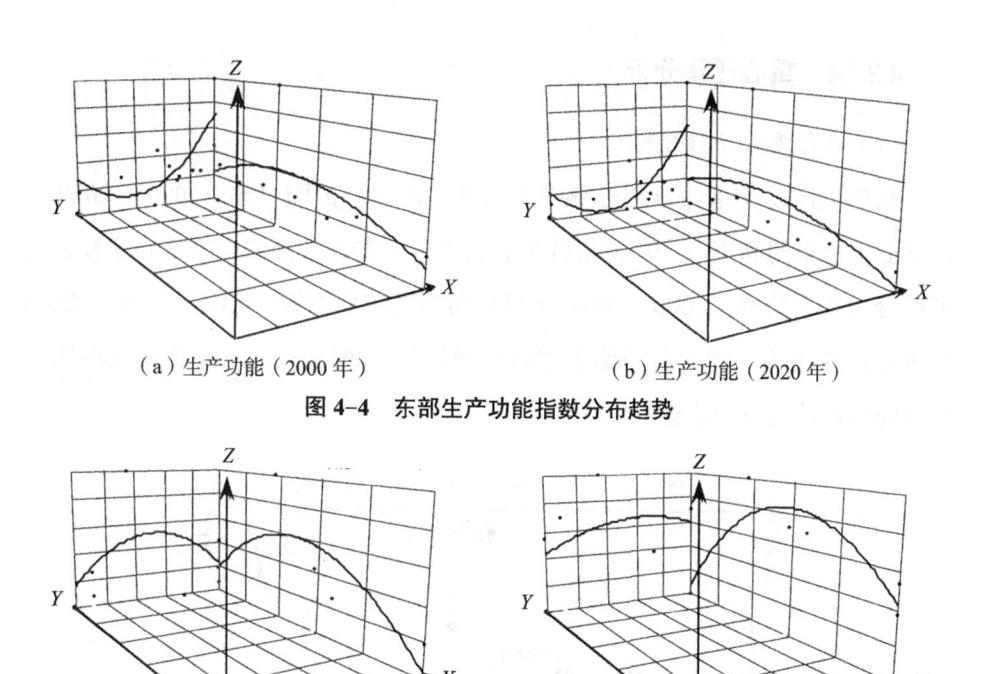

图 4-5 中部生产功能指数分布趋势

（3）西部地区

从趋势线看，东西方向上，2000—2020年生产功能指数整体呈现东高西低的趋势，整体来看，东部相对较高，西部相对较低，南北方向上，呈现由南向北先升高再降低的倒U形趋势，整体来看，南部相对较高，北部相对较低。

(a)生产功能（2000年） (b)生产功能（2020年）

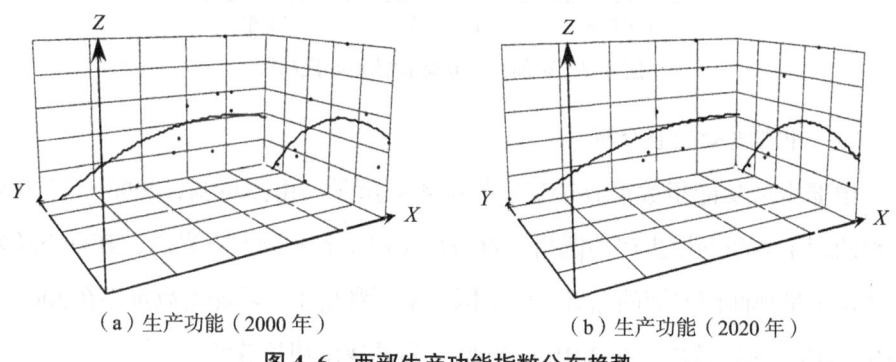

图 4-6 西部生产功能指数分布趋势

4.2.1.4 重心迁移分析

(1) 东部重心迁移分析

东部生产功能指数重心迁移图如图 4-7 所示。由图可知，2000—2020 年东部的国土空间利用生产功能指数重心始终位于安徽省界内。其重心迁移轨迹可以分为 3 个阶段，2000—2010 年呈现向西北方向发展的趋势，2010—2015 年重心迁移轨迹呈现向北稍偏东方向发展趋势，2015—2020 年重心迁移轨迹呈现向西稍偏南方向折返。

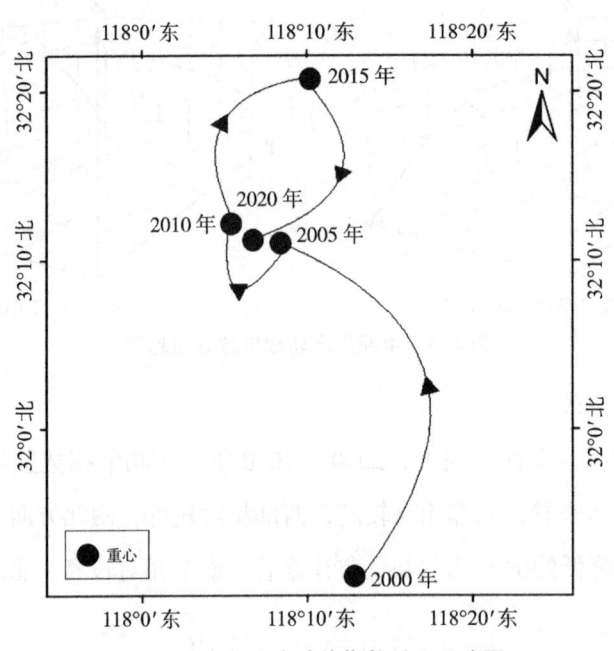

图 4-7 东部生产功能指数重心迁移图

(2) 中部重心迁移分析

中部生产功能指数重心迁移图如图 4-8 所示。由图可知，2000—2020 年中部的国土空间利用生产功能指数重心位于河南省和湖北省界内，其重心迁移轨迹基本呈现向南发展的趋势。中部国土空间利用生产功能指数重心在 2000—2010 年移动速度较快，在 2010—2020 年移动速度明显放慢。

图 4-8 中部生产功能指数重心迁移图

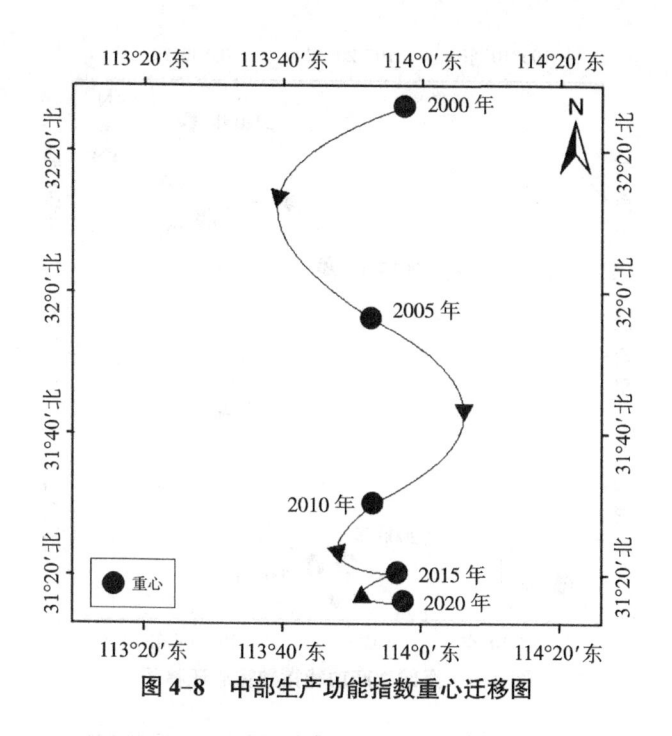

（3）西部重心迁移分析

西部生产功能指数重心迁移图如图 4-9 所示。由图可知，2000—2020 年西部的国土空间利用生产功能指数重心始终位于四川省界内，其重心迁移轨迹可以分为 3 个阶段，2000—2005 年整体呈现出向东发展的趋势，移动速度较慢，2005—2010 年呈现向北发展趋势且移动速度较快，2015—2020 年则呈现向东北发展趋势。

4.2.2　东部、中部、西部生活功能评价结果分析

4.2.2.1　结果的描述性统计

全国及东部、中部、西部生活功能指数的描述性特征值和 2000 年、2005 年、2010 年、2015 年，2020 年 5 个时间节点的均值见表 4-8 和表 4-9。总体来看，全国以及东部、中部、西部均值呈现不断上升趋势，东部地区均值明显高于其他地区和全国平均值。

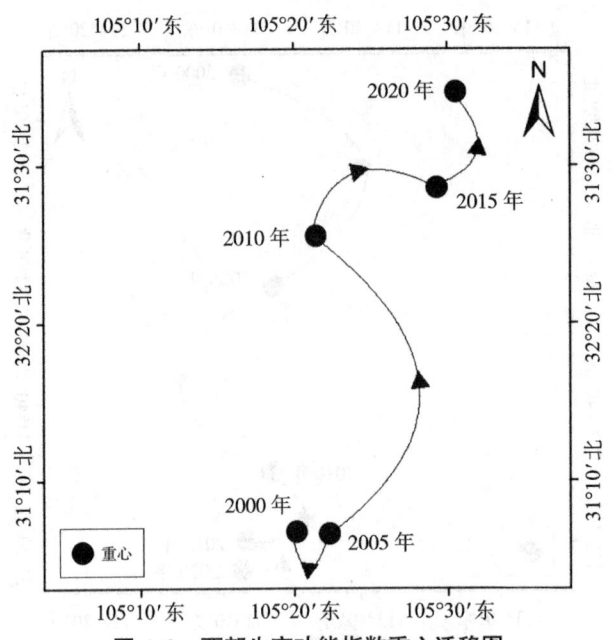

图 4-9 西部生产功能指数重心迁移图

表 4-8 全国及东部、中部、西部生活功能指数描述性统计

组别	最小值	最大值	平均值	中位数	标准差
全国	0.009 7	0.641 9	0.225 9	0.201 6	0.129 6
东部	0.121 2	0.821 9	0.461 6	0.451 8	0.188 7
中部	0.060 7	0.885 6	0.353 3	0.323 0	0.224 0
西部	0.025 3	0.746 9	0.307 6	0.288 5	0.178 3

表 4-9 全国及东部、中部、西部生活功能指数年份均值表

年份	2000	2005	2010	2015	2020
全国	0.148 2	0.166 3	0.212 3	0.267 3	0.335 5
东部	0.287 2	0.363 4	0.448 1	0.534 5	0.675 0
中部	0.163 8	0.180 2	0.305 9	0.419 3	0.697 1
西部	0.206 6	0.221 7	0.280 8	0.364 5	0.464 3

4.2.2.2 分布形态及动态演进分析

图 4-10~图 4-12 用箱体图和核密度图展示了 2000 年、2005 年、2010 年、2015 年及 2020 年的东部、中部、西部地区国土空间生活功能指数的分布情况。

（1）分布形态及变化特征

由图 4-10 可以看出，2000—2020 年箱体各特征值均呈逐渐上升的趋势，核密度曲线也有逐期向右逐渐移动的趋势，这说明研究期内东部生活功能提高明显。箱体和核密度曲线宽度相对较宽，说明东部各省（区、市）间生活功能差异相对较大。从箱体图和核密度图的形态看，各研究时期内东部生活功能指数分布由右偏分布逐渐变为左偏分布，说明影响区域差异的主要因素从极大值区域转变为极小值区域。从核密度曲线的波峰数目看，在 2005 年和 2020 年均出现双峰，表明这两个时期存在两极分化现象。

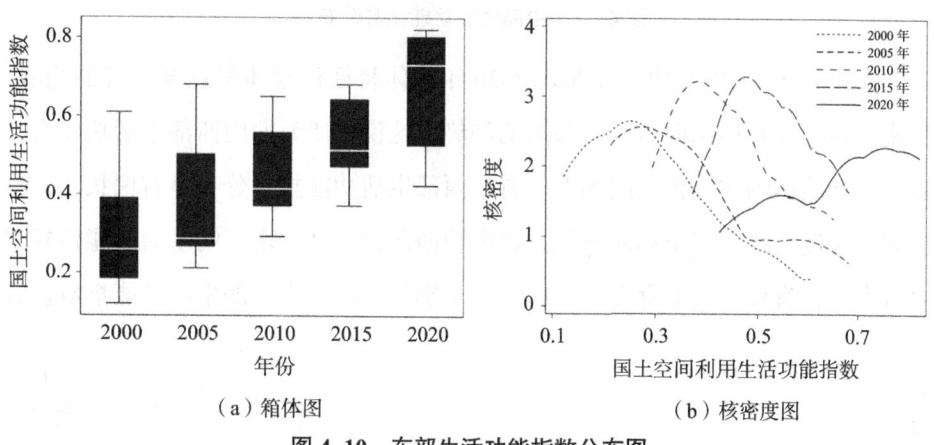

（a）箱体图　　（b）核密度图

图 4-10　东部生活功能指数分布图

由图 4-11 可以看出，2000—2020 年箱体特征值均有上升的趋势，核密度曲线也有逐期向右移动的趋势，这说明研究期内中部生活功能逐渐提高。从箱体图和核密度图的形态看，箱体图上下邻值之间的差距在研究期内均明显变大，核密度曲线的宽度也逐渐变宽，曲线峰值逐渐降低，这说明中部各省（区、市）间国土空间利用生活功能的差异呈逐渐变大趋势。在研究期内，箱体图中极大值也有明显的增长趋势，这说明研究区域内有极大值的存在，即区域内个别省（区、市）的生活功能指数显著高于其他省（区、市），这也是区域内生活功能差异性扩大的主要原因。从核密度曲线的波峰数目看，2020年分布曲线均存在双峰，这说明存在极化现象。

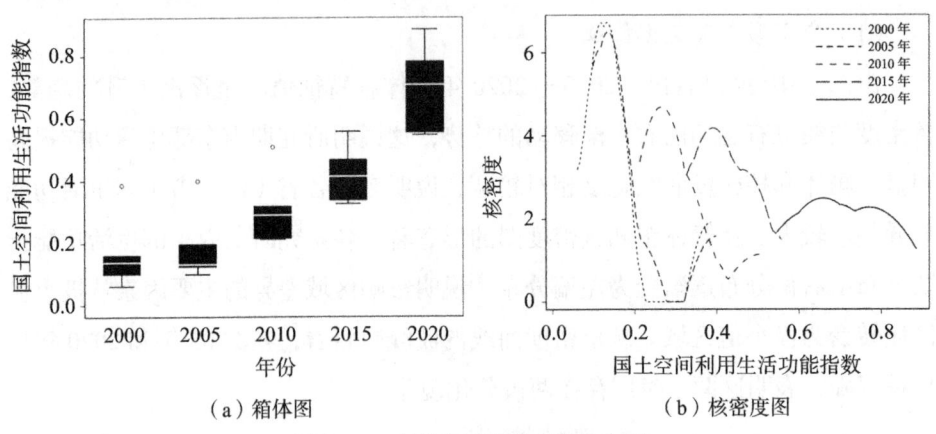

（a）箱体图　　　　　　　　　　　　（b）核密度图

图 4-11　中部生活功能指数分布图

由图 4-12 可以看出，2000—2020 年箱体特征值整体呈逐渐上升的趋势，核密度曲线也有逐期向右逐渐移动的趋势，这说明研究期内西部生活功能有所提高。从箱体图和核密度图的形态看，西部生活功能指数分布呈右偏状态，箱体和核密度曲线宽度也相对较宽，这说明西部省（区、市）间生活功能差异相对较大，并有极大值的存在，即区域内个别省（区、市）的生活功能指数显著

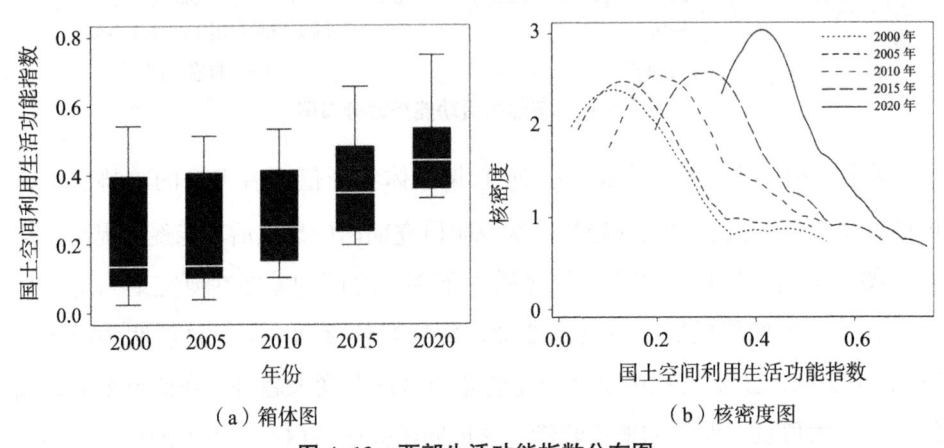

（a）箱体图　　　　　　　　　　　　（b）核密度图

图 4-12　西部生活功能指数分布图

高于其他省（区、市），这也是区域内生活功能差异性扩大的主要原因。从核密度曲线的波峰数目看，在研究期内均未出现过明显的双峰或多峰，表明西部生活功能指数在空间分布上不存在极化现象。

（2）基于马尔可夫链的跃迁分析

东部、中部、西部2000—2020年生活功能指数马尔可夫链转移概率分布矩阵见表4-10。由表可见，东部在研究期初为类型Ⅰ的省（区、市）中有53.85%在研究期末跃升为类型Ⅱ，有7.69%在研究期末跃升到类型Ⅲ，有38.46%在研究期末维持在类型Ⅰ，东部在研究期初为类型Ⅱ的省（区、市）中有54.55%在研究期末跃升为类型Ⅲ，有9.09%在研究期末跃升到类型Ⅳ，有36.36%在研究期末维持在类型Ⅱ。说明东部地区不仅只向邻近的上一水平转移，还存在跨级转移现象。中西部由低值状态向中低值状态转移的概率均为50%，由中低值状态向中高值状态转移的概率分别为71.43%、61.54%，由中高值状态向高值状态转移的概率分别为66.67%、37.50%。3个区域均不存在向下转移的情况。总体来看，东部、中部、西部地区国土空间利用生活功能水平都体现出向好发展的趋势，只是西部地区由中高水平向高水平转移的概率较小，其生活功能的提升仍有较大的潜力。

表4-10 东部、中部、西部2000—2020年生活功能指数马尔可夫链转移概率分布矩阵

单位：%

地区	分类	类型Ⅰ	类型Ⅱ	类型Ⅲ	类型Ⅳ
东部	类型Ⅰ	38.46	53.85	7.69	0
	类型Ⅱ	0	36.36	54.55	9.09
	类型Ⅲ	0	0	40.00	60.00
	类型Ⅳ	0	0	0	100.00
中部	类型Ⅰ	50.00	50.00	0	0
	类型Ⅱ	0	28.57	71.43	0
	类型Ⅲ	0	0	33.33	66.67
	类型Ⅳ	0	0	0	100.00

续表

地区	分类	类型Ⅰ	类型Ⅱ	类型Ⅲ	类型Ⅳ
西部	类型Ⅰ	50.00	50.00	0	0
	类型Ⅱ	0	38.46	61.54	0
	类型Ⅲ	0	0	62.50	37.50
	类型Ⅳ	0	0	0	100.00

东部、中部、西部生活功能指数的初始状态和通过转移概率分布矩阵迭代求解计算出的稳态分布见表4-11，在稳定状态下，各地区均可由初始相对较低水平类型经有限次序列转换最终稳定于最高水平类，生活功能指数在向较高水平集聚，并逐渐达到有效状态。

表4-11 东部、中部、西部2000—2020年生活功能指数的初始分布及稳态分布

单位：%

地区	分类	类型Ⅰ	类型Ⅱ	类型Ⅲ	类型Ⅳ
东部	初始分布	60.00	30.00	0	10.00
	稳态分布	0	0	0.01	99.99
中部	初始分布	66.67	16.67	16.67	0
	稳态分布	0	0	0.01	100.00
西部	初始分布	63.64	9.09	9.09	18.18
	稳态分布	0	0	0.01	99.99

4.2.2.3 空间分布趋势分析

利用ArcGIS10.2绘制2000年、2005年、2010年、2015年和2020年东部、中部、西部国土空间利用生活功能指数的三维趋势面图，如图4-13~图4-15所示❶，以展示各区域生活功能的空间分布趋势。

（1）东部地区

从趋势线看，东西方向上，各时期生活功能指数整体呈现东高西低趋势，

---

❶ 为节省篇幅，只展示了两期具有代表性的趋势图。

这种趋势在研究期间有待加强，南北方向上，2000年呈现先降后升的U形趋势，2005—2020年呈现北高南低的趋势。

（a）生活功能（2000年）　　　　　（b）生活功能（2020年）

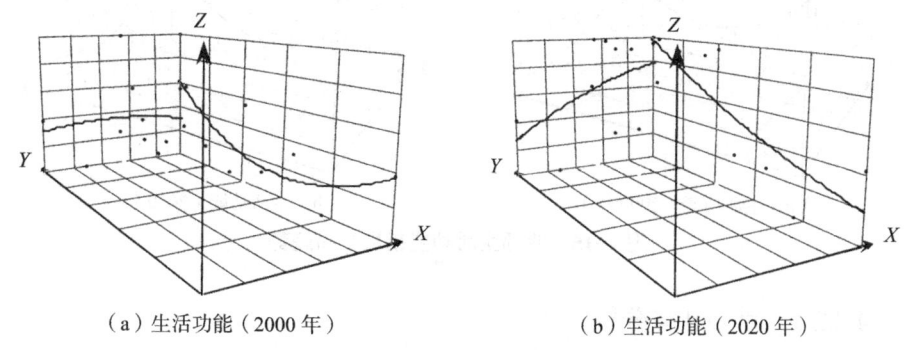

图4-13　东部生活功能指数分布趋势

（2）中部地区

从趋势线看，东西方向上，2000—2005年国土空间利用生活功能指数整体呈现由西向东先升低后降的倒U形趋势，2010—2020年呈现由西向东先降低后升高的U形趋势，南北方向上，大体上呈现北高南低的趋势。

（a）生活功能（2000年）　　　　　（b）生活功能（2020年）

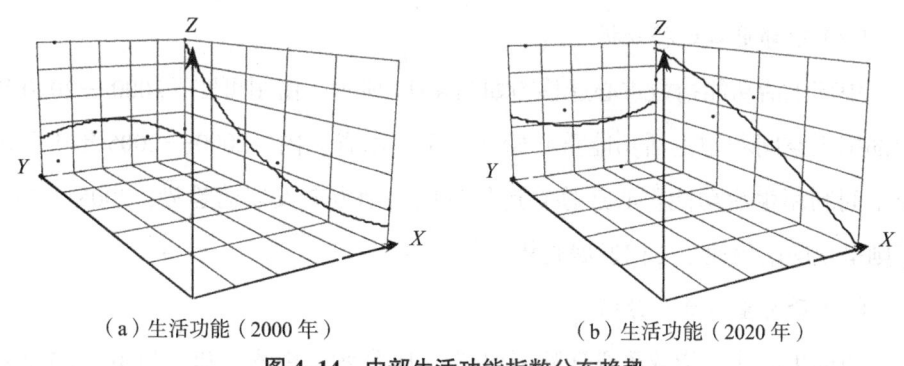

图4-14　中部生活功能指数分布趋势

（3）西部地区

从趋势线看，东西方向上，各时期国土空间利用生活功能指数整体由西到东呈现先下降后上升的U形趋势，东西部相比，研究期内，东部地区在前期相对西部较低，但后期则有所提升，与西部大体持平，南北方向上，各年份呈现北高南低的趋势。

（a）生活功能（2000年）　　　　　　（b）生活功能（2020年）

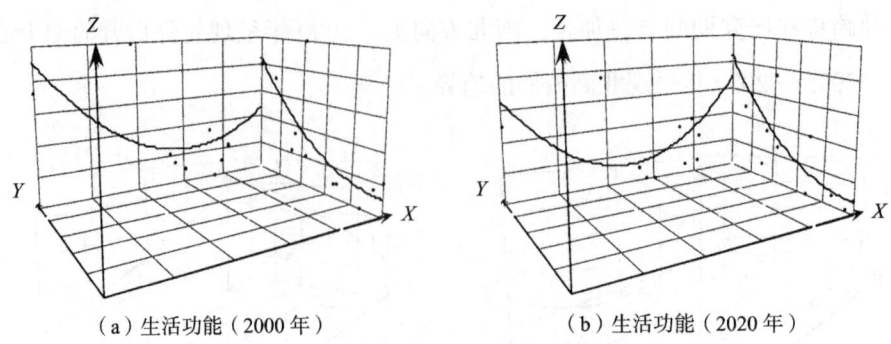

图 4-15　西部生活功能指数分布趋势

4.2.2.4　重心迁移分析

（1）东部重心迁移分析

东部生活功能指数重心迁移图如图 4-16 所示。由图可知，2000—2020 年东部国土空间利用生活功能重心始终位于安徽省界内。其重心迁移轨迹可以分为 3 个阶段，2000—2005 年基本呈现向东稍偏北方向发展的趋势，2005—2015 年呈现向南发展趋势，2015—2020 年呈现向北折返趋势。

（2）中部重心迁移分析

中部生活功能指数重心迁移图如图 4-17 所示。由图可知，2000—2020 年中部国土空间利用生活功能重心始终位于河南省界内，2000—2005 年中部国土空间利用生活功能重心迁移轨迹呈现向西南方向发展的趋势，2005—2020 年则呈现向南稍偏东方向发展趋势。

（3）西部重心迁移分析

西部生活功能指数重心迁移图如图 4-18 所示。由图可知，2000—2020 年西部国土空间利用生活功能重心由青海省向甘肃省转移，重心迁移轨迹在研究期内基本呈现均速向东南方向发展的趋势。

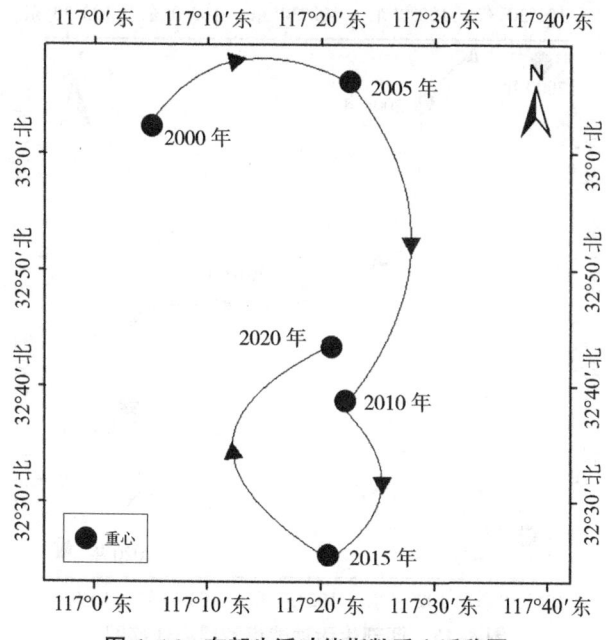

图 4-16 东部生活功能指数重心迁移图

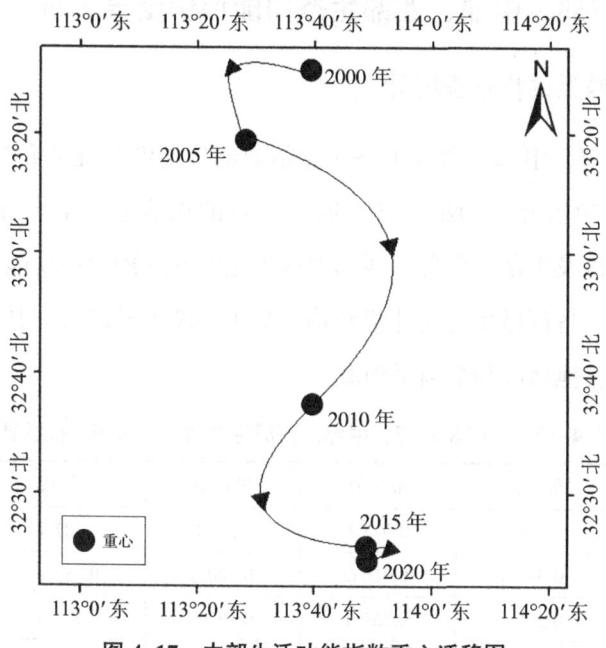

图 4-17 中部生活功能指数重心迁移图

图 4-18　西部生活功能指数重心迁移图

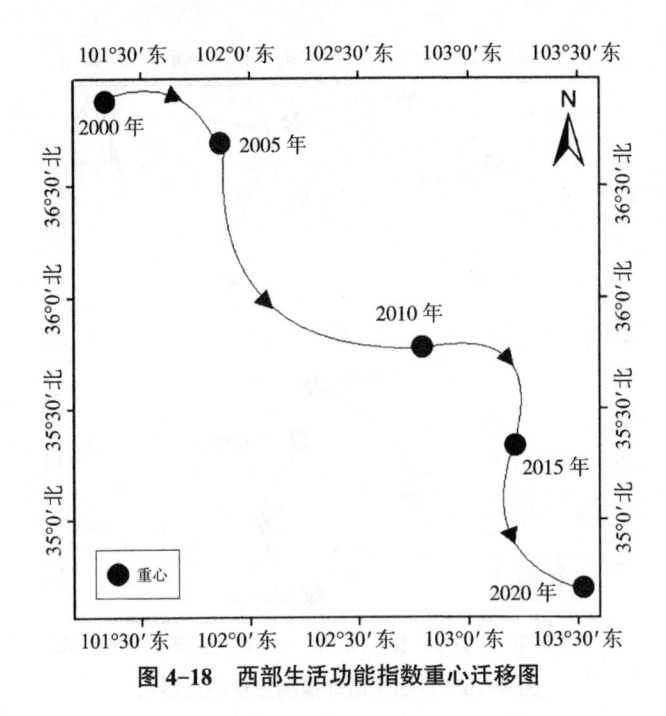

4.2.3　东部、中部、西部生态功能评价结果分析

4.2.3.1　结果的描述性统计

全国及东部、中部、西部生态功能指数的描述性特征值和 2000 年、2005 年、2010 年、2015 年、2020 年 5 个时间节点的均值见表 4-12 和表 4-13。总体来看，全国以及东部、中部、西部地区国土空间利用生态功能具有较为明显的时空差异性。各区域生态功能指数均值呈现不断上升趋势，其中，中部地区均值明显高于其他地区和全国平均值。

表 4-12　全国及东部、中部、西部生态功能指数描述性统计

组别	最小值	最大值	平均值	中位数	标准差
全国	0.058 3	0.977 2	0.354 0	0.307 4	0.194 4
东部	0.045 5	0.916 6	0.400 3	0.387 1	0.246 2
中部	0.211 6	0.761 6	0.493 2	0.487 6	0.192 1
西部	0.072 0	1.000 0	0.453 2	0.392 3	0.235 4

表 4-13 全国及东部、中部、西部生态功能指数年份均值表

年份	2000	2005	2010	2015	2020
全国	0.279 8	0.370 9	0.373 3	0.372 5	0.373 5
东部	0.345 5	0.414 3	0.418 3	0.411 2	0.412 3
中部	0.433 1	0.507 1	0.506 2	0.513 4	0.506 3
西部	0.364 8	0.471 2	0.475 7	0.475 8	0.478 4

4.2.3.2 分布形态及动态演进分析

图 4-19~图 4-21 用箱体图和核密度图展示了 2000 年、2005 年、2010 年、2015 年及 2020 年的东部、中部、西部地区国土空间生态功能指数的分布情况。

（1）地区分布形态及动态演进分析

由图 4-19 可以看出，2000—2020 年箱体各特征值变化不大，核密度曲线存在轻微右移趋势，这说明研究期内东部生态功能略有提高。从箱体图和核密度图的形态看，东部生态功能指数分布呈左偏状态，箱体和核密度曲线宽度也相对较宽，这说明东部省（区、市）间生态功能差异相对较大。

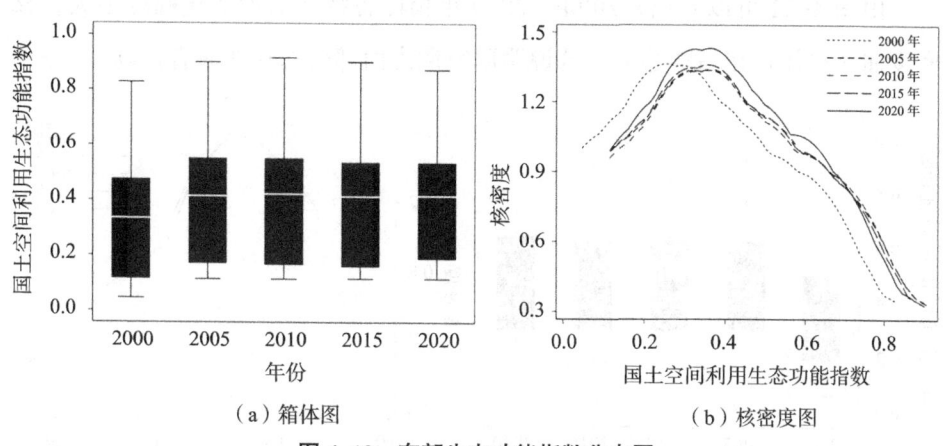

（a）箱体图　　　　　　　　　　（b）核密度图

图 4-19 东部生态功能指数分布图

由图 4-20 可以看出，2000—2020 年箱体各特征值均变化幅度较小，核密度曲线略微向右移动，这说明研究期内中部生态功能略有提高。从箱体图

和核密度图的形态看，箱体图上下邻值之间的差距略有变小，核密度曲线峰值逐渐增加，这说明研究期内各省（区、市）间国土空间利用生态功能的差异呈逐渐缩小趋势。从核密度曲线的波峰数目看，中部生态功能指数在样本期间均出现过多峰现象，这说明中部生态功能指数在空间分布上存在多极分化现象。

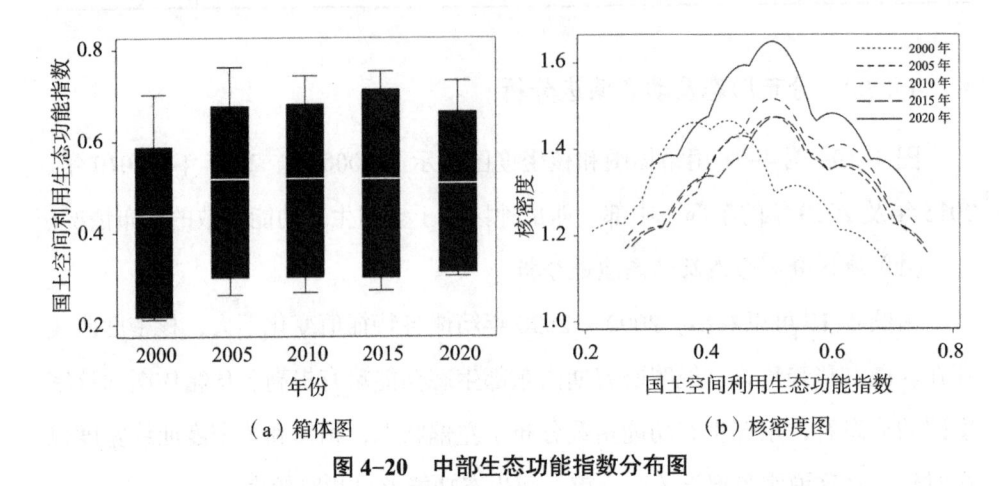

（a）箱体图　　　　　　　　　（b）核密度图

图 4-20　中部生态功能指数分布图

由图 4-21 可以看出，2000—2020 年箱体各特征值均变化幅度不大，核密度曲线整体存在右移趋势，这说明研究期内西部生态功能略有提高。

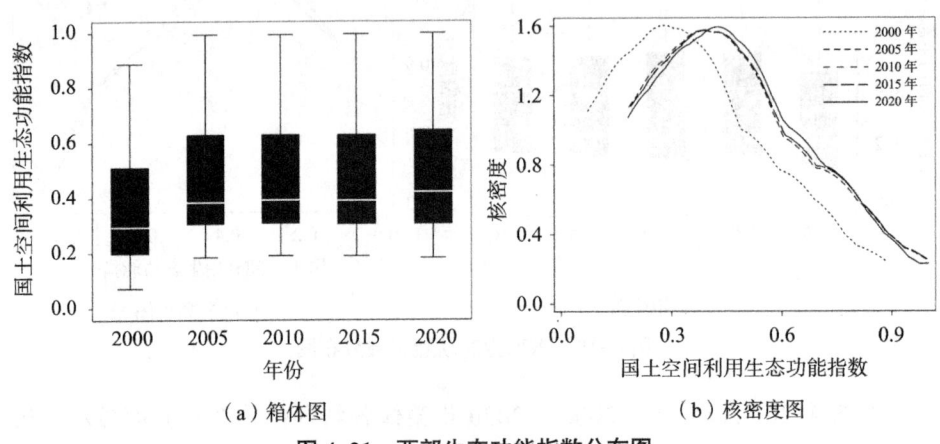

（a）箱体图　　　　　　　　　（b）核密度图

图 4-21　西部生态功能指数分布图

从箱体图和核密度图的形态看，箱体图和核密度图均体现出右偏分布的态势，箱体和核密度曲线宽度也相对较宽，这说明西部各省（区、市）间生态功能差异相对较大，并有极大值的存在，且这种特征在研究期内变化不大。从核密度曲线的波峰数目看，西部生态功能指数在样本期间均未出现过明显的双峰或多峰现象，这说明西部生态功能指数在空间分布上不存在两极或多极分化现象。

（2）基于马尔可夫链的跃迁分析

东部、中部、西部2000—2020年生态功能指数马尔可夫链转移概率分布矩阵见表4-14。由表可见，东部地区在研究期初为类型Ⅱ的省（区、市）中有11.11%在研究期末下降为类型Ⅰ，期初为类型Ⅳ的省（区、市）中有9.09%在研究期末下降为类型Ⅲ，中部地区在研究期初为类型Ⅳ的省（区、市）中有14.29%在研究期末下降为类型Ⅲ，这说明东部和中部地区都存在向下转移的趋势，但从下降概率来看，问题不是很严重。另外，东部和中部Ⅰ、Ⅲ类型都存在向上一级转移的情况，西部地区在研究期间均表现出向上一水平转移或维持原状态的态势。同时，3个地区4个类型保持原有状态的概率均远大于50%，这说明生态功能指数的具有一定的惰性，存在明显的不稳定性。

表4-14 东部、中部、西部2000—2020年生态功能指数马尔可夫链转移概率分布矩阵

单位：%

地区	分类	类型Ⅰ	类型Ⅱ	类型Ⅲ	类型Ⅳ
东部	类型Ⅰ	81.82	18.18	0	0
	类型Ⅱ	11.11	88.89	0	0
	类型Ⅲ	0	0	88.89	11.11
	类型Ⅳ	0	0	9.09	90.91
中部	类型Ⅰ	75.00	25.00	0	0
	类型Ⅱ	0	100.00	0	0
	类型Ⅲ	0	0	80.00	20.00
	类型Ⅳ	0	0	14.29	85.71

续表

地区	分类	类型Ⅰ	类型Ⅱ	类型Ⅲ	类型Ⅳ
西部	类型Ⅰ	66.67	33.33	0	0
	类型Ⅱ	0	90.00	10.00	0
	类型Ⅲ	0	0	90.91	9.09
	类型Ⅳ	0	0	0	100.00

东部、中部、西部的国土生态空间利用质量指数的初始状态和通过转移概率分布矩阵迭代求解计算出的稳态分布见表4-15。与初始状态对比可知，稳定状态下，东部、中部地区各类型有升有降，主要是Ⅰ、Ⅲ类型有下降，Ⅱ、Ⅳ类型有所上升，但变动幅度都不是十分大，这说明这两个区域在发展过程中面临较大的生态压力。而西部类型Ⅰ的概率由54.55%下降到0，类型Ⅱ由0轻微上升到0.01%，类型Ⅲ由27.27%下降到0.10%，类型Ⅳ由18.18%大幅度上升到99.9%，这说明在稳定状态下，西部地区可由初始相对较低水平类型经有限次序列转换最终稳定于最高水平类型，生态功能指数在向较高水平集聚，并逐渐达到有效状态。

表4-15 东部、中部、西部2000—2020年生态功能指数的初始分布及稳态分布

单位：%

地区	分类	类型Ⅰ	类型Ⅱ	类型Ⅲ	类型Ⅳ
东部	初始分布	30.00	20.00	30.00	20.00
	稳态分布	18.97	31.03	22.53	27.47
中部	初始分布	33.33	16.67	33.33	16.67
	稳态分布	0.03	49.97	20.83	29.17
西部	初始分布	54.55	0	27.27	18.18
	稳态分布	0	0.01	0.10	99.90

4.2.3.3 空间分布趋势分析

利用ArcGIS10.2绘制2000年、2005年、2010年、2015年、2020年东部、中部、西部地区国土空间利用生态功能指数的三维趋势面图，如图4-22~图

4-24所示❶。

(1) 东部地区

从趋势线看，东西方向上，各时期国土空间利用生态功能指数呈现东低西高的趋势，且这种趋势在研究期内表现不明显。南北方向上，2000年由南向北呈现先升高后降低的倒U形趋势，2005—2020年呈现北低南高的趋势，总体来讲，北部地区相对较低，南部地区相对较高。

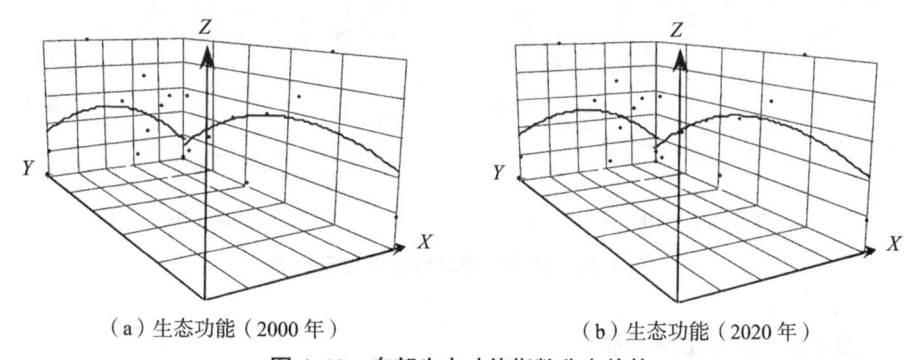

(a) 生态功能 (2000年)　　　　　(b) 生态功能 (2020年)

图 4-22　东部生态功能指数分布趋势

(2) 中部地区

从趋势线看，东西方向上，各时期国土空间利用生态功能指数由西向东呈现先降低后升高的U形趋势，但整体上看，西部地区较高，东部地区较低，南北方向上，各期均呈现南高北低的趋势。

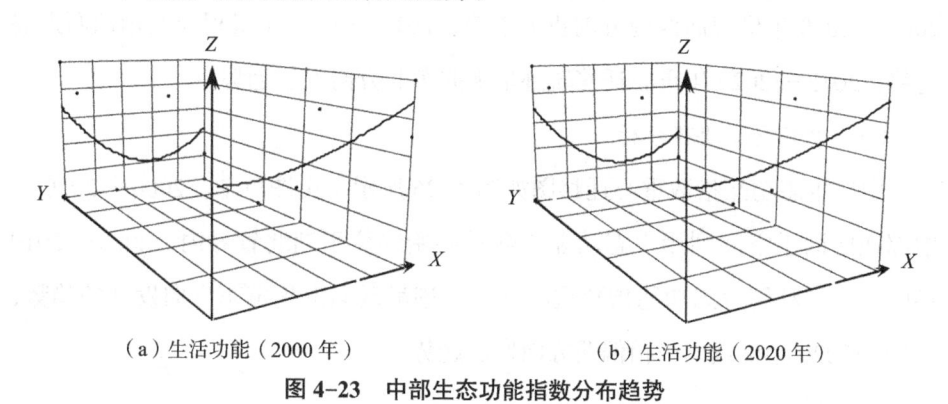

(a) 生活功能 (2000年)　　　　　(b) 生活功能 (2020年)

图 4-23　中部生态功能指数分布趋势

---

❶ 为节省篇幅，只展示了两期具有代表性的趋势图。

（3）西部地区

从趋势线看，东西方向上，各时期国土空间利用生态功能指数由西向东呈现先降低后升高的 U 形趋势，南北方向上，各时期由南向北呈现先降低后升高的 U 形趋势，但整体上看，北部相对较高，南部相对较低。

（a）生活功能（2000 年）　　　　　（b）生活功能（2020 年）

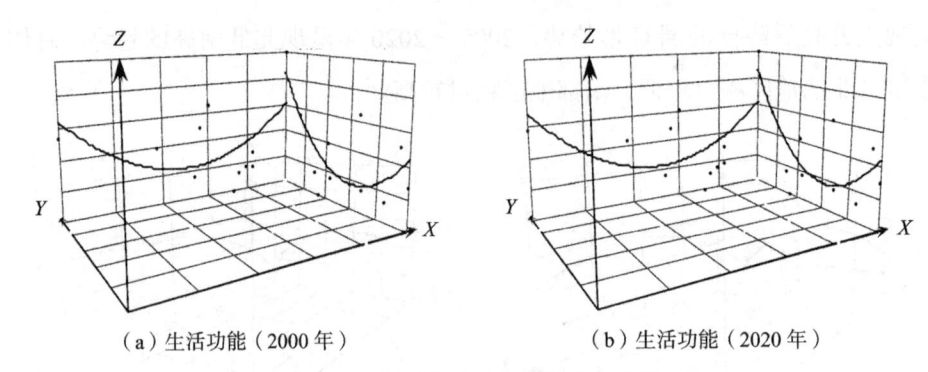

图 4-24　西部生态功能指数分布趋势

4.2.3.4　重心迁移分析

（1）东部重心迁移分析

东部生态功能指数重心迁移图如图 4-25 所示。由图可知，2000—2020 年东部地区国土空间利用生态功能指数重心位于安徽省和江西省界内。其重心迁移轨迹可以分为 4 个阶段，2000—2005 年呈现向北稍偏东方向发展的趋势，2005—2010 年呈现向西南方向折返趋势，2010—2015 年呈现向北稍偏西发展趋势，2015—2020 年重心迁移轨迹呈现向东北方向发展趋势。

（2）中部重心迁移分析

中部生态功能指数重心迁移图如图 4-26 所示。由图可知，2000—2020 年中部地区国土空间利用生态功能指数重心始终位于湖北省界内。2000—2010 年国土空间利用生态功能指数重心迁移轨迹呈现向南稍偏东方向发展的趋势，2010—2020 年呈现向南稍偏西方向发展趋势。

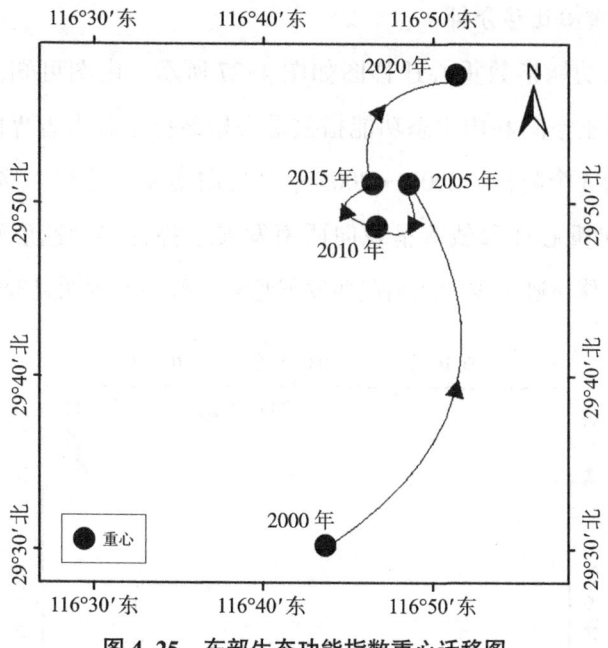

图 4-25　东部生态功能指数重心迁移图

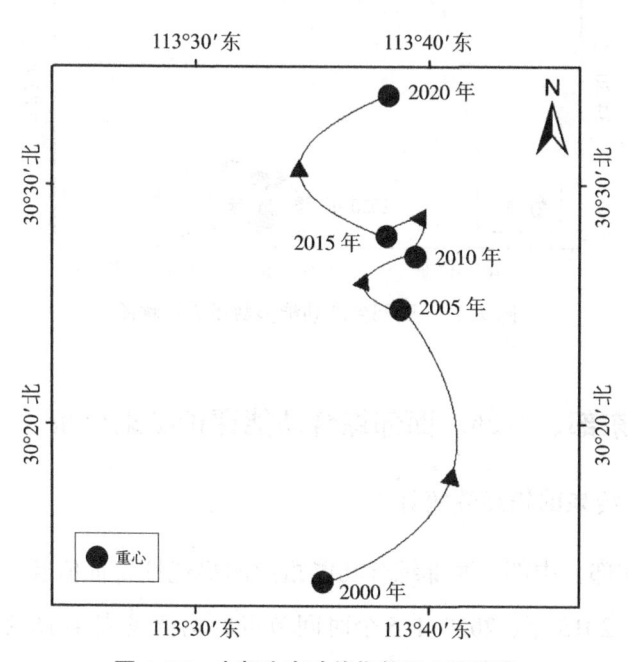

图 4-26　中部生态功能指数重心迁移图

（3）西部重心迁移分析

西部生态功能指数重心迁移图如图4-27所示。由图可知，2000—2020年西部地区国土空间利用生态功能指数重心始终位于甘肃省界内。重心迁移轨迹可以分为3个阶段，2000—2005年呈现向南发展趋势，移动速度较快，2005—2010年重心迁移轨迹呈现向西南发展趋势且移动速度较慢，2010—2020年重心迁移轨迹呈现向北稍偏西发展趋势，移动速度明显较慢。

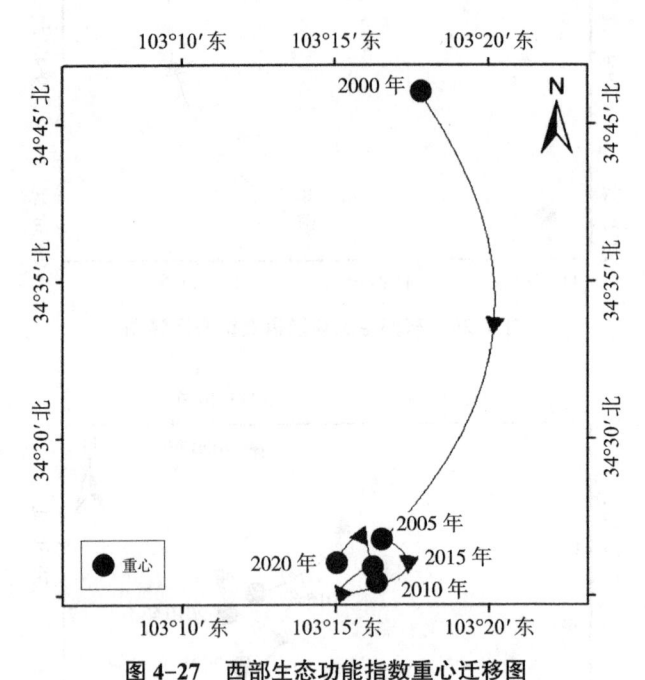

图4-27 西部生态功能指数重心迁移图

4.2.4 东部、中部、西部综合功能评价结果分析

4.2.4.1 结果的描述性统计

全国及东部、中部、西部综合功能指数的描述性特征值及2000年、2005年、2010年、2015年、2020年5个时间节点的均值见表4-16和表4-17。总体上看，全国以及东部、中部、西部地区国土空间利用综合质量具有明显的内

部时空差异,各区域年度均值差距不大且均呈现不断上升趋势,但各地区均值水平均高于全国平均值。

4.2.4.2 分布形态及动态演进分析

图 4-28~图 4-30 用箱体图和核密度图展示了 2000 年、2005 年、2010 年、2015 年及 2020 年东部、中部、西部国土空间综合功能指数的分布情况。

表 4-16 全国及东部、中部、西部综合功能指数描述性统计

组别	最小值	最大值	平均值	中位数	标准差
全国	0.040 3	0.775 2	0.192 7	0.175 9	0.100 5
东部	0.138 4	0.702 3	0.343 3	0.342 2	0.116 2
中部	0.161 7	0.789 0	0.424 4	0.403 6	0.174 1
西部	0.098 9	0.721 2	0.327 3	0.310 3	0.131 9

表 4-17 全国及东部、中部、西部综合功能指数年份均值

年份	2000	2005	2010	2015	2020
全国	0.125 2	0.162 6	0.193 9	0.223 3	0.258 3
东部	0.218 2	0.287 7	0.346 3	0.397 7	0.466 4
中部	0.231 5	0.318 4	0.412 8	0.500 2	0.659 0
西部	0.205 7	0.260 7	0.323 5	0.384 6	0.462 0

(1) 分布形态及变化特征

由图 4-28 可以看出,2000—2020 年箱体各特征值均呈逐渐上升的趋势,核密度曲线也有逐期向右逐渐移动的趋势,这说明研究期内东部综合功能显著提升。从箱体图和核密度图的形态看,呈右偏分布,且有极大值的存在,体现出一定的区域差异,但各期差异程度变化不大。从核密度曲线的波峰数目看,研究期内东部综合功能指数多峰态势不明显,这说明东部综合功能指数在空间分布上不存在多极分化现象。

由图 4-29 可以看出,中部国土空间利用综合功能指数在研究期内逐渐提高,箱体图和核密度曲线形态显示,数据分布在 2000—2010 年呈右偏状态,

2015—2020年呈左偏状态。总体来看，区域差异并不算很大，箱体图上也未显示极值的存在，核密度曲线在各期均呈现略微的多峰态势，这说明中部国土空间利用综合功能指数存在极化现象。

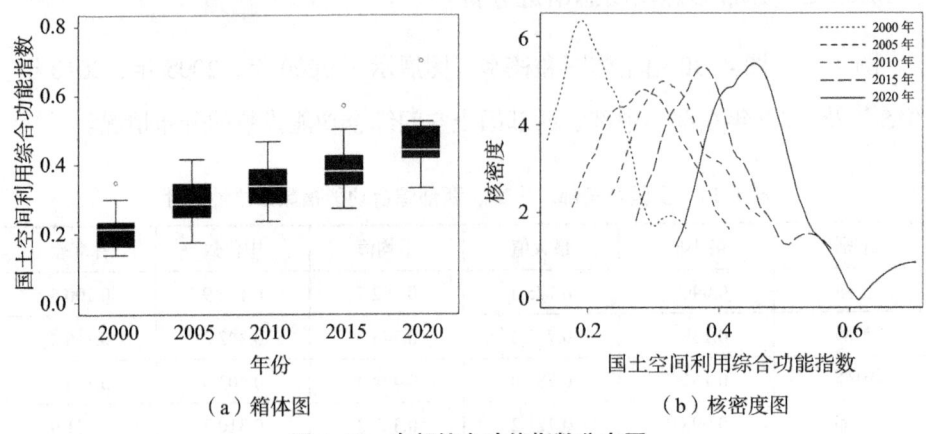

（a）箱体图　　　　　　　　　　（b）核密度图

图4-28　东部综合功能指数分布图

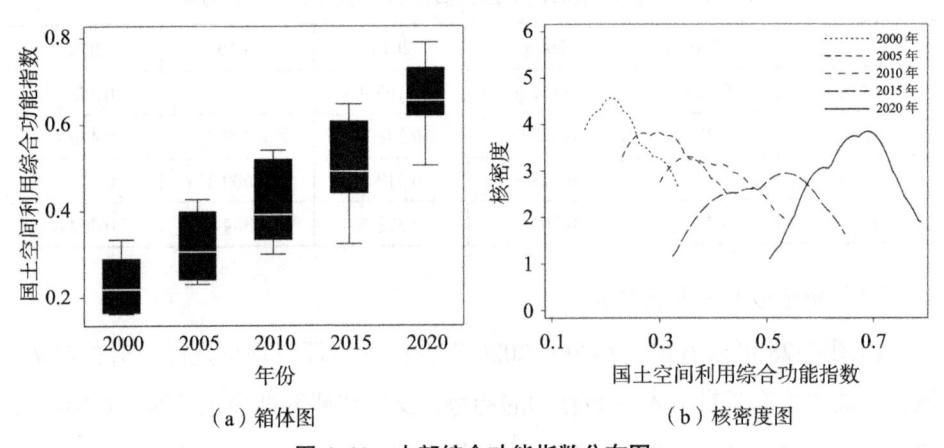

（a）箱体图　　　　　　　　　　（b）核密度图

图4-29　中部综合功能指数分布图

由图4-30可以看出，西部国土空间利用综合功能指数在研究期内呈现增长态势，箱体图和核密度曲线形态显示数据分布呈右偏状态，核密度曲线峰值逐年降低，即综合功能区域差异有扩大态势，核密度曲线整体呈现单峰态势，这说明西部国土空间利用综合功能指数极化现象不明显。

第4章 东部、中部、西部国土空间利用质量评价

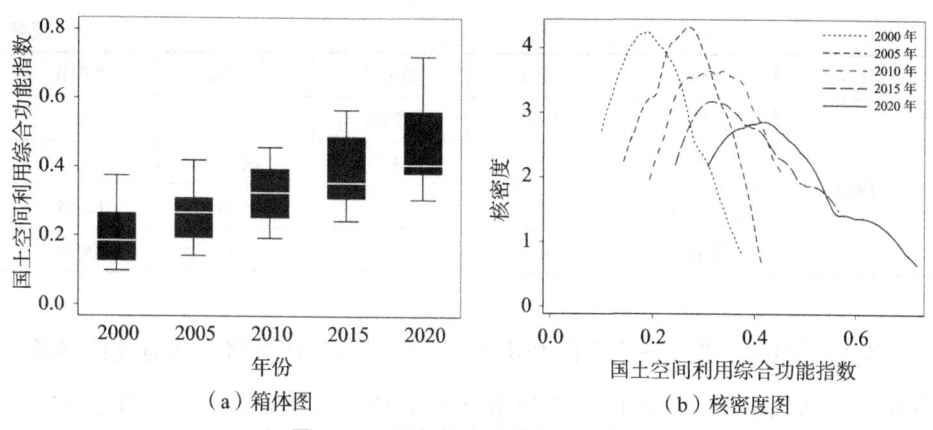

（a）箱体图　　　　　　　　　（b）核密度图

图 4-30　西部综合功能指数分布图

（2）基于马尔可夫链的跃迁分析

东部、中部、西部 2000—2020 年综合功能指数马尔可夫链转移概率分布矩阵见表 4-18。由表可见，东部、中部、西部地区各国土空间利用综合功能指数在各水平类型上均呈现向上一级跃迁的特征且概率都相对较大，其中，东部和西部地区 I 类型地区还有跨级跃迁的情形，并且也没有向下转移的区域，这说明各地区国土空间利用综合功能指数整体呈现向好的态势。从各地区对角线上转移概率来看，I、II、III 类型保持不变的概率均小于或等于 50%，这说明各区域内部综合功能有所提升的地区较多。

表 4-18　东部、中部、西部 2000—2020 年综合功能指数马尔可夫链转移概率分布矩阵

单位：%

地区	分类	类型I	类型II	类型III	类型IV
东部	类型I	38.46	53.85	7.69	0
	类型II	0	36.36	54.55	9.09
	类型III	0	0	40.00	60.00
	类型IV	0	0	0	100.00
中部	类型I	37.50	62.50	0	0
	类型II	0	14.29	71.43	14.29
	类型III	0	0	33.33	66.67
	类型IV	0	0	0	100.00

续表

地区	分类	类型Ⅰ	类型Ⅱ	类型Ⅲ	类型Ⅳ
西部	类型Ⅰ	50.00	42.86	7.14	0
	类型Ⅱ	0	33.33	66.67	0
	类型Ⅲ	0	0	36.36	63.64
	类型Ⅳ	0	0	0	100.00

东部、中部、西部国土空间利用综合功能指数的初始状态和通过转移概率分布矩阵迭代求解计算出的稳态分布见表4-19，结果显示在稳定状态下，各地区国土空间利用综合功能指数均可由初始相对较低水平类型经有限次序列转换，最终稳定于最高水平类型，这说明未来国土空间利用综合功能整体发展趋势向好。

表4-19 东部、中部、西部2000—2020年综合功能指数的初始分布及稳态分布

单位：%

地区	分类	类型Ⅰ	类型Ⅱ	类型Ⅲ	类型Ⅳ
东部	初始分布	80.00	10.00	10.00	0
	稳态分布	0	0	0	100.00
中部	初始分布	83.33	16.67	0	0
	稳态分布	0	0	0	100.00
西部	初始分布	63.64	27.27	9.09	0
	稳态分布	0	0	0.01	99.99

4.2.4.3 空间分布趋势分析

利用ArcGIS10.2绘制2000年、2005年、2010年、2015年、2020年东部、中部、西部地区国土空间利用综合功能指数的三维趋势面图，如图4-31~图4-33所示❶。

---

❶ 为节省篇幅，只展示了两期具有代表性的趋势图。

(1)东部地区

从趋势线看,东西方向上,2000年国土空间利用综合功能指数整体呈现由西向东先上升后降低的倒U形趋势,2015—2020呈现东高西低的趋势,其中2020年这种趋势相对较为明显,其他各年份这种趋势相对较弱。南北方向上,各时期呈现先升高后降低的倒U形趋势,在研究期内,南部国土空间利用综合功能有明显提升。

(a)综合功能(2000年)   (b)综合功能(2020年)

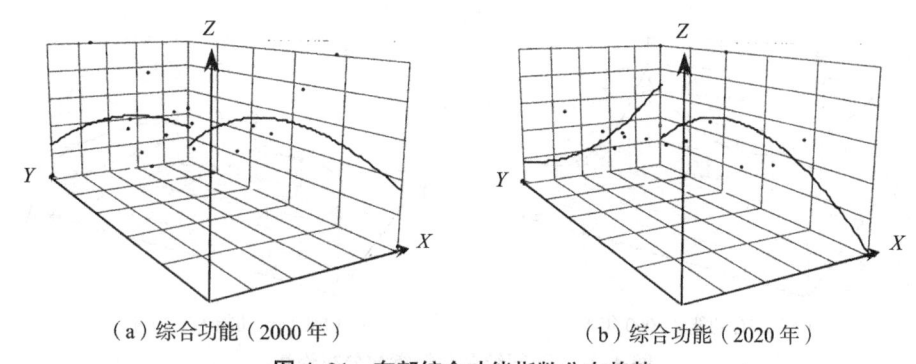

图 4-31 东部综合功能指数分布趋势

(2)中部地区

从趋势线看,东西方向上,各时期国土空间利用综合功能指数整体呈现由西向东先降低后上升的U形趋势,这种趋势在期初更为显著。南北方向上,2000—2010年呈现北低南高的趋势,2010—2020年呈现先升高后降低的倒U形趋势,整体来看,南部国土空间利用综合功能相对北部较高。

(a)综合功能(2000年)   (b)综合功能(2020年)

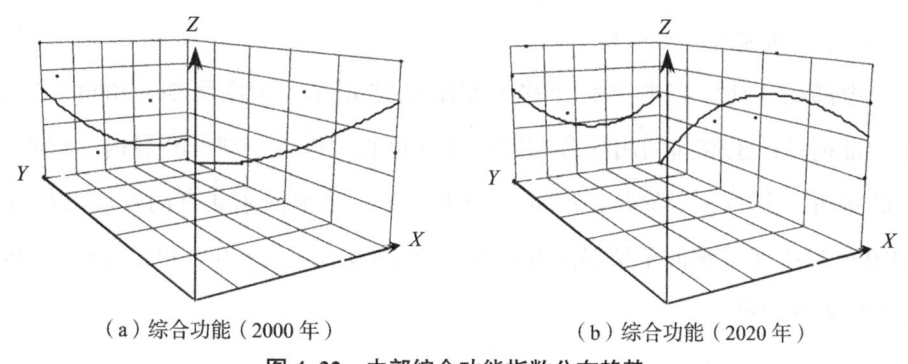

图 4-32 中部综合功能指数分布趋势

(3) 西部地区

从趋势线看，东西方向上，各年份国土空间利用综合功能指数整体呈现由西向东先下降后上升的 U 形趋势，这种趋势在研究期初相对较为明显，研究期内这种趋势相对变弱。南北方向上，2000—2010 年呈现先下降后上升的 U 形趋势，2015 年呈现北高南低的趋势，2020 年呈现先上升后下降的倒 U 形趋势。

（a）综合功能（2000 年） （b）综合功能（2020 年）

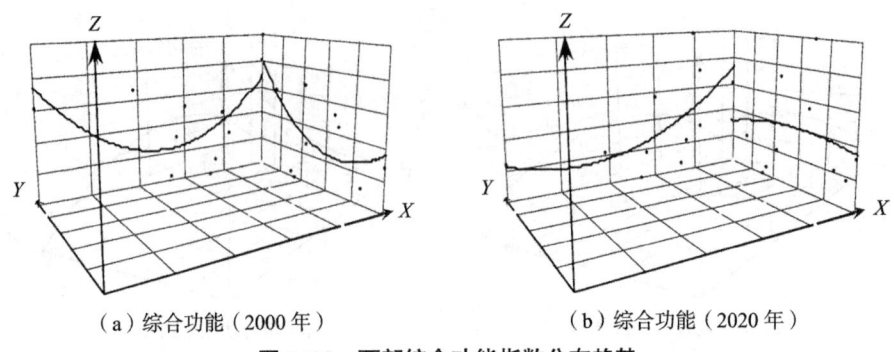

图 4-33 西部综合功能指数分布趋势

4.2.4.4 重心迁移分析

（1）东部重心迁移分析

东部综合功能指数重心迁移图如图 4-34 所示。由图可知，2000—2020 年东部地区国土空间利用综合功能指数的重心始终位于安徽省界内，其重心迁移轨迹在研究期内基本呈现向北偏东方向发展的趋势。

（2）中部重心迁移分析

中部综合功能指数重心迁移图如图 4-35 所示。由图可知，2000—2020 年中部地区国土空间利用综合功能指数的重心始终位于湖北省界内。重心迁移轨迹可以分为 3 个阶段，2000—2010 年基本呈现向东北方向发展的趋势，2010—2015 年呈现向东稍偏南方向发展的趋势，2015—2020 年呈现向北稍偏东方向发展趋势。

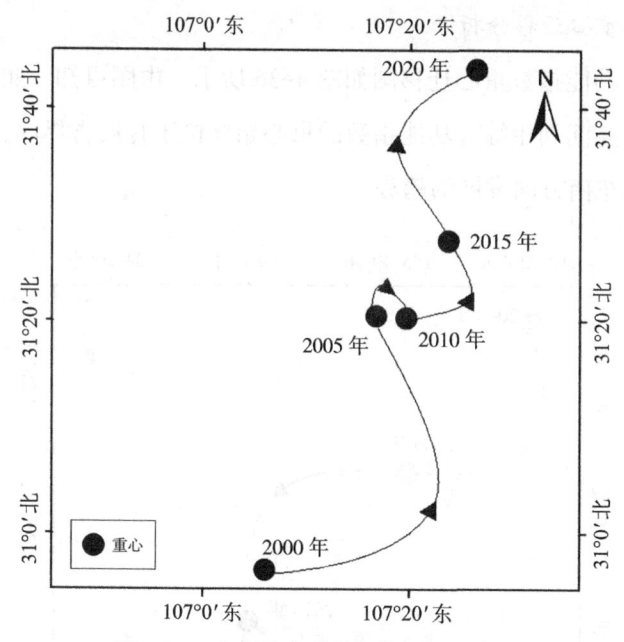

图 4-34　东部综合功能指数重心迁移图

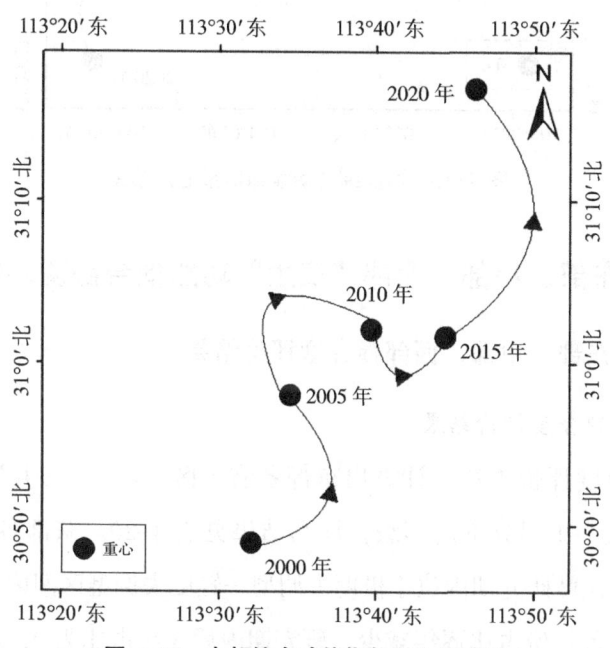

图 4-35　中部综合功能指数重心迁移图

（3）西部重心迁移分析

西部综合功能指数重心迁移图如图 4-36 所示。由图可知，2000—2020 年西部地区国土空间利用综合功能指数的重心始终位于甘肃省界内，重心迁移轨迹整体呈现向东南方向发展的趋势。

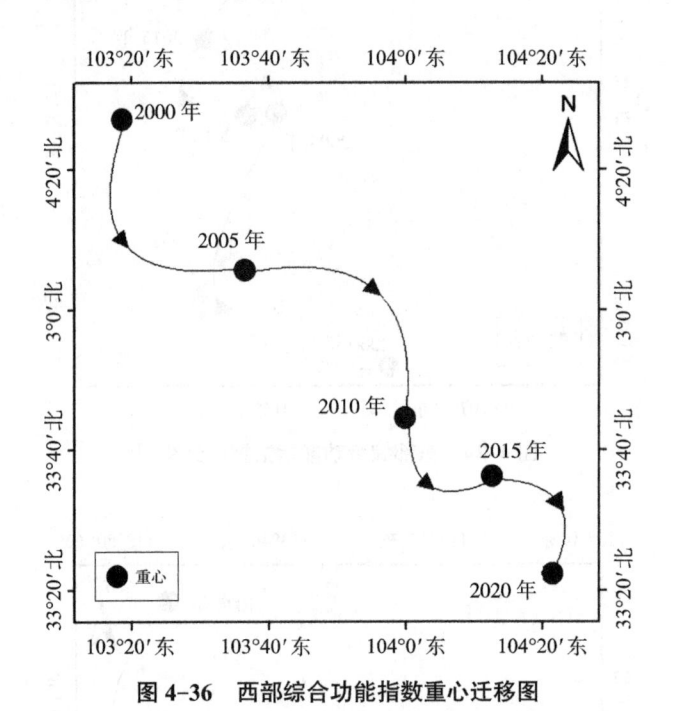

图 4-36 西部综合功能指数重心迁移图

4.2.5 东部、中部、西部"三生"功能耦合协调评价结果分析

4.2.5.1 东部、中部、西部耦合度评价结果

（1）东部耦合度评价结果

根据耦合度评价方法，计算出东部各省（区、市）"三生"功能耦合结果，并根据表 2-1 划分不同等级，详细结果见表 4-20。东部各省（区、市）耦合度协调对比度研究期内位于极度失调型—轻度失调型区间内，极度失调型省（区、市）各年份占比逐年减少，研究期内后 3 年占比为 0，严重失调型省

（区、市）各年份占比基本保持不变，中度失调型省（区、市）占比逐年升高，轻度失调型省（区、市）在研究期内交替出现。在研究期间大部分省（区、市）固化特征明显，改善情况多于衰退情况。

表 4-20 东部"三生"功能耦合类型

单位：%

区间	协调程度	协调对比度	2000年占比	2005年占比	2010年占比	2015年占比	2020年占比
[0, 0.1)	失调衰退	极度失调型	20.00	20.00	0	0	0
[0.1, 0.2)		严重失调型	50.00	50.00	50.00	50.00	60.00
[0.2, 0.3)		中度失调型	20.00	30.00	40.00	50.00	30.00
[0.3, 0.4)		濒临失调型	10.00	0	10.00	0	10.00

东部"三生"功能耦合度空间分布趋势如图 4-37 所示[1]，东西方向上，各年份"三生"功能耦合度由西向东呈现先下降后上升的 U 形趋势，总体而言，东部相对较高，西部相对较低。南北方向上，整体呈现由南到北先上升后下降的倒 U 形趋势，南部地区耦合度相对较高。

（a）耦合度（2000 年） （b）耦合度（2020 年）

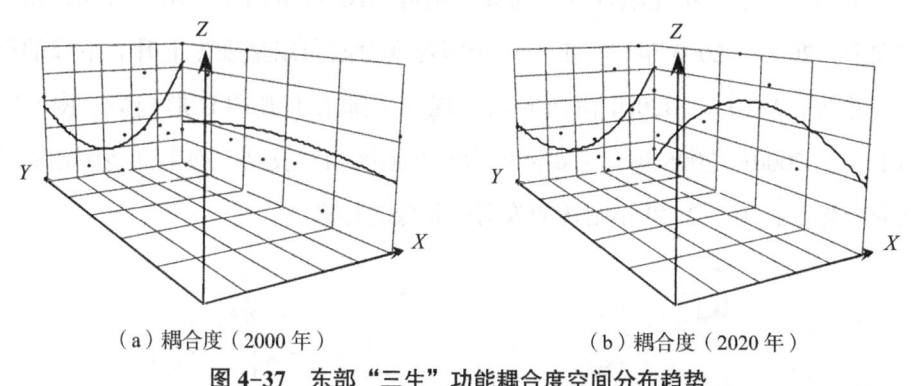

图 4-37 东部"三生"功能耦合度空间分布趋势

（2）中部耦合度评价结果

根据耦合度评价方法，计算出中部各省（区、市）"三生"功能耦合结果，

---

[1] 为节省篇幅，只展示了两期具有代表性的趋势图，4.2.5 节所有三维趋势图除各研究期均有变化外，均只出两期具有代表性的图。

并根据表2-1划分不同等级，详细结果见表4-21。中部各省（区、市）耦合度协调对比度研究期内位于极度失调型—濒临失调型区间内，极度失调型省（区、市）只在2000年出现，严重失调型省（区、市）占比呈现先增加后减少趋势，中度失调型省（区、市）数量与严重失调型省（区、市）数量波动趋势一致，轻度失调型省（区、市）数量在研究期内逐年增加，2015—2020年存在濒临失调型省（区、市）。

表4-21 中部"三生"功能耦合类型

单位：%

区间	协调程度	协调对比度	2000年占比	2005年占比	2010年占比	2015年占比	2020年占比
[0, 0.1)	失调衰退	极度失调型	33.33	0	0	0	0
[0.1, 0.2)		严重失调型	33.33	50.00	0	0	16.67
[0.2, 0.3)		中度失调型	33.33	50.00	66.67	33.33	16.67
[0.3, 0.4)		轻度失调型	0	0	33.33	50.00	50.00
[0.4, 0.5)	过渡协调	濒临失调型	0	0	0	16.67	16.67

中部"三生"功能耦合度空间分布趋势如图4-38所示。由图可知，东西方向上，2000—2005年"三生"功能耦合度由西向东呈现先上升后下降的倒U形趋势，2010—2020年由西向东呈现先下降后上升的U形趋势。南北方向上，在2000—2005年，主要体现为北部地区相对较高，而南部地区相对较低的趋势。2010—2020年则转变为南高北低的趋势。

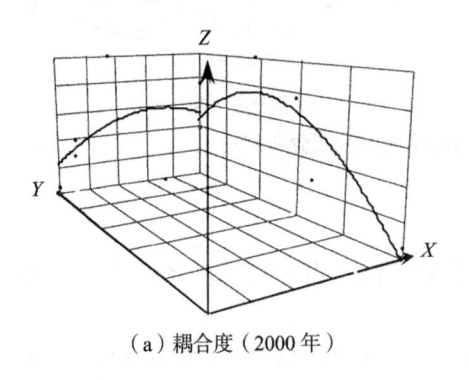

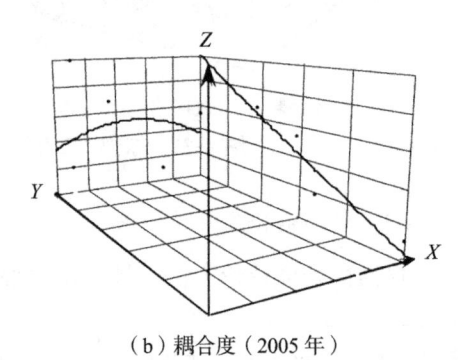

（a）耦合度（2000年）　　　　　（b）耦合度（2005年）

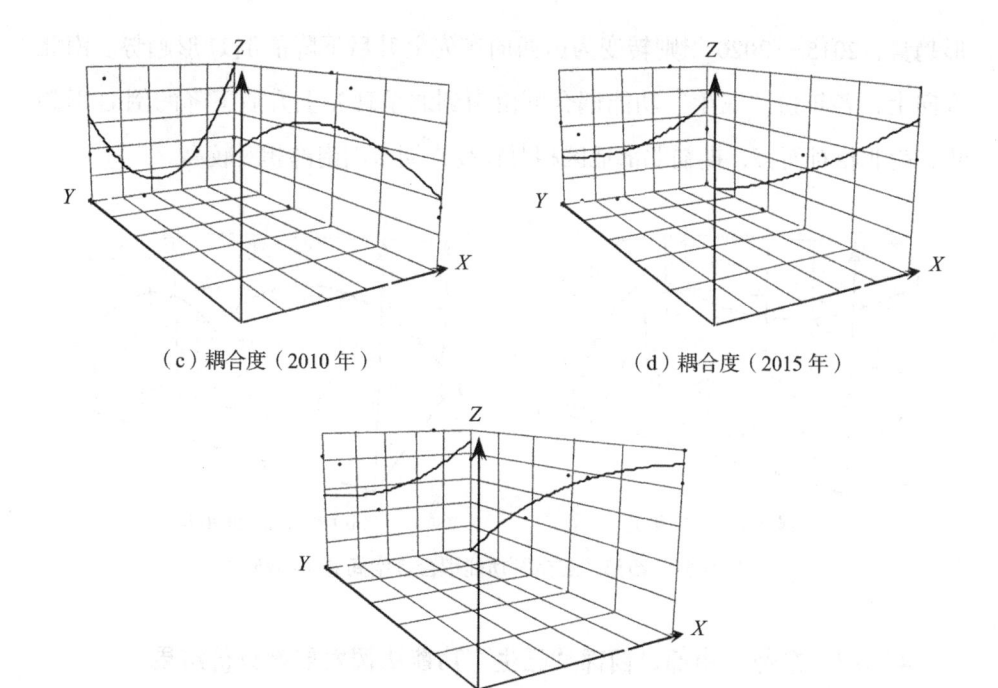

(c) 耦合度（2010 年）　　　　　　　(d) 耦合度（2015 年）

(e) 耦合度（2020 年）

图 4-38　中部"三生"功能耦合度空间分布趋势

（3）西部耦合度评价结果

根据耦合度评价方法，计算出西部各省（区、市）"三生"功能耦合结果，并根据表 2-1 划分不同等级，详细结果见表 4-22。

表 4-22　西部"三生"功能耦合类型

单位：%

区间	协调程度	协调对比度	2000 年占比	2005 年占比	2010 年占比	2015 年占比	2020 年占比
[0, 0.1)	失调衰退	极度失调型	18.18	18.18	0	0	0
[0.1, 0.2)		严重失调型	72.73	54.55	54.55	36.36	36.36
[0.2, 0.3)		中度失调型	9.09	27.27	27.27	36.36	18.18
[0.3, 0.4)		濒临失调型	0	0	18.18	27.27	45.45

西部"三生"功能耦合度空间分布趋势如图 4-39 所示。由图可知，东西方向上，2000—2010 年"三生"功能耦合度由西向东呈现先下降后上升的 U

形趋势，2015—2020年则转变为由西向东先上升后下降的倒U形趋势。南北方向上，各年份"三生"功能耦合度由南到北呈现先上升后下降的倒U形趋势，南北相对而言，期初北部地区相对较高，期末则南部相对较高。

（a）耦合度（2000年）　　　　　（b）耦合度（2020年）

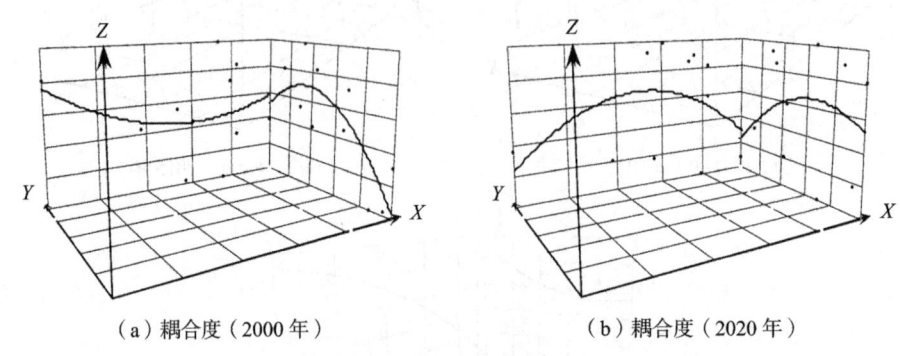

图4-39　西部"三生"功能耦合度空间分布趋势

4.2.5.2　东部、中部、西部"三生"功能协调发展度评价结果

（1）东部协调发展度评价结果

根据协调发展度评价方法，计算出东部各省（区、市）"三生"功能协调发展度结果，并根据表2-1划分不同等级，详细结果见表4-23。

表4-23　东部"三生"功能耦合类型

单位：%

区间	协调程度	协调对比度	2000年占比	2005年占比	2010年占比	2015年占比	2020年占比
[0, 0.1)	失调衰退	极度失调型	0	0	0	0	0
[0.1, 0.2)		严重失调型	90.00	40.00	10.00	0	10.00
[0.2, 0.3)		中度失调型	10.00	50.00	70.00	60.00	40.00
[0.3, 0.4)		濒临失调型	0	10.00	20.00	40.00	50.00

东部省（区、市）协调发展度协调对比度研究期内位于严重失调型—轻度失调型区间内，协调发展度水平参差不齐，没有明显分布规律，但整体水平不高，最高等级仅处于轻度失调状态，协调程度表现为失调衰退型。在研究期内，严重失调型的省（区、市）占比逐渐减少，中度失调型的省（区、市）占

比基本保持不变，轻度失调型省（区、市）逐年增多。

东部"三生"功能协调发展度空间分布趋势如图 4-40 所示。由图可知，东西方向上，各年份国土空间利用质量协调发展度整体由西向东呈现先下降后上升的U形趋势，整体而言，东部相对较高，西部相对较低。南北方向上，国土空间利用质量协调发展度整体由南到北呈现先上升后下降的倒U形趋势。

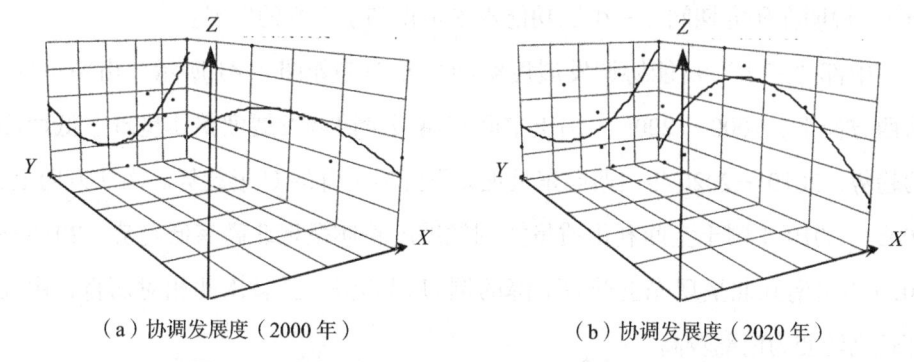

（a）协调发展度（2000年）　　　　　（b）协调发展度（2020年）

图 4-40　东部"三生"功能协调发展度空间分布趋势

（2）中部协调发展度评价结果

根据协调发展度评价方法，计算出中部各省（区、市）"三生"功能协调发展度结果，并根据表 2-1 划分不同等级，详细结果见表 4-24。

表 4-24　中部"三生"功能协调发展类型

单位：%

区间	协调程度	协调对比度	2000 年占比	2005 年占比	2010 年占比	2015 年占比	2020 年占比
[0, 0.1)	失调衰退	极度失调型	16.67	0	0	0	0
[0.1, 0.2)		严重失调型	50.00	50.00	0	0	0
[0.2, 0.3)		中度失调型	33.33	50.00	66.67	33.33	0
[0.3, 0.4)		轻度失调型	0	0	33.33	50.00	33.33
[0.4, 0.5)	过渡协调	濒临失调型	0	0	0	0	66.67
[0.5, 0.6)		勉强协调型	0	0	0	16.67	0

中部省（区、市）协调发展度协调对比度研究期内位于极度失调型—勉强协调型区间内，协调发展度水平参差不齐，整体水平不高，最低等级极度失调

型省（区、市）仅在2000年出现，其余年份均不存在极度失调型省（区、市）。2020年严重失调型、中度失调型省（区、市）均不存在。轻度失调型省（区、市）数量在研究期间呈现增多趋势，2010—2015年部分省（区、市）由中度失调型转变为轻度失调型。过度协调型省（区、市）数量在2020年激增，由2000年不存在过度协调型省（区、市）到2020年存在4个濒临协调型省（区、市），说明在研究期间"三生"功能水平都得到了很好的发展。

中部"三生"功能协调发展度空间分布趋势如图4-41所示。由图可知，东西方向上，2000—2005年国土空间利用质量协调发展度整体呈现东低西高的趋势，2010—2020年由西向东呈现先下降后上升的U形趋势。南北方向上，2005—2010年国土空间利用质量协调发展度整体呈现北高南低趋势，2010—2020年由南到北呈现先上升后下降的倒U形趋势，且就南北相对而言，由北部较高转变为南部较高。

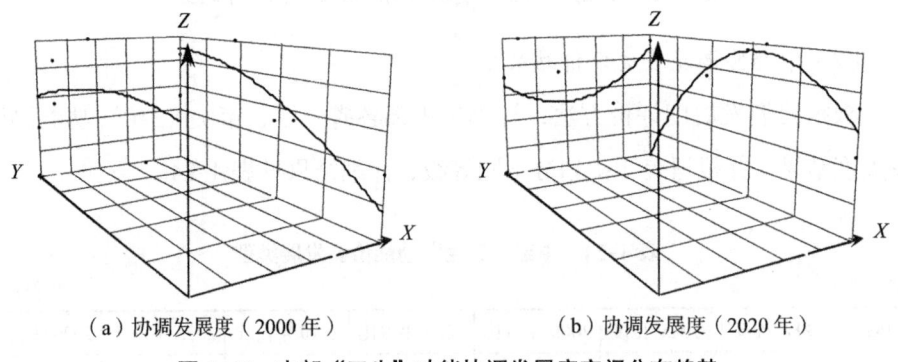

（a）协调发展度（2000年）　　　　　（b）协调发展度（2020年）

图4-41　中部"三生"功能协调发展度空间分布趋势

（3）西部协调发展度评价结果

根据协调发展度评价方法，计算出西部各省（区、市）"三生"功能协调发展度结果，并根据表2-1划分不同等级，详细结果见表4-25。西部省（区、市）协调发展度协调对比度研究期内位于严重失调型—濒临失调型区间内，协调发展度整体水平不高，最低等级严重失调型省（区、市）在2000年、2005年、2010年时出现，其余年份均不存在。2000—2005年西部地区部分省（区、市）协调对比度向上一等级转移。2005—2010年出现濒临协调型省（区、市），占比为9.09%。在2015—2020年期间状态未发生变化，部分省（区、市）由轻度失调型转变为濒临协调型，升级现象显著。整体而言，西部地区各省（区、市）协调发展度水平发展向好，大部分省（区、市）均呈现提升态势。

表4-25 西部"三生"功能协调发展类型

单位：%

区间	协调程度	协调对比度	2000年占比	2005年占比	2010年占比	2015年占比	2020年占比
[0.1, 0.2)	失调衰退	严重失调型	81.82	45.45	90.91	0	0
[0.2, 0.3)		中度失调型	18.18	54.55	0	54.55	36.36
[0.3, 0.4)		轻度失调型	0	0	0	45.45	27.27
[0.4, 0.5)	过渡协调	濒临失调型	0	0	9.09	9.09	36.36

西部"三生"功能协调发展度空间分布趋势如图4-42所示。由图可知，东西方向上，2000—2005年国土空间利用质量协调发展度整体由西向东呈现先下降后上升的U形趋势，而后逐步转变为由西向东先上升后下降的倒U形趋势，东西相对而言，期初西部偏高，期末则东部偏高。南北方向上，2000年国土空间利用质量协调发展度整体呈现南高北低趋势，2005—2020年呈现先上升后下降的倒U形趋势，期初北部相对较高，期末则转为南部较高。

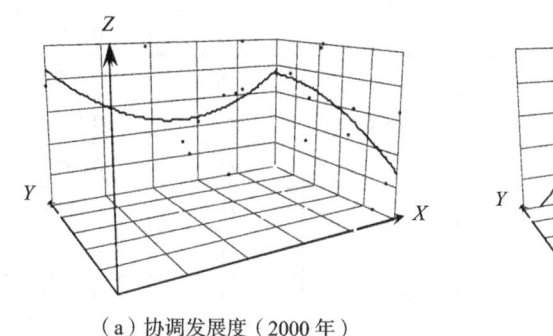

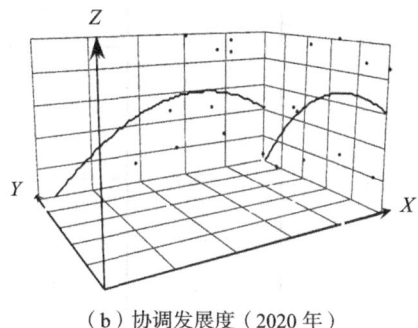

（a）协调发展度（2000年）　　　　　（b）协调发展度（2020年）

图4-42 西部"三生"功能协调发展度空间分布趋势

第 5 章　南部、北部分区域国土空间利用质量评价

5.1　评价指标及权重

5.1.1　评价指标体系

本章对全国的南部、北部进行独立评价，在评价指标的选择上仍使用第 3 章介绍的评价指标体系，见表 3-1。

5.1.2　权重确定

通过熵权法分别计算南部、北部各个指标层的权重，见表 5-1、表 5-2。

表 5-1　南部指标体系权重表

基准层	权重	准则层	权重	指标层	权重
B_1	0.588 1	C_1	0.124 8	D_1	0.359 3
				D_2	0.640 7
		C_2	0.826 4	D_3	0.155 2
				D_4	0.376 3
				D_5	0.468 5
		C_3	0.048 7	D_6	0.173 9
				D_7	0.166 7
				D_8	0.270 2
				D_9	0.133 3
				D_{10}	0.256 0

续表

基准层	权重	准则层	权重	指标层	权重
B_2	0.225 5	C_4	0.237 6	D_{11}	0.197 8
				D_{12}	0.465 2
				D_{13}	0.336 9
		C_5	0.467 4	D_{14}	0.343 7
				D_{15}	0.349 6
				D_{16}	0.196 3
				D_{17}	0.064 5
				D_{18}	0.045 9
		C_6	0.295 0	D_{19}	0.217 1
				D_{20}	0.782 9
B_3	0.186 5	C_7	0.411 0	D_{21}	0.166 7
				D_{22}	0.166 7
				D_{23}	0.166 7
				D_{24}	0.166 7
				D_{25}	0.166 7
				D_{26}	0.166 7
		C_8	0.589 0	D_{27}	0.303 1
				D_{28}	0.510 5
				D_{29}	0.186 4

对于南部地区，基准层中权重最大的是生产功能指数，权重为 0.588 1，其又主要由子维度指标中的利用强度指数贡献，权重为 0.826 4，这反映出生产功能内部指标的分异程度相对较大。生活功能指数的权重为 0.225 5，其子维度指标中权重贡献率居于首位的为生活便捷程度，为 0.467 4。生态功能指数的权重为 0.186 5，其子维度指标中权重贡献最高的是生态景观指数，为 0.589 0。

表 5-2　北部指标体系权重表

基准层	权重	准则层	权重	指标层	权重
B_1	0.5145	C_1	0.2141	D_1	0.2479
				D_2	0.7521
		C_2	0.7522	D_3	0.1510
				D_4	0.3285
				D_5	0.5205
		C_3	0.0337	D_6	0.2854
				D_7	0.1393
				D_8	0.1857
				D_9	0.2595
				D_{10}	0.1301
B_2	0.2057	C_4	0.5553	D_{11}	0.1120
				D_{12}	0.1868
				D_{13}	0.7012
		C_5	0.3129	D_{14}	0.3447
				D_{15}	0.3446
				D_{16}	0.2168
				D_{17}	0.0695
				D_{18}	0.0244
		C_6	0.1317	D_{19}	0.3027
				D_{20}	0.6973
B_3	0.2798	C_7	0.8111	D_{21}	0.1667
				D_{22}	0.1667
				D_{23}	0.1667
				D_{24}	0.1667
				D_{25}	0.1667
				D_{26}	0.1667
		C_8	0.1889	D_{27}	0.3684
				D_{28}	0.4392
				D_{29}	0.1924

5.2 评价结果分析

5.2.1 南部、北部生产功能评价结果分析

5.2.1.1 结果的描述性统计

全国及南部、北部地区生产功能指数的描述性特征值和 2000 年、2005 年、2010 年、2015 年、2020 年 5 个时间节点的均值见表 5-3 和表 5-4，总体上看，全国以及南部、北部地区国土空间利用生产功能具有较大的时空异质性，均值呈现不断上升趋势，其中，北部地区均值明显高于其他地区和全国平均值。

表 5-3　全国及南部、北部地区生产功能指数描述性统计

组别	最小值	最大值	平均值	中位数	标准差
全国	0.011 6	0.941 4	0.099 2	0.070 0	0.120 4
南部	0.009 6	0.934 7	0.124 7	0.089 1	0.149 0
北部	0.019 0	0.863 5	0.162 1	0.093 2	0.166 4

表 5-4　全国及南部、北部地区生产功能指数年份均值表

年份	2000	2005	2010	2015	2020
全国	0.058 5	0.074 5	0.100 6	0.120 4	0.141 8
南部	0.066 5	0.089 7	0.125 9	0.155 3	0.185 9
北部	0.097 4	0.124 3	0.166 0	0.197 0	0.225 9

5.2.1.2 分布形态及动态演进分析

图 5-1 和图 5-2 分别展示了 2000 年、2005 年、2010 年、2015 年及 2020 年南部、北部国土空间生产功能指数的分布情况。

（1）分布形态及变化特征

由图 5-1 可以看出，2000—2020 年箱体各特征值均呈现上升的趋势，核密度曲线也有逐期向右移动的趋势，这说明研究期内南部国土空间利用生产功能逐渐提高。从箱体图和核密度图的形态看，箱体图上下邻值之间的差距在研

究期内存在逐渐变大趋势，核密度曲线的宽度也逐渐变宽，这说明研究期内南部各省（区、市）间国土空间利用生产功能的差异呈逐渐变大趋势。在研究期内，箱体图和核密度图均体现出右偏分布的态势且右偏程度逐渐增大，箱体图中极大值也有较为明显的增长趋势，这说明研究区域内极大值的存在。从核密度曲线的波峰数目看，样本期间均未出现过明显的多峰，这表明南部生产功能在空间分布上不存在多极分化现象。

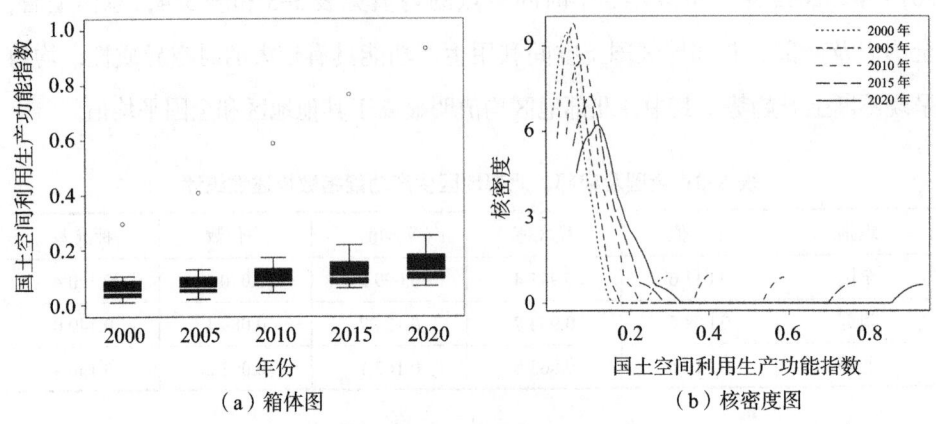

（a）箱体图　　　　　　　　（b）核密度图

图 5-1　南部生产功能指数分布图

由图 5-2 可知，研究期内北部地区国土空间利用生产功能指数分布形态整体特征及演变趋势大体一致，只是在不考虑极值的情况下，相比而言，北部生产功能指数箱体及须线部分在研究期内变化较大。

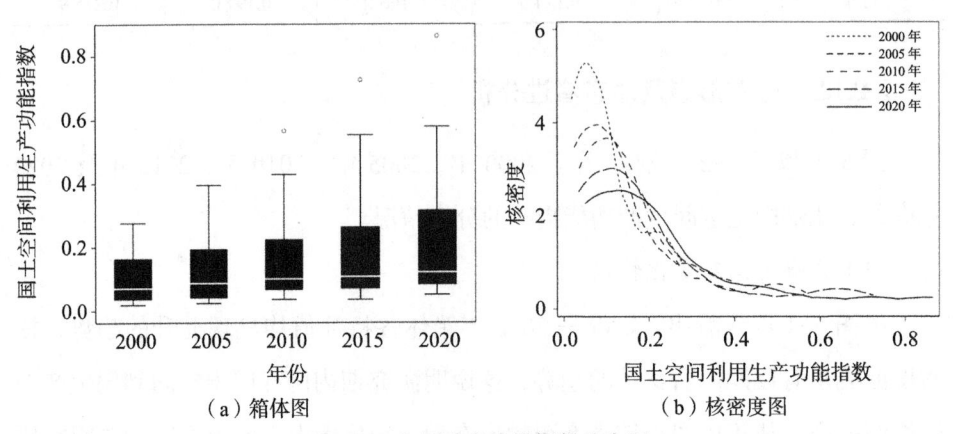

（a）箱体图　　　　　　　　（b）核密度图

图 5-2　北部生产功能指数分布图

（2）基于马尔可夫链的跃迁分析

南部、北部地区 2000—2020 年生产功能指数马尔可夫链转移概率分布矩阵见表 5-5。由表可见，南部、北部地区国土空间利用生产功能指数在研究期内Ⅰ、Ⅱ、Ⅲ类型均有一定概率向上一级水平类型转变，且均没有向下一级水平类型转移的情况出现，整体均表现出向好的发展态势。相比而言，南部地区较北部地区向上转移的概率要大，说明南部向好发展态势更好。从对角线概率来看，南部地区变化的程度更高，相比而言，北部地区则表现出更强的变化惰性。

表 5-5　南部、北部地区 2000—2020 年生产功能指数马尔可夫链转移概率分布矩阵

单位：%

地区	分类	类型Ⅰ	类型Ⅱ	类型Ⅲ	类型Ⅳ
南部	类型Ⅰ	52.63	47.37	0	0
	类型Ⅱ	0	37.50	62.50	0
	类型Ⅲ	0	0	58.33	41.67
	类型Ⅳ	0	0	0	100.00
北部	类型Ⅰ	76.47	23.53	0	0
	类型Ⅱ	0	66.67	33.33	0
	类型Ⅲ	0	0	78.57	21.43
	类型Ⅳ	0	0	0	100.00

表 5-6 是南部、北部的国土空间利用生产功能指数的初始状态和通过转移概率分布矩阵迭代求解计算出的稳态分布。与初始状态对比可知，在稳定状态下，南部、北部生产功能指数均可由初始相对较低水平类型经有限次序列转换最终稳定于最高水平类型，这说明未来国土空间利用生产功能整体发展趋势向好。

表 5-6　南部、北部地区 2000—2020 年生产功能指数的初始分布及稳态分布

单位：%

地区	分类	类型Ⅰ	类型Ⅱ	类型Ⅲ	类型Ⅳ
南部	初始分布	60.00	20.00	13.33	6.67
	稳态分布	0	0	0.01	99.99
北部	初始分布	40.00	26.67	20.00	13.33
	稳态分布	0	0	0.04	99.96

5.2.1.3　空间分布趋势分析

利用 ArcGIS10.2 绘制 2000 年、2005 年、2010 年、2015 年和 2020 年南部、北部国土空间利用生产功能指数三维趋势面图，如图 5-3 和图 5-4 所示❶，刻画区域国土空间利用生产功能空间分布趋势。

（1）南部地区

南部生产功能指数分布趋势如图 5-3 所示。由图可知，东西方向上，各时期国土空间利用生产功能指数整体呈现由西向东先降低后升高的 U 形趋势，整体而言，东部相对较高，西部相对较低。南北方向上，呈现由南向北先降低后升高的 U 形趋势，整体而言，北部相对较高，南部相对较低。研究期内，南部地区生产功能空间分布格局基本没有变化。

（a）生产功能（2000 年）　　　　（b）生产功能（2020 年）

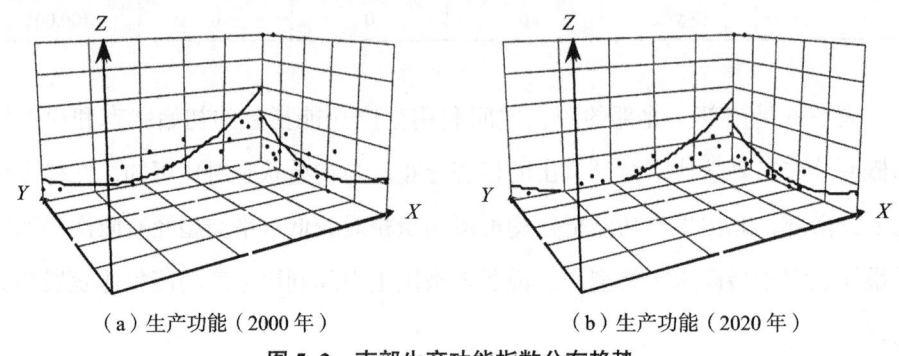

图 5-3　南部生产功能指数分布趋势

---

❶ 为节省篇幅，只展示了两期具有代表性的趋势图，本章所有三维趋势图除各研究期均有变化外，均只出两期具有代表性的图。

(2) 北部地区

由图5-4所示，东西方向上，各时期国土空间利用生产功能指数整体呈现由西向东先升高再降低的倒U形趋势，整体而言，东部相对较高，西部相对较低。南北方向上，呈现由南向北先升高再降低的倒U形趋势，整体而言，南部相对较高，北部相对较低。研究期内，北部地区生产功能空间分布格局也基本没有大的变化。

（a）生产功能（2000年）　　　　　（b）生产功能（2020年）

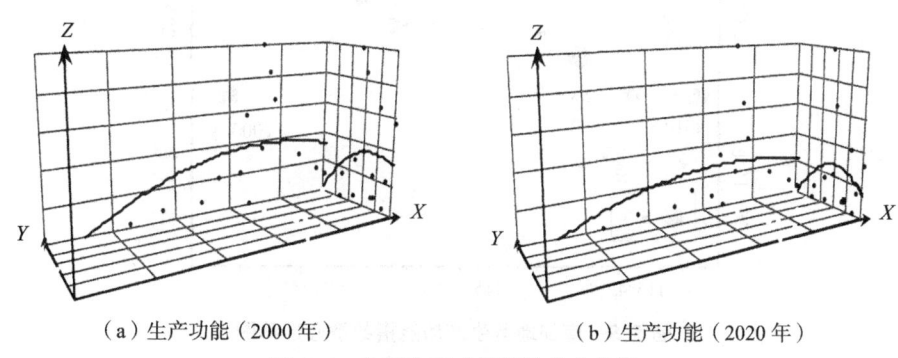

图 5-4　北部生产功能指数分布趋势

5.2.1.4　重心迁移分析

（1）南部重心迁移分析

南部地区生产功能指数重心迁移图由图5-5所示。由图可知，2000—2020年南部地区国土空间利用生产功能指数重心始终位于江西省界内，其重心迁移轨迹基本呈现先向西发展再向北发展的趋势，且重心大幅度的迁移主要发生在2000—2005年及2010—2015年期间，2015—2020年重心变化幅度不大。

（2）北部重心迁移分析

北部生产功能指数重心迁移图如图5-6所示。由图可知，2000—2020年北部地区国土空间利用生产功能指数重心始终位于河北省界内，其重心迁移轨迹可以分为4个阶段，2000—2005年呈现向东北方向发展的趋势，2005—2010年呈现向西北方向发展的趋势，2010—2015年再次呈现向东北方向发展的趋势，2015—2020年则呈现向西南方向发展的趋势。

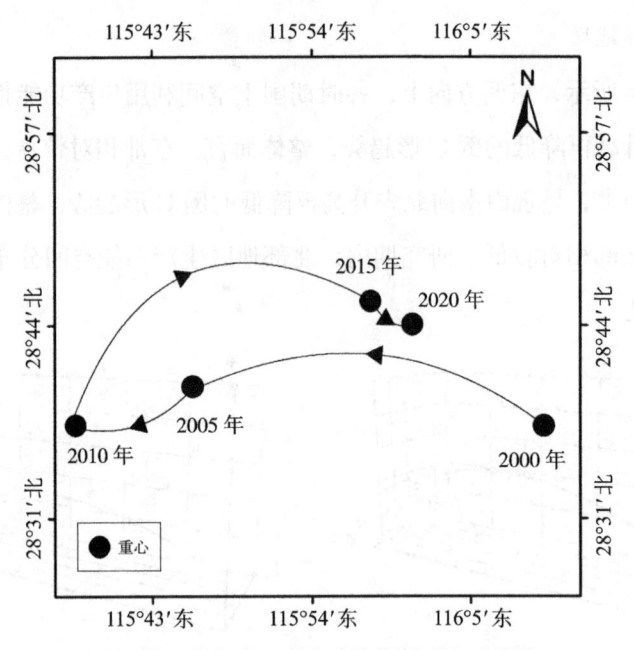

图 5-5　南部地区生产功能指数重心迁移图

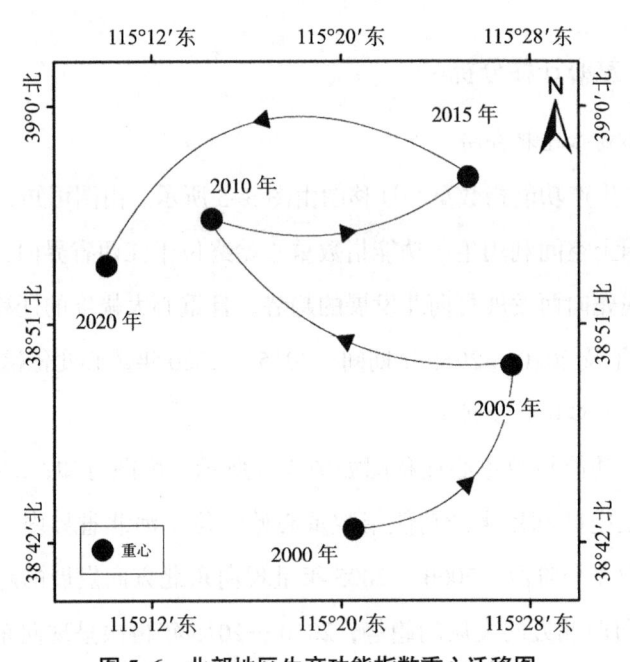

图 5-6　北部地区生产功能指数重心迁移图

5.2.2.5 空间集聚特征及其跃迁分析

（1）南部空间集聚特征及其跃迁分析

基于Global Moran's I 的空间自相关检验见表5-7。由表可见，南部国土空间利用生产功能指数在研究期间存在5%水平下显著的空间正相关性，说明南部各省（区、市）的生产功能会受到邻域省（区、市）的正向影响。从如图5-7所示的Moran散点图可知，南部各省（区、市）生产功能大多处于HH或LL集聚状态。

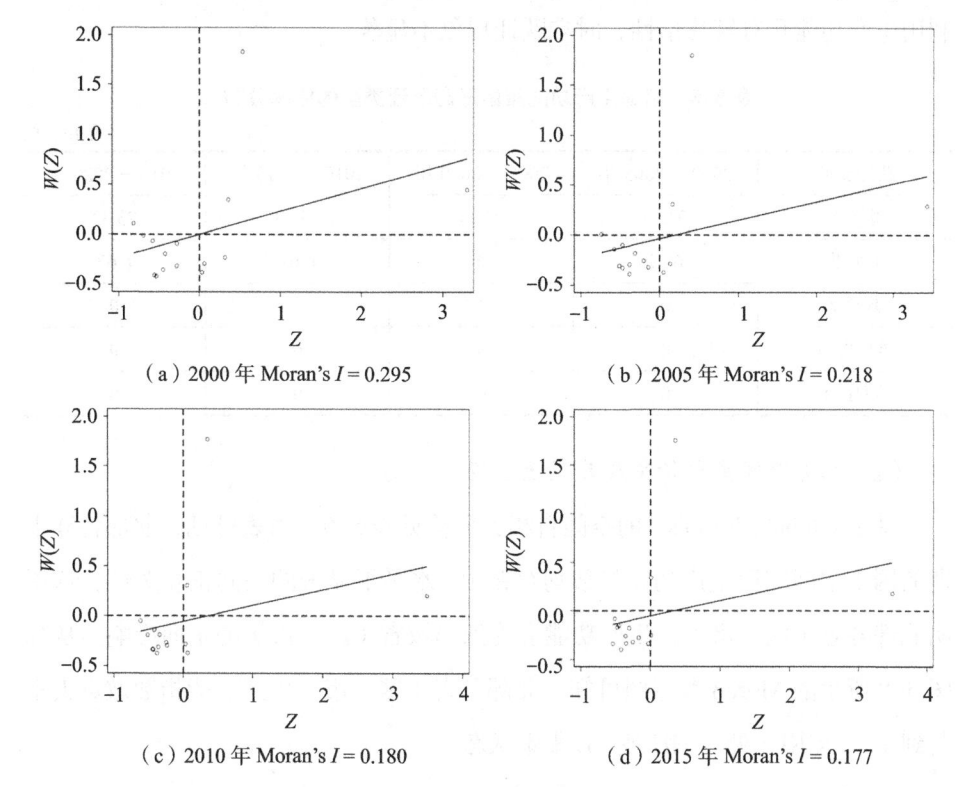

表5-7　南部生产功能 Global Moran's I 及其相关参数

年份	I	$E(I)$	$sd(I)$	z	p-value
2000	0.295	−0.071	0.105	3.481	0
2005	0.218	−0.071	0.088	3.300	0
2010	0.180	−0.071	0.077	3.262	0.001
2015	0.177	−0.071	0.074	3.341	0
2020	0.162	−0.071	0.072	3.236	0.001

（a）2000年 Moran's I = 0.295

（b）2005年 Moran's I = 0.218

（c）2010年 Moran's I = 0.180

（d）2015年 Moran's I = 0.177

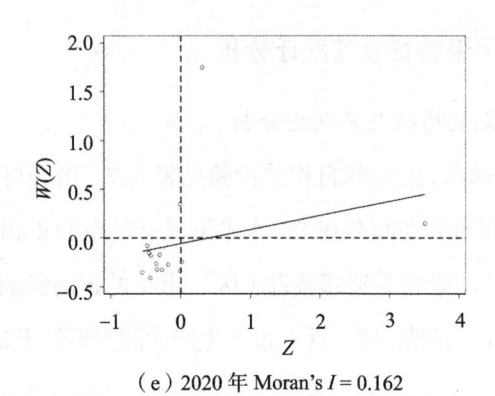

(e) 2020 年 Moran's I = 0.162

图 5-7　南部生产功能 Moran 散点图

南部生产功能集聚形态跃迁类型的概率分布见表 5-8。由表可见，在各研究时段内，Ⅰ类跃迁占比均为 93.33%，占比较高，这说明南部各省（区、市）集聚状态在原象限保持不动的比例很高，即各省（区、市）自身及其邻域未发生时空跃迁的数量所占比例相当高。整体而言，南部各省（区、市）国土空间利用生产功能具有转移惰性，时空跃迁现象不显著。

表 5-8　南部生产功能集聚形态跃迁类型的概率分布

单位：%

跃迁类型	2000—2005 年	2005—2010 年	2010—2015 年	2015—2020 年
类型Ⅰ	93.33	93.33	93.33	93.33
类型Ⅱ	6.67	0	6.67	6.67
类型Ⅲ	0	6.67	0	0
类型ⅣA	0	0	0	0
类型ⅣB	0	0	0	0

（2）北部空间集聚特征及其跃迁分析

基于 Global Moran's I 的空间自相关检验见表 5-9。由表可见，北部各样本期的国土空间利用生产功能指数均存在 1% 水平下显著的空间正相关性，这说明北部各省（区、市）的生产功能会受到邻域省（区、市）的正向影响。从如图 5-8 所示的 Moran 散点图可知，北部各省（区、市）生产功能指数散点大多落到 1、3 象限，处于 HH 或 LL 集聚状态。

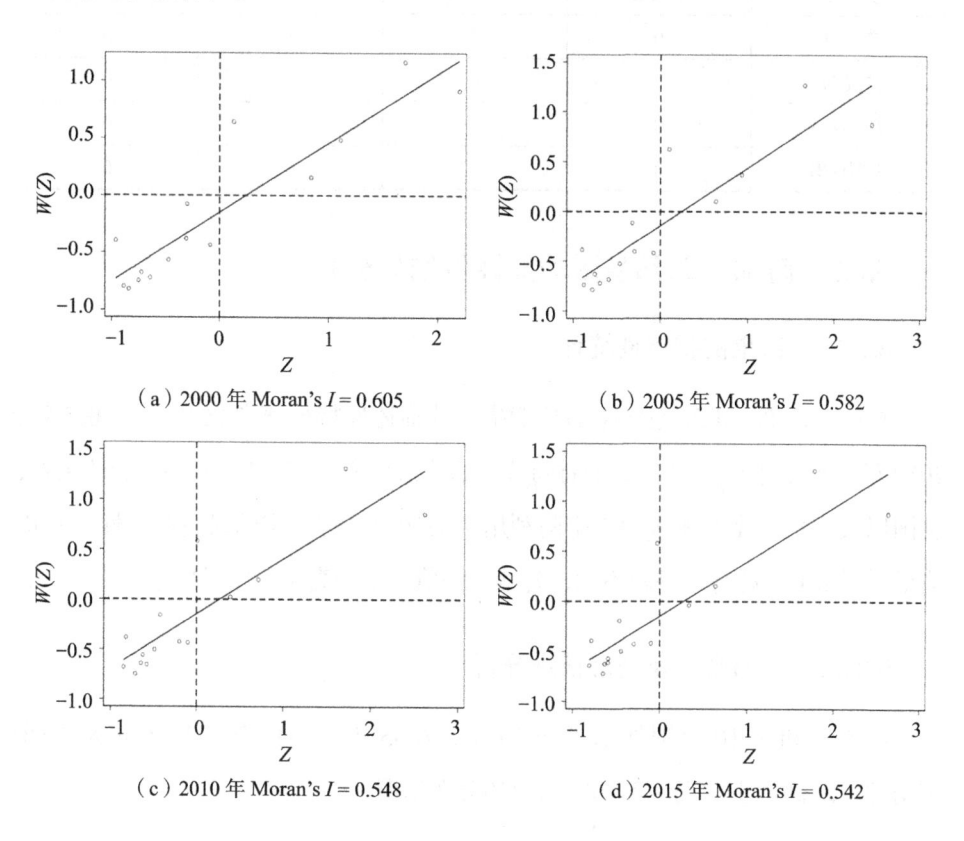

表 5-9　北部生产功能 Global Moran's I 及其相关参数

年份	I	$E(I)$	$sd(I)$	z	p-value
2000	0.605	−0.071	0.172	3.924	0
2005	0.582	−0.071	0.166	3.932	0
2010	0.548	−0.071	0.159	3.899	0
2015	0.542	−0.071	0.157	3.902	0
2020	0.508	−0.071	0.152	3.807	0

北部地区生产功能集聚形态跃迁类型的概率分布见表 5-10。由表可见，与南部类似，研究各期，Ⅰ类跃迁始终占比最高，其次还存在少部分的Ⅱ型和Ⅲ型跃迁省（区、市），占比均为 6.67%，跃迁发生在 2010—2015 年，这说明北部各省（区、市）国土空间利用生产功能空间分布格局也存在显著的空间锁定或路径依赖特征。

（a）2000 年 Moran's I = 0.605

（b）2005 年 Moran's I = 0.582

（c）2010 年 Moran's I = 0.548

（d）2015 年 Moran's I = 0.542

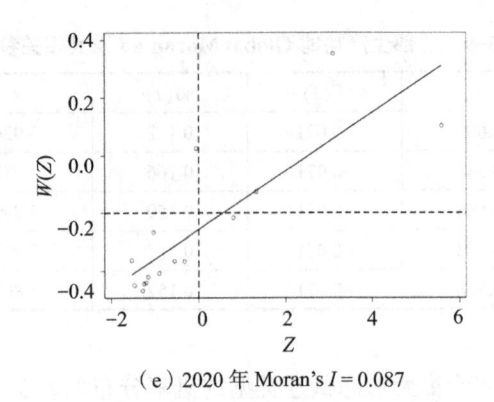

（e）2020 年 Moran's I = 0.087

图 5-8　北部生产功能 Moran 散点图

表 5-10　北部生产功能集聚形态跃迁类型的概率分布

单位：%

跃迁类型	2000—2005 年	2005—2010 年	2010—2015 年	2015—2020 年
类型 Ⅰ	100.00	100.00	86.67	100.00
类型 Ⅱ	0	0	6.67	0
类型 Ⅲ	0	0	6.67	0
类型 Ⅳ A	0	0	0	0
类型 Ⅳ B	0	0	0	0

5.2.2　南部、北部生活功能评价结果分析

5.2.2.1　结果的描述性统计

全国及南部、北部地区生活功能指数的描述性特征值和 2000 年、2005 年、2010 年、2015 年、2020 年 5 个时间节点的均值见表 5-11 和表 5-12。总体来看，全国以及南部、北部地区国土空间利用生活功能具有一定的时空差异性，其均值呈现不断上升趋势且差距不大，各地区均值水平均高于全国平均值。

5.2.2.2　分布形态及动态演进分析

图 5-9 和 5-10 分别展示了 2000 年、2005 年、2010 年、2015 年及 2020 年南部、北部国土空间生活功能指数的分布情况。

表 5-11　南部、北部地区生活功能指数描述性统计

组别	最小值	最大值	平均值	中位数	标准差
全国	0.009 7	0.641 9	0.225 9	0.201 6	0.129 6
南部	0.038 2	0.814 5	0.329 3	0.305 6	0.174 9
北部	0.035 2	0.668 0	0.268 3	0.244 7	0.147 3

表 5-12　南部、北部地区生活功能指数年份均值表

年份	2000	2005	2010	2015	2020
全国	0.148 2	0.166 3	0.212 3	0.267 3	0.335 5
南部	0.179 5	0.207 1	0.305 3	0.416 7	0.537 9
北部	0.187 2	0.206 3	0.251 1	0.310 0	0.387 0

（1）分布形态及变化特征

由图 5-9 可以看出，南部地区国土空间利用生活功能指数在研究期内呈现增长态势。箱体图和核密度曲线形态显示数据分布由期初的左偏，逐渐对称，再向右偏转变，且存在极大值。总体来看，空间差异并不大，核密度曲线未有特别明显的多峰出现，这说明南部国土空间利用生活功能多极分化现象不明显。

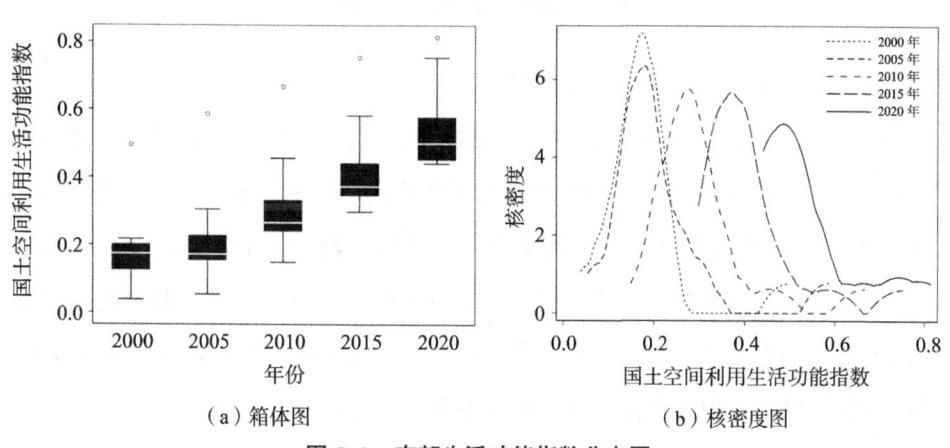

（a）箱体图　　　　　　　　（b）核密度图

图 5-9　南部生活功能指数分布图

由图 5-10 可看出，2000—2005 年，北部地区生活功能指数分布形态变化并不大，从 2010 年开始，箱体各特征值均有上升趋势，核密度曲线也有向右移动的趋势，这说明 2010 年开始北部地区生活功能逐渐提高。从箱体图和核密度图的形态看，箱体图上下邻值之间的差距在研究期内均明显变小，核密度曲线的宽度也逐渐变宽，曲线峰值逐渐升高，这说明研究期内北部各省（区、市）间国土空间利用生活功能的差异呈逐渐缩小趋势。从核密度曲线的波峰数目看，研究期内核密度曲线未有明显双峰或多峰出现，这表明北部生活功能指数在空间分布上不存在极化现象。

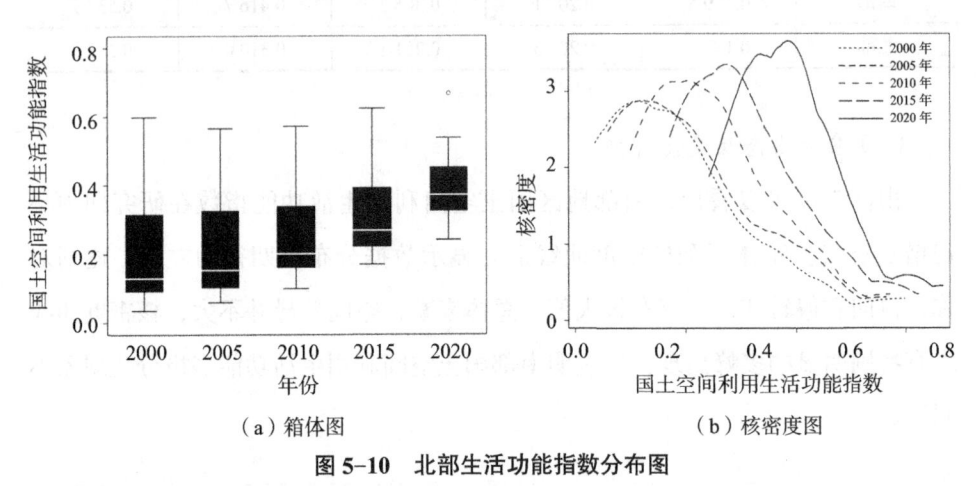

（a）箱体图　　（b）核密度图

图 5-10　北部生活功能指数分布图

（2）基于马尔可夫链的跃迁分析

南部、北部地区 2000—2020 年生活功能指数马尔可夫链转移概率分布矩阵见表 5-13。由表可见，南部、北部地区在研究期初Ⅰ、Ⅱ、Ⅲ水平类型的省（区、市）在期末向更高级水平类型转移的比例均较大，主要以向上一级类型跃迁为主，只有少部分南部省（区、市）向上跨级跃迁。并且，两个地区均没有向下转移的省（区、市），这说明南部、北部地区国土空间利用生活功能均呈向好发展趋势。相比而言，南部地区发展态势更好。

表 5-14 是南部、北部地区国土空间利用生活功能指数的初始状态和通

过转移概率分布矩阵迭代求解计算出的稳态分布。与初始状态对比可知，两个地区Ⅰ、Ⅱ、Ⅲ类型的概率均在稳定状态下变为0，而类型Ⅳ均达到接近100%，即生活功能指数均可由初始相对较低水平类型经有限次序列转换最终稳定于最高水平类型，这说明未来国土空间利用生活功能整体发展趋势向好。

表5-13 南部、北部地区2000—2020年生产功能指数马尔可夫链转移概率分布矩阵

单位：%

地区	分类	类型Ⅰ	类型Ⅱ	类型Ⅲ	类型Ⅳ
南部	类型Ⅰ	47.37	47.37	5.26	0
	类型Ⅱ	0	27.78	72.22	0
	类型Ⅲ	0	0	31.25	68.75
	类型Ⅳ	0	0	0	100.00
北部	类型Ⅰ	52.63	47.37	0	0
	类型Ⅱ	0	41.18	58.82	0
	类型Ⅲ	0	0	42.86	57.14
	类型Ⅳ	0	0	0	100.00

表5-14 南部、北部地区2000—2020年生产功能指数的初始分布及稳态分布

单位：%

地区	分类	类型Ⅰ	类型Ⅱ	类型Ⅲ	类型Ⅳ
南部	初始分布	66.67	26.67	0	6.67
	稳态分布	0	0	0	99.99
北部	初始分布	60.00	13.33	20.00	6.67
	稳态分布	0	0	0.01	99.99

5.2.2.3 空间分布趋势分析

利用ArcGIS10.2绘制2000年、2005年、2010年、2015年、2020年南部、北部地区国土空间利用生活功能指数的三维趋势面图，如图5-11和图5-12所示。

（1）南部地区

从趋势线看，东西方向上，南部地区各时期国土空间利用生活功能指数整体由西向东呈现先下降后上升的U形趋势，总体而言，东部相对较高，西部相对较低，南北方向上，各年份均呈现先降后升的U形趋势，总体而言，北部相对较高，南部相对较低，这种北高南低的特征在研究期内不断加强。

（a）生活功能（2000年）　　　　　　（b）生活功能（2020年）

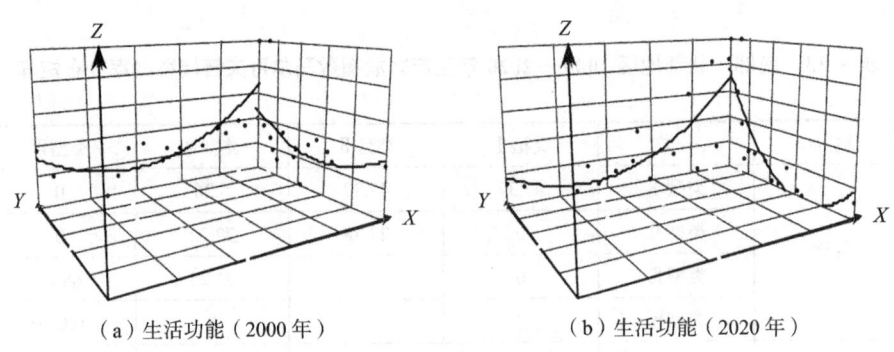

图 5-11　南部生活功能指数分布趋势

（2）北部地区

从趋势线看，东西方向上，2000—2020年北部地区国土空间利用生活功能指数整体呈现西高东低的趋势，这种趋势在研究期末有减弱的趋势，2020年趋势线形态更像由西向东先降低后升高的U形。南北方向上，2000—2015年由南向北呈现先升高后降低的倒U形趋势，这种趋势也在研究期末有所减弱，2020年趋势线更多体现出北高南低的趋势。

（a）生活功能（2000年）　　　　　　（b）生活功能（2020年）

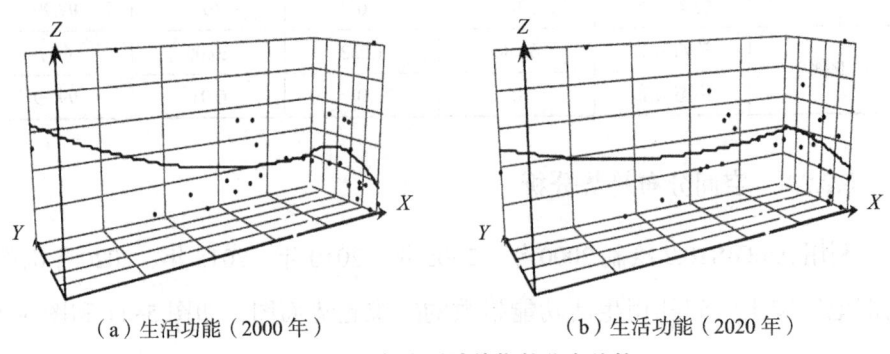

图 5-12　北部生活功能指数分布趋势

5.2.2.4 重心迁移分析

（1）南部重心迁移分析

南部生活功能指数重心迁移图如图 5-13 所示。由图可知，2000—2020 年南部国土空间利用生活功能指数重心始位于江西省和湖南界内。重心迁移轨迹可以分为 2 个阶段，2000—2005 年呈现向东北方向发展的趋势，2005—2010 年呈向西南折返发展的趋势，2015—2020 年始终向西南方向迁移，在此期间，重心从江西省转移至湖南省。

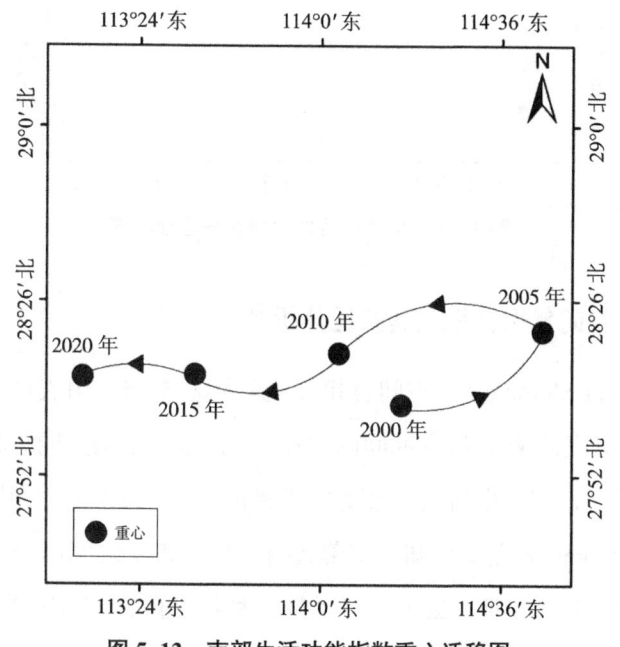

图 5-13 南部生活功能指数重心迁移图

（2）北部重心迁移分析

北部生活功能指数重心迁移图如图 5-14 所示。由图可知，2000—2020 年北部国土空间利用生活功能指数重心大体呈现由西向东稍偏南方向逐渐迁移的趋势，期初重心在内蒙古自治区界内，而后在陕西省短暂停留，期末则迁移至山西省界内。

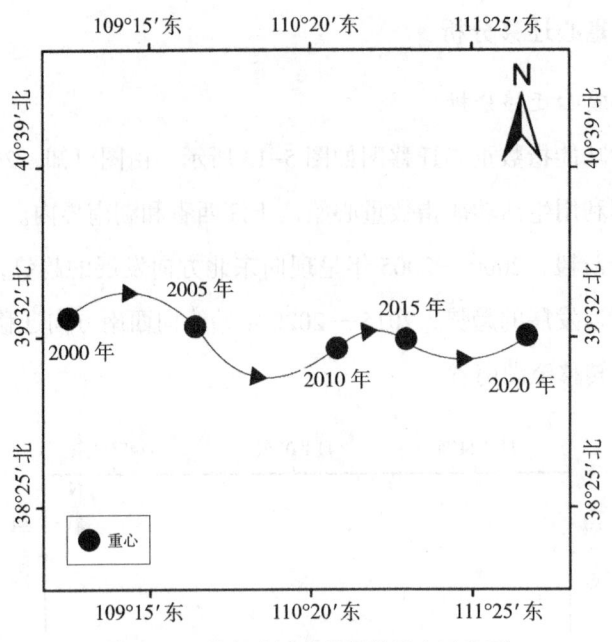

图 5-14 北部生活功能指数重心迁移图

5.2.2.5 空间集聚特征及其跃迁分析[①]

基于 Global Moran's I 的空间自相关检验见表 5-15。由表可见，南部国土空间利用生活功能指数在研究期间内均存在 1% 水平下的空间正相关性，这说明南部各省（区、市）生活功能会受到邻域省（区、市）的正向影响。从如图 5-15 所示的 Moran 散点图可知，南部各省（区、市）之间国土空间利用生活功能指数在时空演进特征上集聚状态明显，大多处于 LL 或 HH 集聚状态。

表 5-15 南部生活功能 Global Moran's I 及其相关参数

年份	I	$E(I)$	$sd(I)$	z	p-value
2000	0.255	−0.071	0.117	2.802	0.003
2005	0.423	−0.071	0.122	4.050	0

---

① 由于北部各时期的 Global Moran's I 均在 10% 的水平下都不显著，不存在明显的空间集聚特征，因此本小节只分析南部地区。

续表

年份	I	$E(I)$	sd(I)	z	p-value
2010	0.467	−0.071	0.132	4.095	0
2015	0.490	−0.071	0.136	4.132	0
2020	0.497	−0.071	0.154	3.682	0

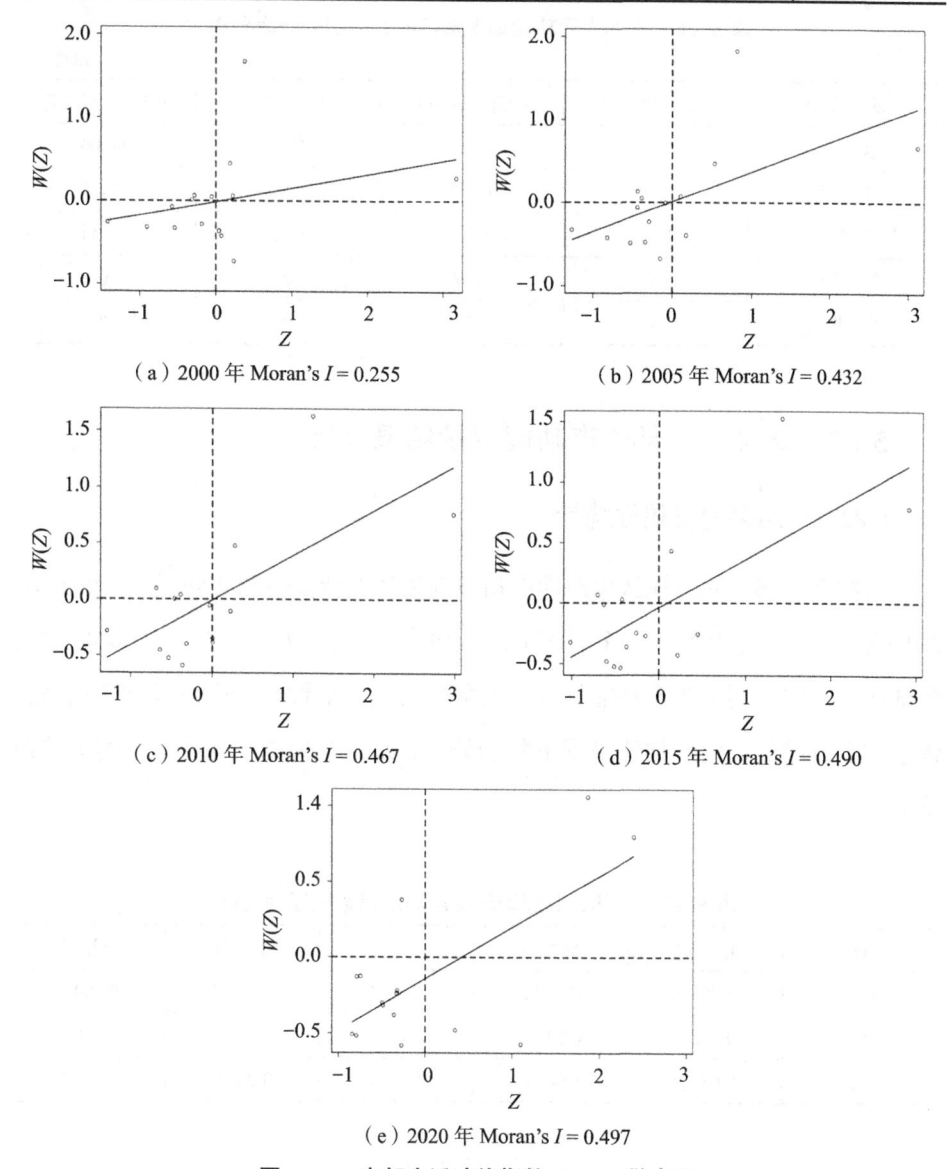

（a）2000 年 Moran's I = 0.255

（b）2005 年 Moran's I = 0.432

（c）2010 年 Moran's I = 0.467

（d）2015 年 Moran's I = 0.490

（e）2020 年 Moran's I = 0.497

图 5-15 南部生活功能指数 Moran 散点图

南方生活功能集聚形态跃迁类型的概率分布见表5-16。由表可见，在各研究期，南部国土空间利用生活功能指数跃迁类型占比均在70%以上，且呈增长趋势，这说明研究期间内南部国土空间利用生活功能局部稳定特征明显，绝大部分表现为自身稳定—邻域稳定。

表5-16 南部生活功能集聚形态跃迁类型的概率分布

单位：%

跃迁类型	2000—2005年	2005—2010年	2010—2015年	2015—2020年
类型Ⅰ	73.33	73.33	86.67	80.00
类型Ⅱ	20.00	13.33	6.67	6.67
类型Ⅲ	6.67	6.67	6.67	13.33
类型ⅣA	0	6.67	0	0
类型ⅣB	0	0	0	0

5.2.3 南部、北部生态功能评价结果分析

5.2.3.1 结果的描述性统计

全国及南部、北部地区生态功能指数的描述性特征值和2000年、2005年、2010年、2015年、2020年5个时间节点的均值见表5-17和表5-18，总体上看，各地区国土空间利用生态功能均存在明显的时空异质性。全国以及北部均值整体呈现上升趋势，南部均值呈现下降趋势，各地区均值水平与全国平均值差距不大。

表5-17 南部、北部地区生态功能指数描述性统计

组别	最小值	最大值	平均值	中位数	标准差
全国	0.0583	0.9772	0.3540	0.3074	0.1944
南部	0.1004	0.8725	0.3462	0.2949	0.1889
北部	0.0370	1.0000	0.3456	0.2914	0.2443

表 5-18 南部、北部地区生态功能指数年份均值表

年份	2000	2005	2010	2015	2020
全国	0.279 8	0.370 9	0.373 3	0.372 5	0.373 5
南部	0.643 2	0.275 0	0.274 6	0.272 4	0.265 6
北部	0.275 0	0.360 7	0.363 8	0.363 3	0.365 1

5.2.3.2 分布形态及动态演进分析

图 5-16 和图 5-17 用箱体图和核密度图展示了 2000 年、2005 年、2010 年、2015 年及 2020 年的南部、北部地区国土空间生态功能指数的分布情况。

（1）分布形态及变化特征

由图 5-16 可以看出，在 2000—2005 年箱体各特征值有明显下降趋势，核密度曲线也明显左移，这说明在此期间南部生态功能指数呈现降低趋势。此后一直至研究期末，生态功能指数分布特征基本没有大的变化，只在 2020 年下相邻值有所降低，导致空间差异程度略有提升。从核密度曲线的波峰数目看，研究期内南部生态功能指数未出现双峰或多峰，这表明南部生态功能指数在空间分布上不存在两极或多极分化。

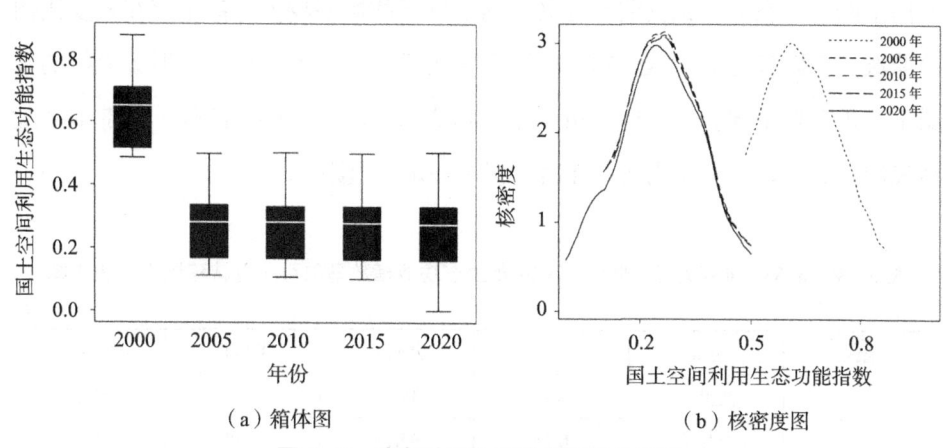

（a）箱体图　　　　　　（b）核密度图

图 5-16　南部地区生态功能指数分布图

由图 5-17 可以看出，北部国土空间利用生态功能指数在研究期内轻微提

高。箱体图和核密度曲线形态显示数据分布呈右偏，由于较高值的存在，导致空间差异较大。核密度曲线未出现双峰或多峰，这说明北部国土空间利用生态功能不存在多极分化现象。各期生态功能指数其他分布特征变化不大。

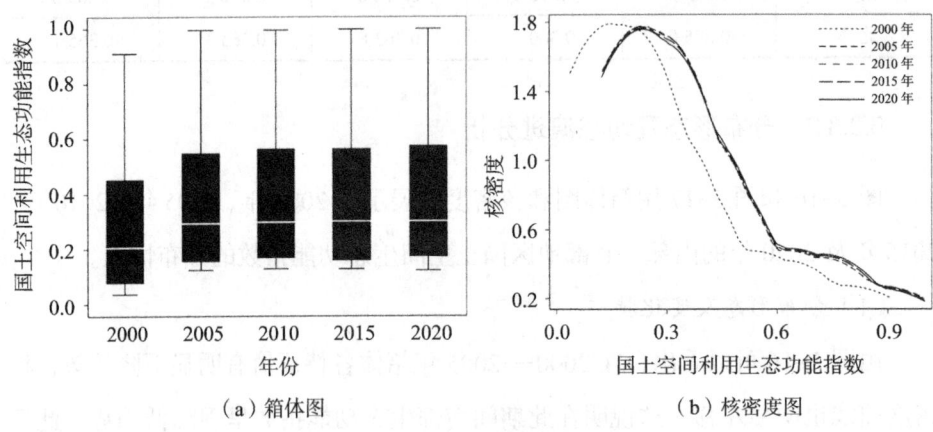

(a) 箱体图

(b) 核密度图

图 5-17 北部生态功能指数分布图

（2）基于马尔可夫链的跃迁分析

南部、北部地区 2000—2020 年生态功能指数马尔可夫链转移概率分布矩阵见表 5-19。由表可见，南部、北部地区国土空间利用生态功能指数均呈现普遍向上跃迁的态势，尤其北部地区，向上跃迁的概率较大，甚至存在较多比例的跨级向上跃迁的省（区、市）。但需要注意的一点是，在一片形势大好的背景下，仍存在少部分省（区、市）生态功能水平向下转移。此外，北部地区虽然发展态势良好，但相比南部而言，仍有一定的差距。

表 5-19 南部、北部地区 2000—2020 年生态功能指数马尔可夫链转移概率分布矩阵

单位：%

地区	分类	类型 I	类型 II	类型 III	类型 IV
南部	类型 I	44.44	44.44	0	11.11
	类型 II	6.25	43.75	25.00	25.00
	类型 III	0	6.67	40.00	53.33
	类型 IV	0	9.09	54.55	36.36

续表

地区	分类	类型Ⅰ	类型Ⅱ	类型Ⅲ	类型Ⅳ
北部	类型Ⅰ	81.25	18.75	0	0
	类型Ⅱ	0	64.29	35.71	0
	类型Ⅲ	0	6.67	86.67	6.67
	类型Ⅳ	0	0	0	100.00

南部、北部地区国土空间利用生态功能指数的初始状态和通过转移概率分布矩阵迭代求解计算出的稳态分布见表5-20。与初始状态对比可知，在稳定状态下，南部类型Ⅰ的概率由66.67%下降到至1.48%，即处于类型Ⅰ的南部省（区、市）数量减少明显。其他类型省（区、市）均有所提高，这说明发展趋势良好。但整体来看，却未能全部或大部分跃升至最高水平。相比而言，北部地区所有类型省（区、市）经有限次序列转换最终稳定于最高水平类。

表5-20 南部、北部地区2000—2020年生态功能指数的初始分布及稳态分布

单位：%

地区	分类	类型Ⅰ	类型Ⅱ	类型Ⅲ	类型Ⅳ
南部	初始分布	66.67	6.67	20.00	6.67
	稳态分布	1.48	13.11	43.53	41.88
北部	初始分布	60.00	13.33	20.00	6.67
	稳态分布	0	0.03	0.14	99.95

5.2.3.3 空间分布趋势分析

利用ArcGIS10.2绘制2000年、2005年、2010年、2015年、2020年南部、北部地区国土空间利用生态功能指数的三维趋势面图如图5-18和图5-19所示。

（1）南部地区

从趋势线看，东西方向上，南部地区各时期国土空间利用生态功能指数呈现西高东低的趋势。南北方向上，各时期由南向北呈现先上升后下降的倒U形趋势。

(a) 生态功能（2000年）   (b) 生态功能（2020年）

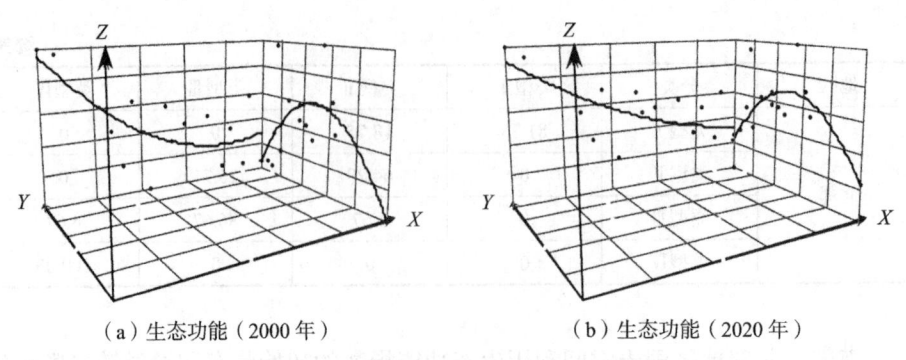

图 5-18   南部地区生态功能指数分布趋势

（2）北部地区

从趋势线看，东西方向上，北部地区各时期国土空间利用生态功能指数由西向东呈现先降低后升高的 U 形趋势，南北方向上，呈现北高南低的趋势。

(a) 生态功能（2000年）   (b) 生态功能（2020年）

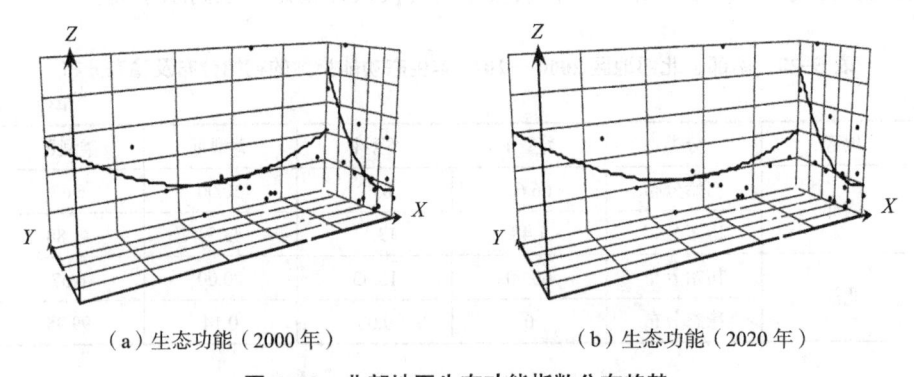

图 5-19   北部地区生态功能指数分布趋势

5.2.3.4 重心迁移分析

（1）南部重心迁移分析

南部地区生态功能指数重心迁移图如图 5-20 所示。由图可知，2000—2020 年南部的国土空间利用生态功能指数的重心始终位于湖南省，各时期重心迁移轨迹呈现向西稍偏南发展趋势。

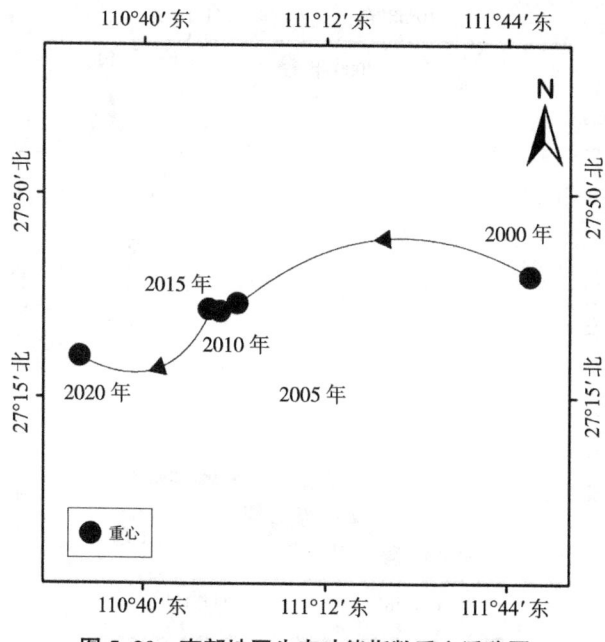

图 5-20 南部地区生态功能指数重心迁移图

（2）北部地区重心迁移分析

北部地区生态功能指数重心迁移图如图 5-21 所示。由图可知，2000—2020 年北部的国土空间利用生态功能指数重心始终位于内蒙古自治区。2000—2005 年国土空间利用生态功能指数重心迁移轨迹呈现向南稍偏东方向发展的趋势，2005—2020 年则呈现向西南方向发展趋势。

5.2.3.5 空间集聚特征及其跃迁分析 ❶

基于 Global Moran's I 的空间自相关检验见表 5-21。由表可见，南部各样本期的国土空间利用生态功能指数在研究期内存在 5% 水平下显著的空间正相关性，这说明南部各省（区、市）生态功能会受到邻域省（区、市）的正向影响。

---

❶ 由于北部各时期的 Global Moran's I 均在 10% 的水平下都不显著，不存在显明的空间集聚特征，因此本小节只分析南部地区。

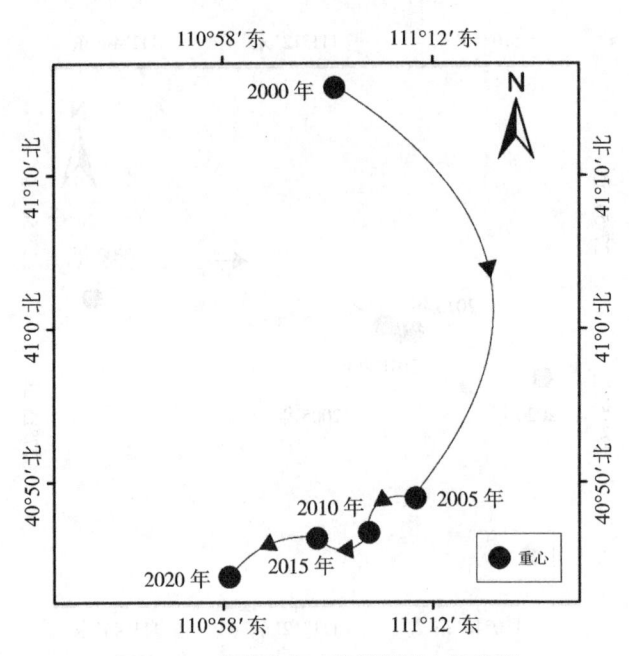

图 5-21　北部生态功能指数重心迁移图

表 5-21　南部生态功能 Global Moran's I 及其相关参数

年份	I	$E(I)$	sd(I)	z	p-value
2000	0.264	−0.071	0.164	2.050	0.020
2005	0.263	−0.071	0.163	2.052	0.020
2010	0.274	−0.071	0.163	2.121	0.017
2015	0.270	−0.071	0.163	2.092	0.018
2020	0.297	−0.071	0.161	2.289	0.011

从如图 5-22 所示的 Moran 散点图可知，南部各省（区、市）生态功能大多处于 HH 或 LL 集聚状态。

南部地区生态功能集聚形态跃迁类型的概率分布见表 5-22。由表可见，在整个研究期内，始终只有Ⅰ类跃迁，即南部各省（区、市）中集聚状态保持在原象限保持不变，这说明研究期间内南部国土空间利用生态功能具有很强的局部稳定特征，集聚形态固化现象存在。

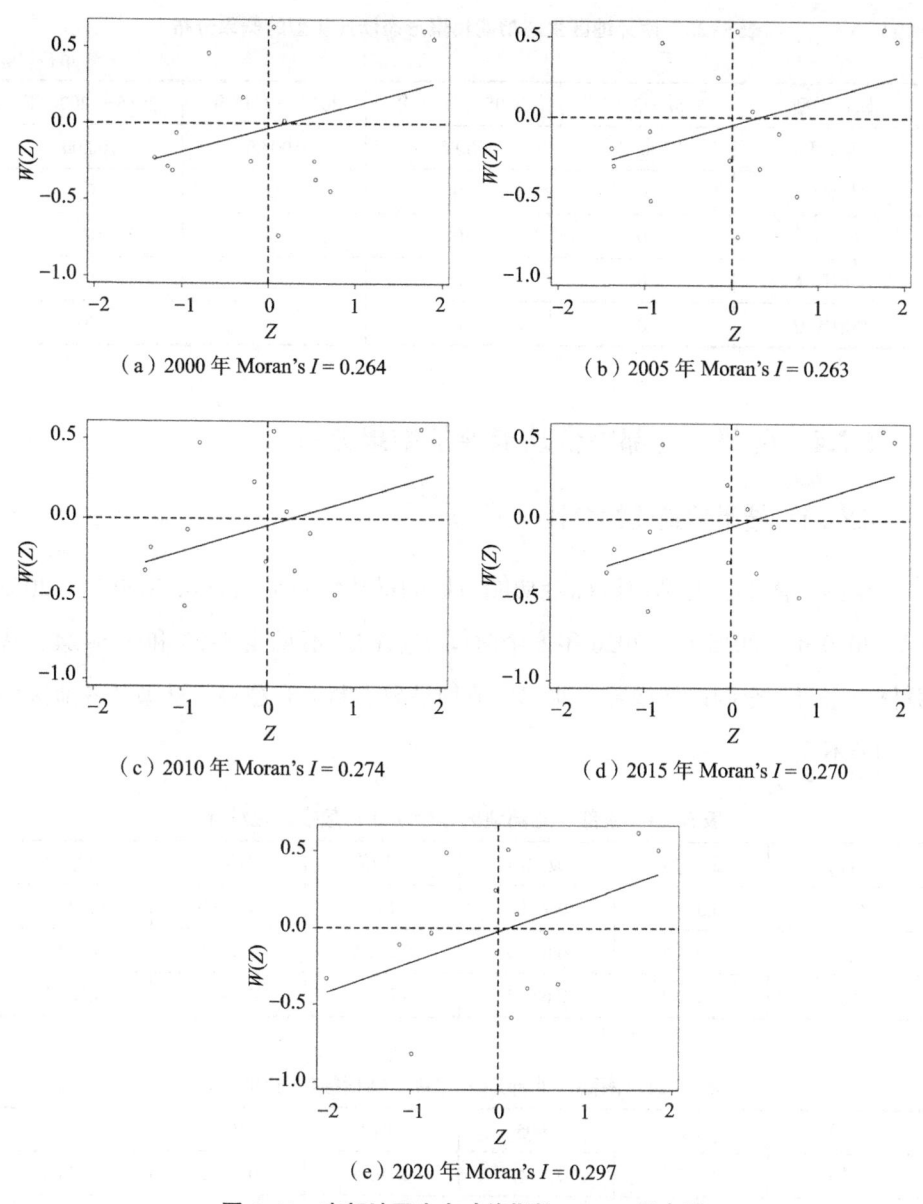

第 5 章　南部、北部分区域国土空间利用质量评价

（a）2000 年 Moran's I = 0.264

（b）2005 年 Moran's I = 0.263

（c）2010 年 Moran's I = 0.274

（d）2015 年 Moran's I = 0.270

（e）2020 年 Moran's I = 0.297

图 5-22　南部地区生态功能指数 Moran 散点图

表 5-22 南部地区生态功能集聚形态跃迁类型的概率分布

单位：%

跃迁类型	2000—2005 年	2005—2010 年	2010—2015 年	2015—2020 年
类型 I	100.00	100.00	100.00	100.00
类型 II	0	0	0	0
类型 III	0	0	0	0
类型 IV A	0	0	0	0
类型 IV B	0	0	0	0

5.2.4 南部、北部综合功能评价结果分析

5.2.4.1 结果的描述性统计

全国及南部、北部地区综合功能指数的描述性特征值以及 2000 年、2005 年、2010 年、2015 年、2020 年 5 个时间节点的均值见表 5-23 和表 5-24。从总体上来看，全国以及南部、北部均值均呈现不断上升趋势，全国及各地区均值相差不大。

表 5-23 南部、北部地区综合功能指数描述性统计

组别	最小值	最大值	平均值	中位数	标准差
全国	0.040 3	0.775 2	0.192 7	0.175 9	0.100 5
南部	0.087 8	0.813 5	0.231 4	0.210 5	0.118 7
北部	0.031 4	0.681 3	0.252 6	0.241 2	0.125 3

表 5-24 南部、北部地区综合功能指数年份均值表

年份	2000	2005	2010	2015	2020
全国	0.125 2	0.162 6	0.193 9	0.223 3	0.258 3
南部	0.214 7	0.158 7	0.210 2	0.260 8	0.312 5
北部	0.166 3	0.213 8	0.254 6	0.292 6	0.335 7

5.2.4.2 分布形态及动态演进分析

（1）分布形态及变化特征

图 5-23 分别用箱体图和核密度图展示了 2000 年、2005 年、2010 年、2015 年及 2020 年的南部国土空间利用综合功能指数的分布情况。可以看出，2000—2020 年箱体上下相邻值、四分位值、极值等各特征值整体呈现上升趋势，核密度曲线存在右移趋势，这说明研究期内南部综合功能略有提高。从核密度图的形态看，曲线峰值升高且有极大值的存在。从核密度曲线的波峰数目看，南部综合功能指数在样本期内均未出现过明显的多峰现象，这说明南部综合功能指数在空间分布上不存在显著的极化现象。

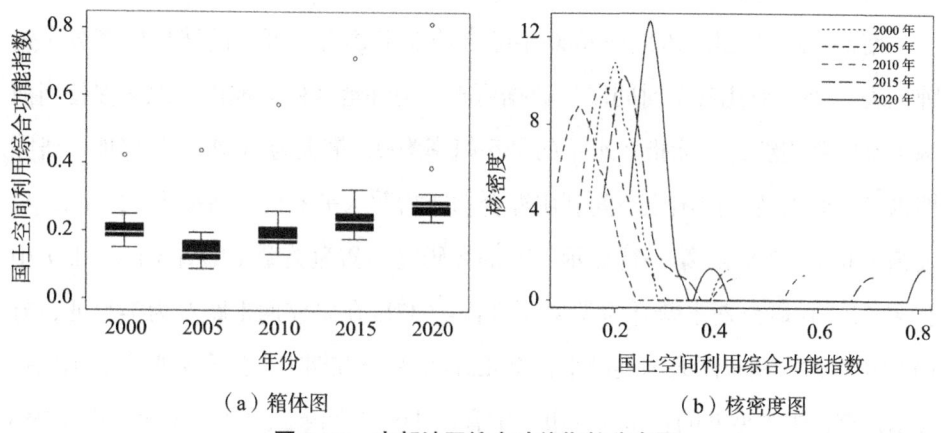

（a）箱体图　　　（b）核密度图

图 5-23　南部地区综合功能指数分布图

图 5-24 分别用箱体图和核密度图展示了 2000 年、2005 年、2010 年、2015 年及 2020 年的北部国土空间综合功能指数的分布情况。可以看出，2000—2020 年箱体上相邻值、四分位值、极值等各特征值均呈逐渐上升的趋势，核密度曲线也有逐期向右逐渐移动的趋势，这说明研究期内北部综合功能略有提高。从箱体图和核密度图的形态看，北部综合功能指数分布呈右偏状态，箱体和核密度曲线宽度也相对较宽，这说明北部各省（区、市）间的综合功能差异相对较大。

(a) 箱体图　　　　　　　　　　(b) 核密度图

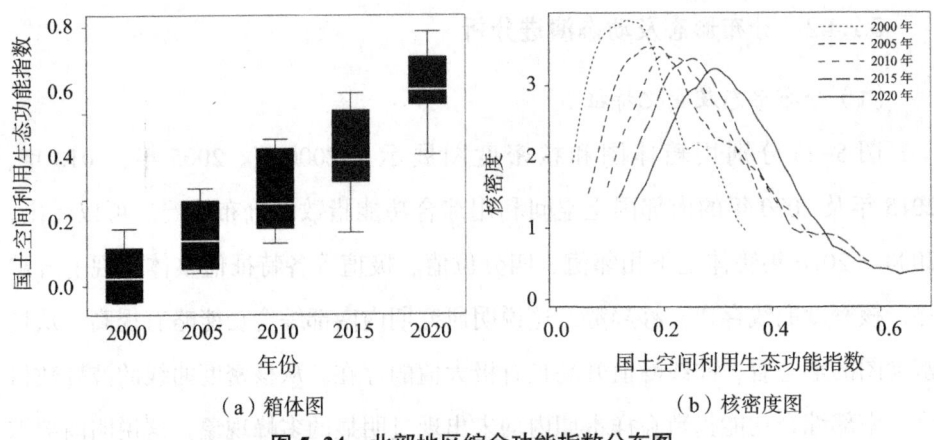

图 5-24　北部地区综合功能指数分布图

(2) 基于马尔可夫链的跃迁分析

南部、北部地区 2000—2020 年综合功能指数马尔可夫链转移概率分布矩阵见表 5-25。对比各个时间段的数据可知，南部地区研究期内各地区保持当前国土空间利用综合功能指数水平的最小概率为 0，最大为 100%。北部地区研究期内各地区保持当前国土空间利用综合功能指数水平的最小概率为 43.75%，最大为 100%。表 5-25 第一行显示，南部在研究期初为类型Ⅰ的省（区、市）中有 47.37% 在研究期末跃升为类型Ⅱ，有 47.37% 在研究期末跃升为类型Ⅱ，有 10.53% 在研究期末跃升为类型Ⅲ，有 42.11% 在研究期末维持在类型Ⅰ。第二行显示，期初为类型Ⅱ的省（区、市）中有 61.11% 在期末跃升为类型Ⅲ，有 5.56% 在期末跃升为类型Ⅳ，有 33.33% 在期末下降为类型Ⅰ。第三行显示，期初为类型Ⅲ的省（区、市）中有 60% 在期末跃升为类型Ⅳ，20% 下降为类型Ⅰ，还有 20% 下降为类型Ⅱ。第四行显示，期初为类型Ⅳ的省（区、市）依然全部维持在类型Ⅳ。北部则与南部不同，北部不存在向邻近水平的下一级转移的情况，也不存在跨级转移现象，北部地区均表现为向邻近上一级水平转移或维持原状态。同时，从表 5-25 对角线单元格上的概率可以看出，维持在类型Ⅰ、Ⅱ、Ⅲ、Ⅳ 4 个类型的概率都相对较高，这说明北部各省（区、市）国土空间利用综合功能指数的流动性强度低于南部，北部不存在"跨越式发展"，而南部存在。

第 5 章 南部、北部分区域国土空间利用质量评价

表 5-25 南部、北部地区 2000—2020 年综合功能指数马尔可夫链转移概率分布矩阵

单位：%

地区	分类	类型Ⅰ	类型Ⅱ	类型Ⅲ	类型Ⅳ
南部	类型Ⅰ	42.11	47.37	10.53	0
	类型Ⅱ	33.33	0	61.11	5.56
	类型Ⅲ	20.00	20.00	0	60.00
	类型Ⅳ	0	0	0	100.00
北部	类型Ⅰ	55.56	44.44	0	0
	类型Ⅱ	0	43.75	56.25	0
	类型Ⅲ	0	0	57.14	42.86
	类型Ⅳ	0	0	0	100.00

南部、北部的国土空间利用综合功能指数的初始状态和通过转移概率分布矩阵迭代求解计算出的稳态分布见表 5-26。与初始状态对比可知，南部类型Ⅰ的概率由 13.33% 下降至 0.01%，即处于类型Ⅰ的南部省（区、市）数量减少明显，类型Ⅱ的概率由 40% 下降到 0.01%，类型Ⅲ的概率也由 40% 下降到 0.01%，类型Ⅳ的概率由 6.67% 上升到 99.98%。北部类型Ⅰ的概率由 60% 下降到 0，类型Ⅱ的概率由 20% 也下降到 0，类型Ⅲ的概率由 13.33% 下降到 0.01%，类型Ⅳ的概率由 6.67% 上升到 99.99%。这表明南部、北部的国土空间利用综合功能指数发展水平均向高效率转型，效果显著。

表 5-26 南部、北部地区 2000—2020 年综合功能指数的初始分布及稳态分布

单位：%

地区	分类	类型Ⅰ	类型Ⅱ	类型Ⅲ	类型Ⅳ
南部	初始分布	13.33	40.00	40.00	6.67
	稳态分布	0.01	0.01	0.01	99.98
北部	初始分布	60.00	20.00	13.33	6.67
	稳态分布	0	0	0.01	99.99

5.2.4.3 空间分布趋势分析

（1）南部地区

南部地区综合功能指数分布趋势如图 5-25 所示。由图可知，从趋势线看，东西方向上，各时期国土空间利用综合功能指数整体呈现由西向东先降低后上升的 U 形趋势。南北方向上，2000 年呈现北高南低的趋势，其余年份均呈现出先降低后上升的 U 形趋势。

（a）综合功能（2000 年） （b）综合功能（2020 年）

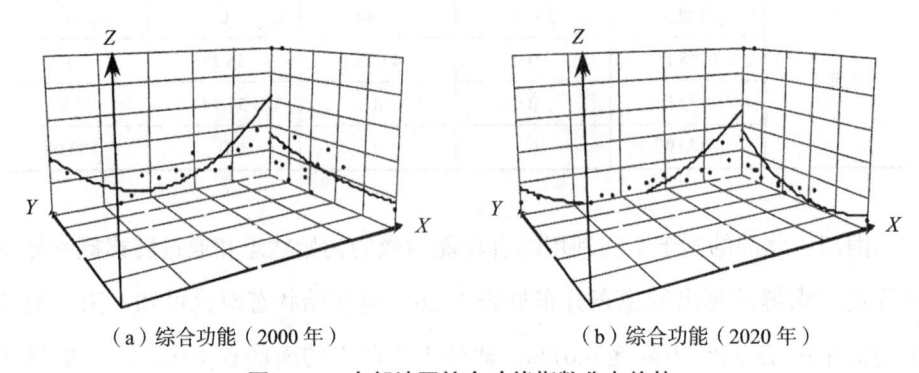

图 5-25 南部地区综合功能指数分布趋势

（2）北部地区

北部地区综合功能指数分布趋势如图 5-26 所示。由图可知，从趋势线看，东西方向上，2000—2010 年国土空间利用综合功能指数整体呈现由西向东先降低后上升的 U 形趋势，2015—2020 年呈现东高西低的趋势。南北方向上，各时期呈现北高南低的趋势，其中 2000 年这种趋势相对较为明显，其余各年份这种趋势相对变弱。

（a）综合功能（2000 年） （b）综合功能（2020 年）

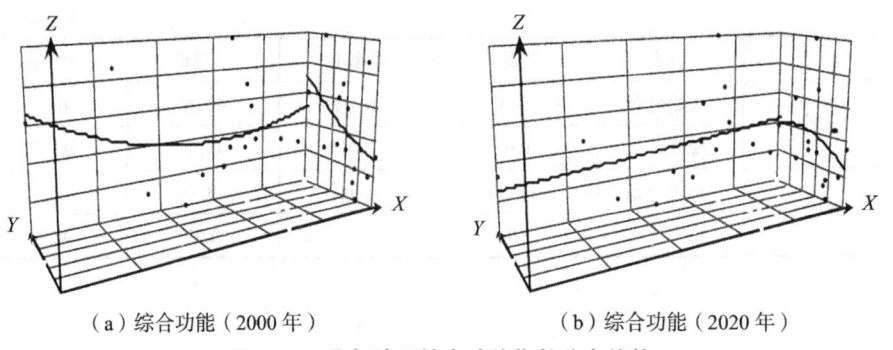

图 5-26 北部地区综合功能指数分布趋势

5.2.4.4 重心迁移分析

（1）南部地区重心迁移分析

南部地区综合功能指数重心迁移图如图 5-27 所示。由图可知，2000—2020 年南部的国土空间利用综合功能指数重心始终位于湖南省界内。其重心迁移轨迹可以分为 4 个阶段，2000—2005 年重心迁移轨迹呈现向东北方向发展的趋势，2005—2010 年重心迁移轨迹呈现向西稍偏北方向发展的趋势，2010—2015 年重心迁移轨迹呈现向东北方向发展趋势，2015—2020 年重心迁移轨迹呈现向西稍偏南方向发展的趋势。

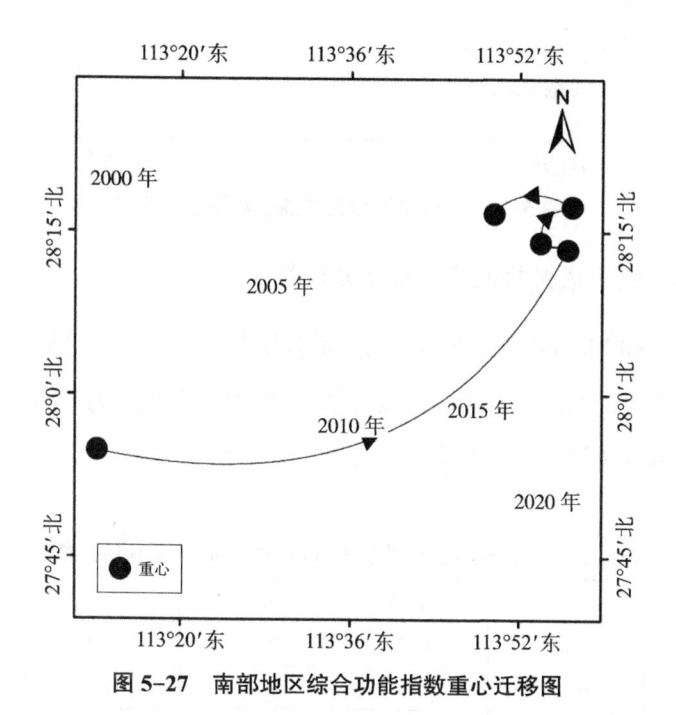

图 5-27 南部地区综合功能指数重心迁移图

（2）北部地区重心迁移分析

北部地区综合功能指数重心迁移图如图 5-28 所示。由图可知，2000—2020 年北部的国土空间利用综合功能指数重心始终位于山西省和内蒙古自治区界内，其重心迁移轨迹在研究期内始终呈现向东南方向发展的趋势。

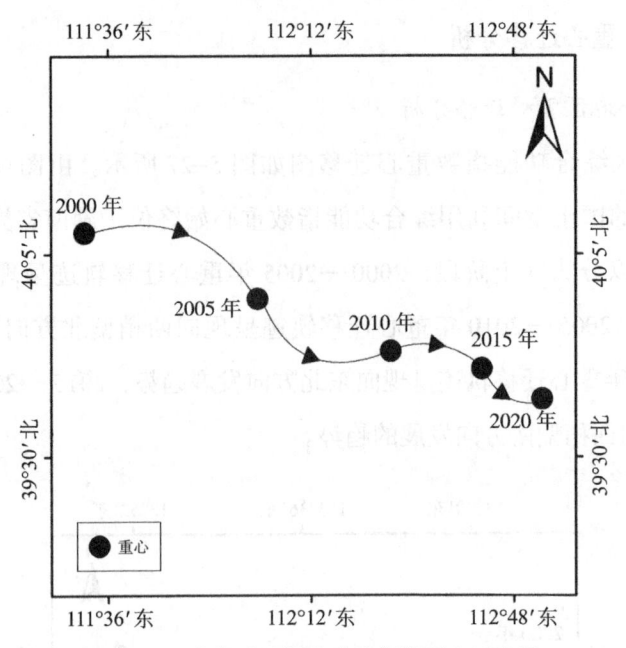

图 5-28　北部地区综合功能指数重心迁移图

5.2.4.5　空间集聚特征及其跃迁分析[1]

基于 Global Moran's I 的空间自相关检验见表 5-27。由表可见，南部地区各样本期的国土空间利用综合功能指数均存在 5% 水平下显著的空间正相关性，说明南部地区各省（区、市）的综合功能会受到邻域省（区、市）的正向影响。

表 5-27　南部地区综合功能 Global Moran's I 及其相关参数

年份	I	$E(I)$	$sd(I)$	z	p-value
2000	0.177	−0.071	0.113	2.207	0.014
2005	0.220	−0.071	0.101	2.892	0.002
2010	0.215	−0.071	0.087	3.274	0.001
2015	0.207	−0.071	0.080	3.462	0
2020	0.202	−0.071	0.077	3.552	0

---

[1] 由于北部地区各时期的 Global Moran's I 均在 10% 的水平下不显著，不存在明显的空间集聚特征，因此本小节只分析南部地区。

第5章 南部、北部分区域国土空间利用质量评价

从如图 5-29 所示的 Moran 散点可知,各省(区、市)综合功能大多处于 HH 或 LL 集聚状态。

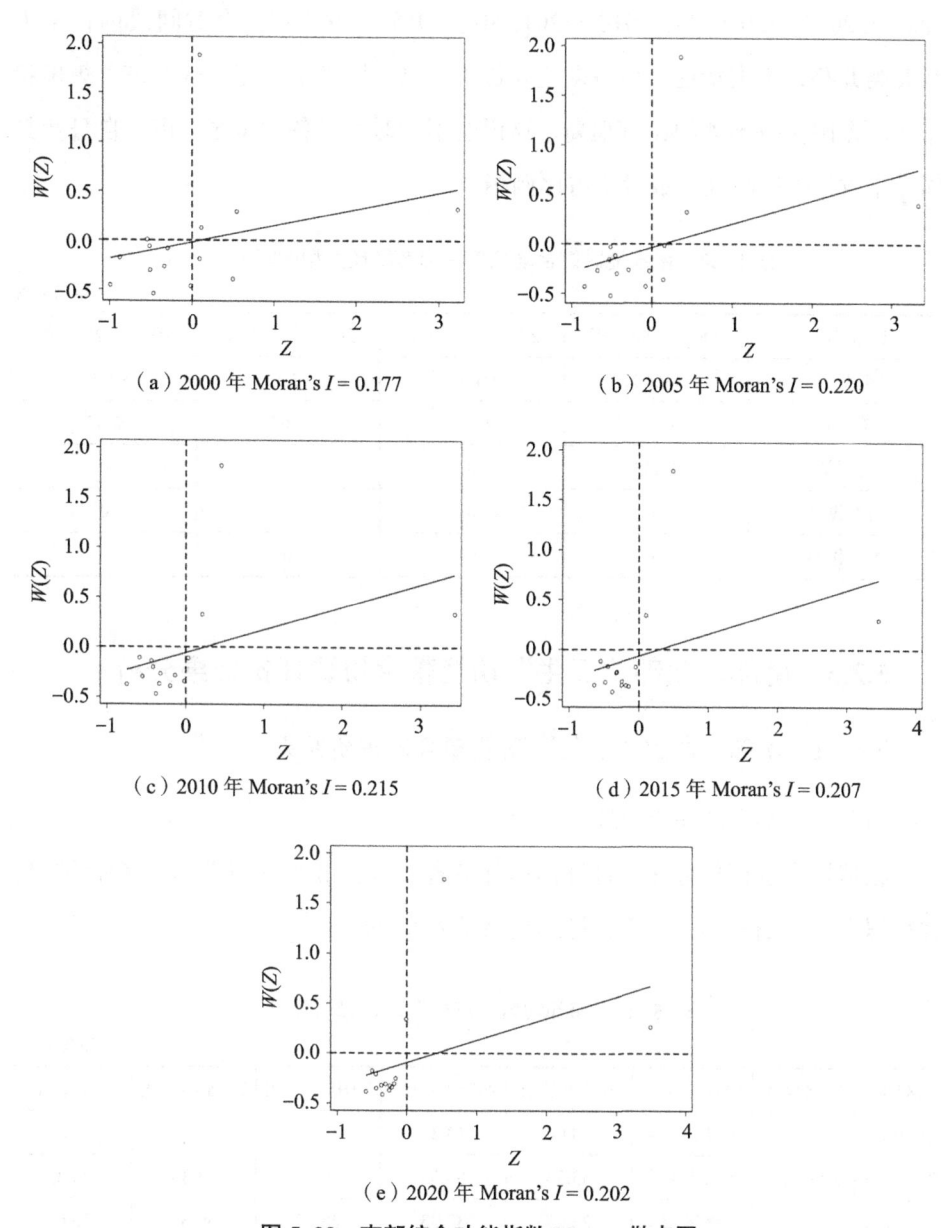

(a) 2000 年 Moran's I = 0.177

(b) 2005 年 Moran's I = 0.220

(c) 2010 年 Moran's I = 0.215

(d) 2015 年 Moran's I = 0.207

(e) 2020 年 Moran's I = 0.202

图 5-29 南部综合功能指数 Moran 散点图

南部地区综合功能集聚形态跃迁类型的概率分布见表 5-28。由表可见，在 2000—2005 年时间段中，Ⅰ类跃迁占据全部位置，此次还存在Ⅱ类和Ⅲ类跃迁。在 2005—2010 年、2010—2015 年、2015—2020 年 3 个时间段内，Ⅰ类和Ⅱ类并存，Ⅰ类跃迁始终占据主要位置，这说明南部各省（区、市）集聚状态在原象限保持不动的比例很高，这说明不同时间段各省（区、市）自身及其邻域未发生时空跃迁的数量所占比例相当高。

表 5-28 南部地区综合功能集聚形态跃迁类型的概率分布

单位：%

跃迁类型	2000—2005 年	2005—2010 年	2010—2015 年	2015—2020 年
类型Ⅰ	80.00	93.33	93.33	93.33
类型Ⅱ	6.67	6.67	6.67	6.67
类型Ⅲ	13.33	0	0	0
类型ⅣA	0	0	0	0
类型ⅣB	0	0	0	0

5.2.5 南部、北部"三生"功能耦合协调评价结果分析

5.2.5.1 南部、北部"三生"功能耦合度评价结果

（1）南部耦合度评价结果

根据耦合度评价方法，计算出南部各省（区、市）"三生"功能耦合结果，并根据表 2-1 划分不同等级，详细结果见表 5-29。

表 5-29 南部地区"三生"功能耦合类型

单位：%

区间	协调程度	协调对比度	2000 年占比	2005 年占比	2010 年占比	2015 年占比	2020 年占比
[0, 0.1)	失调衰退	极度失调型	20.00	13.33	26.67	0	0
[0.1, 0.2)		严重失调型	53.33	53.33	46.67	33.33	73.33
[0.2, 0.3)		中度失调型	26.67	33.33	26.67	66.67	26.67

南部各省（区、市）耦合度协调对比度研究期内位于极度失调型—轻度失调型区间内，2000—2005 年极度失调型省（区、市）占比下降，严重失调型省（区、市）占比保持不变，中度失调型省（区、市）占比上升。2005—2010 年极度失调型省（区、市）占比上升，其余类型均下降。2010—2020 年极度失调型省（区、市）占比逐渐降低至 0，严重失调型省（区、市）占比先下降后上升，中度失调型省（区、市）占比先上升后下降。这说明在研究期间"三生"功能失衡问题虽得到一定处理，但效果依然不是十分明显。

南部地区"三生"功能耦合度空间分布趋势如图 5-30 所示。由图可知，从趋势线看，东西方向上，2000—2015 年"三生"功能耦合度整体由西向东呈现先下降后上升的 U 形趋势，2020 年呈现东高西低的趋势。南北方向上，"三生"功能耦合度整体由南到北呈现先下降后上升的 U 形趋势。

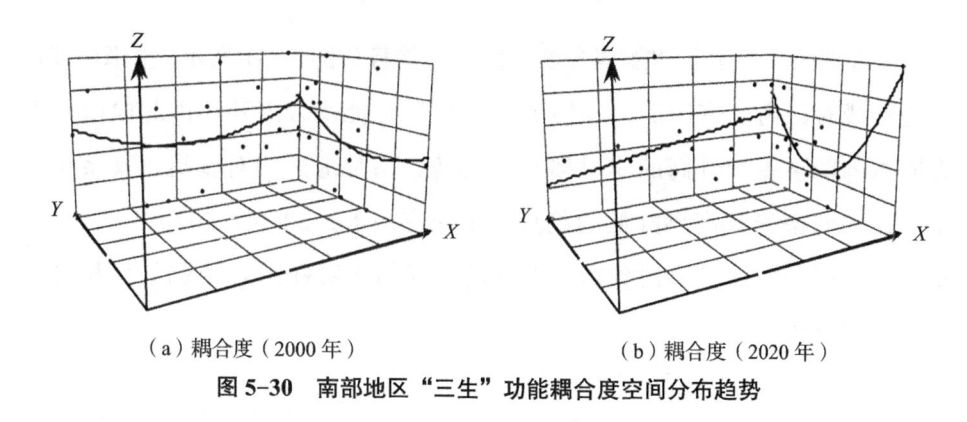

（a）耦合度（2000 年） （b）耦合度（2020 年）
图 5-30 南部地区"三生"功能耦合度空间分布趋势

（2）北部地区耦合度评价结果

根据耦合度评价方法，计算出北部各省（区、市）"三生"功能耦合结果，并根据表 2-1 划分不同等级，详细结果见表 5-30。北部各省（区、市）耦合度协调对比度研究期内位于极度失调型—濒临失调型区间内。2000—2005 年严重失调型省（区、市）占比最高，濒临失调型省（区、市）占比最低。2010 年极度失调型省（区、市）占比最高，不存在濒临失调型省（区、市）。2015—2020 年极度失调型省（区、市）数量保持不变，大多省（区、市）表现为严重失调型，濒临失调型省（区、市）占比不断降低。在研究期内，严重失调型省（区、市）数量呈现先减少后增加趋势，中度失调型省（区、市）数量波动趋势与严重失调型省（区、市）数量波动趋势基本一致。整体来看，北部省（区、市）耦合度稳定性较差，整个区域内的协调情况存在巨大发力空间。

表 5-30 北部地区"三生"功能耦合类型

单位：%

区间	协调程度	协调对比度	2000年占比	2005年占比	2010年占比	2015年占比	2020年占比
[0, 0.1)	失调衰退	极度失调型	20.00	13.33	40.00	13.33	13.33
[0.1, 0.2)		严重失调型	46.67	46.67	20.00	6.67	40.00
[0.2, 0.3)		中度失调型	13.33	13.33	26.67	46.67	26.67
[0.3, 0.4)		轻度失调型	13.33	20.00	13.33	26.67	20.00
[0.4, 0.5)	过渡协调	濒临失调型	6.67	6.67	0	6.67	0

北部地区"三生"功能耦合度空间分布趋势如图 5-31 所示。由图可知，从趋势线看，南北方向上，2015 年"三生"功能耦合度整体由北向南呈现先略微降低再逐步升高的非对称 U 形趋势，南部地区相对较高，其余年份呈现由北向南先升高再降低的趋势。东西方向上，2000—2020 年"三生"功能耦合度均大体呈由西到东先上升后下降的非对称倒 U 形趋势，相对而言，东部较高。

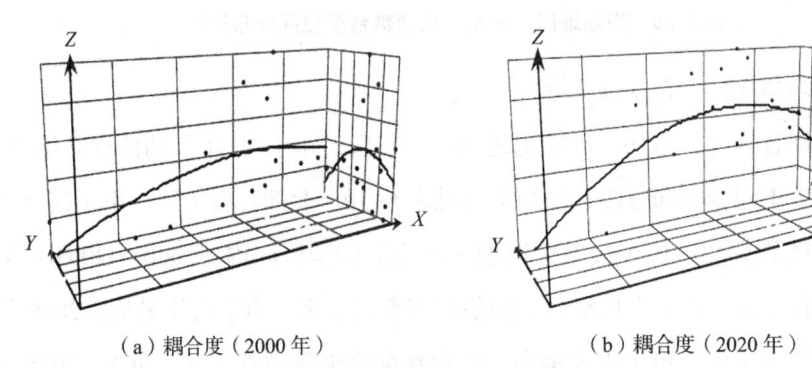

（a）耦合度（2000 年） （b）耦合度（2020 年）

图 5-31 北部地区"三生"功能耦合度空间分布趋势

5.2.5.2 南部、北部"三生"功能协调发展度评价结果

(1)南部协调发展度评价结果

根据协调发展度评价方法,计算出南部各省(区、市)"三生"功能协调发展度结果,并根据表 2-1 划分不同等级,详细结果见表 5-31。

表 5-31 南部地区"三生"功能协调发展类型

单位:%

区间	协调程度	协调对比度	2000 年占比	2005 年占比	2010 年占比	2015 年占比	2020 年占比
[0, 0.1)	失调衰退	极度失调型	26.67	6.67	0	0	0
[0.1, 0.2)		严重失调型	60.00	66.67	66.67	33.33	13.33
[0.2, 0.3)		中度失调型	13.33	20.00	26.67	53.33	66.67
[0.3, 0.4)		轻度失调型	0	6.67	0	6.67	13.33
[0.4, 0.5)	过渡协调	濒临失调型	0	0	6.67	6.67	6.67

南部省(区、市)协调发展度协调对比度研究期内位于极度失调型—濒临失调型区间内,协调发展度整体水平有待提高,最低等级极度失调型省(区、市)在 2000 年、2005 年出现,其余年份均不存在。在 2000—2005 年极度失调型省(区、市)占比降低,其余类型省(区、市)数量均增加。在 2005—2010 年极度失调型和轻度失调型省(区、市)数量不断减少,其余类型省(区、市)数量均增加。2010—2020 年不存在极度失调型省(区、市),濒临失调型省(区、市)占比保持不变,其余类型省(区、市)占比均呈现增加态势。整体而言,南部地区各省(区、市)协调发展度水平存在固化现象,提升态势不显著。

南部地区"三生"功能协调发展度空间分布趋势如图 5-32 所示。由图可知,从趋势线看,东西方向上,各年份国土空间利用质量协调发展度整体由西向东呈现先下降后上升的 U 形趋势,总体而言,东部相对较高,西部相对较低。南北方向上,国土空间利用质量协调发展度整体由南到北呈现先下降后上升的 U 形趋势。

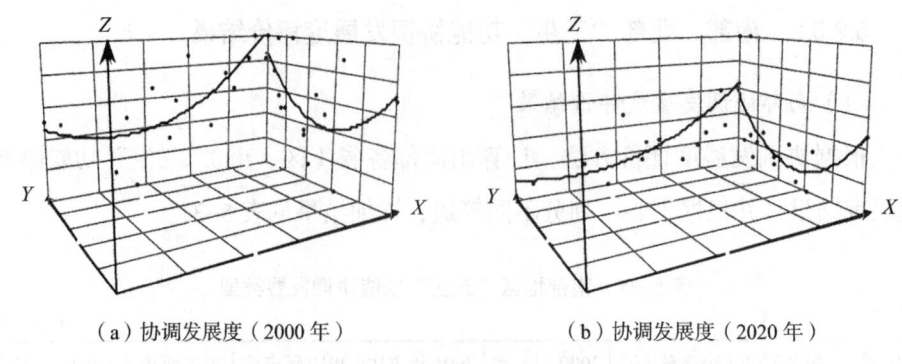

(a) 协调发展度（2000 年）   (b) 协调发展度（2020 年）

图 5-32　南部地区"三生"功能协调发展度空间分布趋势

（2）北部协调发展度评价结果

根据协调发展度评价方法，计算出北部各省（区、市）"三生"功能协调发展度结果，并根据表 2-1 划分不同等级，详细结果见表 5-32。

表 5-32　北部地区"三生"功能协调发展度

单位：%

区间	协调程度	协调对比度	2000 年占比	2005 年占比	2010 年占比	2015 年占比	2020 年占比
[0, 0.1)	失调衰退	极度失调型	6.67	6.67	6.67	0	0
[0.1, 0.2)		严重失调型	73.33	60.00	53.33	20.00	33.33
[0.2, 0.3)		中度失调型	6.67	20.00	26.67	46.67	46.67
[0.3, 0.4)		轻度失调型	13.33	13.33	13.33	33.33	13.33
[0.4, 0.5)	过渡协调	濒临失调型	0	0	0	0	6.67

北部省（区、市）协调发展度协调对比度研究期内位于极度失调型—濒临失调型区间内，协调发展度整体水平有待提高，最低等级极度失调型省（区、市）在 2000 年、2005 年、2010 年出现，占比均为 6.67%。严重失调型省（区、市）数量在研究期间呈现逐渐下降态势，中度失调型省（区、市）数量在研究期间呈现逐渐上升态势。这说明，研究期间北部省（区、市）"三生"功能指数各水平发展态势良好，协调发展度水平得到提高。2020 年濒临协调型省（区、市）是整个研究期间协调发展度水平最高的省（区、市）。在 2015—2020 年

内部分省（区、市）由轻度失调型退化为中度失调型，这说明北部省（区、市）要警惕退化现象。

北部地区"三生"功能协调发展度空间分布趋势如图 5-33 所示。由图可知，从趋势线看，东西方向上，各年份国土空间利用质量协调发展度整体呈现东高西低的趋势。南北方向上，2010 年国土空间利用质量协调发展度整体呈现北高南低趋势，其他年份由南到北呈现先上升后下降的倒 U 形趋势。

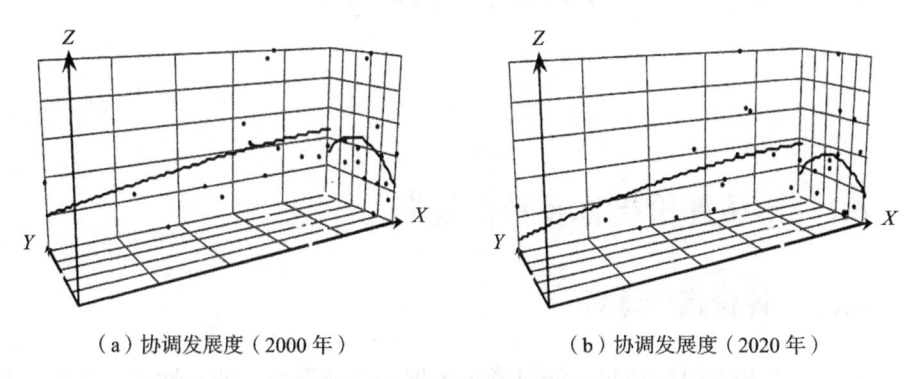

（a）协调发展度（2000 年）　　　　　　（b）协调发展度（2020 年）

图 5-33　北部地区"三生"功能协调发展度空间分布趋势

第三篇 以市域为评价单元的研究

第6章 七大重要区域整体国土空间利用质量评价

6.1 市域评价指标及数据说明

6.1.1 评价指标体系

借鉴已有相关研究成果，同时考虑数据的可获得性、便利性和权威性，并结合市域的特点，同时综合考虑其他方面的因素，最终确定了市域层面国土空间利用质量的评价指标体系，见表6-1。指标体系从生产、生活和生态3个基准层来表达"三生"空间利用质量。

表6-1 市域国土空间利用质量评价指标体系

目标层	基准层	准则层	指标层	方向	单位
国土空间利用质量（综合功能指数）A	生产功能指数（集约高效）B_1	利用效益指数 C_1	建设用地均夜间灯光总值 D_1	+	万元/km²
			第一产业用地地均GDP D_2	+	万元/km²
		利用强度指数 C_2	地均劳动力数量 D_3	+	人/km²
			地均全社会固定资产投资 D_4	+	万元/km²
		可持续利用指数 C_3	万元GDP二氧化碳排放量 D_5	−	吨/万元
			万元GDP废水量 D_6	−	吨/万元
			万元GDP废气排放量 D_7	−	吨/万元

续表

目标层	基准层	准则层	指标层	方向	单位
国土空间利用质量（综合功能指数）A	生活功能指数（宜居适度）B_2	生活适宜程度 C_4	城镇人均居住用地 D_8	+	km²/万人
			农村人均居住用地 D_9	+	km²/万人
			人均生态用地 D_{10}	+	km²/万人
			城市建成区绿地率 D_{11}	+	%
		生活便捷程度 C_5	公路网密度 D_{12}	+	km/km²
			每万人拥有图书馆数量 D_{13}	+	个/万人
			互联网普及率 D_{14}	+	%
			燃气普及率 D_{15}	+	%
			用水普及率 D_{16}	+	%
		生活保障程度 C_6	师生比 D_{17}	−	—
			每万人医疗机构床位数 D_{18}	+	张/万人
	生态功能指数（山清水秀）B_3	生态利用质量指数 C_7	气体调节 D_{19}	+	万亿元
			气候调节 D_{20}	+	万亿元
			水源涵养 D_{21}	+	万亿元
			土壤形成与保护 D_{22}	+	万亿元
			生物多样性保护 D_{23}	+	万亿元
			娱乐文化 D_{24}	+	万亿元
		生态环境质量指数 C_8	城市生活垃圾无害化处理率 D_{25}	+	%
			一般工业固体废物综合利用率 D_{26}	+	%
		生态景观质量指数 C_9	景观破碎度 D_{27}	−	
			景观分维度 D_{28}	−	
			香农多样性指数 D_{29}	+	

注：GDP、第一产业 GDP、固定资产投资总额均采用以 2000 年为基期的可比值。

以市域为评价单元的指标体系与以省域为评价单元的指标体系大部分是一致的，但因为省域和市域个别数据获取难易程度的差异，导致指标体系也有一些区别，不同的地方主要在于：在准则层利用效益指数 C_1 中，删除了地均研究费用 R&D 指标；在准则层可持续利用指数 C_3 中，删除了万元 GDP 固体废物排放量指标；在准则层生活适宜程度 C_4 中，增加了城市建成区绿地率这一指标；在准则层生活便捷程度 C_5 中，删除了铁路网密度这一指标，增加了每万人拥有图书馆数量这一指标；另外，增加了生态环境质量指数这一准则层，包含城市生活垃圾无害化处理率和一般工业固体废物综合利用率这两个指标。

6.1.2 数据说明

（1）数据来源及处理

地级市的指标数据主要来自于各省（区、市）的统计年鉴、一些城市的城市统计年鉴，个别城市年份数据缺失通过 Stata 软件进行线性插值法填补。土地利用（覆盖）数据、碳排放数据来源与省级数据的来源相一致，其中，由于中国碳排放数据库（CEADS）里地级市碳排放数据时间跨度为 1997—2019 年，本书通过线性插值的方式填补了 2020 年数据。通过对数据的整理和研究区域的筛选，最终确定了包含 228 个城市，2000 年、2005 年、2010 年、2015 年、2020 年 5 年的平衡面板数据。

通过熵权法计算出各个指标层的权重及得分，具体数据见表 6-2。在基准层的权重中，权重最大的是生产功能指数，权重为 0.645 9，其子维度指标中的利用强度指数贡献最大，权重为 0.747 2，这反映出生产功能内部指标的分异程度相对较大。生活功能指数的权重为 0.213 1，其子维度指标中权重贡献率居于首位的为生活适宜程度，为 0.520 9。生态功能指数的权重为 0.141 1，其子维度指标中权重贡献最高的是生态利用质量指数，为 0.846 4。

表 6-2 市级指标体系权重表

基准层	权重	准则层	权重	指标层	权重
B_1	0.645 9	C_1	0.248 8	D_1	0.261 7
				D_2	0.738 3
		C_2	0.747 2	D_3	0.409 1
				D_4	0.590 9

续表

基准层	权重	准则层	权重	指标层	权重
B_1	0.645 9	C_3	0.004 1	D_5	0.435 4
				D_6	0.258 1
				D_7	0.306 5
B_2	0.213 1	C_4	0.520 9	D_8	0.097 3
				D_9	0.270 7
				D_{10}	0.602 8
				D_{11}	0.029 1
		C_5	0.242 7	D_{12}	0.190 6
				D_{13}	0.234 8
				D_{14}	0.518 7
				D_{15}	0.039 0
				D_{16}	0.017 0
		C_6	0.236 4	D_{17}	0.013 2
				D_{18}	0.986 8
B_3	0.141 1	C_7	0.846 4	D_{19}	0.166 7
				D_{20}	0.166 7
				D_{21}	0.166 7
				D_{22}	0.166 7
				D_{23}	0.166 7
				D_{24}	0.166 7
		C_8	0.077 4	D_{25}	0.532 6
				D_{26}	0.467 4
		C_9	0.076 2	D_{27}	0.114 4
				D_{28}	0.477 8
				D_{29}	0.407 9

注：D_{19}~D_{24} 的权重未用熵权法计算，直接等权处理，这是由于本书借鉴谢高地的系列研究[67-68]，基于单位面积生态系统服务价值当量与土地覆盖数据直接折算出 C_7 的数值，其中 D_{19}~D_{24} 对于 C_7 的贡献相等，此处列出权重仅为从逻辑上体现指标体系的完整性。

（2）研究区域

参考王少剑[69]、杨骞[70]、张卓群[71]、唐庆祥[72]等人的研究，依据国家相关发展规划文件，本书以京津冀、成渝、长江中游、长三角、粤港澳、黄河流域及东北地区七大重要区域为研究区域。结合数据的可获得性，最终确定228个城市为国土"三生"空间利用质量评价单元。研究区域详情见表6-3。

表6-3 研究区域

区域	覆盖范围	划分依据
京津冀	北京、天津、石家庄、唐山、秦皇岛、邯郸、邢台、保定、张家口、承德、沧州、廊坊、衡水	《京津冀协同发展规划纲要》
成渝	重庆、成都、自贡、泸州、德阳、绵阳、遂宁、内江、乐山、南充、眉山、宜宾、广安、达州、雅安、资阳	《成渝城市群发展规划》
长江中游	武汉、黄石、十堰、宜昌、襄阳、鄂州、黄冈、孝感、咸宁、随州、荆州、荆门、长沙、株洲、湘潭、张家界、邵阳、岳阳、常德、衡阳、郴州、永州、怀化、南昌、九江、景德镇、鹰潭、赣州、新余、宜春、萍乡、上饶、抚州、吉安	《长江中游城市群发展规划》
长三角	上海、南京、无锡、常州、苏州、南通、盐城、扬州、镇江、泰州、杭州、宁波、嘉兴、湖州、绍兴、金华、舟山、台州、合肥、芜湖、马鞍山、铜陵、安庆、滁州、池州、宣城、徐州、连云港、淮安、宿迁、温州、衢州、丽水、蚌埠、淮南、淮北、黄山、阜阳、宿州、六安、亳州	《长江三角洲区域一体化发展规划纲要》
粤港澳	广州、深圳、珠海、佛山、惠州、东莞、中山、江门、肇庆	《粤港澳大湾区发展规划纲要》
黄河流域	西宁、兰州、金昌、白银、天水、武威、张掖、平凉、酒泉、庆阳、定西、银川、石嘴山、吴忠、固原、呼和浩特、包头、鄂尔多斯、乌兰察布、巴彦淖尔、乌海、西安、宝鸡、咸阳、铜川、渭南、延安、榆林、商洛、太原、大同、朔州、忻州、阳泉、吕梁、晋中、长治、晋城、临汾、运城、郑州、开封、洛阳、平顶山、安阳、新乡、焦作、鹤壁、许昌、濮阳、三门峡、商丘、周口、济南、淄博、东营、济宁、泰安、滨州、德州、聊城、菏泽、赤峰、通辽、呼伦贝尔、青岛、枣庄、烟台、潍坊、威海、日照、临沂、漯河、南阳、信阳、驻马店、汉中、安康、嘉峪关、陇南	《黄河流域生态保护和高质量发展规划纲要》
东北地区	沈阳、大连、抚顺、本溪、丹东、锦州、辽阳、盘锦、铁岭、四平、辽源、通化、白山、松原、白城、哈尔滨、鸡西、鹤岗、伊春、佳木斯、牡丹江、绥化、赤峰、通辽、吉林、长春、鞍山、营口、阜新、朝阳、葫芦岛、齐齐哈尔、双鸭山、大庆、七台河、黑河	《东北全面振兴"十四五"实施方案》

6.2 区域整体国土空间利用质量评价结果分析

6.2.1 区域整体综合功能评价结果分析

6.2.1.1 结果的描述性统计

基于全样本的区域整体综合功能指数描述性统计指标见表6-4。由表可见，区域整体国土空间利用综合功能指数具有一定的时空差异性。全样本的最大值为0.680 0，最小值为0.008 4，虽然最大值与最小值之间的极差较大，即数据的跨度较大，但从标准差看，这种差异性则不是很大，这说明可能存在极值。各研究期区域整体综合功能指数均值见表6-5。由表可见，区域整体国土空间利用综合功能指数在2000—2020年期间呈现整体上升的趋势，平均值从0.045 4增至0.129 8，这表明在过去20年间区域整体国土空间利用综合质量稳步提升。各研究期各区域及区域整体综合功能指数均值变化如图6-1所示。

表6-4 基于全样本的区域整体综合功能指数描述性统计指标

特征指标	最小值	最大值	平均值	中位数	标准差
数值	0.008 4	0.680 0	0.072 7	0.063 0	0.050 0

表6-5 各研究期区域整体综合功能指数均值

年份	2000	2005	2010	2015	2020
均值	0.043 0	0.050 3	0.071 0	0.091 3	0.107 7

6.2.1.2 分布形态及动态演进分析

（1）分布形态及变化特征

以研究区内全部228个城市为样本，绘制出各年份国土空间利用综合功能指数的核密度图和箱体图如图6-2所示。

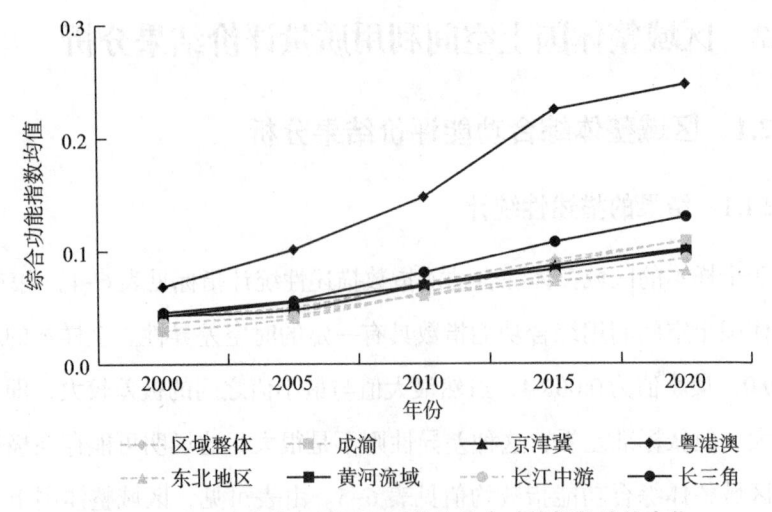

图 6-1　各研究期各区域及区域整体综合功能指数均值变化

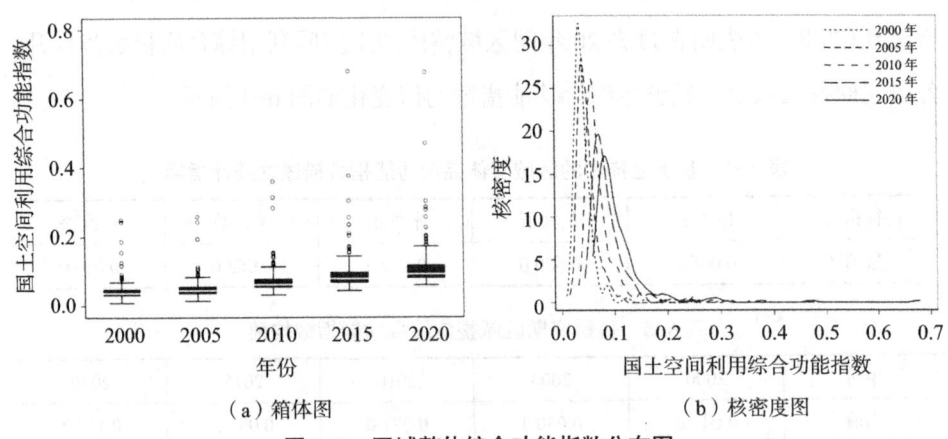

图 6-2　区域整体综合功能指数分布图

由图可知，研究期内箱体上下相邻值、四分位值、极值等各特征值均有向上的趋势，核密度曲线也有逐期右移的趋势，这说明区域整体国土空间利用综合质量呈上升趋势。从箱体图和核密度图的形态看，箱体图上下邻值之间的差距在研究期内逐渐变大，核密度曲线的峰值逐渐下降，宽度逐渐变宽，这说明研究区内各城市间国土空间利用综合质量的差异呈逐渐变大趋势。研究期内核密度曲线呈现出明显的右偏状态且右偏程度逐渐增大，箱体图中也有极端值，这说明研究区域内极大值的存在，即区域内个别城市的国土空间利用综合质量明显高于其他城市，这也是导致区域内国土空间利用综合质量差异性扩大的主要原因。

（2）基于马尔可夫链的跃迁分析

区域整体国土空间利用综合功能指数马尔可夫链转移概率矩阵见表6-6。由表可见，处于低水平等级的城市期末维持原来等级的概率为43.16%，跃升到中低水平的概率为51.23%，跃升到中高等级的概率为5.26%，跃升到高等级的概率为0.35%。处于中低水平等级的城市也具有类似规律，期初为中低水平的城市在期末保持自身水平的概率为28.67%，下降为低水平的概率为1.79%，跃升为中高水平的概率为62.01%，跃升为高水平的概率为7.53%。处于中高水平等级的城市，期末维持原来等级的概率为41.29%，向上跃迁为高等级的概率为56.72%，下降为中低等级和低等级的概率分别为1.99%和0。期初处于高水平等级的城市在期末保持自身等级的概率达到了95.24%。这说明大部分综合功能处于低、中低和中高水平的城市在研究期内向上跃迁，只有少部分向下跃迁，高水平的城市也相对稳定，有较少的一部分向下跃迁，整体跃迁规律展示出相对良好的发展态势。

表6-6　区域整体2000—2020年综合功能指数马尔可夫链转移概率分布矩阵

单位：%

期初/期末	类型Ⅰ	类型Ⅱ	类型Ⅲ	类型Ⅳ
类型Ⅰ	43.16	51.23	5.26	0.35
类型Ⅱ	1.79	28.67	62.01	7.53
类型Ⅲ	0	1.99	41.29	56.72
类型Ⅳ	1.36	0.68	2.72	95.24

区域整体国土空间综合功能指数的初始状态和通过转移概率分布矩阵迭代求解计算出的稳态分布见表6-7。类型Ⅰ的城市在初态分布中占比最高，为67.98%，但在稳态分布中占比最低，为2.19%，初始分布状态下，中高水平占比4.39%，高水平占比3.95%，中低水平占23.68%，在稳态分布状态下，中低

水平占比 2.6%，中高水平占比 7.07%，高水平占比 88.14%。对比初始状态，稳态分布的Ⅰ、Ⅱ类型大幅度下降，Ⅲ类型小幅上升，而Ⅳ类型占据主要地位，这说明区域整体"三生"空间综合功能指数稳中向好发展的总体态势。

表 6-7　区域整体综合功能指数的初始分布及稳态分布

单位：%

分布	类型Ⅰ	类型Ⅱ	类型Ⅲ	类型Ⅳ
初态分布	67.98	23.68	4.39	3.95
稳态分布	2.19	2.60	7.07	88.14

6.2.1.3　空间分布趋势分析

根据 2000 年、2005 年、2010 年、2015 年和 2020 年的趋势分析图如图 6-3 所示。❶ 由图可知，在东西方向上，研究期内区域整体综合功能空间分布在东西方向上总体呈现东高西低的趋势，且这种趋势在期初较为明显，在期末，中部地区综合功能指数有所上升，趋势线呈倒 U 形。另外，趋势线随着时间的推移逐渐平缓，这说明东西之间的差异略有缩小。在南北向，则呈现中部地区低于南部、北部地区的趋势规律。2010 年之前，总体上北部要略高于南部，2010 年及以后，总体上南部要略高于北部。

（a）综合功能（2000 年）　　　　（b）综合功能（2020 年）

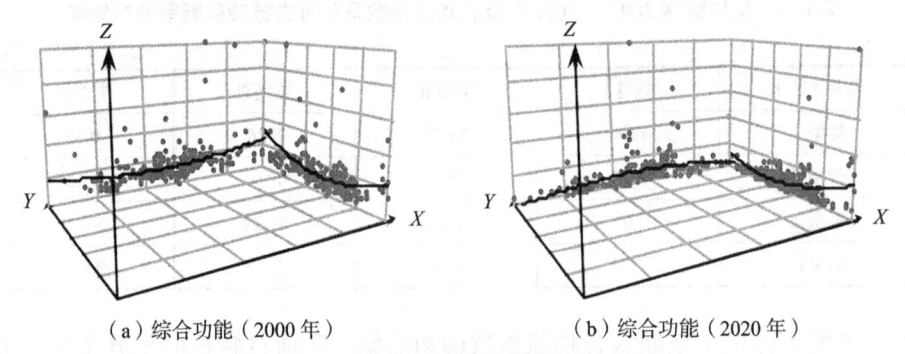

图 6-3　区域整体综合功能指数趋势分析图

---

❶ 为节省篇幅，仅展示两期具有代表性的三维趋势面图。本章后面相关分析，除各研究期均有复杂变化情况，均只展示两期趋势面图。

6.2.1.4 重心迁移分析

区域整体国土空间综合功能重心迁移趋势如图 6-4 所示，迁移的主要范围为东经 115°~116°，北纬 33°~36°，由菏泽市境内（2000 年）迁移到菏泽市南面（2005 年），再迁移到商丘市内（2010 年），2015 年迁移到亳州市与周口市的交界，最后到周口市境内（2020 年）。总体来看，区域整体国土空间综合利用质量指数的重心一直在向南迁移，这种迁移的方向也对应着我国经济中心向南迁移的现实情况，这说明研究期内区域整体南部地区国土空间利用综合质量相对北部地区提升较大。

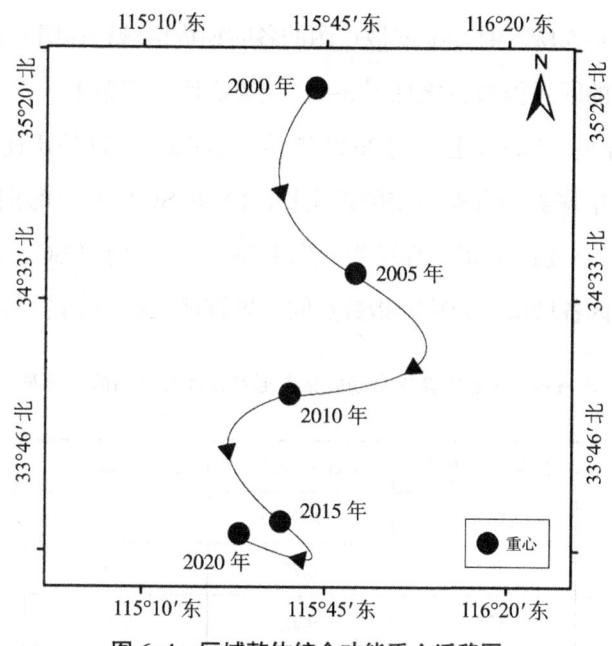

图 6-4 区域整体综合功能重心迁移图

6.2.1.5 空间集聚特征及其跃迁分析

（1）空间集聚特征

基于 Global Moran's I 的空间自相关检验见表 6-8。由表可见，各研究期的综合功能指数整体上存在 1% 水平下显著的空间正相关性，这说明各城市的综合功能指数会受到周边城市的影响。

表 6-8 区域整体综合功能 Global Moran's I 及其相关参数

年份	I	$E(I)$	$sd(I)$	z	p-value
2000	0.026	−0.004	0.006	5.005	0
2005	0.068	−0.004	0.006	12.134	0
2010	0.078	−0.004	0.006	13.769	0
2015	0.096	−0.004	0.006	17.913	0
2020	0.103	−0.004	0.006	18.354	0

（2）集聚形态的动态变化

基于如图 6-5 所示的 Moran 散点图的各时期内区域整体国土利用综合功能指数集聚形态的跃迁类型占比见表 6-9。结果表明，类型 Ⅰ 跃迁呈现上升的趋势，从 2000 年的 75.44% 上升到 2020 年的 85.53%，一直是跃迁的主导类型，这说明不同的集聚类型具有一定的稳定性。SF 和 SC 在整个时期内相对稳定，在 2010 年后时空变迁（SF）有轻微下降趋势，时空凝聚（SC）指数提高，这说明区域整体内各城市综合功能指数空间集聚特征具有一定的稳定性。

表 6-9 区域整体综合功能集聚形态跃迁类型的概率分布

单位：%

跃迁类型	2000—2005 年	2005—2010 年	2010—2015 年	2015—2020 年
Ⅰ	75.44	79.82	85.53	85.53
Ⅱ	8.77	8.77	7.89	7.89
Ⅲ	12.28	9.21	6.58	6.58
Ⅳ A	2.63	1.75	0	0
Ⅳ B	0.88	0.44	0	0
SF	21.05	17.98	14.47	14.47
SC	78.07	81.58	85.53	85.53

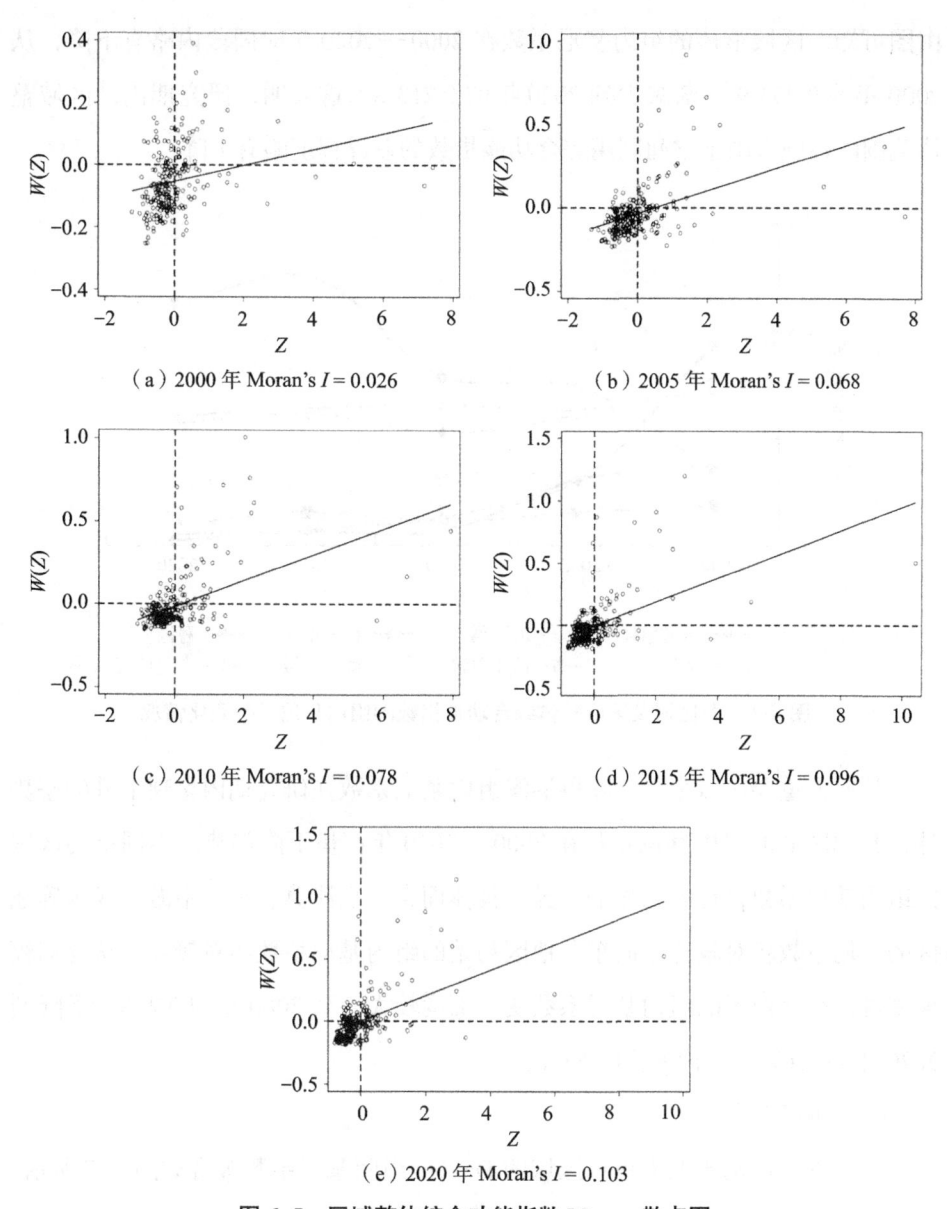

（a）2000 年 Moran's I = 0.026

（b）2005 年 Moran's I = 0.068

（c）2010 年 Moran's I = 0.078

（d）2015 年 Moran's I = 0.096

（e）2020 年 Moran's I = 0.103

图 6-5　区域整体综合功能指数 Moran 散点图

6.2.1.6　区域差异分析

（1）组内差异

各区域及区域整体综合功能指数的组内基尼系数变化情况如图 6-6 所示。

由图可知，区域整体的组内基尼系数在2000—2020年时间段内略有下降，从2000年的0.253 9逐渐减少到2020年的0.213 8。这表明，研究期内，区域整体范围内各城市国土空间利用综合功能指数的差异程度略有下降。

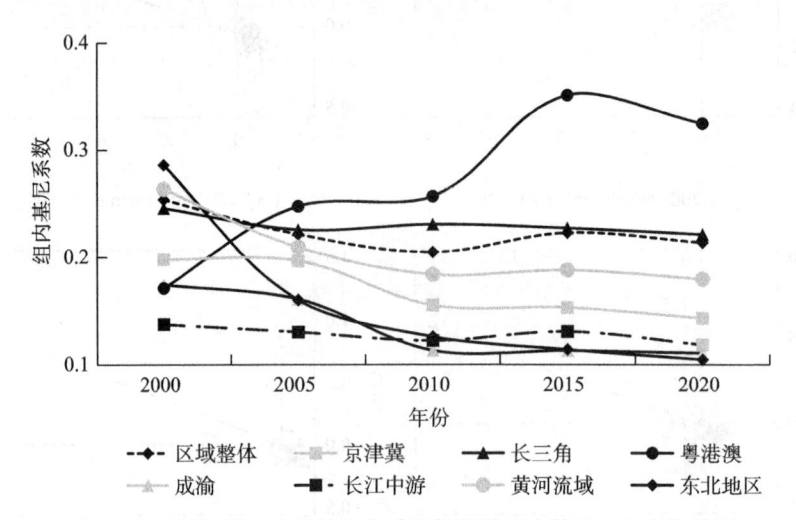

图6-6 各区域及区域整体综合功能指数的组内基尼系数变化情况

从七大重要区域来看，除粤港澳组内基尼系数在研究期内呈现上升的态势外，其他区域的组内基尼系数在2000—2020年都呈下降趋势。不同重要区域的组内基尼系数存在着明显的差异，具体而言，京津冀、长江中游、成渝等地区的基尼系数相对较低，而东北地区初始的组内基尼系数相对较高。从变动幅度来说，东北地区的组内基尼系数变动幅度较大，从2000年的0.286 1下降到2020年的0.104 7，下降了0.181 4。

（2）组间差异

各样本年份基于七大重要区域的Dagum组间基尼系数报告如图6-7所示。从雷达图中阴影部分的面积看不出明显的大小变化，但从形状来看，阴影的极端值更加突出，这说明个别区域间的差异和不平衡性更加突出。

（a）2000 年　　（b）2005 年

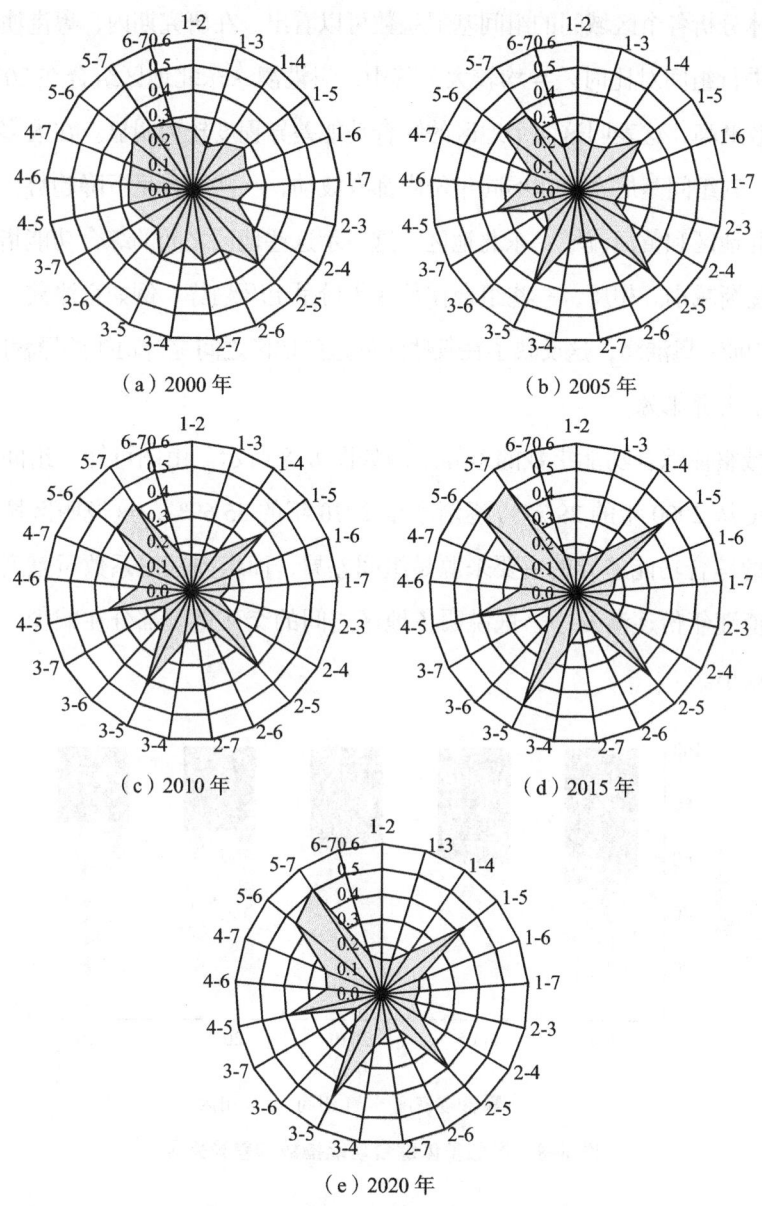

（c）2010 年　　（d）2015 年

（e）2020 年

图 6-7　各研究时期七大重要区域综合功能指数的组间基尼系数 ❶

---

❶ 本章所有组间差异雷达图中，数字 1、2、3、4、5、6、7 分别代表京津冀、成渝、长江中游、长三角、粤港澳、黄河流域、东北地区。其中，1-2 代表京津冀与成渝地区之间的组间基尼系数，其他则可依次类推。

具体分析各个区域间的组间基尼系数可以看出，在研究期内，粤港澳在与其他区域进行组间对比时差异均较大，其中，粤港澳-东北地区组合在2015年的基尼系数最高，这表明这两个地区的综合功能差异程度较为明显。在大多数地区组合中，其组间基尼系数在不同年份内都有波动，一些组合呈下降趋势，例如成渝-东北地区和黄河流域-东北地区，这表示这些地区之间的综合功能指数差异程度在逐渐减小。相反，一些组合在某些年份呈上升趋势，例如京津冀-粤港澳和长江中游-粤港澳，这反映了在某些时期这些地区之间综合功能差异程度增加。

（3）差异来源

区域整体综合功能指数的差异来源如图6-8所示。由图可知，组间基尼系数贡献度从2000年的29.27%逐渐增至2020年的55.69%，这说明区域整体内各城市的综合功能差异的主要来源是组间差异，而组内基尼系数贡献度和超变密度的值随年份逐渐变小，这说明各地区之间的交叉重叠部分在减少，组内差异也在减小。

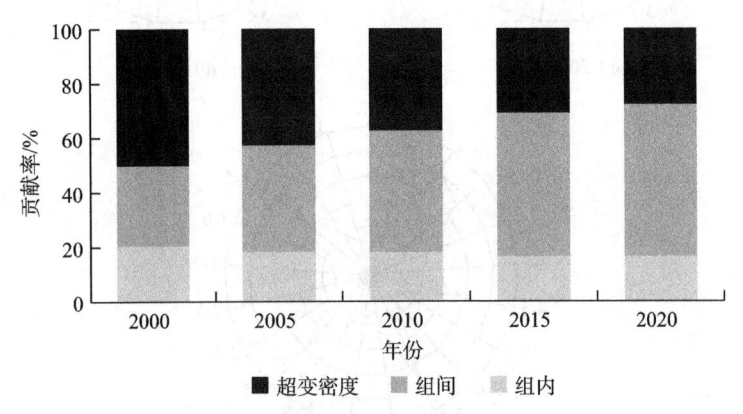

图6-8 区域整体综合功能指数的差异来源

6.2.2 区域整体生产功能评价结果分析

6.2.2.1 结果的描述性统计

基于全样本的区域整体生产功能指数描述性统计指标见表6-10。由表可见，区域整体生产功能指数的变化区间为 0.003 0~0.849 7，这说明区域整体生产功能利用质量具有一定的时空差异性，但总体的标准差为 0.054 8，相对较小，这说明可能有极值出现。

表 6-10 基于全样本的区域整体生产功能指数描述性统计指标

特征指标	最小值	最大值	平均值	中位数	标准差
数值	0.003 0	0.849 7	0.041 3	0.026 2	0.054 8

各研究期区域整体生产功能指数均值见表 6-11。由表可见，区域整体生产功能指数的变化呈现出逐渐上升的趋势，年均增长率保持在 4% 以上，这说明区域整体生产功能利用质量在研究期内稳步提升。

表 6-11 各研究期区域整体生产功能指数均值

年份	2000	2005	2010	2015	2020
均值	0.019 6	0.025 8	0.039 2	0.055 1	0.066 6

6.2.2.2 分布形态及动态演进分析

（1）分布形态及变化特征

图 6-9 展示了区域整体生产功能指数的箱体图和核密度图，在研究期内箱体中位数、下四分位值并没有明显的变化，但上相邻值、上四分位数以及极值等各特征值均有向上的趋势，核密度曲线也有右移的趋势，这说明了区域整体生产功能利用质量呈上升趋势。从箱体图和核密度图的形态看，箱体图上下邻值之间的差距在研究期内逐渐变大，核密度曲线的宽度逐渐变宽，这说明研究区内各城市间国土空间生产功能利用质量的差异呈逐渐变大趋势。研究期内箱体图的上半部分长度要大于下半部分，核密度曲线也有右拖尾且拖尾长度增大，这说明区域内存在着极大值，且其是空间差异的主要原因。

(a)箱体图　　　　　　　　　　　(b)核密度图

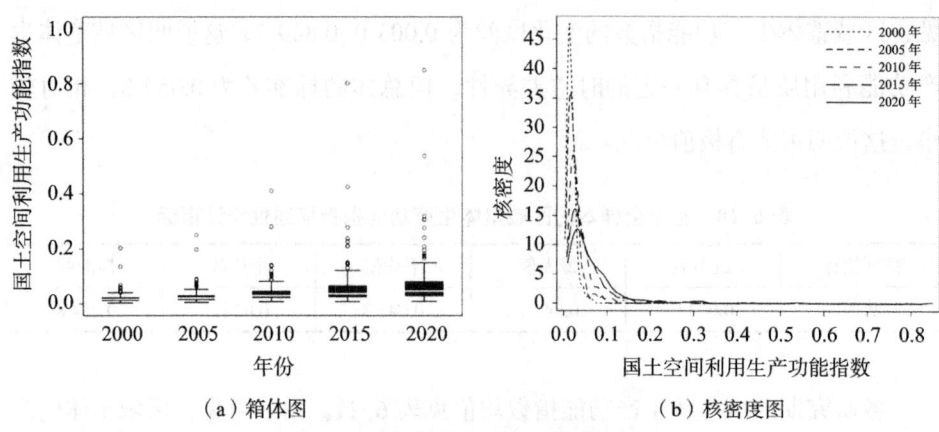

图 6-9　区域整体生产功能指数分布图

（2）基于马尔可夫链的跃迁分析

区域整体 2000—2020 年生产功能指数马尔可夫链转移概率分布矩阵见表 6-12。由表可见，研究期内，生产功能指数在期初为低水平等级的城市中有 60.08% 维持在低等级，38.78% 在期末跃升为较低水平，有 1.14% 跃升为较高水平。期初为较低水平等级的城市中有 55.56% 在期末跃升为较高水平，有 3.17% 降为低水平，40.87% 维持在较低水平。期初为较高水平的城市中有 46.88% 在期末跃升为高水平，49.11% 维持在较高水平。期初为高水平的城市期末 99.42% 依然维持在高水平，0.58% 下降到较高水平。总体来看，国土空间利用生产功能向上发展趋势良好。需要注意的是，低水平类型向上跃迁的概率相对稍低，且Ⅱ、Ⅲ、Ⅳ类型均有不少部分向下跃迁的城市，对这些城市需要给予重视。

表 6-12　区域整体 2000—2020 年生产功能指数马尔可夫链转移概率分布矩阵

单位：%

期初/期末	类型Ⅰ	类型Ⅱ	类型Ⅲ	类型Ⅳ
类型Ⅰ	60.08	38.78	1.14	0
类型Ⅱ	3.17	40.87	55.56	0.40
类型Ⅲ	0	4.02	49.11	46.88
类型Ⅳ	0	0	0.58	99.42

区域整体生产功能指数的初始分布及稳态分布见表6-13。在初始分布状态下，低水平和中低水平分别占比52.19%和31.14%，中高水平占比13.6%，高水平占比3.07%，在稳态分布状态下，低水平占比0.02%，中低水平占比0.12%，中高水平占比1.32%，高水平占比98.54%。对比初始状态，稳态分布的Ⅰ、Ⅱ、Ⅲ类型下降，Ⅳ类型上升，占据主要地位，这说明生产功能指数可由初始相对较低水平类型经有限次序列转换最终稳定于最高水平类。

表6-13 区域整体生产功能指数的初始分布及稳态分布

单位：%

分布	类型Ⅰ	类型Ⅱ	类型Ⅲ	类型Ⅳ
初态分布	52.19	31.14	13.60	3.07
稳态分布	0.02	0.12	1.32	98.54

6.2.2.3 空间分布趋势分析

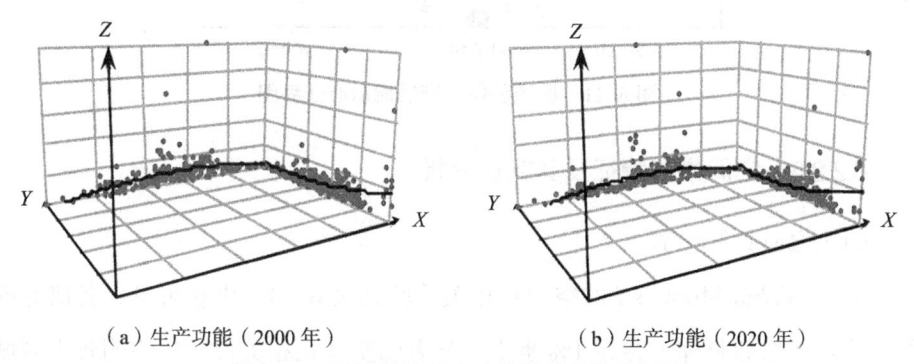

区域整体生产功能指数趋势分析图如图6-10所示。总体来看，2000—2020年区域整体生产功能指空间分布在南北方向上基本呈现出南高北低的空间趋势特征，即由北向南逐渐增加。在东西方向上呈现出由西向东先升高后下降的趋势特征，也就是中部生产功能指数要高于东部和西部。就东西部对比而言，东部地区生产功能指数相对略高。各研究期的趋势特征保持一致。

（a）生产功能（2000年） （b）生产功能（2020年）

图6-10 区域整体生产功能指数趋势分析图

6.2.2.4 重心迁移分析

区域整体生产功能重心迁移图如图 6-11 所示。由图可知，区域整体国土空间生产功能重心的经度的变化范围为东经 115°30′~116°，纬度的变化范围为北纬 32°~33°30′，2000 年、2005 年、2010 年的重心都在阜阳市内，2015 年、2020 年的重心迁移到信阳市内，2010—2015 年的重心迁移范围最大，距离最长。总体来说，区域整体生产功能的重心总体上呈现由北向南迁移的趋势，这说明南部地区的生产功能利用质量发展相较于北部地区来说提升较大。

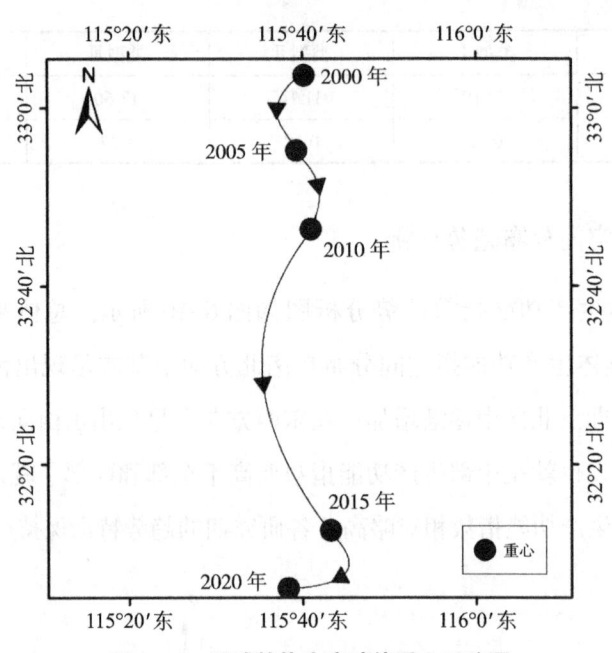

图 6-11 区域整体生产功能重心迁移图

6.2.2.5 空间集聚特征及其跃迁分析

（1）空间集聚特征

基于 Global Moran's I 的空间自相关检验见表 6-14。由表可见，各研究期的生产功能指数整体上存在 1% 水平下显著的空间正相关性，这说明各观测城市的生产功能指数会受到邻域城市的影响。

表 6-14 区域整体生产功能 Global Moran's I 及其相关参数

年份	I	$E(I)$	$sd(I)$	z	p-value
2000	0.078	−0.004	0.006	14.815	0
2005	0.101	−0.004	0.006	18.132	0
2010	0.109	−0.004	0.006	19.644	0
2015	0.113	−0.004	0.005	21.385	0
2020	0.123	−0.004	0.006	22.131	0

（2）集聚形态的动态变化

结合表 6-15 和图 6-12 可知，在研究时期内，各城市的跃迁形式以类型 I 为主，占比一直在 90% 以上，即各城市生产功能指数发生跳跃转移的概率相对较低。II 类跃迁占比总体呈现下降的趋势，而 III 类跃迁占比呈上升的趋势。并且，在研究期内，SF 指数较小，SC 指数较大。这说明区域整体内城市的生产功能指数的转移惰性不断上升，局部时空关联类别间的转移强度相对较弱。

表 6-15 区域整体生产功能集聚形态跃迁类型的概率分布

单位：%

跃迁类型	2000—2005 年	2005—2010 年	2010—2015 年	2015—2020 年
类型 I	91.67	93.86	91.23	91.67
类型 II	7.02	3.95	6.58	4.39
类型 III	1.32	2.19	2.19	3.95
类型 IV A	0	0	0	0
类型 IV B	0	0	0	0
SF	8.33	6.14	8.77	8.33
SC	91.67	93.86	91.23	91.67

6.2.2.6 区域差异分析

（1）组内差异

基于 Dagum 组内基尼系数，研究区域生产功能指数组内差异演变趋势如图 6-13 所示。从区域整体层面看，生产功能指数的总体基尼系数为 0.341 3~0.449 6，呈现逐渐上升的趋势，2020 年最大值为 0.449 6，这说明区域整体内各城市之间生产功能指数还存在着不平衡的现象。

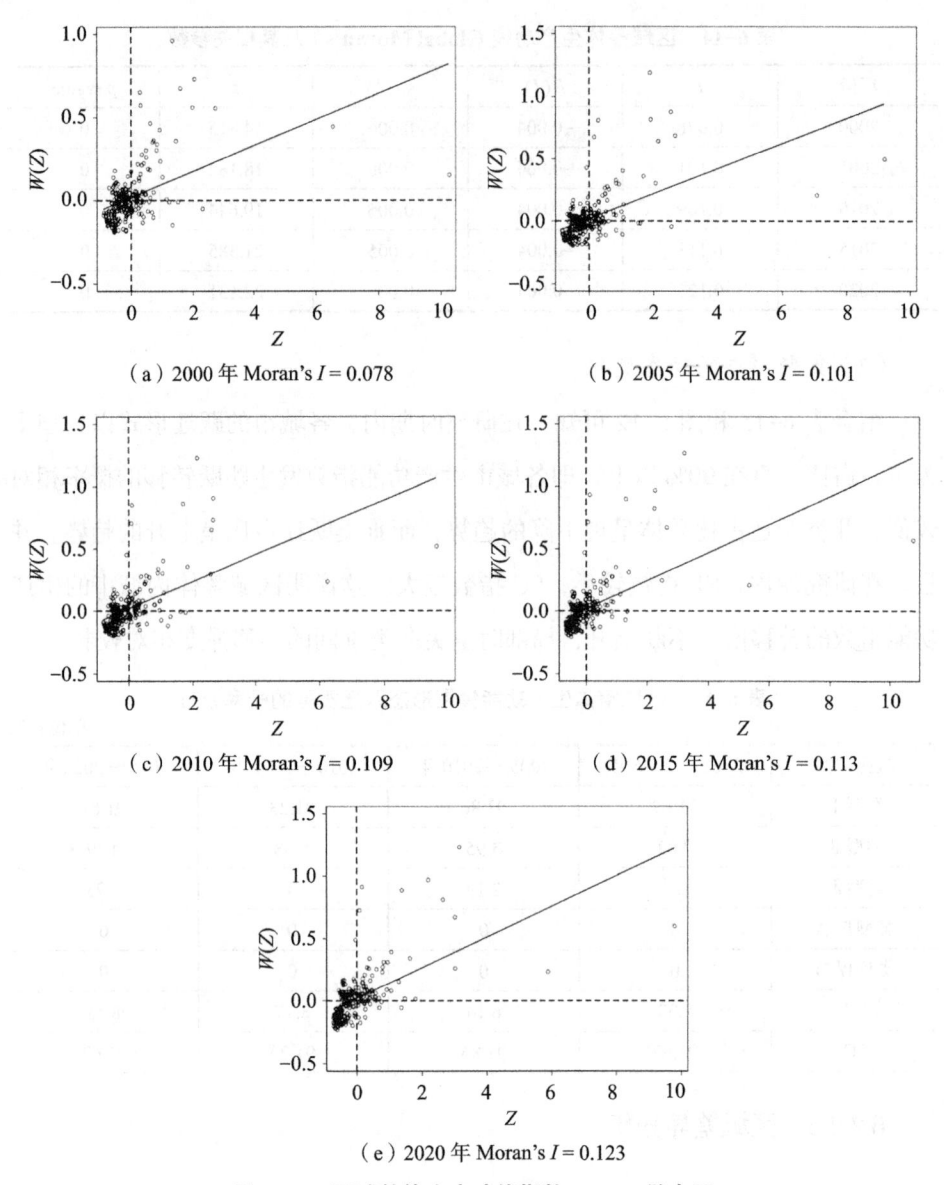

(a) 2000 年 Moran's I = 0.078

(b) 2005 年 Moran's I = 0.101

(c) 2010 年 Moran's I = 0.109

(d) 2015 年 Moran's I = 0.113

(e) 2020 年 Moran's I = 0.123

图 6-12　区域整体生产功能指数 Moran 散点图

从七大重要区域来看，除京津冀外，其他重要区域的基尼系数都呈现上升的趋势，具体来说，京津冀区域的组内基尼系数在 5 个年份中总体呈现出不断波动的趋势，从 2000 年的 0.306 3 到 2005 年的 0.317 8，而 2005—2010 年则下降到 0.289 5，是下降幅度最大的时间段，随后又经历了上升、下降的过程。成渝地区的组内基尼系数的变化与区域整体相似，2000—2005 年的变化幅度较小，2010—2015 年的变化较大，从 0.162 1 到 0.204 0，后面年份则缓慢增长。相比较其他区域，长江中游区域的组内基尼系数处于一个较低的水平，且 2000—2020 年间变化幅度为 0.200 0~0.290 0。长三角区域的组内系数也处于一个比较高的水平，一直保持在 0.340 0 以上。粤港澳的组内基尼系数是一个不断上升的趋势。黄河流域和东北地区的组内差异也是不断上升的趋势，但东北地区的上升幅度要小于其他区域，在 2000 年基尼系数为 0.242 5，到 2020 年，上升为 0.321 2，而黄河流域 2000 年的基尼系数为 0.292 2，2020 年上升为 0.403 4。

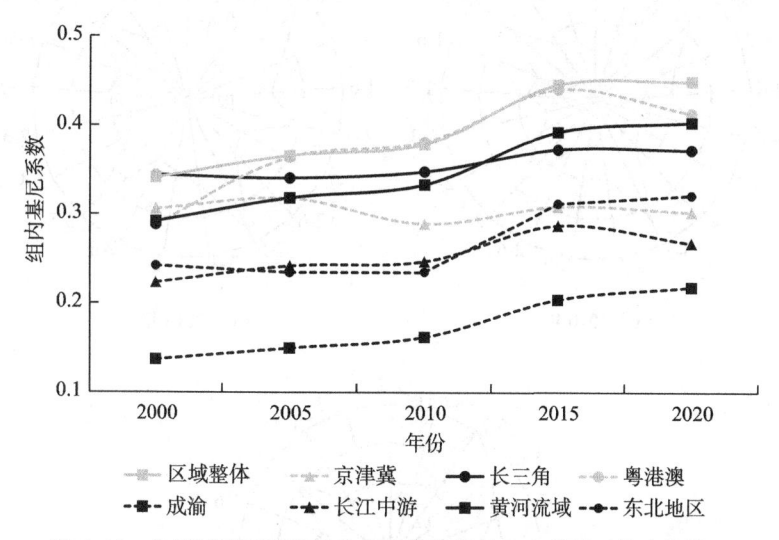

图 6-13 各区域及区域整体生产功能指数的组内基尼系数变化情况

（2）组间差异

基于 Dagum 组间基尼系数，各样本年份区域间生产功能指数的组间差异演变趋势如图 6-14 所示。

(a) 2000 年

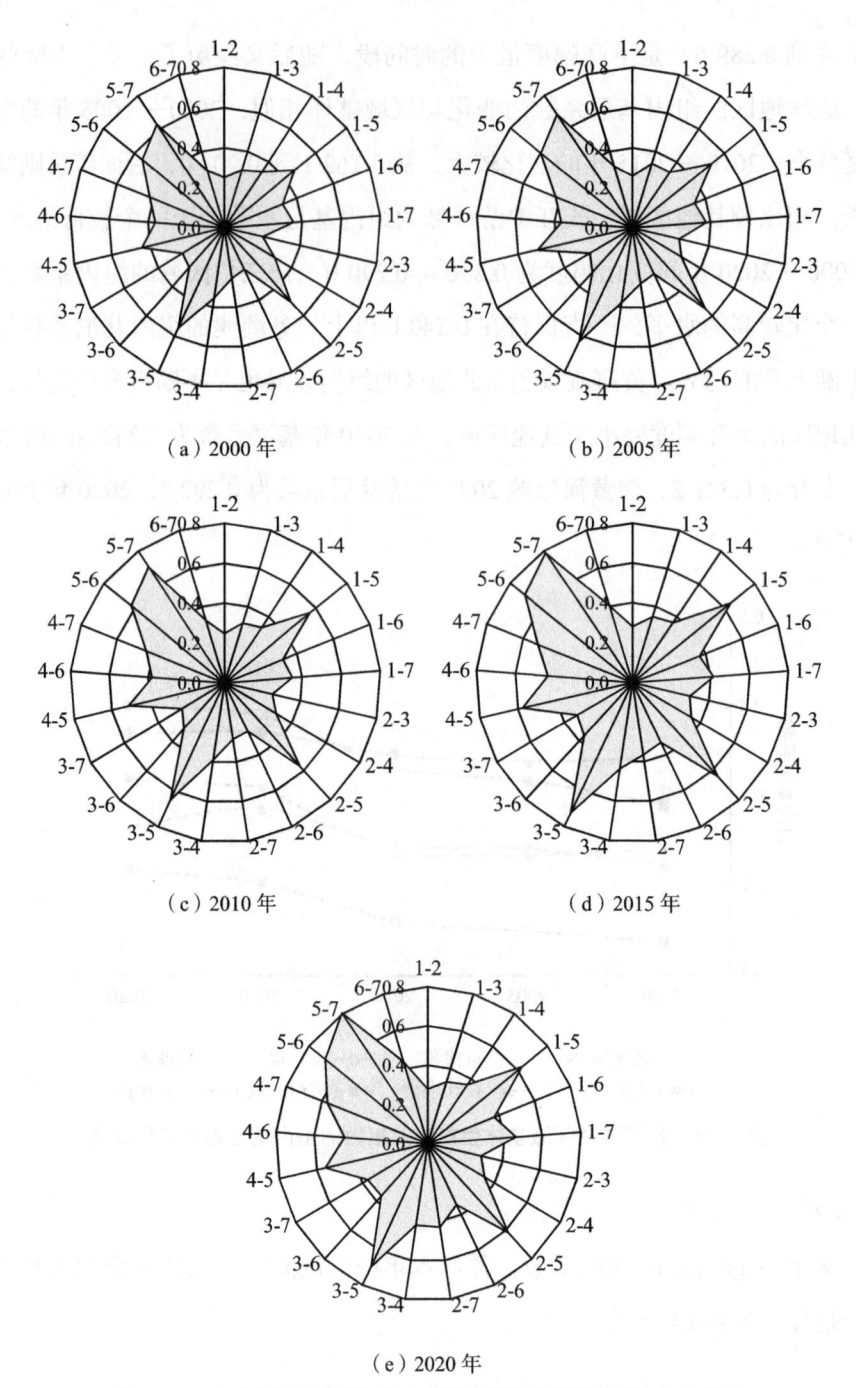

(b) 2005 年

(c) 2010 年

(d) 2015 年

(e) 2020 年

图 6-14 七大重要区域生产功能指数的组间基尼系数变化情况

由图可知，雷达图阴影部分的面积整体呈增大趋势，这说明整体上我国各重要区域之间的国土空间利用生产功能差距不断扩大。

从区域间具体差异来看，粤港澳地区在与其他区域进行组间差异对比时的值都很大，且随着年份的推移，这种趋势越来越明显，这可能是由粤港澳城市整体的经济发展状况决定的。京津冀、成渝、长江中游及东北地区之间的组间差异都很小，其中组间差异最小的是2000年成渝与长江中游之间，其组间基尼系数值为0.1999。

（3）差异来源

将研究区域生产功能指数的整体差异分解为组内贡献、组间贡献和组间超变密度3部分，各部分所占相对份额揭示差异来源如图6-15所示。在各研究时期，组间差异贡献率占比均最大，且整体呈上升趋势，是总体差异的主要来源。生产功能指数超变密度贡献率介于组间和组内差异贡献率之间，整体变化幅度不大。组内差异贡献率总体上呈下降趋势。

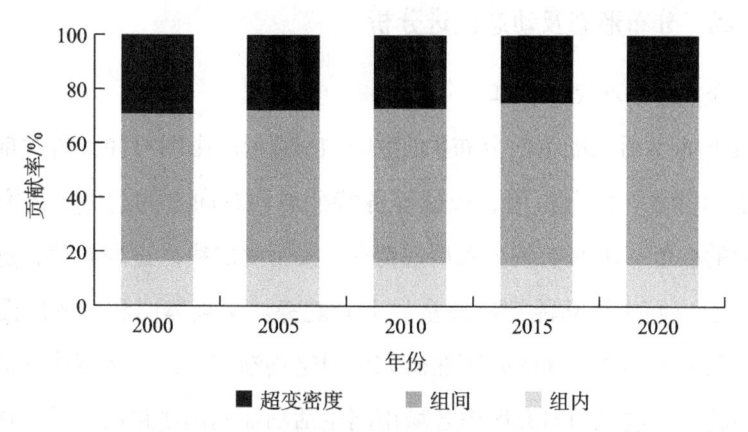

图 6-15　区域整体生产功能指数的差异来源

6.2.3　区域整体生活功能评价结果分析

6.2.3.1　结果的描述性统计

区域整体生活功能指数结果的描述性特征值和2000年、2005年、2010年、

2015年、2020年5个研究年份的均值变化情况见表6-16和表6-17。由表可见，区域整体的生活功能指数为0.018 9~0.663 9，跨度较大，这说明区域整体生活功能利用质量时空差异性较大，但样本总体的标准差为0.051 0，这说明这种时空差异性可能是由于极端值引起的。从样本均值的变化来看，区域整体生活功能指数的均值呈现出上升的趋势，这表明区域整体生活功能利用质量整体向好的趋势。

表 6-16　基于全样本的区域整体生活功能指数描述性统计指标

特征指标	最小值	最大值	平均值	中位数	标准差
数值	0.018 9	0.663 9	0.100 6	0.097 8	0.051 0

表 6-17　各研究期区域整体以及各区域生活功能指数均值

年份	2000	2005	2010	2015	2020
均值	0.066 1	0.071 1	0.099 8	0.122 2	0.144 1

6.2.3.2　分布形态及动态演进分析

（1）分布形态及变化特征

区域整体生活功能指数分布图如图6-16所示。由图可知，研究期内整个箱体上下相邻值、四分位值、极值等各特征值均有向上的趋势（研究期初有两个较大的极值，不影响整体发展趋势），核密度曲线也逐期右移，这说明区域整体国土空间生活功能利用质量呈上升趋势。从箱体图和核密度图的形态看，箱体图上下邻值之间的差距在研究期内略逐渐变小，核密度曲线的峰值略有上升的趋势，这说明研究区内各城市间生活功能利用质量的差异呈逐渐变小趋势，当然，这种变化趋势程度较弱。在研究期内箱体图和核密度图均接近对称分布，核密度曲线呈现出明显的右偏状态，这说明研究区域内有极大值的存在，即区域内个别城市的生活功能利用质量明显高于其他城市。

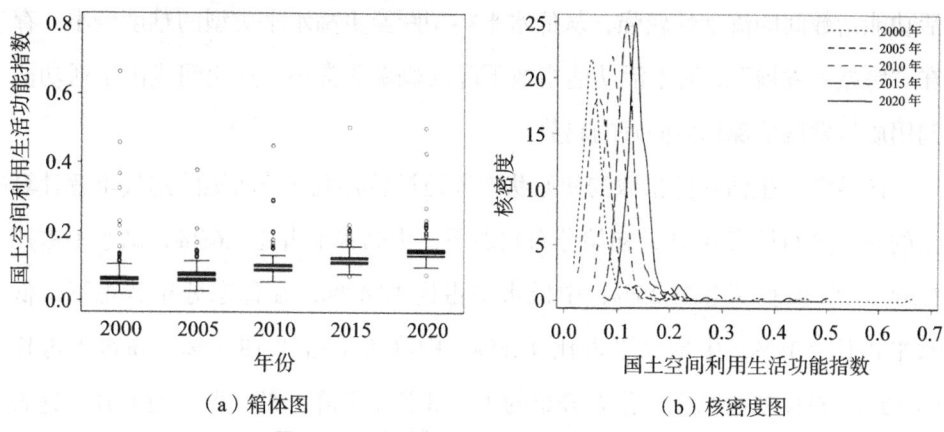

图 6-16 区域整体生活功能指数分布图

（a）箱体图　　　　　　　　　　（b）核密度图

（2）基于马尔可夫链的跃迁分析

区域整体2000—2020年生活功能指数马尔可夫链转移概率分布矩阵见表6-18。

表6-18　区域整体2000—2020年生活功能指数马尔可夫链转移概率分布矩阵

单位：%

期初/期末	类型Ⅰ	类型Ⅱ	类型Ⅲ	类型Ⅳ
类型Ⅰ	40.00	51.93	7.02	1.05
类型Ⅱ	0.70	28.87	60.21	10.21
类型Ⅲ	0	2.09	33.05	64.85
类型Ⅳ	1.92	7.69	8.65	81.73

由表可见，在研究期内，生活功能指数在研究期初为类型Ⅰ的城市中有51.93%在研究期末跃升为类型Ⅱ，40%维持在类型Ⅰ，有7.02%和1.05%分别跃升为类型Ⅲ和类型Ⅳ。期初为类型Ⅱ的城市中有60.21%在期末跃升为类型Ⅲ，有0.7%降为类型Ⅰ，28.87%维持在类型Ⅱ，还有10.21%跃升为类型Ⅳ。期初为类型Ⅲ的城市中有64.85%在期末跃升为类型Ⅳ，33.05%维持在类型Ⅲ，有2.09%的城市降为类型Ⅱ。期初为类型Ⅳ的城市有8.65%在期末重新降为类型Ⅲ，有7.69%的城市降级为类型Ⅱ，还有1.92的城市降级为类型Ⅰ，81.73%依然维持在类型Ⅳ。从对角线单元格上的概率可以看出，Ⅰ、Ⅱ、Ⅲ类型向上一级跃迁的概率要大于它们保持自身类型的概率，这说明各类型城市生

活功能指数间的流动性较强，从低水平类型跃至更高水平类型的难度较小，存在"跨越式发展"。而生活功能指数下降的概率非常小，这说明我国生活功能利用质量发展呈现总体向好的趋势。

区域整体生活功能指数的初始状态和通过转移概率分布矩阵迭代求解计算出的稳态分布见表 6-19，初始分布状态下，中高水平占比 2.63%，高水平占比 5.70%，低水平占比 73.25%，中低水平占比 18.42%，在稳态分布状态下，低水平占比 2.35%，中低水平占比 9.78%，中高水平占比 18.07%，高水平占比 69.80%。对比初始状态，稳态分布的Ⅰ、Ⅱ类型下降，Ⅲ、Ⅳ类型上升。这表明我国生活功能利用质量正处于由低水平、中低水平向中高水平、高水平转变的过程，但Ⅰ、Ⅱ、Ⅲ类型均未能全部上升为最高水平，这说明后续依然要加强力度，克服区域发展不平衡的难题。

表 6-19 区域整体生活功能指数的初始分布及稳态分布

单位：%

分布	类型Ⅰ	类型Ⅱ	类型Ⅲ	类型Ⅳ
初态分布	73.25	18.42	2.63	5.70
稳态分布	2.35	9.78	18.07	69.80

6.2.3.3 空间分布趋势分析

区域整体生活功能指数趋势分析图如图 6-17 所示。由图可知，2000—2020 年区域整体生活功能指数空间分布在南北方向呈现北高南低的现象，即呈现由北向南先降低后升高的趋势，其中 2005 年南北方向的趋势线较为陡峭，南北差距较大。在东西方向，区域整体生活功能指数的分布总体呈现中部低、东西略高的趋势，即由西向东先降低再升高的趋势，与东西部相比，中部的指数处于一个较低水平。

6.2.3.4 重心迁移分析

区域整体层面上生活功能的重心迁移的方向和轨迹如图 6-18 所示。由图可知，迁移范围为北纬 35°~36°30′ 和东经 115°~116°。具体来看，2000—2005 年重心向东南迁移，从邯郸市迁移到菏泽市，在 4 个时间段内迁移距离最长。2005—2010 年，重心向西南方向移动，2010—2015 年重心移动不明显，2015—2020 年重心向西北回迁一段距离，但还在菏泽市。总体来看，重心的迁移是先向南后小幅回迁的轨迹，这说明相比较而言，南部的生活功能利用质量的提升要大于北部。

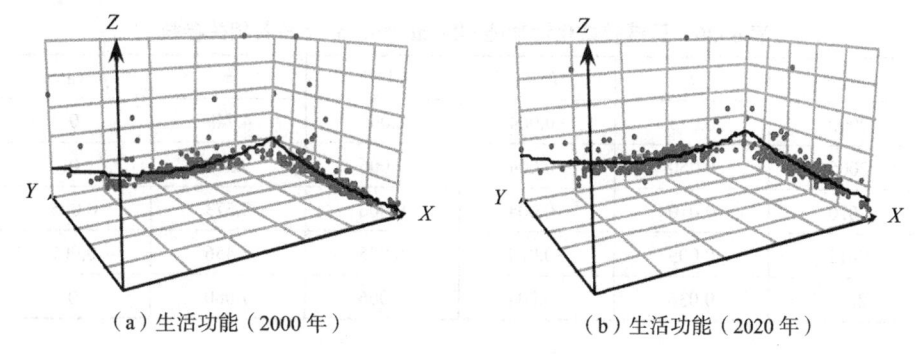

（a）生活功能（2000 年）　　　　　（b）生活功能（2020 年）

图 6-17　区域整体生活功能指数趋势分析图

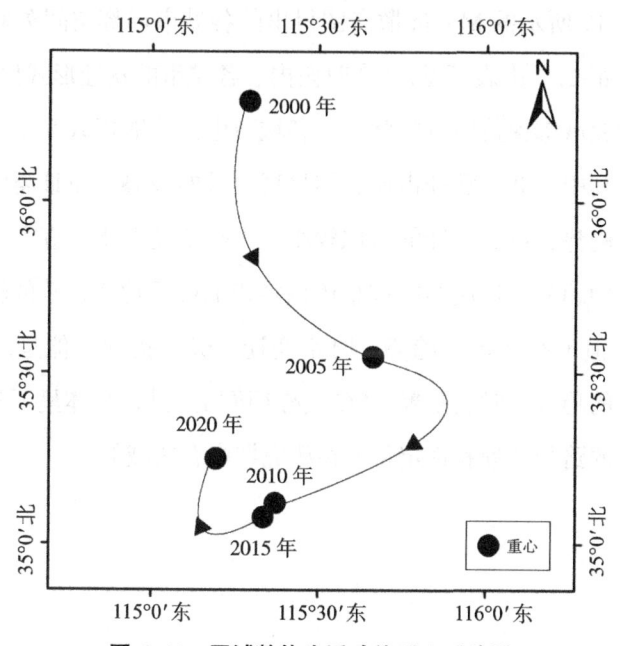

图 6-18　区域整体生活功能重心迁移图

6.2.3.5 空间集聚特征及其跃迁分析

（1）空间集聚形态

基于 Global Moran's I 的空间自相关检验见表 6-20。由表可见，各研究期的生活功能指数整体上存在 1% 水平下显著的空间正相关性，这说明各城市的生活功能指数会受到邻域的影响。

表 6-20　区域整体生活功能 Global Moran's I 及其相关参数

年份	I	$E(I)$	sd(I)	z	p-value
2000	0.023	−0.004	0.006	4.749	0
2005	0.050	−0.004	0.006	9.304	0
2010	0.010	−0.004	0.006	2.573	0.005
2015	0.009	−0.004	0.005	2.456	0.007
2020	0.036	−0.004	0.006	7.060	0

（2）集聚形态的动态变化

根据图 6-19 所示的 Moran 散点图得出的各城市局部空间关联类型占比的转移情况见表 6-21。由表可见，4 个时段内，各城市的跃迁形式以类型 Ⅰ 为主，也就是自身和领域都保持原有的状态，各城市生活功能指数发生跳跃转移的概率相对较低。其中，Ⅱ 类跃迁占比总体呈现上升的趋势，而 Ⅲ 类跃迁占比呈先上升后下降的趋势，Ⅳ 类跃迁的占比较小。Ⅰ 类跃迁占比一直在 64.47% 以上，但总体有下降的趋势，这说明区域整体内城市的生活功能指数的转移惰性处于较高的水平，但也有下降的趋势。时空变迁（SF）指数的值呈现先上升后下降、总体上升的趋势，时空凝聚（SC）先下降后上升，总体呈下降的趋势，这说明局部空间的路径依赖和锁定特征在研究期内有所减弱。

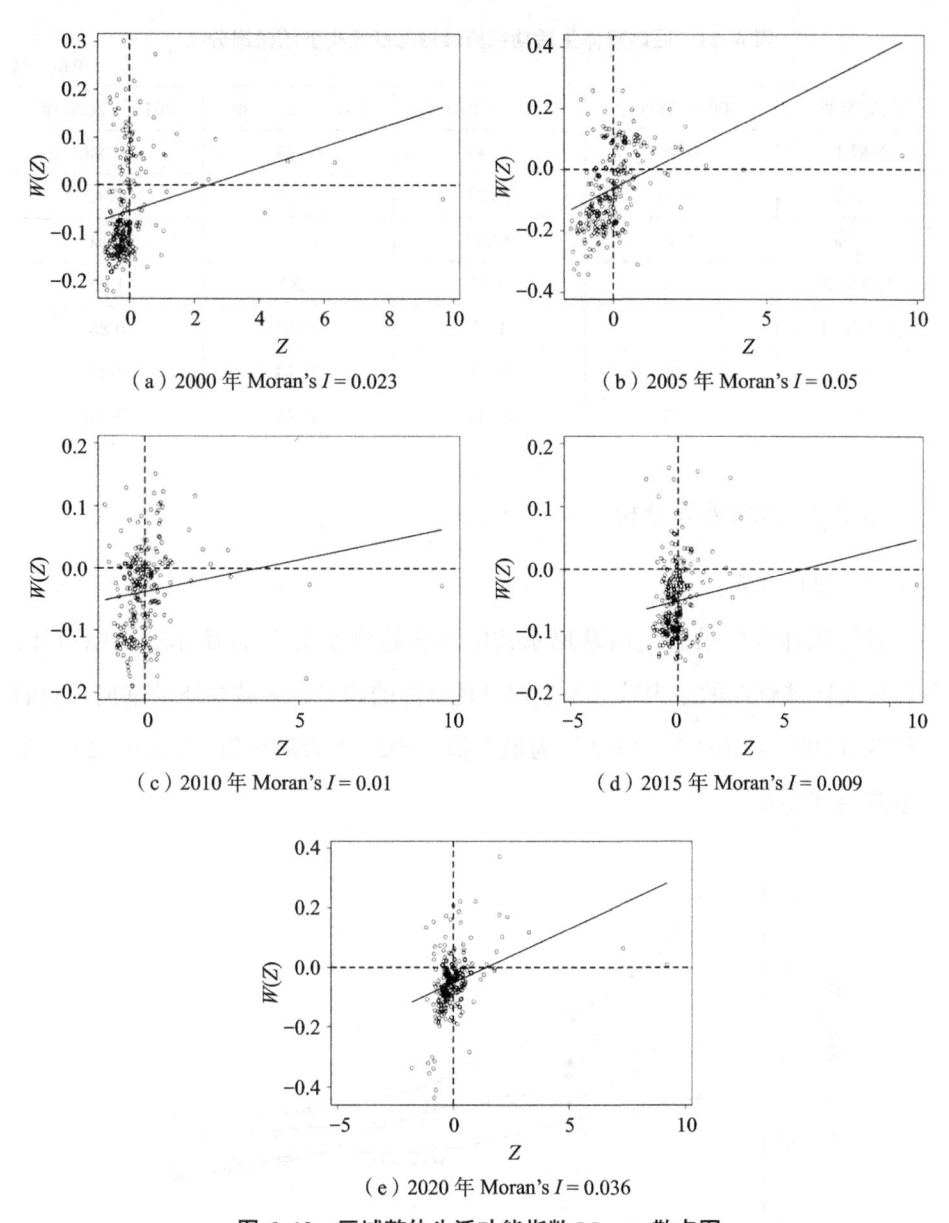

第 6 章　七大重要区域整体国土空间利用质量评价

（a）2000 年 Moran's I = 0.023

（b）2005 年 Moran's I = 0.05

（c）2010 年 Moran's I = 0.01

（d）2015 年 Moran's I = 0.009

（e）2020 年 Moran's I = 0.036

图 6-19　区域整体生活功能指数 Moran 散点图

表 6-21　区域整体生活功能集聚形态跃迁类型的概率分布

单位：%

跃迁类型	2000—2005 年	2005—2010 年	2010—2015 年	2015—2020 年
类型Ⅰ	71.05	64.47	66.67	67.98
类型Ⅱ	15.79	16.23	16.23	18.42
类型Ⅲ	7.46	14.47	14.91	11.40
类型Ⅳ A	5.26	3.07	1.32	1.32
类型Ⅳ B	0.44	1.75	0.88	0.88
SF	23.25	30.70	31.14	29.82
SC	76.32	67.54	67.98	69.30

6.2.3.6　区域差异分析

（1）组内差异

各区域样本年份的组内基尼系数的演变趋势如图 6-20 所示。由图可知，各区域及区域整体的组内基尼系数都呈现下降的趋势，区域整体的基尼系数的区间为 0.102 2~0.303 1，2000 年为最大值，2020 年为最小值，2000—2005 年的下降幅度最大。

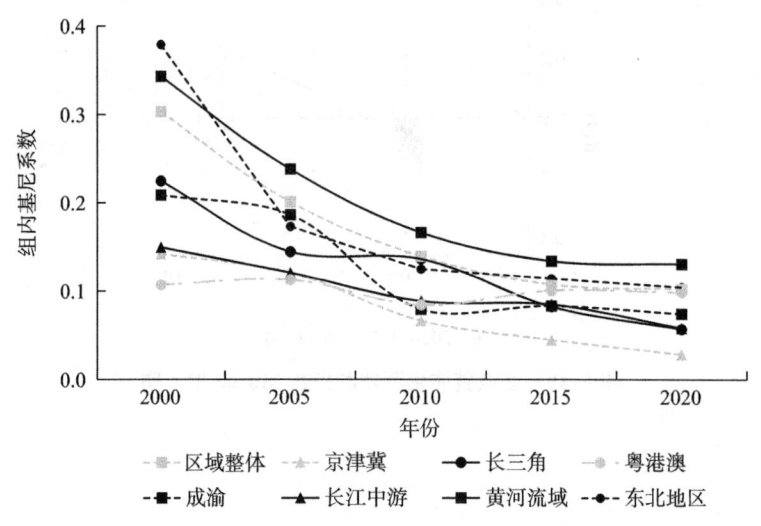

图 6-20　各区域及区域整体生活功能指数的组内基尼系数变化情况

从各重要区域的组内基尼系数的变化来看，2000年东北地区和黄河流域的组内基尼系数高于区域整体，2000—2020年虽然下降幅度不小，但还是在2020年期末仍高于区域整体的水平。京津冀区域的组内基尼系数一直处于下降的趋势，到2020年为全部区域基尼系数的最小值。成渝、长江中游、长三角与京津冀地区的变化趋势相近，都是下降的趋势，其中，成渝与长江中游都是2005—2010年间的下降趋势最大，而长三角则是2010—2015年下降幅度最大，从2010年的0.136 4下降到2015年的0.082 3。与其他区域下降的趋势不同，粤港澳初始的基尼系数并不高，且研究期间处于窄幅波动状态，期初与期末水平大体相当。

（2）组内差异

基于Dagum组间基尼系数，样本年份各区域间的生活功能差异的演变趋势如图6-21所示。由图可知，雷达图的阴影部分的面积整体呈减小趋势，这说明整体趋势上我国各个重要区域之间的生活功能指数差距不断减小。

从区域间差异来看，2000年东北地区在与其他地区对比时组间基尼系数的值都很大，但随着年份的推移，演变成了粤港澳与其他区域的组间基尼系数较大，这是因为在改革开放之后，尤其是中国加入WTO、融入世界市场后，粤港澳地区由于政策因素和独特的地理位置，其对外开放程度较高，经济发展起步较早，具有先发优势，拉开了与其他地区的差异。而长三角和长江中游由于地理位置同属长江流域，经济发展水平相对差距不大，因此其组间基尼系数一直都很低。

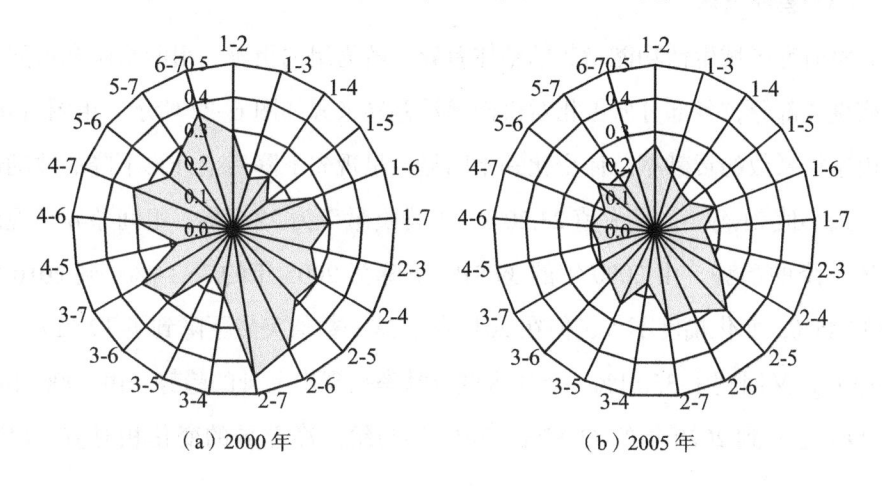

(a) 2000年　　　　　　　　　　(b) 2005年

(c) 2010 年　　　　　　　　　　(d) 2015 年

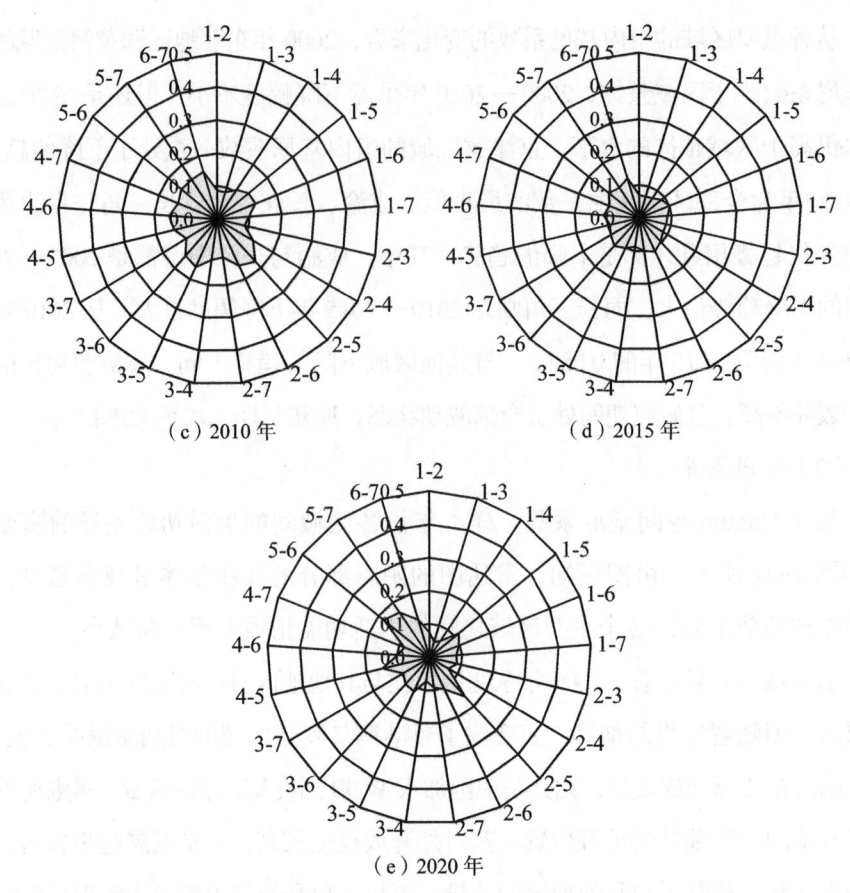

(e) 2020 年

图 6-21　七大重要区域生活功能指数的组间基尼系数变化情况

（3）差异来源

将研究区域生活功能指数的整体差异分解为组内贡献、组间贡献和组间超变密度 3 部分，各部分所占相对份额揭示差异来源如图 6-22 所示。由图可知，组内基尼系数的贡献率总体变化并不明显，呈现先下降后上升再下降的波动情形，最小值 21.49%，最大值 23.20%，平均贡献率为 22.59%。组间差异呈现出总体下降的趋势，由 2000 年的 39.81% 下降为 2005 年的 36.14%，到 2010 年为 35.45%，变化幅度不大，但在 2015 年，这一数值突然下降到了 19.52%，在 2020 年，又回到了 35.81%。超变密度贡献率呈现出上升的趋势，由 2000 年的 37.29% 上升到 2020 年的 41.57%，2015 年与组间净差异的变化相对应，出现了较大幅度的上升。总体而言，研究期间，组间差异和组间超变密度是区域总体生活功能指数差异的主要来源。

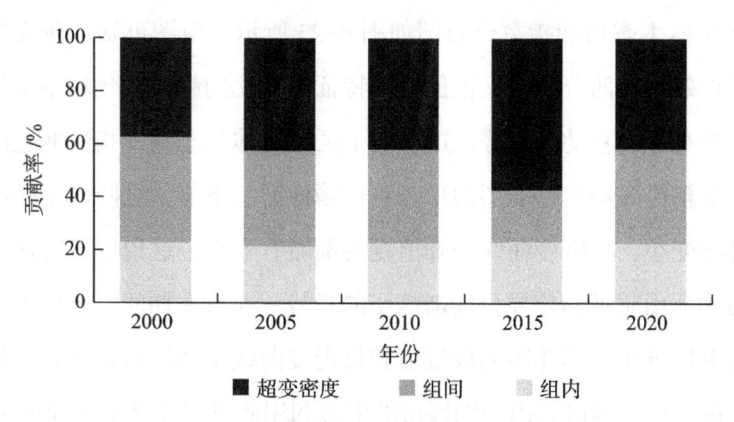

图 6-22　区域整体生活功能指数的差异来源

6.2.4　区域整体生态功能评价结果分析

6.2.4.1　结果的描述性统计

区域整体生态功能指数的描述性统计指标和各个年份的均值变化见表 6-22 和表 6-23。由表可见，在研究期内，区域整体生态功能指数的分布为 0.025 9~0.946 3，这说明区域整体内各城市的生态功能利用质量存在着时空差异性，但数据的标准差为 0.064 8，数据整体分布又较为集中，这说明数据有极值存在。区域整体生态功能指数在 2000—2020 年期间呈现整体上升的趋势，平均值从 0.122 3 增至 0.142 3，这表明在过去 20 年间区域整体国土空间利用生态功能稳步提升。

表 6-22　基于全样本的区域整体生态功能指数描述性统计指标

特征指标	最小值	最大值	平均值	中位数	标准差
数值	0.025 9	0.946 3	0.133 6	0.127 1	0.064 8

表 6-23　各研究期区域整体生态功能指数均值

年份	2000	2005	2010	2015	2020
均值	0.122 3	0.128 5	0.135 0	0.139 9	0.142 3

6.2.4.2 分布形态及动态演进分析

（1）分布形态及变化特征

区域整体生态功能指数分布图如图 6-23 所示。由图可知，研究期内整个箱体上下相邻值、四分位值、极值等各特征值变化的趋势变化均不明显，核密度曲线也没有左右移动的趋势，这说明了区域整体生态功能指数变化的趋势并不明显。从箱体图和核密度图的形态看，箱体图上下邻值之间的差距在研究期内逐渐略有变小，核密度曲线的峰值则逐渐略有变大，这说明研究区内各城市间生态功能利用质量的差异呈逐渐缩小的趋势。在研究期间，箱体图和核密度图均接近对称分布，箱体图的极端值和核密度曲线呈现出右拖尾，这说明研究区域内有极大值，即区域内个别城市的生态利用质量明显高于其他城市。

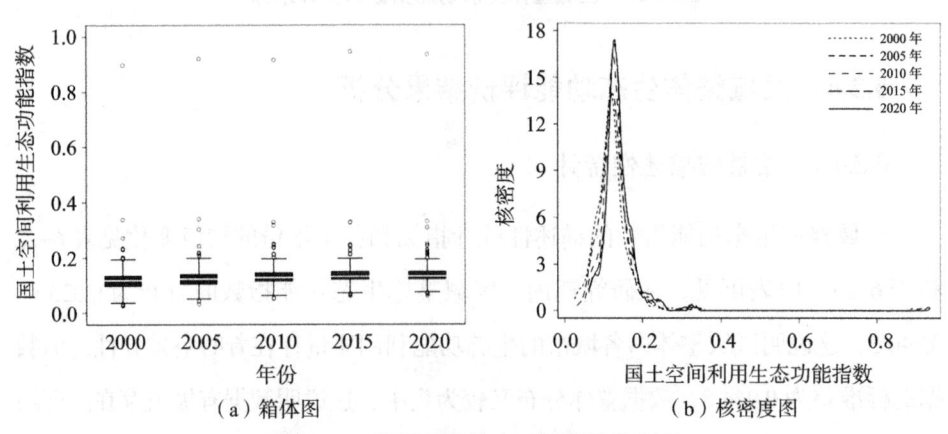

图 6-23 区域整体生态功能指数分布图

（2）基于马尔可夫链的跃迁分析

区域整体 2000—2020 年生态功能指数马尔可夫链转移概率分布矩阵见表 6-24。由表可见，研究期内，区域整体生态功能指数在研究期初为类型Ⅰ的城市中有 23.20% 在研究期末跃升为类型Ⅱ，5.2% 和 1.2% 分别跃升为类型Ⅲ和类型Ⅳ，70.4% 维持在类型Ⅰ。期初为类型Ⅱ的城市中有 31.33% 在期末跃升为类型Ⅲ，有 8.15% 降为类型Ⅰ，56.65% 维持在类型Ⅱ，还有 3.86% 跃升为类型Ⅳ。期初为类型Ⅲ的城市中有 18.06% 在期末跃升为类型Ⅳ，64.81% 维持在类型Ⅲ，有15.74%的城市降为类型Ⅱ，还有1.39%的城市降为类型Ⅰ。期初为类型Ⅳ的城市有8.92%在期末重新降为类型Ⅲ，有0.94%的城市降级为类型Ⅱ，90.14%依然维持在类型Ⅳ。从对角线单元格上的概率可以看出，维持在类型Ⅰ、Ⅱ、Ⅲ、Ⅳ 4个类型的概率都较高，尤其是高类型，这说明各类型城市生态功能指数间的流动性较弱，从低等级类型跃至更高水平类型的难度较大。同时需要注意的是，Ⅱ、Ⅲ、Ⅳ类型的城市中，均有少部分城市生态功能指数水平向下转移，这说明我国国土空间利用生态发展虽有总体向好的趋势，相对生产生活功能而言，仍存在一定的问题。

表 6-24 区域整体 2000—2020 年生态功能指数马尔可夫链转移概率分布矩阵

单位：%

期初/期末	类型Ⅰ	类型Ⅱ	类型Ⅲ	类型Ⅳ
类型Ⅰ	70.40	23.20	5.20	1.20
类型Ⅱ	8.15	56.65	31.33	3.86
类型Ⅲ	1.39	15.74	64.81	18.06
类型Ⅳ	0	0.94	8.92	90.14

区域整体生态功能指数的初始状态和通过转移概率分布矩阵迭代求解计算出的稳态分布见表6-25。初始分布状态下，低水平占比38.16%，中低水平占比25.88%，中高水平占比17.54%，高水平占比18.42%，在稳态分布状态下，低水平占比5.11%，中低水平占比13.72%，中高水平占比26.81%，高水平占比54.36%。对比初始状态，稳态分布的Ⅰ、Ⅱ类型下降，Ⅲ、Ⅳ类型有所上升，这表明区域整体生态功能利用质量正处于由低水平、中低水平向中高水平、高水平转变的过程，但各相对低水平城市仍有相当比例未能达到最高水平，国土空间利用生态功能发展形势仍不容乐观。

表 6-25 区域整体生态功能指数的初始分布及稳态分布

单位：%

分布	类型Ⅰ	类型Ⅱ	类型Ⅲ	类型Ⅳ
初态分布	38.16	25.88	17.54	18.42
稳态分布	5.11	13.72	26.81	54.36

6.2.4.3 空间分布趋势分析

趋势分析图如图 6-24 所示。由图可知，研究期内，区域整体生态功能指数的地理分布在东西方向上总体呈现东高西低的趋势，即由西向东逐渐增加的趋势，且这种趋势随着时间的推移基本没有变化。在南北方向，则呈现由北向南先降低再升高的趋势，即在南北方向，中部地区要低于南部、北部地区。总体而言，北部地区略高于南部，这种趋势在研究期内也基本没有变化。

（a）生态功能（2000 年）　　　　　（b）生态功能（2020 年）

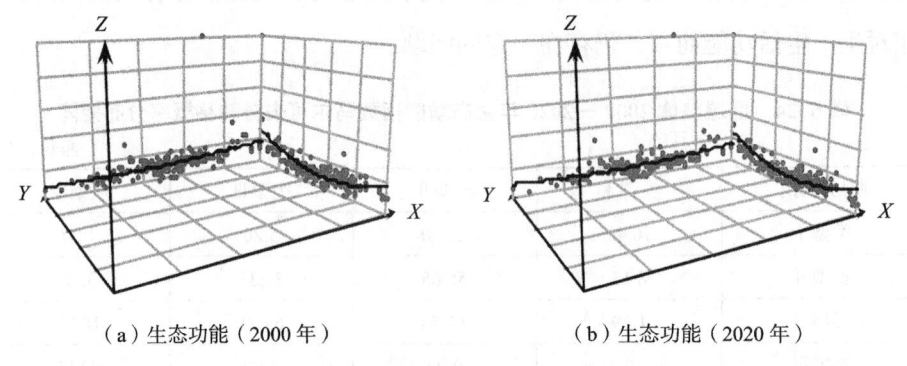

图 6-24　区域整体生态功能指数趋势分析图

6.2.4.4 重心迁移分析

区域整体层面上生态功能的重心迁移轨迹如图 6-25 所示。重心的迁移范围为北纬 35°~35°30′，东经 115°30′~116°，且一直都在菏泽市内，与生活功能指数的重心保持一致。总体来看，重心的迁移是由东北向西南迁移的轨迹，这说明西南方向的生态功能利用质量发展相对东北方向提升较大。

6.2.4.5 空间集聚特征及其跃迁分析

（1）空间集聚特征

基于 Global Moran's I 的空间自相关检验见表 6-26。由表可见，各研究期的生态功能指数整体上存在 1% 置信水平下显著的空间正相关性，这说明各城市的生态功能指数会受到邻域的影响。

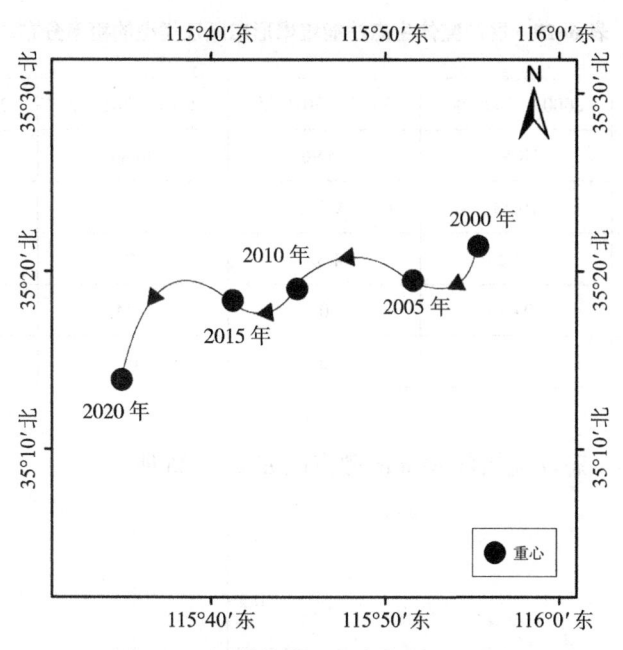

图 6-25 区域整体生态功能重心迁移图

表 6-26 区域整体生态功能 Global Moran's I 及其相关参数

年份	I	$E(I)$	$sd(I)$	z	p-value
2000	0.032	−0.004	0.005	7.266	0
2005	0.032	−0.004	0.005	7.409	0
2010	0.032	−0.004	0.005	7.484	0
2015	0.032	−0.004	0.005	7.638	0
2020	0.033	−0.004	0.005	7.925	0

（2）集聚形态的动态变化

区域整体生态功能集聚形态跃迁类型的概率分布见表6-27。由表可见，在研究期内，各城市的跃迁形式以类型Ⅰ为主，即自身和邻域都保持原有的状态，各城市生态功能指数发生跳跃转移的概率相对较低。其中，Ⅱ类跃迁和Ⅲ类跃迁占比总体呈现下降的趋势，Ⅳ类跃迁的占比较小。Ⅰ类跃迁占比始终在78.51%以上，且总体上呈上升的趋势，这说明区域整体内城市的生态功能指数的转移惰性特征明显。区域整体生态功能指数 Moran 散点图如图6-26所示。

表 6-27 区域整体生态功能集聚形态跃迁类型的概率分布

单位：%

跃迁类型	2000—2005 年	2005—2010 年	2010—2015 年	2015—2020 年
类型 I	78.51	85.96	86.84	88.60
类型 II	16.23	9.21	9.65	6.58
类型 III	4.82	4.82	3.07	3.51
类型 IV A	0.44	0	0.44	0.88
类型 IV B	0	0	0	0.44

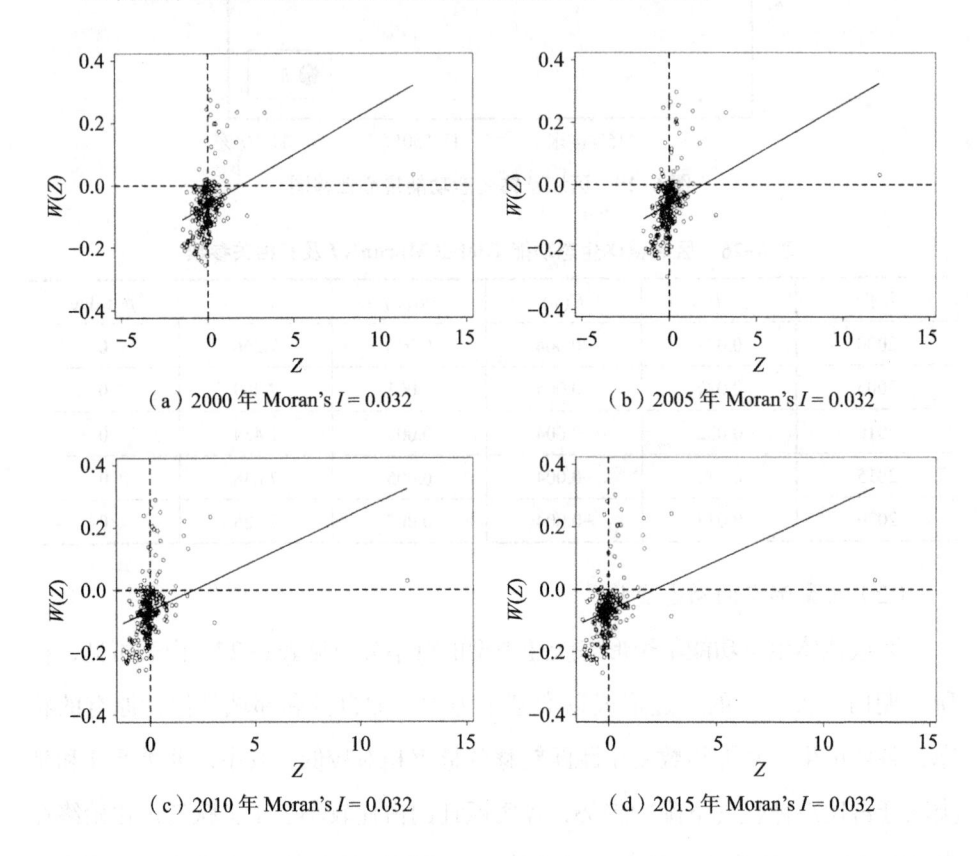

区域整体生态功能指数 Moran 散点图如图 6-26 所示。

(a) 2000 年 Moran's I = 0.032

(b) 2005 年 Moran's I = 0.032

(c) 2010 年 Moran's I = 0.032

(d) 2015 年 Moran's I = 0.032

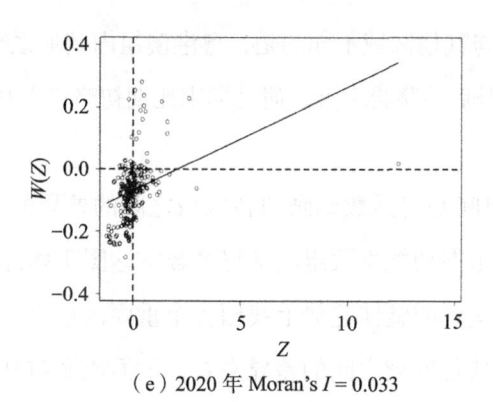

(e) 2020 年 Moran's I = 0.033

图 6-26 区域整体生态功能指数 Moran 散点图

6.2.4.6 区域差异分析

（1）组内差异

各个区域在 2000 年、2005 年、2010 年、2015 年及 2020 年区域内基尼系数的演变趋势如图 6-27 所示。

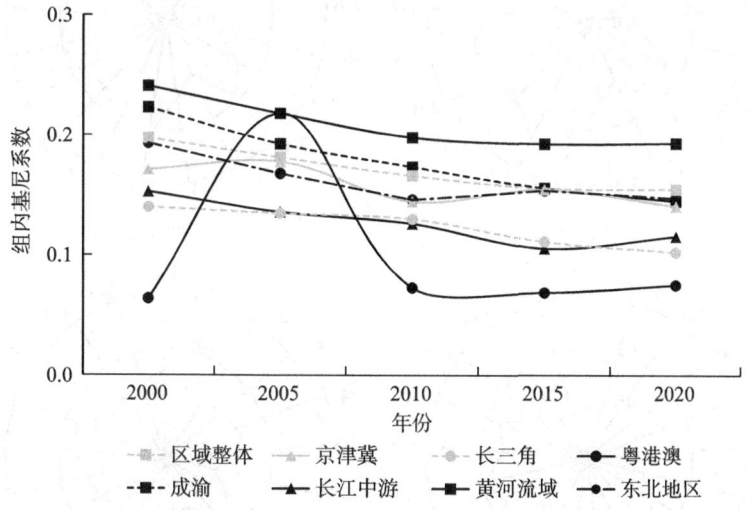

图 6-27 各区域及区域整体生态功能指数的组内基尼系数变化情况

由图可知，除粤港澳外，其他区域在研究期内都表现出了明显的下降趋势。从区域整体来看，区域整体生态功能指数组内基尼系数从 2000 年的 0.197 5 下降到了 2020 年的 0.154 8，这说明区域整体层面上个城市之间的生态功能指数之间的差异在缩小。与其他区域不同的是，粤港澳组内基尼系数的波动幅度较大，其变化趋势是先上升后下降再上升，研究期末比期初略有上升。

（2）组间差异

基于 Dagum 组间基尼系数刻画的各区域之间的差异的演变趋势如图 6-28 所示。由图可知，生态功能指数组间基尼系数雷达图阴影部分的面积总体上也呈现减小的趋势，这说明整体趋势上我国各个重要区域之间的生态功能利用质量差距不断缩小。从各区域之间的差异来看，黄河流域与其他所有区域之间的组间基尼系数都比较大，这与黄河流域本身的地理位置有关。黄土高原气候干旱，水源较少，其生态功能指数与其他区域存在着明显的差异。

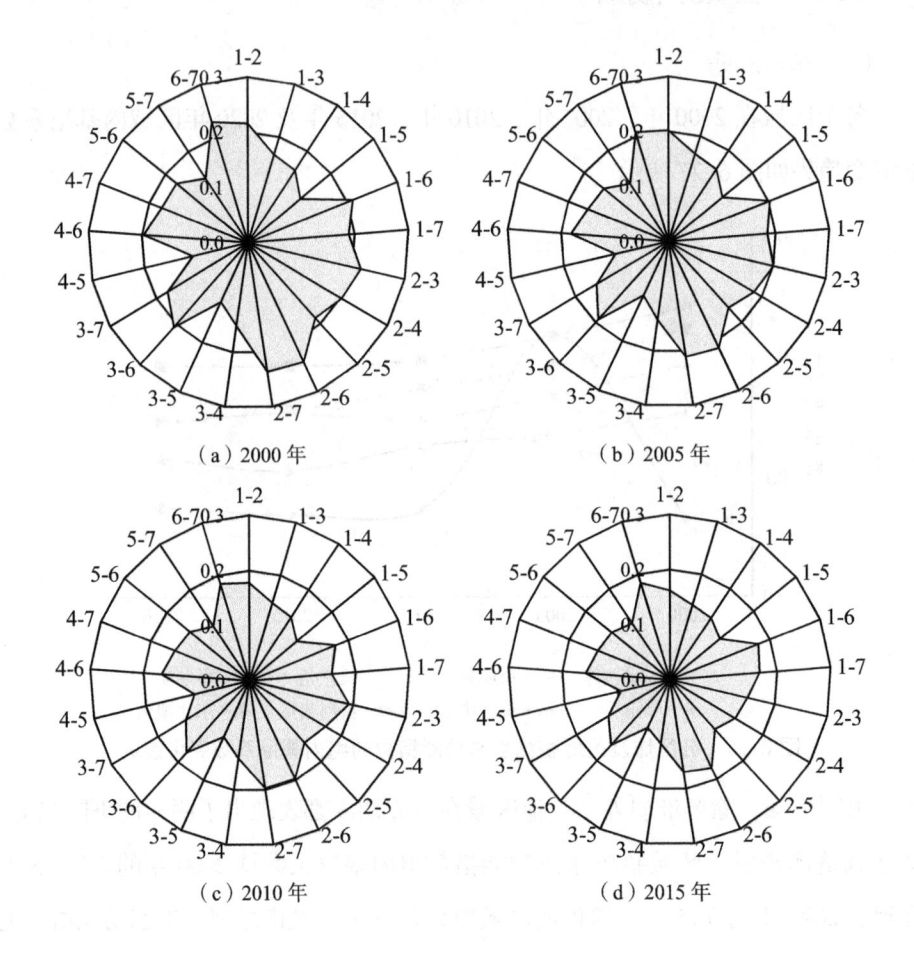

(a) 2000 年

(b) 2005 年

(c) 2010 年

(d) 2015 年

(e) 2020 年

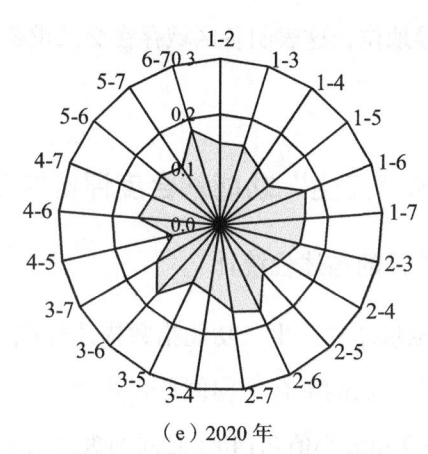

图 6-28　七大重要区域生态功能指数的组间基尼系数变化情况

（3）差异来源

将整体生态功能指数的差异分解为组内贡献、组间贡献和组间超变密度 3 部分，以各部分所占相对份额展示的差异来源结果如图 6-29 所示。

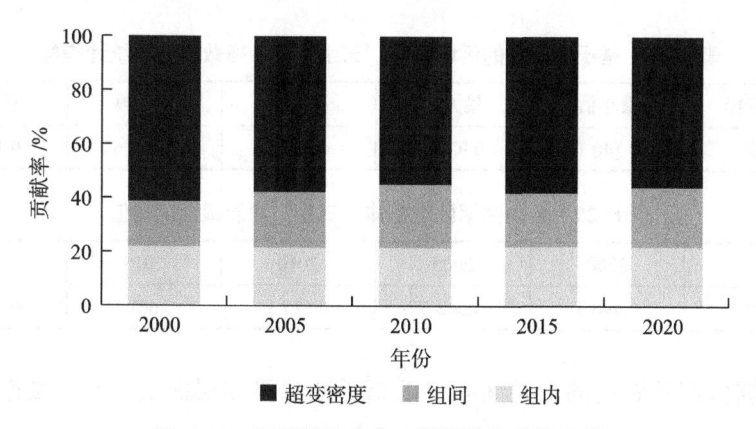

图 6-29　区域整体生态功能指数的差异来源

组内基尼系数的贡献率总体变化并不明显，处于总体小幅上升的波动趋势，最小值 21.70%，最大值 22.16%。组间净差异呈现出波动上升的趋势，由 2000 年的 16.72% 上升为 2005 年的 20.52%，到 2010 年进一步上升为 23.33%，在 2015 年，这一数值又下降到了 19.88%，在 2020 年，又回到了 22.03%。超变密度贡献率呈现出下降的趋势，由 2000 年的 61.31% 下降到 2020 年的

55.85%，但仍然是主导地位，这表明各区域存在交叉重叠的问题是整体差异的主要来源。

6.2.5 区域整体"三生"功能耦合度评价结果分析

6.2.5.1 耦合度结果的描述性统计

基于全样本的区域整体"三生"功能指数描述性统计指标见表6-28，各研究期区域整体"三生"功能耦合度均值见表6-29。从表6-28和表6-29可以看出，最大值0.979 9和最小值0.140 1之间的极差较大，标准差为0.154 3，这说明区域整体国土空间利用"三生"功能耦合度具有较明显的时空差异性。区域整体国土空间"三生"功能耦合度在2000—2020年期间呈现整体上升的趋势，平均值从0.496 3增至0.671 1，这表明区域整体国土空间利用质量协调程度呈现稳步上升的趋势。

表6-28 基于全样本的区域整体"三生"功能指数描述性统计指标

特征指标	最小值	最大值	平均值	中位数	标准差
数值	0.140 1	0.979 9	0.599 4	0.592 6	0.154 3

表6-29 各研究期区域整体"三生"功能耦合度均值

年份	2000	2005	2010	2015	2020
均值	0.496 3	0.542 6	0.625 3	0.661 7	0.671 1

根据协调发展度的分类区间，汇总了区域整体层面上228个城市耦合度协调程度所属类别的占比情况见表6-30。由表可见，在失调衰退和过渡协调两类协调程度中，各种类型的协调对比度占比随时间的推移逐渐下降，其中，并没有极度失调型的城市。失调衰退中，严重失调型[0.1, 0.2)和中度失调型[0.2, 0.3)所占比例一直很少，最多为1.75%，轻度失调型的占比在2000年达到18.42%，而到了2020年，只有0.88%。过渡协调中，濒临协调型和勉强协调型从2000年的31.58%和25.88%分别下降到2020年的9.65%和20.18%。协

调发展中的初级、中级、良好及优质协调型的占比逐渐上升，3种类型占比逐渐占据主要地位，到2020年，三者的总和占比达到了63.17%。

表6-30　各研究期区域整体耦合度类型

单位：%

耦合度区间	协调程度	协调对比度	2000年占比	2005年占比	2010年占比	2015年占比	2020年占比
[0, 0.1)	失调衰退	极度失调型	0	0	0	0	0
[0.1, 0.2)		严重失调型	1.32	0.44	0.44	0.44	0.44
[0.2, 0.3)		中度失调型	1.75	1.32	0	0	0.88
[0.3, 0.4)		轻度失调型	18.42	13.16	4.39	2.63	0.88
[0.4, 0.5)	过渡协调	濒临失调型	31.58	22.37	15.35	12.28	9.65
[0.5, 0.6)		勉强协调型	25.88	30.70	22.37	21.93	20.18
[0.6, 0.7)	协调发展	初级协调型	15.79	19.74	25.88	20.18	23.25
[0.7, 0.8)		中级协调型	3.95	8.77	21.49	22.37	25.88
[0.8, 0.9)		良好协调型	1.32	3.07	7.89	15.35	14.04
[0.9, 1)		优质协调型	0	0.44	2.19	4.82	4.82

6.2.5.2　空间趋势分析

从如图6-30所示的趋势分析图来看，研究期内，区域整体国土空间利用"三生"功能耦合度的地理分布在东西方向上总体呈现倒U形发展趋势，即由西向东先上升后下降的趋势，中部地区要高于东西地区。东西相比，东部地区要略高于西部地区。在南北方向，则呈现由南向北先升高再下降的趋势规律，即中部地区要高于南部、北部地区。在研究期内，总体上南部要略高于北部。"三生"功能耦合度的空间分布格局在研究期内基本没有变化。

6.2.6　区域整体"三生"功能协调发展度评价结果分析

6.2.6.1　协调发展度描述性统计

基于全样本的区域整体"三生"功能协调发展度描述性统计指标见表6-31，各研究期区域整体"三生"功能协调发展度均值见表6-32。

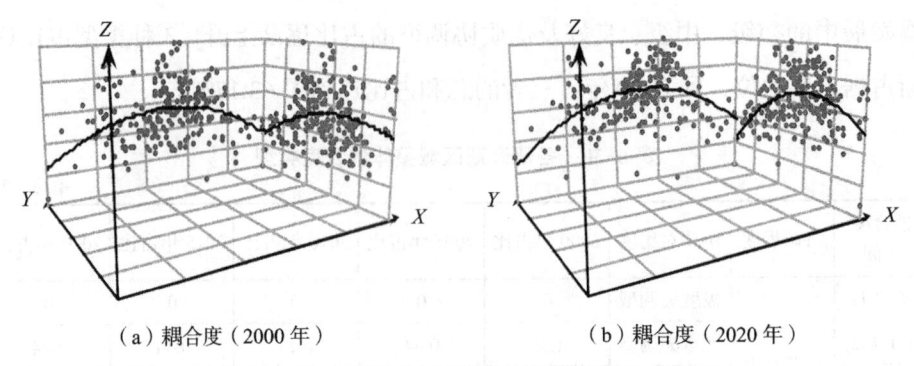

（a）耦合度（2000 年）　　　　　　（b）耦合度（2020 年）

图 6-30　区域整体"三生"功能耦合度趋势分析图

由表可见，区域整体国土空间利用"三生"功能协调发展度具有一定的时空差异性。全样本的最小值为 0.079 8，最大值为 0.476 0，极差相对较大，但从总体的标准差 0.070 7 来看，这种差异性可能来自样本中存在的极端值。从均值变化来看，在研究期内，区域整体"三生"功能协调发展度呈现逐渐增长的趋势，从 2000 年的 0.139 7 上升到 2020 年的 0.261 8，这说明区域整体国土空间利用协调发展质量稳步提升。

表 6-31　基于全样本的区域整体"三生"功能协调发展度描述性统计指标

特征指标	最小值	最大值	平均值	中位数	标准差
数值	0.079 8	0.476 0	0.201 7	0.189 6	0.070 7

表 6-32　各研究期区域整体"三生"功能协调发展度均值

年份	2000	2005	2010	2015	2020
均值	0.139 7	0.161 2	0.206 5	0.239 5	0.261 8

区域整体层面上 228 个城市的"三生"功能协调发展度所属类型在 2000—2020 年间的占比变化情况见表 6-33，其中极度失调型和严重失调型的占比呈现逐年下降的趋势，尤其是严重失调型，从 85.96% 下降至 16.23%，这表明区域整体在这两个区间内的失调情况明显减少。中度失调型的占比逐期增加，从期初的 4.39% 上升至期末的 58.77%，占据主导地位。轻度失调型的占比也呈现大幅增加趋势，从 0.88% 上升至 20.61%。过渡协调型的占比逐年上升，从 0% 到 4.39%，

提升幅度有限。而在 [0.5, 0.6) 至 [0.9, 1) 区间的协调发展型的占比始终为 0%，这说明各个城市的协调发展度整体仍然处于较低水平，有很大的提升空间。

表 6-33 各研究期区域整体协同发展度类型占比

单位：%

协调度发展区间	协调程度	协调对比度	2000 年占比	2005 年占比	2010 年占比	2015 年占比	2020 年占比
[0, 0.1)	失调衰退	极度失调型	8.77	2.19	0	0	0
[0.1, 0.2)		严重失调型	85.96	85.53	54.39	32.46	16.23
[0.2, 0.3)		中度失调型	4.39	10.53	40.35	52.19	58.77
[0.3, 0.4)		轻度失调型	0.88	1.32	4.39	13.16	20.61
[0.4, 0.5)	过渡协调	濒临失调型	0	0.44	0.88	2.19	4.39

6.2.6.2 空间趋势分析

总体来看，2000—2020 年区域整体"三生"功能协调发展度地理分布在南北方向呈现南高北低的趋势，即呈现由北向南逐渐升高的趋势，随时间的推移，南北趋势线逐渐变得陡峭，北部与南部的差距逐渐扩大，同时中部地区也有明显升高。在东西方向总体呈现东高西低、中部略高的趋势，即由西向东先升高后下降的趋势。在研究期初，这种趋势特征不是很明显，但随着时间的推移，随着中部地区增长速度逐渐超过东部和西部地区，2010 年后，中部地区开始远远高于东部地区。

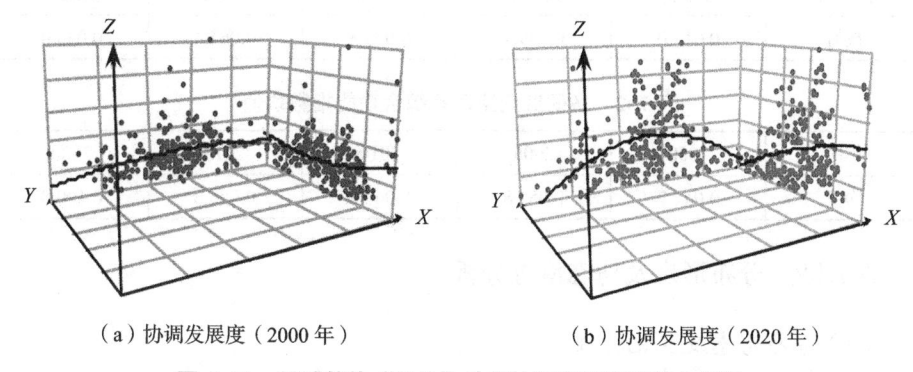

（a）协调发展度（2000 年）　　　　　　（b）协调发展度（2020 年）

图 6-31 区域整体"三生"功能协调发展度趋势分析图

第7章 三大重大战略区域国土空间利用质量评价

7.1 京津冀国土空间利用质量评价

7.1.1 京津冀综合功能评价结果分析

7.1.1.1 结果的描述性统计

京津冀全样本综合功能指数的描述性结果和 2000 年、2005 年、2010 年、2015 年、2020 年 5 个时间节点的均值变化见表 7-1 和表 7-2。可以看出，研究期内京津冀综合功能指数的变化区间为 0.017 0~0.149 4，总体的平均值为 0.070 8，总体标准差为 0.030 0，这说明各时期京津冀各城市综合功能指数之间存在一定的差异且存在极大值。而从年份的均值变化来看，指数的变化呈现出逐渐上升的趋势。

表 7-1 基于全样本的京津冀综合功能指数描述性统计指标

特征指标	最小值	最大值	平均值	中位数	标准差
数值	0.017 0	0.149 4	0.070 8	0.064 4	0.030 0

表 7-2 各研究期京津冀综合功能指数均值

年份	2000	2005	2010	2015	2020
均值	0.042 7	0.054 8	0.069 4	0.086 6	0.100 8

7.1.1.2 分布形态及动态演进分析

（1）分布形态及变化特征

图 7-1 用箱体图和核密度图展示了 2000 年、2005 年、2010 年、2015 年及

2020年的京津冀国土空间综合功能指数的分布情况。可以看出，2000—2020年箱体上下相邻值、四分位值、极值等各特征值均有上升的趋势，核密度曲线也有逐期向右移动的趋势，这说明研究期内京津冀国土空间综合利用质量有所提高。从箱体图和核密度图的形态看，箱体图上下邻值之间的差距在研究期内明显变大，核密度曲线的宽度也逐渐变宽，曲线峰值逐渐降低，这说明研究区内各城市综合功能指数的差异呈逐渐变大趋势。在研究期内，箱体图和核密度图均体现出右偏分布的态势且右偏程度逐渐增大，这说明研究区域内极大值的存在，即区域内个别城市的综合功能指数明显高于其他城市，这也是区域内综合利用质量差异性扩大的主要原因。

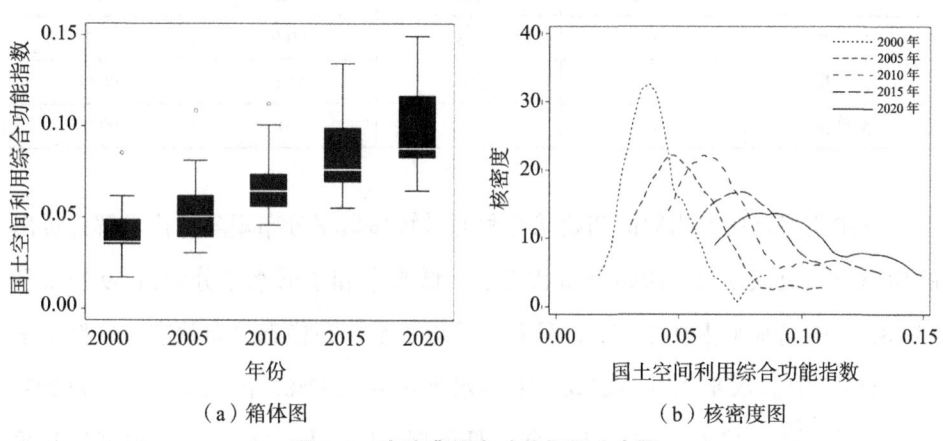

图 7-1 京津冀综合功能指数分布图

（2）基于马尔可夫链的跃迁分析

京津冀国土空间利用综合功能指数基于马尔可夫链的转移概率矩阵见表7-3。第一行显示，在2000—2020年的研究期内，综合功能指数在期初为类型Ⅰ的城市中有50%在研究期末跃升为类型Ⅱ，43.75%维持在类型Ⅰ，6.25%跃升为类型Ⅲ。第二行显示，期初为类型Ⅱ的城市中有60%在期末跃升为类型Ⅲ，6.67%跃升为类型Ⅳ，33.33%维持在类型Ⅱ。第三行显示，期初为类型Ⅲ的城市中有58.33%在期末跃升为类型Ⅳ，41.67%维持在类型Ⅲ。第四行显示，期初为类型Ⅳ的城市期末100%依然维持在类型Ⅳ。从对角线单元格上的概率可以看出，在期末维持自身状态的概率最低为33.33%，跃升为更高一个等级的概率最低为50%，各类型向上跃升的概率均高于维持自身状态的概率。同时，没有城市在期末衰退为向下等级的状态。另外，从类型Ⅰ和类型Ⅱ来看，均仅有6%左右的概率跨越等级在期末跃升到类型Ⅲ和类型Ⅳ。这说明京津冀区域综合指数整体向好的发展趋势，但不存在大面积"跨越式发展"态势。

表7-3 京津冀2000—2020年综合功能指数马尔可夫链转移概率分布矩阵

单位：%

期初/期末	类型Ⅰ	类型Ⅱ	类型Ⅲ	类型Ⅳ
类型Ⅰ	43.75	50.00	6.25	0
类型Ⅱ	0	33.33	60.00	6.67
类型Ⅲ	0	0	41.67	58.33
类型Ⅳ	0	0	0	100.00

京津冀综合功能指数的初始状态和通过转移概率分布矩阵迭代求解计算出的稳态分布见表7-4。初始分布状态下，低水平和中低水平分别占69.23%和23.08%，中高水平占比7.69%，没有高等级水平。在稳态分布状态下，低水平占比0%，中低水平占比0.01%，中高水平占比0.07%，高水平占比99.92%。对比初始状态，稳态分布的Ⅰ、Ⅱ、Ⅲ类型下降，Ⅳ类型上升，类型Ⅳ几乎占据全部的比例，体现了京津冀国土空间综合利用质量稳中向好发展的总体态势。

表7-4 京津冀综合功能指数的初始分布及稳态分布

单位：%

分布	类型Ⅰ	类型Ⅱ	类型Ⅲ	类型Ⅳ
初态分布	69.23	23.08	7.69	0
稳态分布	0	0.01	0.07	99.92

7.1.1.3 空间分布趋势分析

京津冀综合功能指数趋势分析图如图 7-2 所示。由图可知，整个研究期内，京津冀综合功能指数地理分布在南北方向上呈现北高南低的现象，具体来看，2000 年呈现从南到北逐渐增高的趋势，2005 年及以后，从南到北先升高后降低，中部偏北地区城市升高趋势明显。就南北方向而言，依旧是北高南低。在东西方向总体呈现东高西低的趋势。整个研究期内，各期东西方向的趋势线变化不大，都是呈现从西到东先递增再下降趋势，总体上东部略高。

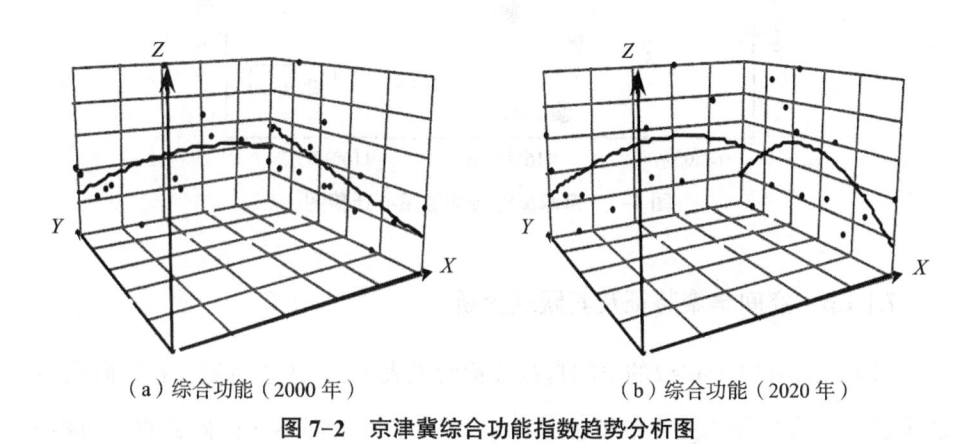

（a）综合功能（2000 年） （b）综合功能（2020 年）

图 7-2 京津冀综合功能指数趋势分析图

7.1.1.4 重心迁移分析

图 7-3 是京津冀地区国土空间利用综合功能的重心迁移图，可以看出，重心的迁移范围为东经 116°20′~116°30′，北纬 39°~39°20′，且重心一直在廊坊市内，其中，2005—2010 年和 2010—2015 年重心迁移的距离较长，2000—2005 年重心迁移的距离较短。总体来看，京津冀综合功能的重心呈现一直南迁的迁移轨迹，这说明随着京津冀协同发展战略的实施，位于河北省南部的城市发展速度逐渐加快。

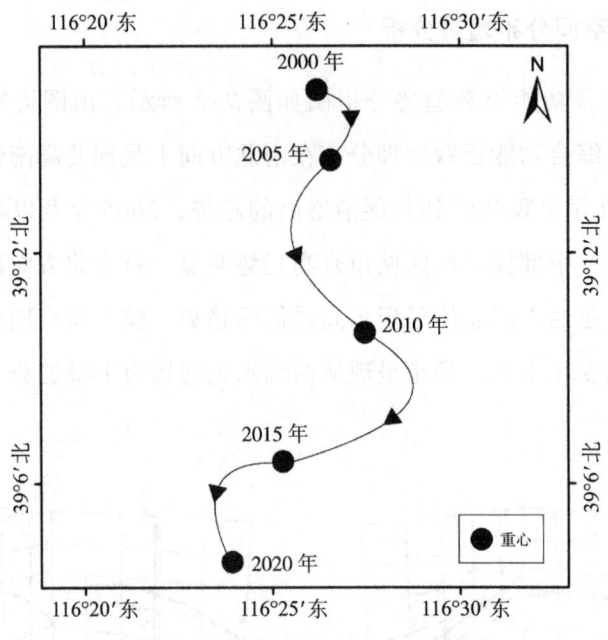

图 7-3　京津冀综合功能重心迁移图

7.1.1.5　空间集聚特征及其跃迁分析

基于Global Moran's I的空间自相关检验见表7-5。由表可见，在各研究期，京津冀城市的综合功能指数整体上在10%的水平上都不存在显著的空间相关性，这说明各城市的国土空间利用综合质量受到邻域城市的影响不明显，因此不再分析其基于局部集聚特征的跃迁分析。

表 7-5　京津冀综合功能 Global Moran's I 及其相关参数

年份	I	$E(I)$	$sd(I)$	z	p-value
2000	−0.027	−0.083	0.051	1.090	0.138
2005	−0.026	−0.083	0.052	1.112	0.133
2010	−0.014	−0.083	0.057	1.222	0.111
2015	−0.049	−0.083	0.058	0.596	0.275
2020	−0.049	−0.083	0.059	0.586	0.279

注：本章集聚分析均采用反距离空间权重矩阵。

7.1.2 京津冀生产功能评价结果分析

7.1.2.1 结果的描述性统计

京津冀生产功能指数的描述性统计指标和 2000 年、2005 年、2010 年、2015 年、2020 年 5 个时间节点指数的均值变化情况见表 7-6 和表 7-7。由表可见，最小值为 0.007 9，最大值为 0.126 4，标准差为 0.030 0，这说明京津冀生产功能利用质量有一定的时空差异性，但差异性并不大。京津冀地区的生产功能指数在 2000—2020 年呈现上升趋势，从 0.022 3 逐渐增加到 0.065 7，增幅并不大。

表 7-6 基于全样本的京津冀生产功能指数描述性统计指标

特征指标	最小值	最大值	平均值	中位数	标准差
数值	0.007 9	0.126 4	0.042 8	0.032 7	0.030 0

表 7-7 各研究期京津冀生产功能指数均值

年份	2000	2005	2010	2015	2020
均值	0.022 3	0.030 1	0.040 8	0.055 3	0.065 7

7.1.2.2 分布形态及动态演进分析

（1）分布形态及变化特征

京津冀生产功能指数分布图如图 7-4 所示。研究期内整个箱体各特征值均有向上移动的趋势，核密度曲线也有逐期右移的趋势，这说明京津冀生产功能利用质量呈上升趋势。从箱体图和核密度图的形态看，箱体图上下邻值之间的差距在研究期内逐渐变大，核密度曲线的峰值逐渐下降，曲线宽度逐渐变宽，这说明研究区内各城市间生产功能的差异程度呈逐渐变大趋势。在研究期内，箱体图上相邻值逐渐远离上四分位数的趋势较为明显，核密度曲呈现出明显的右偏状态且右偏程度逐渐增大，这说明研究区域内生产功能指数较大的城市具有强者越来越强的发展趋势，这也是区域内生产功能利用质量差异性扩大的主要原因。

(a）箱体图　　　　　　　　　　（b）核密度图

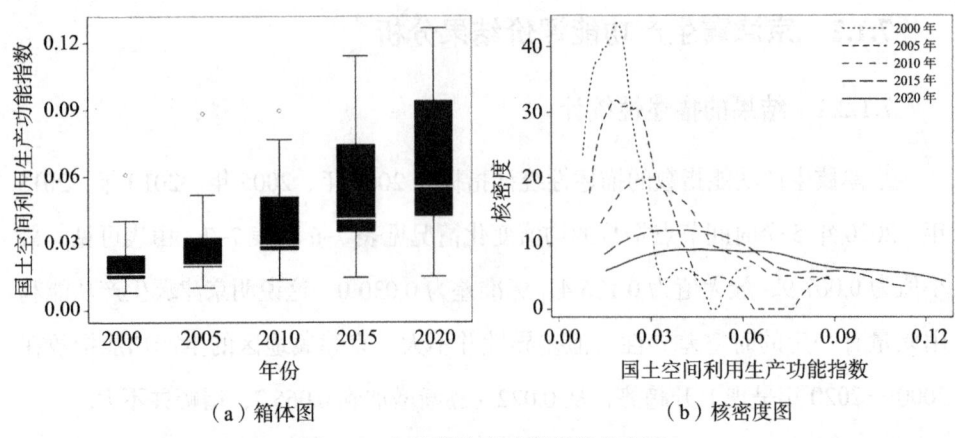

图 7-4　京津冀生产功能指数分布图

（2）基于马尔可夫链的跃迁分析

京津冀国土空间生产功能指数基于马尔可夫链的转移概率矩阵见表 7-8。由表可见，类型 Ⅰ 的稳定性较高，有 57.14% 的概率保持不变，42.86% 的概率转变为类型 Ⅱ，没有跃升为类型 Ⅲ 和类型 Ⅳ 的可能性。类型 Ⅱ 的稳定性较低，有 56.25% 的概率转变为类型 Ⅲ，37.5% 的概率保持不变，转变为类型 Ⅰ 的概率为 6.25%。类型 Ⅲ 转变和保持自身状态的概率各占一半，有 50% 的概率转变为类型 Ⅳ，50% 的概率保持不变。类型 Ⅳ 的稳定性最高，有 100% 的概率保持不变，没有降级为其他类型的可能性。除类型 Ⅰ 外，其他的类型都表现出向更高级别跃进的概率大于保持自身等级的概率，这说明了京津冀内部各个城市稳中向好的发展态势。

表 7-8　京津冀 2000—2020 年生产功能指数马尔可夫链转移概率分布矩阵

单位：%

期初/期末	类型 Ⅰ	类型 Ⅱ	类型 Ⅲ	类型 Ⅳ
类型 Ⅰ	57.14	42.86	0	0
类型 Ⅱ	6.25	37.50	56.25	0
类型 Ⅲ	0	0	50.00	50.00
类型 Ⅳ	0	0	0	100.00

京津冀生产功能指数的初始状态和稳态分布见表7-9，在初始分布状态下，中高水平和高水平占比均为7.69%，低水平占比53.85%，中低水平占比30.77%，在稳态分布状态下，低水平占比0.02%，中低水平占比0.03%，中高水平占比0.1%，高水平占比99.86%。对比初始状态，稳态分布的Ⅰ、Ⅱ、Ⅲ类型概率下降，Ⅳ类型大幅上升。这表明京津冀生产功能指数正处于由低、中低、中高水平向高水平转变的过程。

表7-9 京津冀生产功能指数的初始分布及稳态分布

单位：%

分布	类型Ⅰ	类型Ⅱ	类型Ⅲ	类型Ⅳ
初态分布	53.85	30.77	7.69	7.69
稳态分布	0.02	0.03	0.10	99.86

7.1.2.3 空间分布趋势分析

京津冀地区国土空间利用生产功能指数的趋势分析图如图7-5所示，总体来看，整个研究期内，京津冀生产功能指数的地理分布在南北方向上呈现从南向北先升高后下降的趋势，即中部地区高于南部、北部地区，就南北而言，2000—2015年，北部高于南部地区，2020年，南部高于北部地区。在东西方向上基本呈现由西向东先上升后有所下降的趋势，在研究期末，整体上看，东部偏高、西部偏低的特征较为明显。

（a）生产功能（2000年）　　　　（b）生产功能（2020年）

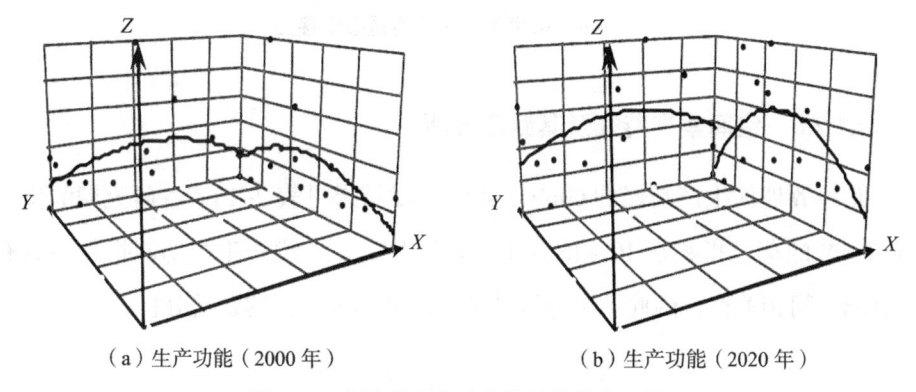

图7-5 京津冀生产功能指数趋势分析图

7.1.2.4 重心迁移分析

京津冀国土空间利用生产功能的重心迁移图如图 7-6 所示。由图可知，重心的迁移范围为北纬 39°10′~39°30′，东经 116°20′~116°30′，且重心都在廊坊市内移动。具体而言，2000—2005 年重心先向东北迁移，2005—2010 年重心向东南移动，2010—2020 年又向西南迁移，其中 2015—2020 年重心迁移轨迹最长。总体来看，重心迁移呈现先向北而后一直向南的轨迹。

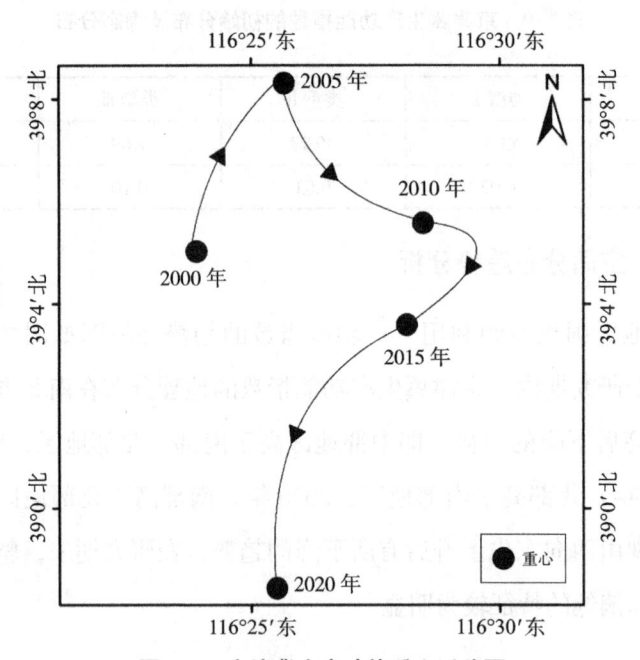

图 7-6 京津冀生产功能重心迁移图

7.1.2.5 空间集聚特征及其跃迁分析

京津冀地区生产功能的 Global Moran's I 结果见表 7-10。各研究期的生产功能指数的莫兰指数在 10% 的水平上均不显著，这说明生产功能指数不具有显著的空间相关性，因此不再分析其基于局部集聚特征的跃迁分析。

表 7-10　京津冀生产功能 Global Moran's I 及其相关参数

年份	I	$E(I)$	$sd(I)$	z	p-value
2000	−0.098	−0.083	0.048	−0.301	0.382
2005	−0.088	−0.083	0.045	−0.110	0.456
2010	−0.056	−0.083	0.056	0.484	0.314
2015	−0.050	−0.083	0.058	0.569	0.285
2020	−0.054	−0.083	0.059	0.494	0.311

7.1.3　京津冀生活功能评价结果分析

7.1.3.1　结果的描述性统计

京津冀国土空间利用生活功能指数全样本的描述性统计指标和 2000 年、2005 年、2010 年、2015 年、2020 年 5 个时间节点指数的均值变化见表 7-11 和表 7-12。描述性统计结果显示，生活功能指数在研究期内最小值为 0.042 1，最大值为 0.146 0，变化的范围相对较小，准差为 0.028 3，这说明具有一定的时空差异性。指数的均值从 2000 年的 0.061 3 增加到 2020 年的 0.131 3，呈现逐年增加的趋势，这反映了京津冀地区的生活功能利用质量在 20 年间整体有所提升。

表 7-11　基于全样本的京津冀生活功能指数描述性统计指标

特征指标	最小值	最大值	平均值	中位数	标准差
数值	0.042 1	0.146 0	0.095 9	0.097 2	0.028 3

表 7-12　各研究期京津冀生活功能指数均值

年份	2000	2005	2010	2015	2020
均值	0.061 3	0.079 6	0.094 3	0.112 8	0.131 3

7.1.3.2　分布形态及动态演进分析

（1）分布形态及变化特征

京津冀生活功能指数分布图如图 7-7 所示。研究期内，整个箱体各特征值均有向上的趋势，核密度曲线也有逐期右移的趋势，这说明京津冀国土空间利用生活功能呈上升趋势。从箱体图和核密度图的形态看，箱体图上下邻值之间的差距在研究期内呈现先上升后下降的趋势，核密度曲线的峰值先下降后上升，这说明研究区内各城市间国土空间利用生活功能的差异呈先上升后下降的趋势。2005年、2010年及2020年，箱体图和核密度图均接近对称分布。同时，2000年和2010年曲线有明显右偏的情况，这说明这两个时期研究区域内有极大值存在。

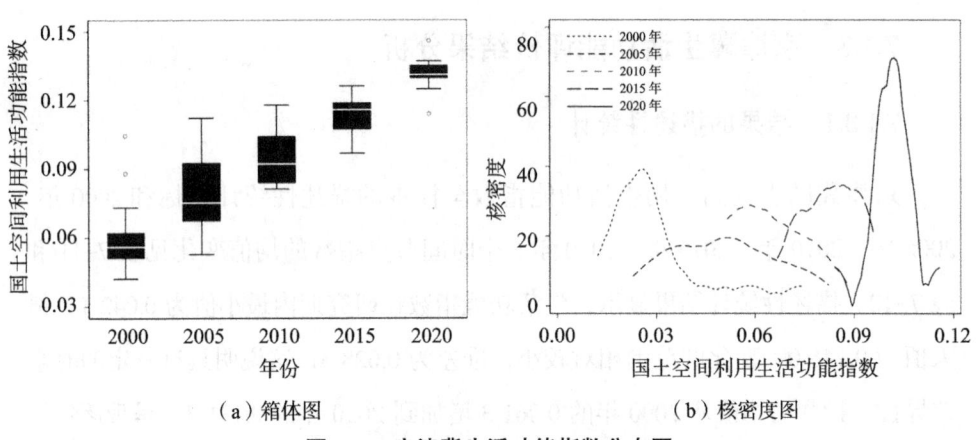

(a) 箱体图　　　　　　　　　　(b) 核密度图

图7-7　京津冀生活功能指数分布图

（2）基于马尔可夫链的跃迁分析

京津冀生活功能指数基于马尔可夫链的转移概率矩阵见表7-13。由表可见，期初为类型Ⅰ的城市，在期末保持自身状态的概率为31.25%，在期末跃升为类型Ⅱ的概率为68.75%，并没有跃升为类型Ⅲ和类型Ⅳ的情形。而在期初为类型Ⅱ的城市，保持自身状态的概率为25%，跃升为类型Ⅲ的概率为68.75%，跃升为类型Ⅳ的概率为6.25%。期初为类型Ⅲ的城市在期末保持自身状态的概率为26.67%，跃升为类型Ⅳ的概率为73.33%。期初为类型Ⅳ的城市期末保持自身的状态的概率为100%。总体来说，京津冀各城市生活功能指数在期末向更高一级的状态跃迁的概率要远大于保持自身状态和降级的概率，但较少有直接跨越两个等级的概率，这说明生活功能指数发展呈总体上升的态势，但基本不存在"跨越式发展"。

表 7-13　京津冀 2000—2020 年生活功能指数马尔可夫链转移概率分布矩阵

单位：%

期初 / 期末	类型Ⅰ	类型Ⅱ	类型Ⅲ	类型Ⅳ
类型Ⅰ	31.25	68.75	0	0
类型Ⅱ	0	25.00	68.75	6.25
类型Ⅲ	0	0	26.67	73.33
类型Ⅳ	0	0	0	100.00

京津冀生活功能指数的初始分布及稳态分布见表 7-14。由表可见，初始分布状态下，中高水平城市占比 7.69%，高水平占比 0%，低水平占比 84.62%，中低水平占比 7.69%，在稳态分布状态下，低水平和中低水平均占比 0%，中高水平占比 0.02%，高水平占比 99.97%。对比初始状态，原先占据主要地位的类型Ⅰ在稳态分布下消失，原来占比较少的类型Ⅱ的概率也变为 0，类型Ⅲ在稳态分布下也接近消失，原先没有的类型Ⅳ在稳态分布下的占比接近 100%，这显示出京津冀国土空间利用生活功能向高水平转变的总体态势。

表 7-14　京津冀生活功能指数的初始分布及稳态分布

单位：%

分布	类型Ⅰ	类型Ⅱ	类型Ⅲ	类型Ⅳ
初态分布	84.62	7.69	7.69	0
稳态分布	0	0	0.02	99.97

7.1.3.4　空间分布趋势分析

京津冀地区生活功能指数的空间分布趋势图如图 7-8 所示。总体来看，整个研究期内，京津冀生活功能指数的地理分布在南北方向上呈现北高南低的趋势，各研究期南北方向的趋势线变化较大，但总体上都是北高南低的态势，2020 年南北的差距有缩小的趋势，且中部地区低于南北部。在东西方向总体基本呈现东高西低的趋势，东西方向上各年份的趋势线变化也不大，这种趋势在研究期内逐渐强化。具体而言，期初生活功能指数较高的地区在东偏中部地区，至2020年，东部地区指数较高，同时西部地区指数也有所提升。

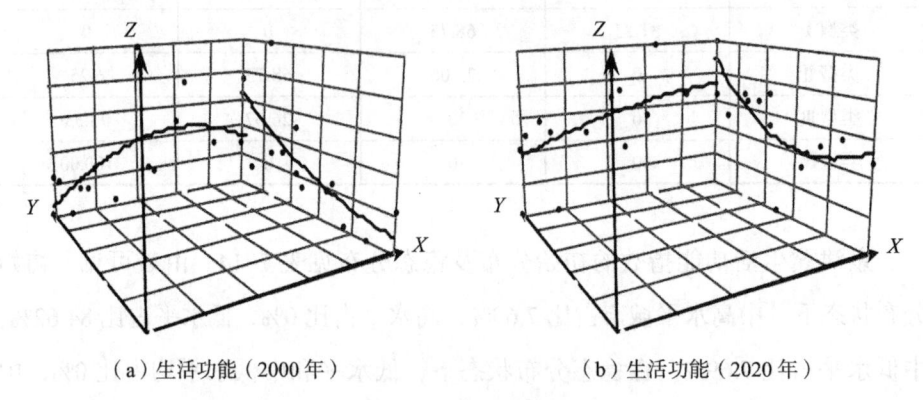

（a）生活功能（2000年）　　　　　　（b）生活功能（2020年）

图 7-8　京津冀生活功能指数趋势分析图

7.1.3.5　重心迁移分析

京津冀地区国土空间利用生活功能的重心迁移图如图 7-9 所示。

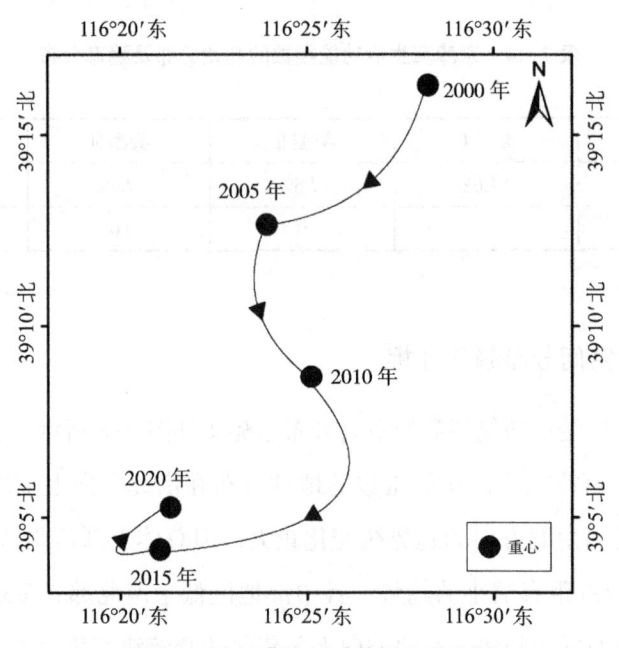

图 7-9　京津冀生活功能重心迁移图

由图可知，在研究期内，重心的迁移范围为北纬39°~39°20′，东经116°20′~116°30′，且都在廊坊市内移动，2000—2005年，重心向西南方向迁移，2005—2010年，则转向东南迁移，2010—2015年，又向西南方向迁移，2015—2020年，则又向北回迁了一段距离，到保定市与廊坊市边界附近。总体来看，重心呈现由东北向西南的迁移轨迹。

7.1.3.6 空间集聚特征及其跃迁分析

（1）空间集聚特征

京津冀地区国土空间利用生活功能 Global Moran's I 结果见表 7-15。由表可见，各研究期的生活功能莫兰指数大部分年份都在10%置信水平下显著为正，这说明生活功能指数具有显著的空间正相关性，整体呈现出空间聚集特征。

表 7-15　京津冀生活功能 Global Moran's I 及其相关参数

年份	I	$E(I)$	$sd(I)$	z	p-value
2000	0.020	−0.083	0.053	1.954	0.025
2005	0.010	−0.083	0.058	1.608	0.054
2010	0.065	−0.083	0.058	2.543	0.005
2015	−0.134	−0.083	0.059	−0.850	0.198
2020	0.001	−0.083	0.052	1.630	0.052

（2）集聚形态的动态变化

基于如图 7-10 所示的 Moran 散点图的各时期内京津冀国土空间利用生活功能集聚形态的跃迁类型占比见表 7-16。从跃迁类型来看，在 2005—2010 年、2010—2015 年、2015—2020 年研究时段内Ⅰ类跃迁占据大部分，分别占据了76.92%、61.54%、53.85%，2000—2005 年Ⅰ类跃迁占比 46.15%，而类型Ⅱ和类型Ⅲ总体占比达到了 53%。2005—2020 年内类型Ⅱ和类型Ⅲ占比总和下降，2015—2020 年出现了前面几个时间段都未出现的类型Ⅳ B，占比 7.69%。这说明京津冀生活功能指数总体上时空凝聚的特征越来越明显和突出，区域的集中化和协同发展功能越来越突出。

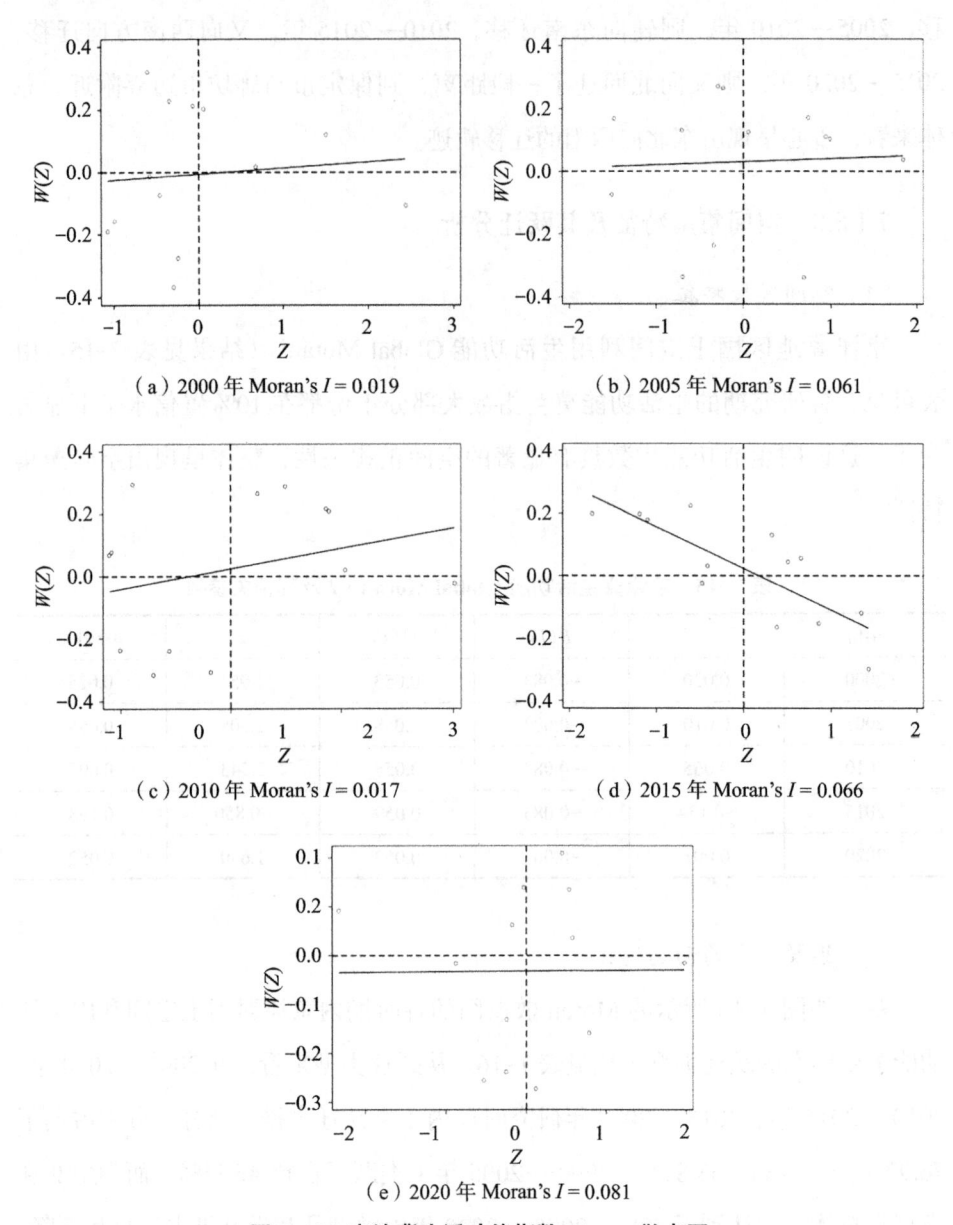

（a）2000 年 Moran's I = 0.019

（b）2005 年 Moran's I = 0.061

（c）2010 年 Moran's I = 0.017

（d）2015 年 Moran's I = 0.066

（e）2020 年 Moran's I = 0.081

图 7-10　京津冀生活功能指数 Moran 散点图

表 7-16 京津冀生活功能指数集聚形态跃迁类型的概率分布

单位：%

跃迁类型	2000—2005 年	2005—2010 年	2010—2015 年	2015—2020 年
类型Ⅰ	46.15	76.92	61.54	53.85
类型Ⅱ	30.77	15.38	23.08	15.38
类型Ⅲ	23.08	7.69	15.38	23.08
类型ⅣA	0	0	0	0
类型ⅣB	0	0	0	7.69

7.1.4 京津冀生态功能评价结果分析

7.1.4.1 结果的描述性统计

基于全样本的京津冀生态功能指数描述性统计指标见表 7-17，各研究期京津冀生态功能指数均值见表 7-18。全样本京津冀国土空间利用生态功能指数的最小值为 0.028 6，最大值为 0.220 5，标准差 0.037 4，这表明有一定的时空差异性，但差异性并不大，可能存在极值。另外，京津冀生态功能指数平均值从 2000 年的 0.117 1 增至 2020 年的 0.129 7，这表明京津冀地区在过去 20 年间国土空间利用生态功能略有提升。

表 7-17 基于全样本的京津冀生态功能指数描述性统计指标

特征指标	最小值	最大值	平均值	中位数	标准差
数值	0.028 6	0.220 5	0.124 1	0.126 2	0.037 4

表 7-18 各研究期京津冀生态功能指数均值

年份	2000	2005	2010	2015	2020
均值	0.117 1	0.118 0	0.127 7	0.128 2	0.129 7

7.1.4.2 分布形态及动态演进分析

（1）分布形态及变化特征

京津冀生态功能指数分布图如图 7-11 所示。由图可知，相较于 2000 年，

2005—2020年箱体中位数、上下四分位数等特征值均有向上的趋势，核密度曲线也有右移的趋势，这说明京津冀生态功能利用质量呈略微上升趋势。从箱体图和核密度图的形态看，箱体图上下邻值之间的差距在2000—2005年变大，后又逐渐变小，核密度曲线的峰值在2005年降低后又升高，这说明研究区内各城市间生态功能利用质量的差异呈先变大后下降的趋势。各研究期的核密度曲线大体上均呈对称分布，但左右都有拖尾，这说明研究区域内有极小值和极大值的存在，即区域内个别城市的生态功能利用质量明显低于或者高于其他城市。总体来看，除2005年生态功能区域差异有大幅提高之外，其余各期分布特征变化不大。

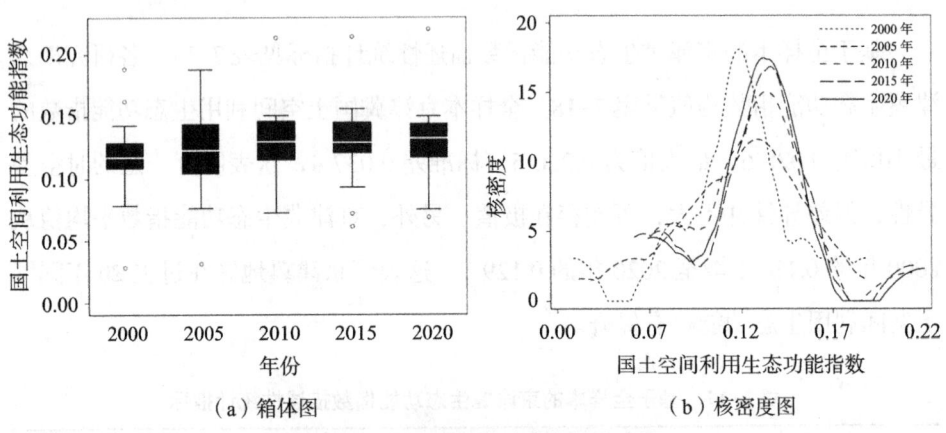

（a）箱体图　　　　　　　　　（b）核密度图

图 7-11　京津冀生态功能指数分布图

（2）基于马尔可夫链的跃迁分析

京津冀国土空间利用生态功能指数基于马尔可夫链的转移概率矩阵见表7-19。从第一行来看，类型Ⅰ维持自身水平状态的概率为78.57%，向类型Ⅱ转移的概率为14.29%，向类型Ⅲ转移的概率为7.14%。第二行显示，类型Ⅱ保持自身水平状态的概率为69.23%，向上跃升为类型Ⅲ的概率为23.08%，降为类型Ⅰ的概率为7.69%。第三行显示，类型Ⅲ保持自身水平状态的概率为58.33%，期末向上跃迁为类型Ⅳ的概率为41.67%。第四行显示，类型Ⅳ保持自身水平状态的概率为76.92%，降为类型Ⅲ和类型Ⅱ的概率分别为15.38%和

7.69%。转移矩阵对角线数值区间为 58.33%~78.57%，明显高于同行其他数值，这说明各种类型状态相对稳定，表现出相对较强的路径依赖特征。需要注意的是，低水平类型Ⅰ保持不变的概率最高，Ⅱ、Ⅳ类型城市还有一定的概率向下转移，这都表明国土空间利用过程中需更加注重生态功能的提升。

表 7-19 京津冀 2000—2020 年生态功能指数马尔可夫链转移概率分布矩阵

单位：%

期初/期末	类型Ⅰ	类型Ⅱ	类型Ⅲ	类型Ⅳ
类型Ⅰ	78.57	14.29	7.14	0
类型Ⅱ	7.69	69.23	23.08	0
类型Ⅲ	0	0	58.33	41.67
类型Ⅳ	0	7.69	15.38	76.92

京津冀国土空间利用生态功能指数的初始状态和通过转移概率分布矩阵迭代求解计算出的稳态分布见表 7-20。由表可见，初始分布状态下，中高水平的城市占比为 23.08%，高水平占比 15.38%，低水平和中低水平都占 30.77%，这说明在初态分布下，京津冀生态功能指数以低水平和中低水平为主，两者总体占比超过 60%。在稳态分布状态下，低水平占比 5.79%，中低水平占比 15.41%，中高水平占比 28.19%，高水平占比 50.60%。对比初始状态，稳态分布的Ⅰ、Ⅱ类型概率下降，Ⅲ类型占比上升，Ⅳ类型大幅上升，这表明京津冀生态功能指数正处于由低水平、中低水平向中高水平、高水平转变的过程，生态功能利用发展整体上向更高的水平迈进。但仍需要注意的是，各相对低水平类型城市全部跃迁至相对高水平类型仍面临较大的挑战。

表 7-20 京津冀生态功能指数的初始分布及稳态分布

单位：%

分布	类型Ⅰ	类型Ⅱ	类型Ⅲ	类型Ⅳ
初态分布	30.77	30.77	23.08	15.38
稳态分布	5.79	15.41	28.19	50.60

7.1.4.3 空间分布趋势分析

京津冀国土空间利用生态功能指数的趋势分布如图7-12。总体来看，研究期内京津冀生态功能指数地理分布在南北方向上呈现由南到北先下降后升高的趋势，中部地区低于南部、北部地区。南北相比，北部地区城市生态功能指数相对较高，在东西方向总体呈现从西到东先下降后升高的趋势，中部地区要低于东西地区。东西相比，大体相当。在整个研究期内，区域国土空间生态功能分布趋势基本没有变化。

（a）生态功能（2000年）　　　　　（b）生态功能（2020年）

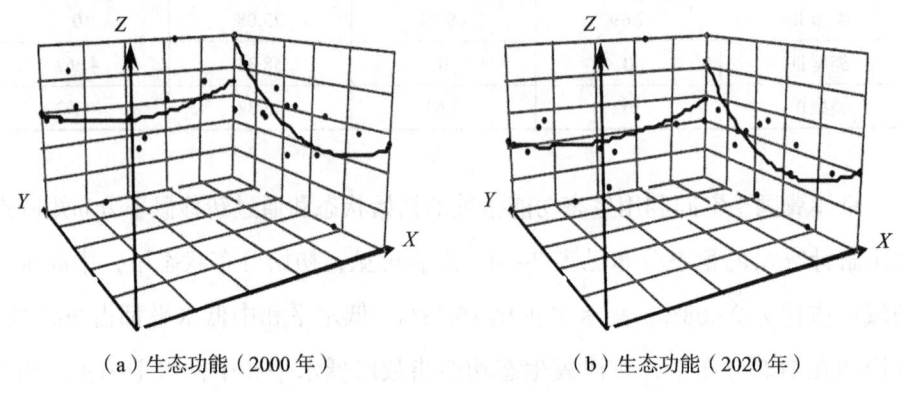

图7-12 京津冀生态功能指数趋势分析图

7.1.4.4 重心迁移分析

京津冀国土空间利用生态功能重心迁移变化的轨迹如图7-13所示。可以看出，区域生态功能重心在这20年间的迁移路径较为复杂，先是2000—2005年向东移动，然后在2005—2010年又逐渐向西南迁移，2010—2015年再向西北迁移，最后在2015—2020年又向西南迁移。重心的迁移范围为北纬39°10′~39°20′，东经116°20′~116°27′，都在廊坊市内迁移。整个研究期4个时段内，2000—2005年重心迁移的距离最长。总体来说，京津冀国土空间利用生态功能重心是先向东后向西南迁移的轨迹。

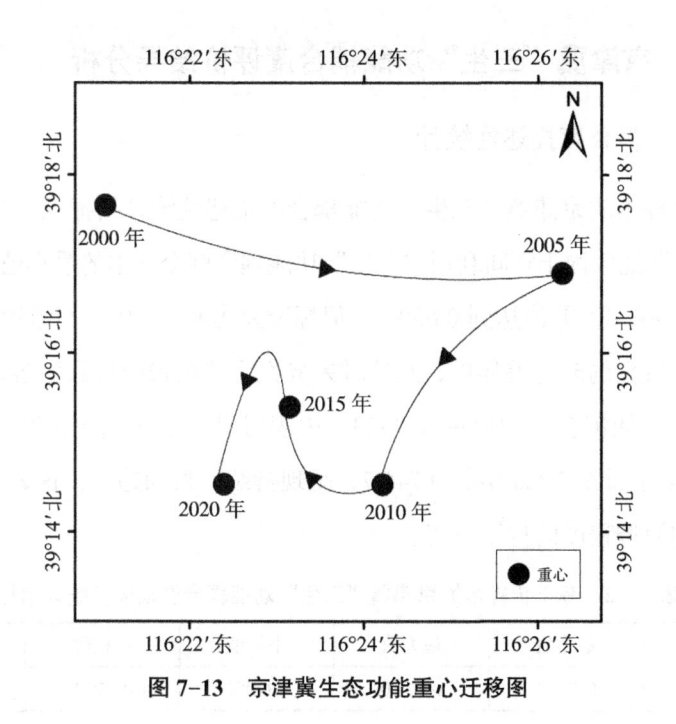

图 7-13　京津冀生态功能重心迁移图

7.1.4.5　空间集聚特征及其跃迁分析

基于 Global Moran's I 的空间自相关检验见表 7-21。由表可见，在各样本期京津冀国土空间利用生态功能指数在 10% 的水平上均不显著，这说明各观测城市的生态功能指数并未显著受到邻域的影响。因此，本部分不再进行基于局部集聚特征的跃迁分析。

表 7-21　京津冀生态功能 Global Moran's I 及其相关参数

年份	I	$E(I)$	$sd(I)$	z	p-value
2000	−0.023	−0.083	0.054	1.135	0.128
2005	−0.016	−0.083	0.055	1.228	0.110
2010	−0.038	−0.083	0.053	0.848	0.198
2015	−0.036	−0.083	0.054	0.879	0.190
2020	−0.050	−0.083	0.051	0.657	0.256

7.1.5 京津冀"三生"功能耦合度评价结果分析

7.1.5.1 耦合度描述性统计

基于全样本的京津冀"三生"功能耦合度描述性统计指标见表 7-22。由表可见，京津冀地区国土空间利用"三生"功能耦合度全样本的最小值为 0.332 5，最大值为 0.963 0，差值达到 0.630 5，但标准差为 0.023 9，这说明区域全样本耦合度存在较大的时空差异性，且这种差异性主要由极值导致。各研究期京津冀"三生"功能耦合度均值见表 7-23。由表可见，京津冀耦合度均值从 2000 年的 0.541 0 上升至 2020 年的 0.746 7，呈现持续增长的趋势，这表明京津冀国土空间利用协调程度的持续改善。

表 7-22 基于全样本的京津冀"三生"功能耦合度描述性统计指标

特征指标	最小值	最大值	平均值	中位数	标准差
数值	0.332 5	0.963 0	0.648 2	0.659 1	0.154 6

表 7-23 各研究期京津冀"三生"功能耦合度均值

年份	2000	2005	2010	2015	2020
均值	0.541 0	0.591 4	0.655 8	0.706 4	0.746 7

根据耦合度的分类区间，汇总了京津冀区域的所有城市耦合度所属类别的占比情况，见表 7-24。

表 7-24 各研究期京津冀耦合度类型

单位：%

区间	协调程度	协调对比度	2000 年占比	2005 年占比	2010 年占比	2015 年占比	2020 年占比
[0.3, 0.4)	失调衰退	轻度失调型	15.38	0	0	0	0
[0.4, 0.5)	过渡协调	濒临失调型	15.38	23.08	15.38	15.38	7.69
[0.5, 0.6)		勉强协调型	38.46	38.46	7.69	15.38	7.69
[0.6, 0.7)		初级协调型	23.08	23.08	46.15	15.38	15.38
[0.7, 0.8)	协调发展	中级协调型	0	7.69	23.08	30.77	30.77
[0.8, 0.9)		良好协调型	7.69	0	0	15.38	15.38
[0.9, 1)		优质协调型	0	7.69	7.69	7.69	23.08

由表可见，在所有样本年份，京津冀地区并不存在极度失调型、严重失调型及中度失调型的城市，在 2005 年之后，属于轻度失调型的城市也不存在。总体来看，濒临失调型和勉强失调型的城市数量占比在减少，初级协调、中级协调型、良好协调型及优质协调型的占比在上升，这说明京津冀国土空间利用"三生"功能耦合度总体向好，向协调发展的方向迈进。

7.1.5.2 空间趋势分析

京津冀"三生"功能耦合度趋势分析图如图 7-15 所示，京津冀国土空间利用"三生"功能耦合度的地理分布在东西方向上变化较大，逐渐从由西向东先升高后下降的倒 U 形转变为东西大致相当。在南北方向，总体呈现由北向南先下降后上升的倒 U 形趋势，且这种趋势在研究期内变化不大。

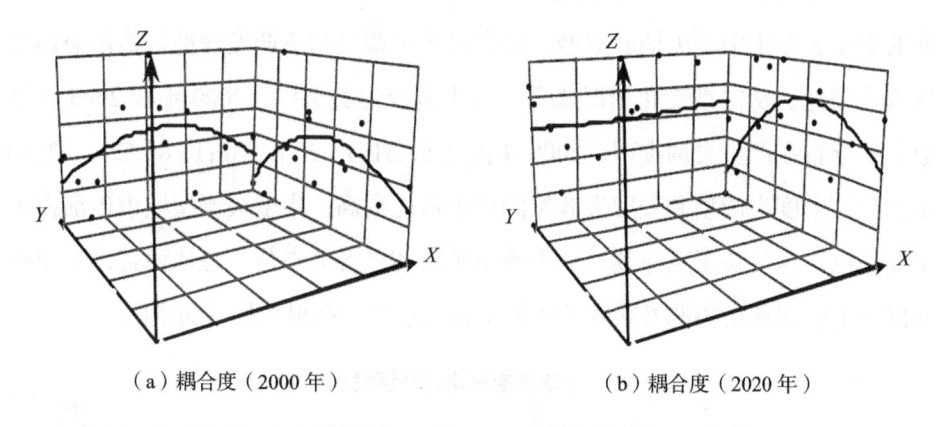

（a）耦合度（2000 年）　　　　　　（b）耦合度（2020 年）

图 7-14　京津冀"三生"功能耦合度趋势分析图

7.1.6　京津冀"三生"功能协调发展度评价结果分析

7.1.6.1　协调发展度描述性统计

基于全样本的京津冀"三生"功能协调发展度描述性统计指标见表 7-25。由表可见，全样本时期京津冀国土空间利用"三生"功能协调发展度最大值 0.374 4、最小值 0.107 0，标准差 0.068 6，这表明具有一定的时空差异性，但差异程度并不大。基于全样本的京津冀"三生"功能协调发展度描述性统计指标见表7-26。由表可见，京津冀国土空间利用协调发展度在2000—2020年呈现整体上升的趋势，平均值从0.1492增至0.2737，这表明在过去20年间京津冀国土空间利用协调发展程度稳步提升。

表 7-25　基于全样本的京津冀"三生"功能协调发展度描述性统计指标

特征指标	最小值	最大值	平均值	中位数	标准差
数值	0.107 0	0.374 4	0.211 9	0.198 5	0.068 6

表 7-26　各研究期京津冀"三生"功能协调发展度均值

年份	2000	2005	2010	2015	2020
均值	0.149 2	0.178 3	0.212 0	0.246 4	0.273 7

各研究期京津冀协调发展度类型见表7-27。由表可见，京津冀的协调发展度的类型分布集中于失调衰退型，没有过渡协调型和协调发展型，整体协调发展程度较低。从时期变化情况来看，在失调衰退类型中，2000年和2005年指数主要分布在严重失调类型，2000年占比92.31%，2005年占比84.62%，2010年之后，中度失调型和轻度失调型的城市占比提高，中度失调型城市逐渐占据主要地位，这反映了京津冀协调发展指数总体上升的态势。总体而言，京津冀地区国土空间利用协调发展度整体处于较低水平，有很大提升的空间。

表 7-27　各研究期京津冀协调发展度类型

单位：%

协调发展度区间	协调程度	协调对比度	2000年占比	2005年占比	2010年占比	2015年占比	2020年占比
[0.1, 0.2)	失调衰退	严重失调型	92.31	84.62	46.15	23.08	15.38
[0.2, 0.3)		中度失调型	7.69	7.69	46.15	61.54	53.85
[0.3, 0.4)		轻度失调型	0	7.69	7.69	15.38	30.77

7.1.6.2　空间趋势分析

京津冀"三生"功能协调发展度趋势分析图如图7-15所示。由图可知，研究期内京津冀国土空间利用"三生"功能协调发展度地理分布在南北方向上呈现先升高后降低的现象，中部地区要高于南北部地区。南北相比，2000—2010年，大体上都是北高南低的态势，但在2015年之后，南部的协调发展程度逐渐高于北部地区。研究期内各期协调发展度在东西方向的变化趋势基本一致，都是从西到东先升高后降低的趋势，中部地区高于东西部地区，且东部和西部地区的差距有所缩小。

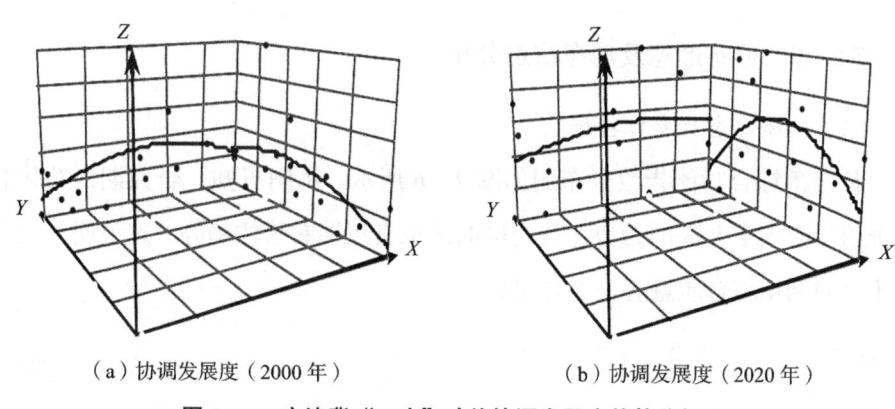

（a）协调发展度（2000年）　　　　（b）协调发展度（2020年）

图 7-15　京津冀"三生"功能协调发展度趋势分析图

7.2　长三角国土空间利用质量评价

7.2.1　长三角综合功能评价结果分析

7.2.1.1　结果的描述性统计

基于全样本的长三角综合功能指数描述性统计指标见表7-28。由表可见，长三角国土空间利用综合功能指数具有一定的时空差异性。虽然最大值与最小值之间的极差较大，即时空差异性较大，但从标准差看，这种差异性则不是很大，这说明可能存在极值。各研究期长三角综合功能指数均值见表7-29。由表可见，长三角国土空间利用综合功能指数在2000—2020年期间呈现整体上升的趋势，平均值从0.045 4增至0.129 8，年均增长率有逐渐加速的趋势，这表明长三角地区在过去20年间国土空间利用综合质量稳步提升。

表 7-28　基于全样本的长三角综合功能指数描述性统计指标

特征指标	最小值	最大值	平均值	中位数	标准差
数值	0.008 4	0.470 0	0.083 8	0.071 1	0.056 6

表 7-29　各研究期长三角综合功能指数均值

年份	2000	2005	2010	2015	2020
均值	0.045 4	0.055 6	0.080 6	0.107 7	0.129 8

7.2.1.2　分布形态及动态演进分析

（1）分布形态及变化特征

长三角综合功能指数分布图如图 7-16 所示。由图可知，研究期内箱体各特征值均有向上升高的趋势，核密度曲线也有逐期右移的趋势，这说明长三角国土空间利用综合质量有呈上升趋势。

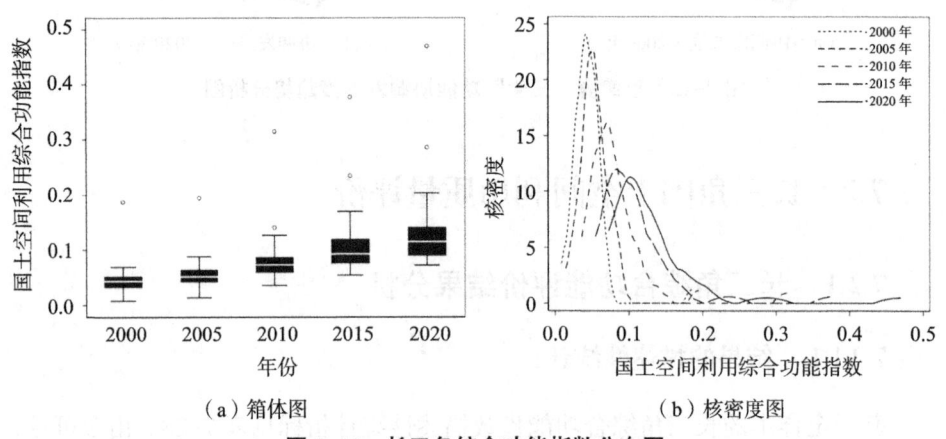

（a）箱体图　　　　　　　　　　（b）核密度图

图 7-16　长三角综合功能指数分布图

从箱体图和核密度图的形态看，箱体图上下邻值之间的差距在研究期内逐渐变大，核密度曲线的宽度逐渐变宽，这说明研究区内各城市间国土空间利用综合质量的差异呈逐渐变大趋势。2010 年之前，箱体图和核密度图均接近对称分布，但由于个别极大值的存在，有拖尾特征。2010 年之后，箱体图上相邻值逐渐远离上四分位数且极值的逐渐增加大的趋势较为明显，核密度曲呈现出明显的右偏状态且右偏程度逐渐增大，这主要由于研究区域内极大值的增加且越来越大，即区域内个别城市的国土空间利用综合质量越来越明显高于其他城市，这也是区域内国土空间利用综合质量差异性扩大的主要原因。

（2）基于马尔可夫链的跃迁分析

长三角国土空间利用综合功能指数根据马尔可夫链的转移概率矩阵见表7-30。第一行显示，研究期内，期初为类型Ⅰ的城市中有52.94%在期末跃升为类型Ⅱ，45.1%维持在类型Ⅰ，有1.96%跃升为类型Ⅲ。第二行显示，期初为类型Ⅱ的城市中有76.47%在期末跃升为类型Ⅲ，有1.96%降为类型Ⅰ，21.57%维持在类型Ⅱ。第三行显示，期初为类型Ⅲ的城市中有69.44%在期末跃升为类型Ⅳ，30.56%维持在类型Ⅲ。第四行显示，期初为类型Ⅳ的城市期末100%依然维持在类型Ⅳ。从对角线单元格上的概率可以看出，维持在类型Ⅰ、Ⅱ、Ⅲ类型的概率都比跃升为更高等级的概率低，这说明各类型城市指数间的流动性较强，从低水平类型跃至更高水平类型的难度较小，但基本不存在跨越式发展，综合功能指数下降的概率非常小，这说明长三角综合功能指数发展呈现总体向好的趋势。

表7-30　长三角2000—2020年综合功能指数马尔可夫链转移概率分布矩阵

单位：%

期初/期末	类型Ⅰ	类型Ⅱ	类型Ⅲ	类型Ⅳ
类型Ⅰ	45.10	52.94	1.96	0
类型Ⅱ	1.96	21.57	76.47	0
类型Ⅲ	0	0	30.56	69.44
类型Ⅳ	0	0	0	100.00

长三角综合功能指数的初始状态和通过转移概率分布矩阵迭代求解计算出的稳态分布见表7-31。初始分布状态下，低水平占65.85%，中低水平占31.71%，中高水平占比0%，高水平占比2.44%，在稳态分布状态下，低水平和中低水平都占比0.01%，中高水平占比0.04%，高水平占比99.94%。对比初始状态，稳态分布下Ⅰ、Ⅱ类型下降，Ⅲ、Ⅳ类型上升，类型Ⅳ占据主导地位，这表明了长三角国土空间综合利用质量向高水平发展的良好态势。

表 7-31 长三角综合功能指数的初始分布及稳态分布

单位：%

分布	类型Ⅰ	类型Ⅱ	类型Ⅲ	类型Ⅳ
初态分布	65.85	31.71	0	2.44
稳态分布	0.01	0.01	0.04	99.94

7.2.1.3 空间分布趋势分析

从如图 7-17 所示的空间趋势分布图来看，研究期内，长三角综合功能指数的地理分布在东西方向上总体呈现东高西低的趋势，且这种趋势随着时间的推移基本没有变化。趋势线随着时间的推移有变陡峭的趋势，这说明南北之间的差异越来越大。在南北方向，则呈现由南向北先升高再下降的趋势，即在南北方向，中部地区要高于南部、北部地区。2020 年之前，总体上南部要略高于北部，这种南北差异虽然在研究期内一直存在，随时间的推移却在不断缩小，在 2020 年这种差异可以基本忽略。

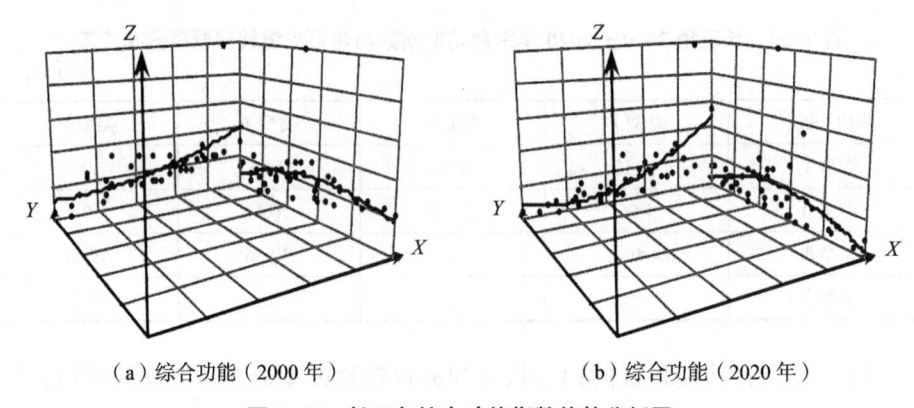

（a）综合功能（2000 年）　　　　（b）综合功能（2020 年）

图 7-17　长三角综合功能指数趋势分析图

7.2.1.4 重心迁移分析

从如图 7-18 所示的重心迁移图可以看出，2000—2020 年长三角综合功能重心的迁移范围为北纬 31°13′~31°27′，东经 119°22′~119°29′，一直在常州市内，在 2020 年迁移到宣城市附近。总体来看，重心的迁移是从北向南的轨迹，这说明研究期内长三角南部地区国土空间利用综合质量相对北部地区提升较大。

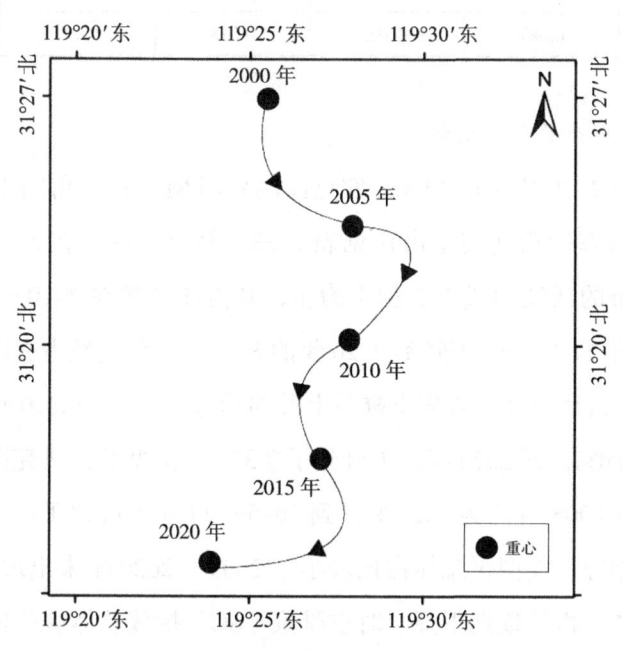

图 7-18　长三角综合功能重心迁移图

7.2.1.5　空间集聚特征及其跃迁分析

（1）空间集聚特征

基于 Global Moran's I 的空间自相关检验结果见表 7-32。由表可见，在各样本期长三角国土空间利用综合功能指数整体上存在 1% 水平下显著的空间正相关性，这说明各城市的综合功能指数会受到邻域城市的不同程度的影响。

表 7-32　长三角综合功能 Global Moran's I 及其相关参数

年份	I	$E(I)$	sd(I)	z	p-value
2000	0.048	−0.025	0.016	4.586	0
2005	0.111	−0.025	0.018	7.676	0

续表

年份	I	$E(I)$	$sd(I)$	z	p-value
2010	0.093	−0.025	0.016	7.252	0
2015	0.106	−0.025	0.018	7.186	0
2020	0.087	−0.025	0.018	6.377	0

（2）集聚形态的动态变化

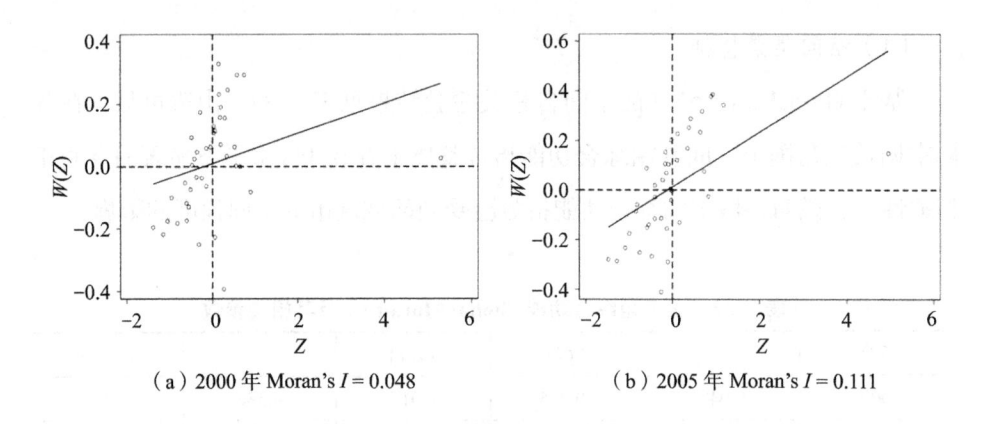

基于如图 7-19 所示的 Moran 散点图的各时期内长三角国土利用综合功能指数集聚形态的跃迁类型占比见表 7-33。结果表明，在各个时间段，长三角地区城市的跃迁形式以类型Ⅰ为主，其占比虽然在 2010—2020 略有下降，从 2010 年的 97.56% 下降到 2020 年的 85.37%，但仍然占据跃迁的主要类型。类型Ⅲ的占比总体呈现先下降后上升的趋势，2005—2010 年间类型Ⅲ从 12.2% 下降到 0%，到 2020 年又上升到了 7.32%。类型Ⅱ在研究期间占比也有波动，2000—2005 占比为 19.51%，到 2015—2020 年占比下降到 7.32%，与类型Ⅲ占比相等。类型Ⅳ总体占比较小且 2005—2020 年未出现类型Ⅳ跃迁。时空变迁（SF）指数逐期下降、时空凝聚（SC）指数总体有所提高，这说明长三角各城市综合指数空间集聚特征具有较强的稳定性，且稳定性特征越来越强。

(a) 2000 年 Moran's I = 0.048

(b) 2005 年 Moran's I = 0.111

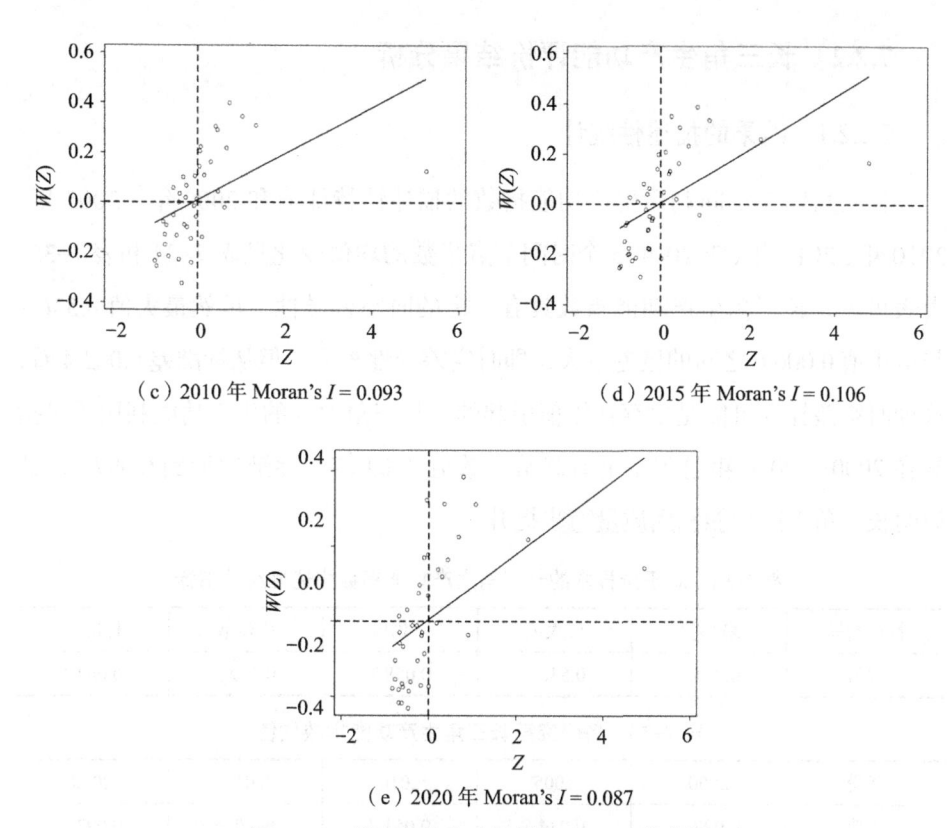

（c）2010 年 Moran's I = 0.093　　　　（d）2015 年 Moran's I = 0.106

（e）2020 年 Moran's I = 0.087

图 7-19　长三角综合功能指数 Moran 散点图

表 7-33　长三角综合功能指数集聚形态跃迁类型的概率分布

单位：%

跃迁类型	2000—2005 年	2005—2010 年	2010—2015 年	2015—2020 年
类型Ⅰ	63.41	97.56	82.93	85.37
类型Ⅱ	19.51	2.44	14.63	7.32
类型Ⅲ	12.20	0	2.44	7.32
类型Ⅳ A	4.88	0	0	0
类型Ⅳ B	0	0	0	0
SF	31.71	2.44	17.07	14.63
SC	68.29	97.56	82.93	85.37

7.2.2 长三角生产功能评价结果分析

7.2.2.1 结果的描述性统计

长三角国土空间利用生产功能指数的描述性特征值和 2000 年、2005 年、2010 年、2015 年、2020 年 5 个时间节点指数的均值变化见表 7-34 和表 7-35。由表可见，长三角生产功能指数具有一定的时空差异性。虽然最大值 0.536 9 与最小值 0.006 6 之间的极差较大，即时空差异性较大，但从标准差 0.062 4 看，这种时空差异性可能是由存在极值引起的。长三角地区的生产功能利用质量指数在 2000—2020 年呈现了上升趋势，数值从 0.027 1 逐渐增加到 0.097 5，这说明长三角生产功能利用质量稳步提升。

表 7-34 基于全样本的长三角生产功能指数描述性统计指标

特征指标	最小值	最大值	平均值	中位数	标准差
数值	0.006 6	0.536 9	0.058 3	0.039 5	0.062 4

表 7-35 各研究期长三角生产功能指数均值

年份	2000	2005	2010	2015	2020
均值	0.027 1	0.034 5	0.053 7	0.078 4	0.097 5

7.2.2.2 分布形态及动态演进分析

（1）分布形态及变化特征

长三角生产功能指数分布图如图 7-20 所示，研究期内整个箱体除下相邻值外，其他特征值均有向上的趋势，核密度曲线也有逐期右移的趋势，这说明长三角国土空间利用生产功能呈现上升趋势。从箱体图和核密度图的形态看，箱体图上下邻值之间的差距在研究期内逐渐变大，核密度曲线的宽度逐渐变宽，这说明研究区内各城市间生产功能的差异呈逐渐变大趋势。整个研究期内，生产功能指数分布呈右偏状态且程度逐渐增大，这主要是由于研究区域内有极大值的存在，即区域内个别城市的生产功能指数明显高于其他城市，这也是区域内国土空间利用生产功能差异性扩大的主要原因。

（a）箱体图　　　　　　　　　　（b）核密度图

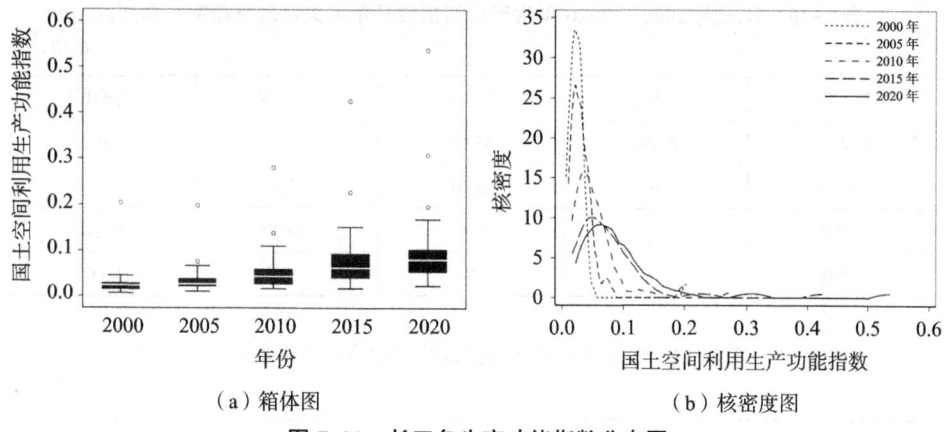

图 7-20　长三角生产功能指数分布图

（2）基于马尔可夫链的跃迁分析

长三角国土空间利用生产功能指数基于马尔可夫链的转移概率矩阵见表 7-36。由表可见，类型Ⅰ的稳定性较高，期末有 56% 的概率保持不变，38% 的概率转变为类型Ⅱ，6% 的概率转变为类型Ⅲ。类型Ⅱ的稳定性较低，在期末有 67.39% 的概率转变为类型Ⅲ，32.61% 的概率保持不变，衰落为类型Ⅰ或跃升为类型Ⅳ的概率为 0。类型Ⅲ的稳定性也较低，期末有 57.5% 的概率转变为类型Ⅳ，40% 的概率保持不变，2.5% 的概率转变为类型Ⅱ。类型Ⅳ的稳定性最高，期末有 100% 的概率保持不变，没有降级为其他类型的城市。除类型Ⅰ外，其他的类型都表现出向更高级别跃进的概率大于保持自身等级的概率，这说明了长三角区域生产功能利用质量稳中向好的发展态势。但低水平Ⅰ类型向上转移的概率相对偏小，这反映出长三角地区国土空间利用生态功能发展的两极分化现象，这一点需要引起注意。

长三角生产功能指数的初始状态和通过转移概率分布矩阵迭代求解计算出的稳态分布见表 7-37，初始分布状态下，中高水平和高水平都占比 2.44%，低水平占 56.10%，中低水平占比 39.02%，在稳态分布状态下，低水平占比 0.01%，中低水平占比 0.03%，中高水平占比 0.1%，高水平占比 99.87%。对比初始状态，稳态分布的Ⅰ、Ⅱ、Ⅲ类型概率下降，Ⅳ类型大幅上升。这表明长三角生产功能指数正处于由低、中低、中高水平向高水平转变的过程。

表 7-36　长三角 2000—2020 年生产功能指数马尔可夫链转移概率分布矩阵

单位：%

期初／期末	类型Ⅰ	类型Ⅱ	类型Ⅲ	类型Ⅳ
类型Ⅰ	56.00	38.00	6.00	0
类型Ⅱ	0	32.61	67.39	0
类型Ⅲ	0	2.50	40.00	57.50
类型Ⅳ	0	0	0	100.00

表 7-37　长三角生产功能指数的初始分布及稳态分布

单位：%

分布	类型Ⅰ	类型Ⅱ	类型Ⅲ	类型Ⅳ
初态分布	56.10	39.02	2.44	2.44
稳态分布	0.01	0.03	0.10	99.87

7.2.2.3　空间分布趋势分析

长三角地区国土空间利用生产功能指数的空间分布趋势如图 7-21 所示。总体来看，研究期内长三角生产功能指数的地理分布在南北方向呈现先升高后下降的趋势，中部地区要高于南北部地区，南北部差距并不大。在东西方向总体基本呈现由西向东先降低后升高的趋势，东部地区城市的生产功能指数要远高于西部地区城市和中部地区城市，中部地区城市的生产功能指数最低。

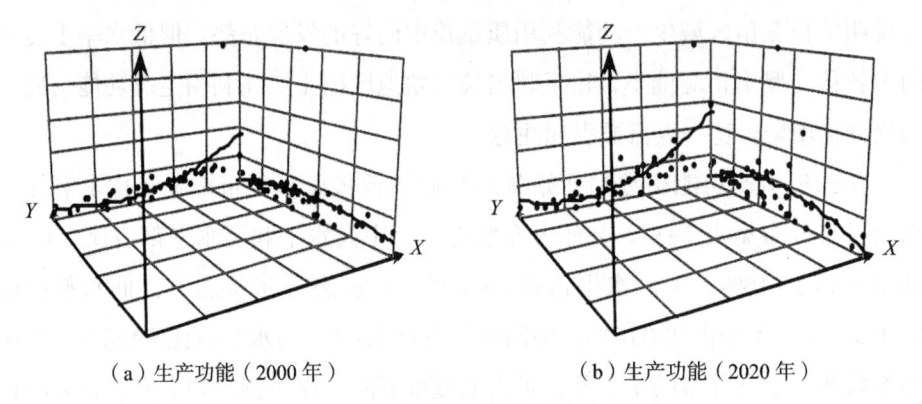

（a）生产功能（2000 年）　　　　　（b）生产功能（2020 年）

图 7-21　长三角生产功能指数趋势分析图

7.2.2.4 重心迁移分析

图 7-22 展示了长三角国土空间利用生产功能的重心迁移轨迹，可以看出，在研究期内，长三角地区生产功能的重心的迁移范围为北纬 31°13′~31°27′，东经 119°43′~119°50′，都在无锡市内移动，2005—2010 年的迁移轨迹最长。总体来看，重心的迁移呈现出一直向南的轨迹。

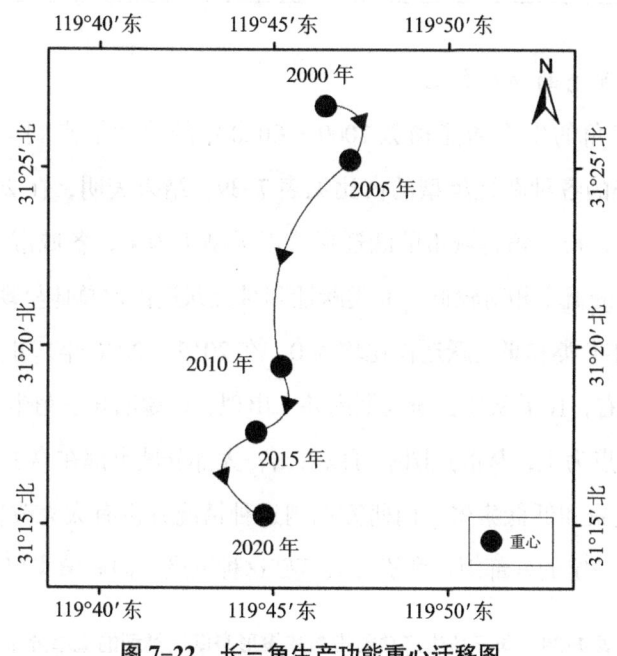

图 7-22 长三角生产功能重心迁移图

7.2.2.5 空间集聚特征及其跃迁分析

（1）空间集聚特征

长三角地区国土空间利用生产功能 Global Moran's I 结果见表 7-38，可以看出，各样本期的生产功能莫兰指数在 1% 水平下均显著为正，这说明生产功能指数具有显著的空间正相关性，呈现空间聚集状态。

表 7-38 长三角生产功能的 Global Moran's I 及其相关参数

年份	I	$E(I)$	$sd(I)$	z	p-value
2000	0.029	−0.025	0.010	5.179	0
2005	0.081	−0.025	0.015	6.997	0
2010	0.097	−0.025	0.017	7.149	0
2015	0.091	−0.025	0.017	6.667	0
2020	0.083	−0.025	0.017	6.216	0

（2）集聚形态的动态变化

基于长三角的生产功能指数 2000—2020 年的莫兰散点图（如图 7-23 所示）汇总得来的各种跃迁类型的占比见表 7-39，结果表明，在 2000—2020 年的 4 个时段内，长三角各城市的跃迁形式以类型 I 为主，各城市生产功能指数发生跳跃转移的概率相对较低。II 类跃迁和 III 类跃迁占比总体呈现下降的趋势，2005—2010 年 II 类和 III 类跃迁占比均为 0，在 2015—2020 年，II 类和 III 类占比总和在 7% 左右，IV 类跃迁在研究期内并未出现，这说明长三角生产功能指数以时空凝聚的特点为主，从散点图中可以看出，大部分城市都在第 1、3 象限之中，也就是高高集聚和低低集聚，而研究期内这种情况并没有太大改善，低低集聚内的城市需要一定的外部因素和资源去打破这种壁垒，向高值集聚状态跃迁。

表 7-39 长三角生产功能指数集聚形态跃迁类型的概率分布

单位：%

跃迁类型	2000—2005 年	2005—2010 年	2010—2015 年	2015—2020 年
类型 I	85.37	100.00	82.93	92.68
类型 II	9.76	0	9.76	4.88
类型 III	4.88	0	7.32	2.44
类型 IV A	0	0	0	0
类型 IV B	0	0	0	0
SF	14.63	0	17.07	7.32
SC	85.37	100.00	82.93	92.68

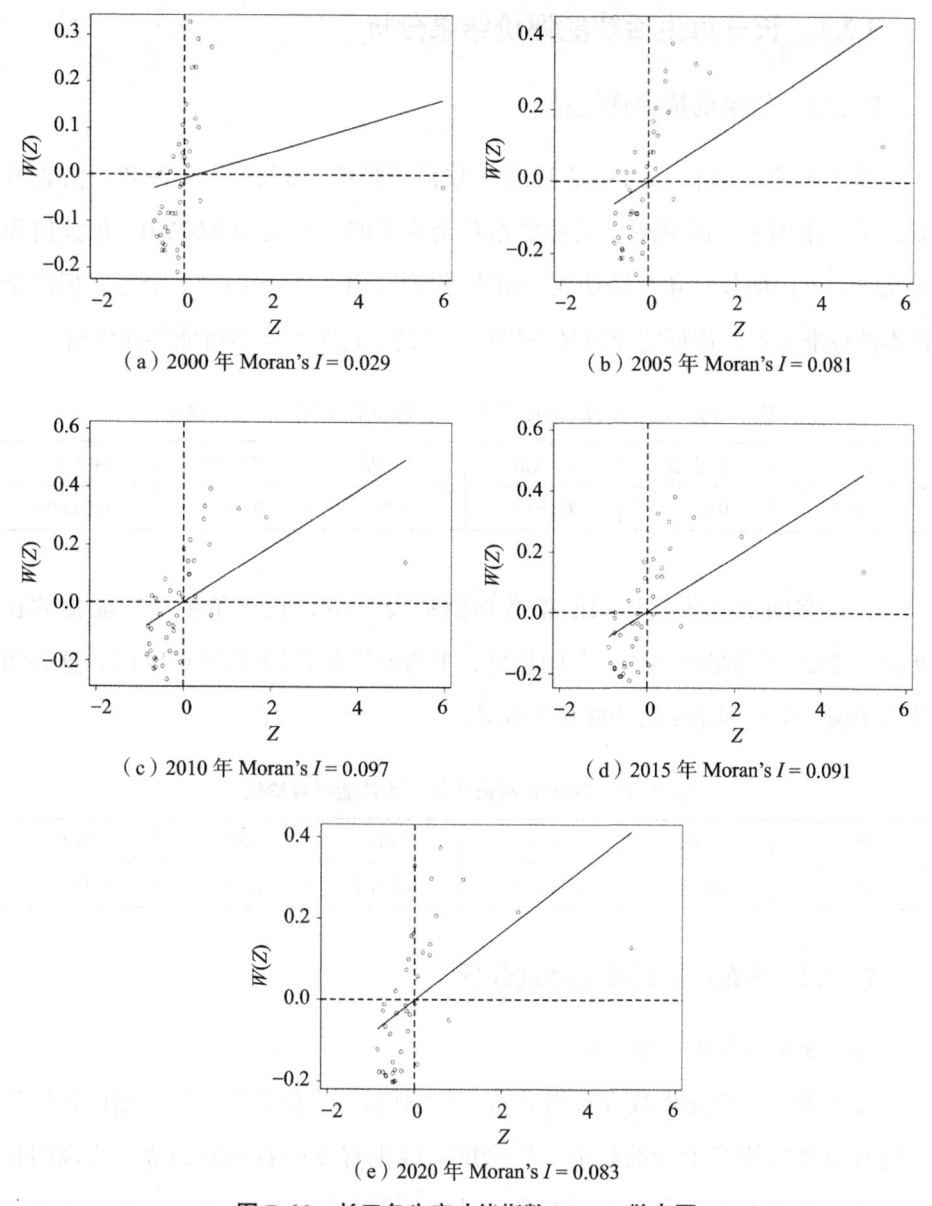

第 7 章　三大重大战略区域国土空间利用质量评价

（a）2000 年 Moran's I = 0.029

（b）2005 年 Moran's I = 0.081

（c）2010 年 Moran's I = 0.097

（d）2015 年 Moran's I = 0.091

（e）2020 年 Moran's I = 0.083

图 7-23　长三角生产功能指数 Moran 散点图

7.2.3 长三角生活功能评价结果分析

7.2.3.1 结果的描述性统计

基于全样本的长三角生活功能指数描述性统计指标见表7-40。由表可见，长三角国土空间利用生活功能指数全样本的最小值为0.020 0，最大值为0.293 0，这说明长三角生活功能利用质量指数具有一定的时空差异性，但从全样本的标准差看，数据的分布又是相对集中的，这说明样本可能存在极值。

表7-40 基于全样本的长三角生活功能指数描述性统计指标

特征指标	最小值	最大值	平均值	中位数	标准差
数值	0.020 0	0.293 0	0.098 8	0.098 0	0.040 0

各研究期长三角生活功能指数均值见表7-41，长三角生活功能指数在2000—2020年间呈现整体上升的趋势，平均值从0.057 8增至0.144 3，这表明长三角国土空间利用生活功能稳步提升。

表7-41 各研究期长三角生活功能指数均值

年份	2000	2005	2010	2015	2020
均值	0.057 8	0.069 8	0.100 3	0.122 0	0.144 3

7.2.3.2 分布形态及动态演进分析

（1）分布形态及变化特征

长三角生活功能指数分布图如图7-24所示，除极值外，研究期内箱体其他特征值整体均有上升的趋势，核密度曲线也有逐期右移的趋势，这说明长三角生活功能利用质量呈上升趋势。从箱体图和核密度图的形态看，箱体图上下邻值之间的差距在研究期内呈现波动下降的趋势，核密度曲线的峰值波动上升，这说明研究区内各城市间生活功能利用质量的差异呈逐渐变小的趋势。2005年、2015年及2020年，箱体图和核密度图均接近对称分布，2005

年和2010年，核密度曲线则呈现出明显的右偏状态，这主要是因为研究区域内极大值的存在，即区域内个别城市的生活功能利用质量明显高于其他城市。

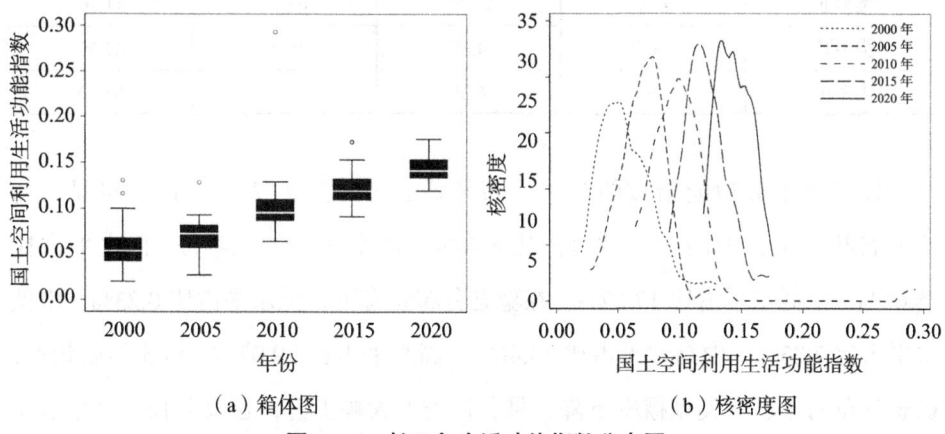

（a）箱体图　　　　　　　　　　　（b）核密度图

图7-24　长三角生活功能指数分布图

（2）基于马尔可夫链的跃迁分析

长三角生活功能指数基于马尔可夫链的转移概率矩阵见表7-42。由表可见，期初为类型Ⅰ的城市，在期末保持自身状态的概率为37.25%，在期末跃升为类型Ⅱ的概率为58.82%，跃升为类型Ⅲ的概率为3.92%，跃升为类型Ⅳ的概率为0。而在期初为类型Ⅱ的城市，在期末降级为类型Ⅰ的概率为1.96%，保持自身状态的概率为21.57%，跃升为类型Ⅲ的概率为64.71%，到类型Ⅳ的概率为11.76%。期初为类型Ⅲ的城市在期末保持自身状态的概率为28.26%，跃升为类型Ⅳ的概率为67.39%，降级为类型Ⅱ的概率较小，为4.35%。期初为类型Ⅳ的城市期末保持自身的状态的概率为87.5%，降级为类型Ⅱ和Ⅲ的概率都为6.25%。总体来说，长三角各城市生活功能指数在期末向更高一级的状态跃迁的概率要大于保持自身状态和降级的概率，但很少直接跨越两个等级，这说明生活功能指数发展呈上升的总体态势，但不存在"跨越式发展"。同时，需要注意，仍有部分城市向低一级甚至低两级的水平转移。

表 7-42　长三角 2000—2020 年生活功能指数马尔可夫链转移概率分布矩阵

单位：%

期初/期末	类型Ⅰ	类型Ⅱ	类型Ⅲ	类型Ⅳ
类型Ⅰ	37.25	58.82	3.92	0
类型Ⅱ	1.96	21.57	64.71	11.76
类型Ⅲ	0	4.35	28.26	67.39
类型Ⅳ	0	6.25	6.25	87.50

长三角生活功能指数的初始分布及稳态分布见表 7-43。由表可见，初始分布状态下，中高水平城市占比 4.88%，高水平占比 2.44%，低水平占比 75.61%，中低水平占比 17.07%。在稳态分布状态下，低水平占比 0.23%，中低水平占比 7.23%，中高水平占比 13.46%，高水平占比 79.07%。对比初始状态，稳态分布的Ⅰ、Ⅱ类型概率下降，Ⅲ、Ⅳ类型大幅上升，这表明长三角生活功能未来呈由低水平向高水平发展的趋势。

表 7-43　长三角生活功能指数的初始分布及稳态分布

单位：%

分布	类型Ⅰ	类型Ⅱ	类型Ⅲ	类型Ⅳ
初态分布	75.61	17.07	4.88	2.44
稳态分布	0.23	7.23	13.46	79.07

7.2.3.3　空间分布趋势分析

长三角地区国土空间利用生活功能的三维趋势图如图 7-25 所示。总体来看，研究期内，长三角生活功能指数的地理分布在南北方向上呈现从北到南先升高后下降的趋势，中部地区高于南北部。南北相比，2000—2015 年，南部略高于北部地区，2020 年北部地区反超南部。在东西方向上除 2010 年趋势线表现出从西到东逐渐升高的趋势外，其他年份均是从西到东先升高后下降的趋势，即中部地区高于东部和西部，就东部和西部而言，2020 年以前，东部略高于西部地区，2020 年东西部较为均衡。

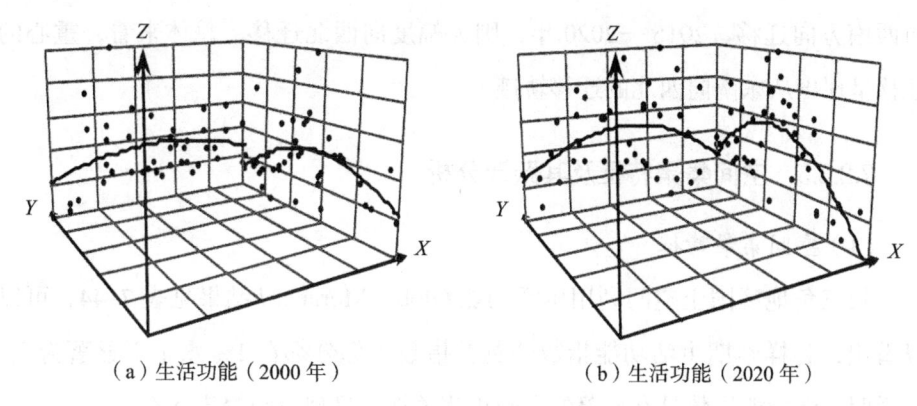

第 7 章　三大重大战略区域国土空间利用质量评价

（a）生活功能（2000 年）　　　　　　（b）生活功能（2020 年）

图 7-25　长三角生活功能指数趋势分析图

7.2.3.4　重心迁移分析

长三角地区国土空间利用生活功能的重心迁移图如图 7-26 所示。

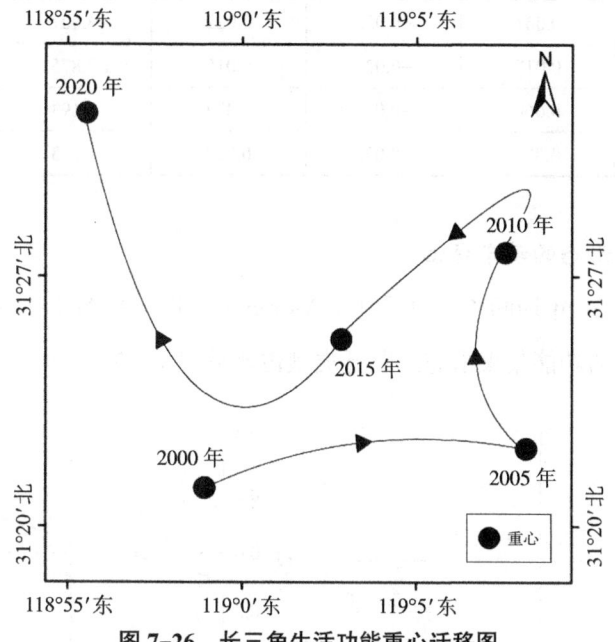

图 7-26　长三角生活功能重心迁移图

由图可知，在研究期内，重心的迁移范围为北纬 31°20′~31°34′，东经 118°54′~119°9′，且都在南京市内移动，2000—2005 年，向东方向迁移至南京市与常州市边界附近，2005—2010 年，转向北迁移，2010 年—2015 年，又转

· 251 ·

向西南方向迁移，2015—2020年，则大幅度向西北迁移。总体来看，重心的迁移呈现出从东南向西北的迁移轨迹。

7.2.3.5 空间集聚特征及其跃迁分析

（1）空间集聚特征

长三角地区国土空间利用生活功能 Global Moran's I 结果见表7-44，可以以看出，各样本期生活功能指数的莫兰指数大部分都在1%水平下显著为正，这说明生活功能指数具有显著的空间正相关性，呈现空间聚集状态。

表7-44　长三角生活功能 Global Moran's I 及其相关参数

年份	I	$E(I)$	$sd(I)$	z	p-value
2000	0.019	−0.025	0.022	2.019	0.022
2005	0.061	−0.025	0.022	4.007	0
2010	0.017	−0.025	0.015	2.875	0.002
2015	0.066	−0.025	0.022	4.193	0
2020	0.081	−0.025	0.022	4.783	0

（2）集聚形态的动态变化

2000—2020年期间4个时段基于 Moran 散点图（如图7-27所示）的长三角国土利用生活功能集聚形态的跃迁类型占比见表7-45。

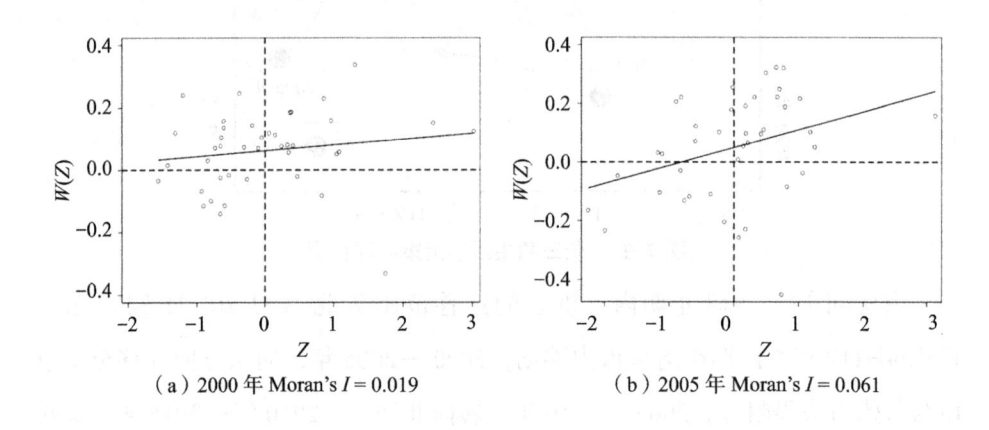

(a) 2000年 Moran's I = 0.019　　　　(b) 2005年 Moran's I = 0.061

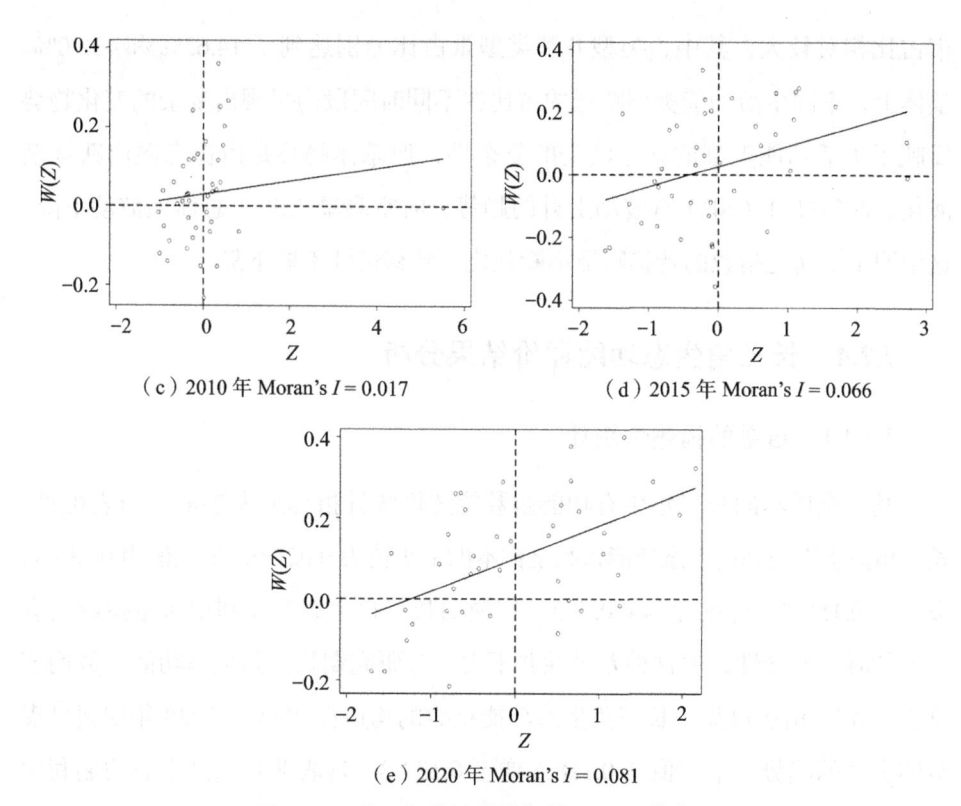

(c) 2010 年 Moran's I = 0.017   (d) 2015 年 Moran's I = 0.066

(e) 2020 年 Moran's I = 0.081

图 7-27　长三角生活功能指数 Moran 散点图

表 7-45　长三角生活功能指数集聚形态跃迁类型的概率分布

单位：%

跃迁类型	2000—2005 年	2005—2010 年	2010—2015 年	2015—2020 年
类型 I	60.98	78.05	65.85	34.15
类型 II	14.63	14.63	17.07	14.63
类型 III	21.95	7.32	14.63	43.90
类型 IV A	2.44	0	0	7.32
类型 IV B	0	0	2.44	0
SF	36.59	21.95	31.71	58.54
SC	63.41	78.05	65.85	41.46

可以看出，2000—2015 年，研究时段内 I 类跃迁占比相对较大，这说明此期间大多城市并未发生跃迁。随着时间的推移，至 2020 年发生了跃迁的城

市占比相对较大，其中，类型Ⅱ和类型Ⅲ占比分别达到了 14.63% 和 43.90%。整体上，不同生活功能类型跃迁的占比在不同时间段内呈现出复杂的变化趋势，反映了生活功能类型的动态演变的复杂性，但总体趋势是由稳态向活跃逐渐演化。时空变迁（SF）有波动上升的趋势，时空凝聚（SC）总体上波动下降，这说明生活功能指数的转移特征不断强化，转移惰性不断下降。

7.2.4 长三角生态功能评价结果分析

7.2.4.1 结果的描述性统计

基于全样本的长三角生态功能指数描述性统计指标见表 7-46。由表可见，长三角国土空间利用生态功能指数全样本的最小值为 0.025 9，最大值为 0.183 9，极差为 0.158 0，标准差为 0.028 3，这说明长三角生态功能利用质量指数具有一定的时空差异性，但这种差异性并不大。各研究期长三角生态功能指数均值见表 7-47。由表可见，长三角生态功能指数的均值在 2000—2020 年期间呈现整体上升的趋势，平均值从 0.118 6 增至 0.132 3，这表明长三角生态功能利用质量指数稳步提升，但总体水平仍然较低，且提升幅度较小。

表 7-46 基于全样本的长三角生态功能指数描述性统计指标

特征指标	最小值	最大值	平均值	中位数	标准差
数值	0.025 9	0.183 9	0.125 7	0.127 1	0.028 3

表 7-47 各研究期长三角生态功能指数均值

年份	2000	2005	2010	2015	2020
均值	0.118 6	0.122 5	0.124 1	0.131 1	0.132 3

7.2.4.2 分布形态及动态演进分析

（1）分布形态及变化特征

长三角生态功能指数分布图如图 7-28 所示。由图可知，研究期内箱体各特征值变化趋势一致性较差，上相邻值变化较小，中位数和下相邻值以 2005

年和 2010 年为拐点，呈小幅波动上升趋势，核密度曲线 2020 年相对于 2000 年总体上有右移的趋势，这说明了长三角生态功能利用质量有略微上升的趋势。从箱体图和核密度图的形态看，箱体图上下邻值之间的差距在研究期内先变小后变大再缩小，核密度曲线的峰值先略微升高再下降后升高，曲线的宽度变化不明显，这说明研究区内各城市间生态功能利用质量的差异也先缩小后扩大再缩小，总体差异程度变化不大。在样本期内，核密度曲线呈现出明显的左偏状态且左偏程度逐渐缩小，这说明研究区域内在研究期初具有极小值的存在，即区域内个别城市的生态功能利用质量指数明显小于其他城市，但研究期末这种特征相对减弱。

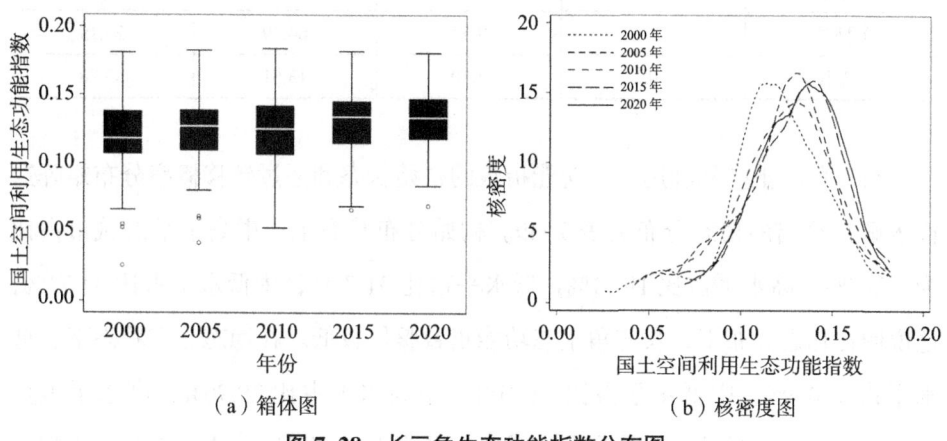

图 7-28 长三角生态功能指数分布图

（2）基于马尔可夫链的跃迁分析

长三角国土空间利用生态功能指数基于马尔可夫链的转移概率分布矩阵见表 7-48。从第一行来看，研究期内，类型 I 维持自身水平状态的概率为 83.72%，向类型 II 转移的概率为 13.95%，向类型 III 转移的概率为 2.33%。从第二行来看，类型 II 保持自身水平状态的概率为 64.29%，向上跃升为类型 III 和类型 IV 的概率分别为 26.19% 和 4.76%，降为类型 I 的概率为 4.76%。从第三行来看，类型 III 保持自身水平状态的概率为 64.29%，期末向上跃迁为类型 IV 的概率为 26.19%，降为类型 II 的概率为 9.52%。从第四行来看，类型 IV 保持自身水平状态的概率为83.78%，降为类型Ⅲ和类型Ⅱ的概率分别为13.51%和2.7%。纵览2000—2020年4种类型的转移概率，对角线数值区间为64.29%~83.78%，明显高于同行其他数值，这说明各种类型状态相对稳定，路径依赖特征使得城市之间生态功能指数之间流动性较低，后续应采取更为有力的措施，促进国土空间利用生态功能大幅提升。

表7-48　长三角2000—2020年生态功能指数马尔可夫链转移概率分布矩阵

单位：%

期初/期末	类型Ⅰ	类型Ⅱ	类型Ⅲ	类型Ⅳ
类型Ⅰ	83.72	13.95	2.33	0
类型Ⅱ	4.76	64.29	26.19	4.76
类型Ⅲ	0	9.52	64.29	26.19
类型Ⅳ	0	2.70	13.51	83.78

长三角国土空间利用生态功能指数的初始状态和通过转移概率分布矩阵迭代求解计算出的稳态分布见表7-49。初始分布状态下，中高水平的城市占比为17.07%，高水平占比19.51%，低水平占比31.71%，中低水平占比31.71%，这说明在初态分布下，长三角生态功能指数整体较低。在稳态分布状态下，低水平占比4.4%，中低水平占比13.71%，中高水平占比29.96%，高水平占比51.92%。对比初始状态，稳态分布的Ⅰ、Ⅱ类型概率下降，Ⅲ、Ⅳ类型大幅上升。这表明长三角生态功能指数正处于由低、中低、中高水平向高水平转变的过程，按照样本考察期间的分布演进规律，未来区域国土空间利用生态功能呈现整体向更高的水平迈进的态势。

表7-49　长三角生态功能指数的初始分布及稳态分布

单位：%

分布	类型Ⅰ	类型Ⅱ	类型Ⅲ	类型Ⅳ
初态分布	31.71	31.71	17.07	19.51
稳态分布	4.40	13.71	29.96	51.92

7.2.4.3 空间分布趋势分析

长三角地区国土空间利用生态功能指数的趋势分布如图 7-29 所示。总体来看，研究期内，长三角生态功能指数的地理分布在南北方向上呈现南高北低的特征，即从北到南逐渐升高的趋势，南部城市的指数值要明显大于北部城市。在东西方向总体基本呈现东高西低的特征，趋势线呈现从西到东先升高后下降的趋势，中部地区的生态功能利用质量要高于东西部地区。就东西地区而言，东部地区要略高于西部地区。

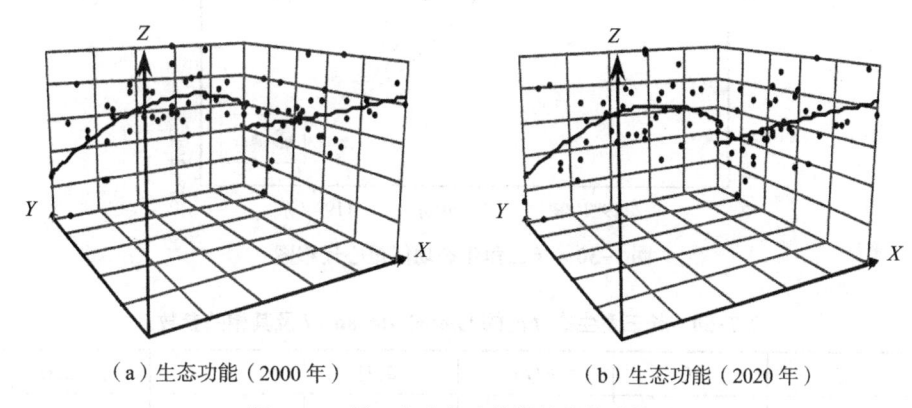

（a）生态功能（2000 年） （b）生态功能（2020 年）

图 7-29 长三角生态功能指数趋势分析图

7.2.4.4 重心迁移分析

长三角生态功能的重心迁移轨迹如图 7-30 所示。由图可知，生态功能重心在这 20 年间总体由东南向西北方向迁移，先是向北移动，然后又逐渐向南迁移，最后再向北迁移。重心的迁移范围为北纬 31°10′~31°20′，东经 119°~119°10′，都在南京市内迁移。

7.2.4.5 空间集聚特征及其跃迁分析

（1）空间集聚特征

基于 Global Moran's I 的空间自相关检验见表 7-50。

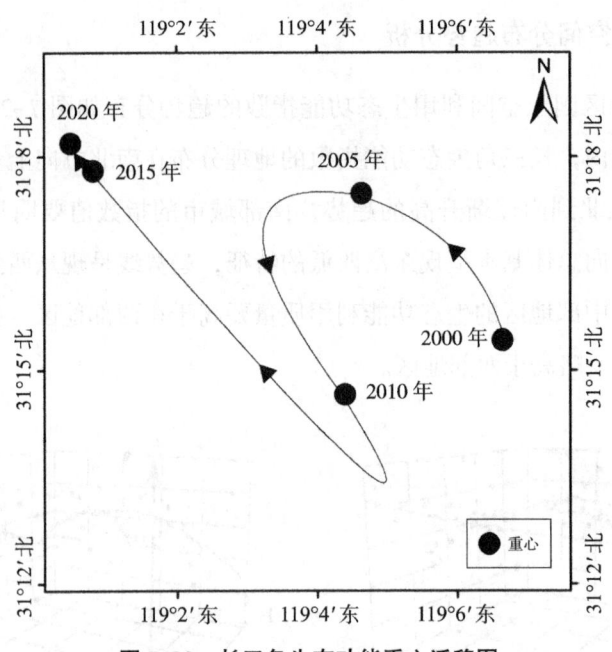

图 7-30 长三角生态功能重心迁移图

表 7-50 长三角生态功能的 Global Moran's I 及其相关参数

年份	I	$E(I)$	$sd(I)$	z	p-value
2000	0.112	−0.025	0.022	6.339	0
2005	0.112	−0.025	0.022	6.298	0
2010	0.145	−0.025	0.022	7.749	0
2015	0.113	−0.025	0.022	6.292	0
2020	0.124	−0.025	0.022	6.806	0

由表可见，在各个样本期长三角地区国土空间利用生态功能指数整体上存在 1% 水平下显著的空间正相关性，这说明各观测城市的生态功能指数会受到邻域的影响。

（2）集聚形态的动态变化

基于 Moran 散点图（如图 7-31 所示）汇总出的各时期内长三角生态功能集聚形态的跃迁类型占比见表 7-51。可以看出，各城市之间生态功能指数的时空演进特征总体上呈现集聚（HH、LL）与分异（HL、LH）并存的状态。

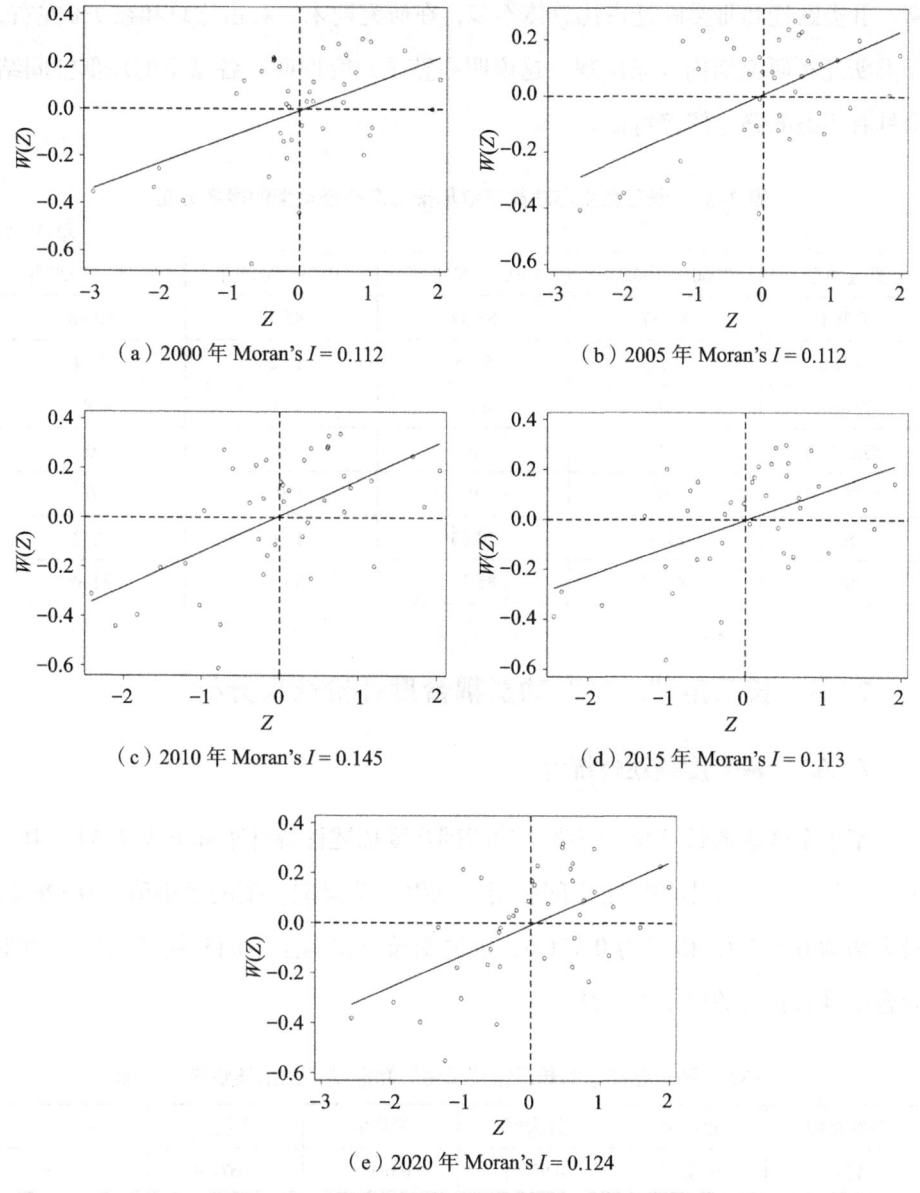

(a) 2000 年 Moran's I = 0.112

(b) 2005 年 Moran's I = 0.112

(c) 2010 年 Moran's I = 0.145

(d) 2015 年 Moran's I = 0.113

(e) 2020 年 Moran's I = 0.124

图 7-31　长三角生态功能指数 Moran 散点图

由表 7-51 可知，2000—2020 年长三角生态功能指数的空间关联格局相对稳定，不同类型之间的跃迁较少，整体呈现出一定的转移惰性。在 4 种时空跃迁类型中，属于 I 类型的城市数量最多，最低的概率为 85.37%，空间凝聚度较高。Ⅱ类跃迁和Ⅲ类跃迁占比总体不多，在研究期末二者占比总和在 7% 左右，Ⅳ类跃迁在研究期内并未出现。这说明在整个研究期间，各城市的局部空间结构具有明显的路径依赖特征。

表 7-51 长三角生态功能指数集聚形态跃迁类型的概率分布

单位：%

跃迁类型	2000—2005 年	2005—2010 年	2010—2015 年	2015—2020 年
类型Ⅰ	85.37	85.37	85.37	92.68
类型Ⅱ	14.63	9.76	12.20	2.44
类型Ⅲ	0	4.88	2.44	4.88
类型ⅣA	0	0	0	0
类型ⅣB	0	0	0	0
SF	14.63	14.63	14.63	7.32
SC	85.37	85.37	85.37	92.68

7.2.5 长三角"三生"功能耦合度评价结果分析

7.2.5.1 耦合度描述性统计

基于全样本的长三角"三生"功能耦合度描述性统计指标见表 7-52。由表可见，长三角全样本的国土空间利用"三生"功能耦合度的最小值为 0.326 2，最大值为 0.977 8，极差为 0.651 6，这说明长三角国土空间利用"三生"功能耦合度具有较大的时空差异性。

表 7-52 基于全样本的长三角"三生"功能耦合度描述性统计指标

特征指标	最小值	最大值	平均值	中位数	标准差
数值	0.326 2	0.977 8	0.666 1	0.672 9	0.144 9

各研究期长三角生态功能指数均值见表 7-53，长三角国土空间利用"三生"功能耦合度平均值从 0.534 6 增至 0.757 3，呈现整体上升的趋势，这表明长三角地区在过去 20 年间国土空间利用协调程度稳步提升。

表 7-53　各研究期长三角生态功能指数均值

年份	2000	2005	2010	2015	2020
均值	0.534 6	0.590 4	0.698 3	0.749 9	0.757 3

根据协调发展度的分类区间，汇总了长三角地区各城市耦合度协调程度所属类别的占比，见表 7-54，在失调衰退和过渡协调两个协调程度类型中，各种类型协调对比度占比随时间的推移逐渐下降，并没有极度失调型、严重失调型、中度失调型的城市，轻度失调型的城市在 2010 年之后也消失。濒临失调型和勉强协调型的城市在初期有 50%~60% 的占比，但到了 2020 年，这两个类型的占比总和只占到 10% 左右。在后期，大部分的城市类型集中于协调发展类型。其中，初级协调、中级协调及良好协调型城市在 2020 年占比总和超过 80%，在 2010 年之后，优质协调型的城市开始出现，这体现出长三角耦合度整体向好的发展态势。

表 7-54　各研究期长三角耦合度类型

单位：%

区间	协调程度	协调对比度	2000 年占比	2005 年占比	2010 年占比	2015 年占比	2020 年占比
[0.3, 0.4)	失调衰退	轻度失调型	12.20	7.32	0	0	0
[0.4, 0.5)	过渡协调	濒临失调型	29.27	12.20	7.32	2.44	2.44
[0.5, 0.6)		勉强协调型	29.27	26.83	12.20	17.07	7.32
[0.6, 0.7)		初级协调型	24.39	41.46	24.39	7.32	26.83
[0.7, 0.8)	协调发展	中级协调型	2.44	7.32	36.59	36.59	21.95
[0.8, 0.9)		良好协调型	2.44	4.88	17.07	26.83	36.59
[0.9, 1)		优质协调型	0	0	2.44	9.76	4.88

7.2.5.2　空间趋势分析

长三角"三生"功能耦合度趋势分析图如图 7-32 所示。由图可知，总体来看，研究期内，长三角地区国土空间利用耦合度的地理分布在南北方向呈现北高南低的现象，具体来说，趋势线从北到南逐渐降低，北部地区的耦合度明显高于南部地区。在东西方向总体呈现东高西低的趋势，2000—2005年，趋势线由西向东先下降后上升，中部地区低于东西部地区。2010年，趋势线自西向东逐渐上升，2015—2020年，趋势线从西到东先上升后下降，中部地区高于东西部地区。就东部和西部地区而言，期初两个地区水平相当，期末则东部地区相对较高。

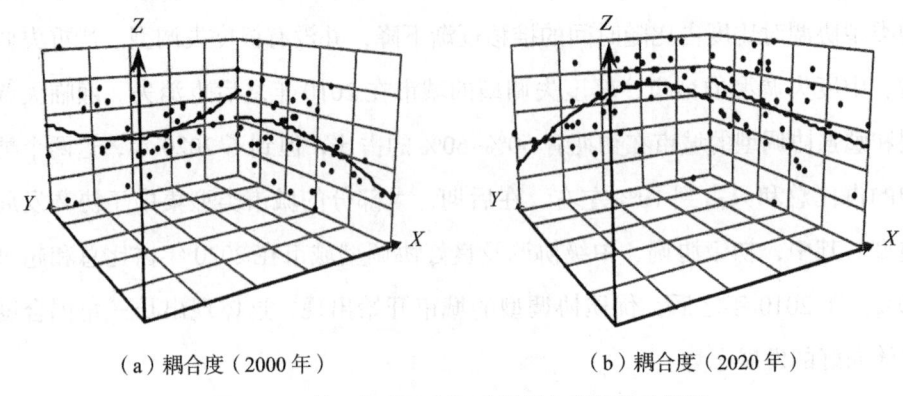

（a）耦合度（2000年） （b）耦合度（2020年）

图7-32 长三角"三生"功能耦合度趋势分析图

7.2.6 长三角"三生"功能协调发展度评价结果分析

7.2.6.1 协调发展度描述性统计

基于全样本的长三角"三生"功能协调发展度描述性统计指标见表7-55，长三角国土空间利用协调发展度全样本的最小值为0.082 2，最大值为0.476 0，极差为0.393 8，这说明长三角国土空间"三生"功能协调发展度具有一定的时空差异性，但从标准差看，极值的存在可能是导致时空差异的主要原因。

表7-55 基于全样本的长三角"三生"功能协调发展度描述性统计指标

特征指标	最小值	最大值	平均值	中位数	标准差
数值	0.082 2	0.476 0	0.229 0	0.217 7	0.083 1

各研究期长三角"三生"功能协调发展度均值见表7-56，长三角国土空间

"三生"功能协调发展度在 2000—2020 年平均值从 0.151 4 增至 0.305 6，这表明长三角地区国土空间利用协调发展程度稳步提升。

表 7-56 各研究期长三角"三生"功能协调发展度均值

年份	2000	2005	2010	2015	2020
均值	0.151 4	0.177 6	0.232 5	0.277 9	0.305 6

各研究期长三角协调发展度类型见表 7-57。由表可见，长三角协调发展度的类型分布相对集中，其中并没有属于协调发展类型的城市，在 2010 年之后也才出现过渡协调类型中的濒临协调型的城市，但占比也较少，最高达到 9.76%。大部分的城市仍属于失调衰退型，在初期，大部分的城市属于严重失调型，最大占比达到了 78.05%，而到了后期，大部分的城市跃迁到了中度失调型和轻度失调型，其中 2020 年轻度失调型的比例为 43.9%，属于中度失调型的比例为 46.34%，二者总和达到了 90.24%，这也说明了长三角协调发展度的整体态势，只是整体的水平还有待提高。

表 7-57 各研究期长三角协调发展度类型

单位：%

区间	协调程度	协调对比度	2000 年占比	2005 年占比	2010 年占比	2015 年占比	2020 年占比
[0, 0.1)	失调衰退	极度失调型	9.76	2.44	0	0	0
[0.1, 0.2)		严重失调型	78.05	70.73	31.71	17.07	0
[0.2, 0.3)		中度失调型	9.76	24.39	58.54	46.34	46.34
[0.3, 0.4)		轻度失调型	2.44	2.44	7.32	31.71	43.90
[0.4, 0.5)	过渡协调	濒临失调型	0	0	2.44	4.88	9.76

7.2.6.2 空间趋势分析

长三角"三生"功能协调发展度趋势分析图如图 7-33 所示。由图可知，总体来看，研究期内，长三角国土空间利用"三生"功能协调发展度的地理分布在南北方向上呈现自北向南先上升后下降的趋势，这一趋势在样本期内保持一致。就南部、北部地区而言，2010年之前，南部地区的国土空间利用协调发展程度高于北部地区，2010之后，北部地区逐渐高于南部地区。在东西方向总体呈现东高西低的趋势，且东部和西部地区的差距进一步扩大，整个研究期内这种东西方向上的趋势基本没有变化，只是东高西低的特征更加明显。

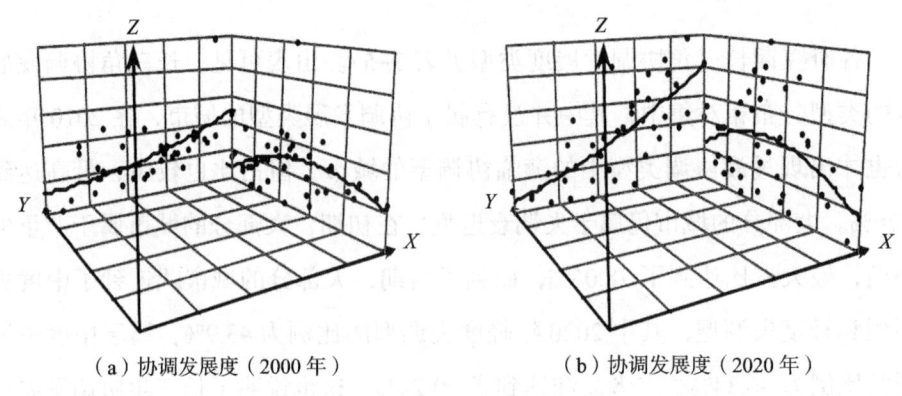

（a）协调发展度（2000年）　　　　（b）协调发展度（2020年）

图7-33　长三角"三生"功能协调发展度趋势分析图

7.3　粤港澳国土空间利用质量评价[1]

7.3.1　粤港澳综合功能评价结果分析

7.3.1.1　结果的描述性统计

基于全样本的粤港澳综合功能指数描述性统计指标见表7-58。由表可见，粤港澳国土空间利用综合功能指数具有明显的时空差异性。

表7-58　基于全样本的粤港澳综合功能指数描述性统计指标

特征指标	最小值	最大值	平均值	中位数	标准差
数值	0.044 6	0.680 0	0.157 8	0.103 8	0.136 7

---

[1] 由于粤港澳地区样本城市数量太少（9个），因此不再进行集聚特征分析。

各研究期粤港澳综合功能指数均值见表 7-59。由表可见，粤港澳国土空间利用综合功能指数在 2000—2020 年期间呈现整体上升的趋势，平均值从 0.068 2 增至 0.247 2，尤其是 2000—2015 年，年均增长率有逐渐加速的趋势，在 2015 年之后则趋于稳定。

表 7-59　各研究期粤港澳综合功能指数均值

年份	2000	2005	2010	2015	2020
均值	0.068 2	0.101 3	0.147 5	0.224 9	0.247 2

7.3.1.2　分布形态及动态演进分析

（1）分布形态及变化特征

粤港澳综合功能指数分布图如图 7-34 所示。由图可知，研究期内，箱体图各种特征值均呈上升趋势，核密度曲线右移，这说明粤港澳国土空间综合利用质量有明显上升的趋势。核密度曲线峰值下降，宽度变宽，且右偏状态越来越明显，这说明国土空间综合利用质量区域差异变大，存在极大值，箱体图也显示有极大值的存在且极值增长速度较快，这也是导致区域国土空间综合利用质量差异性越来越大的主要原因。

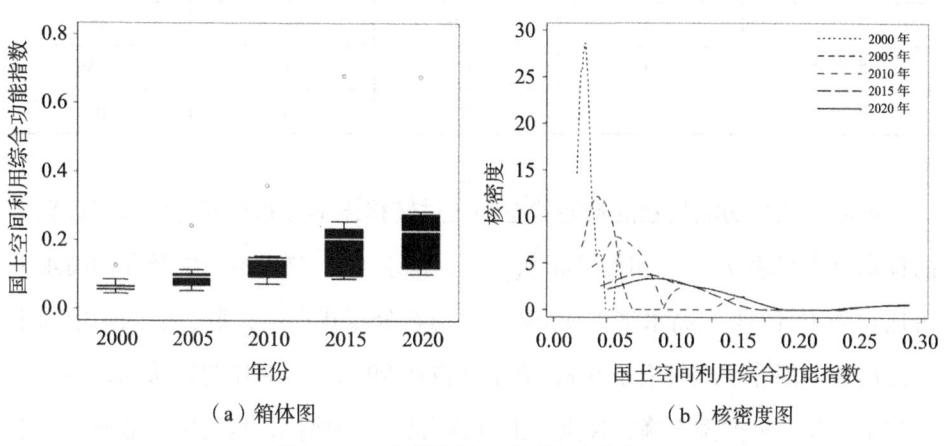

（a）箱体图　　（b）核密度图

图 7-34　粤港澳综合功能指数分布图

(2) 基于马尔可夫链的跃迁分析

粤港澳国土空间利用综合功能指数基于马尔可夫链的转移概率分布矩阵见表7-60。第一行显示，研究期内，综合功能指数在期初为类型Ⅰ的城市中有54.55%在期末跃升为类型Ⅱ，36.36%维持在类型Ⅰ，有9.09%跃升为类型Ⅲ。第二行显示，期初为类型Ⅱ的城市中有55.56%在期末跃升为类型Ⅲ，有44.44%维持在类型Ⅱ。第三行显示，期初为类型Ⅲ的城市中有55.56%在期末跃升为类型Ⅳ，44.44%维持在类型Ⅲ。第四行显示，期初为类型Ⅳ的城市期末100%依然维持在类型Ⅳ。从对角线单元格上的概率可以看出，维持在类型Ⅰ、Ⅱ、Ⅲ3个类型的概率都比跃升为更高等级的概率略低，这说明各类型城市指数间的流动性比较强，从低水平类型跃至更高水平类型的难度相对较小，但跨越式发展的仅有少部分Ⅰ类型转为Ⅲ类型，而综合功能指数基本没有向下跃迁的情况，这说明粤港澳综合功能指数发展呈现总体向好的趋势。

表7-60　粤港澳2000—2020年综合功能指数马尔可夫链转移概率分布矩阵

单位：%

期初/期末	类型Ⅰ	类型Ⅱ	类型Ⅲ	类型Ⅳ
类型Ⅰ	36.36	54.55	9.09	0
类型Ⅱ	0	44.44	55.56	0
类型Ⅲ	0	0	44.44	55.56
类型Ⅳ	0	0	0	100.00

粤港澳综合功能指数的初始状态和通过转移概率分布矩阵迭代求解计算出的稳态分布见表7-61。初始分布状态下，低水平占77.78%，中低和中高水平占比均为11.110%，高水平占比0%。在稳态分布状态下，低、中低和中高水平占比基本都等于或接近于0%，高水平占比99.92%。对比初始状态，稳态分布的Ⅰ、Ⅱ、Ⅲ类型下降，Ⅳ类型上升且占据主导地位，这说明粤港澳国土空间利用综合质量向高水平发展的趋势。

表7-61 粤港澳综合功能指数的初始分布及稳态分布

单位：%

分布	类型Ⅰ	类型Ⅱ	类型Ⅲ	类型Ⅳ
初态分布	77.78	11.11	11.11	0
稳态分布	0	0.01	0.07	99.92

7.3.1.3 空间分布趋势分析

粤港澳综合功能指数趋势分析图如图7-35所示。由图可知，研究期内粤港澳国土空间利用综合功能指数的地理分布在东西方向上总体呈现西高东低的趋势，且这种趋势随着时间的推移基本没有变化。在南北方向，则呈现由南向北先升高再下降的趋势，即在南北方向，中部地区要高于南部、北部地区，这种趋势随着时间的推移也基本没有变化。

（a）综合功能（2000年）　　　　　（b）综合功能（2020年）

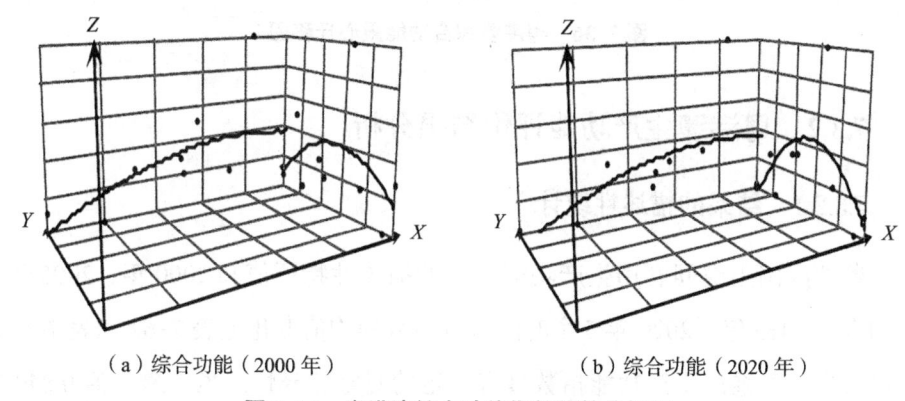

图7-35 粤港澳综合功能指数趋势分析图

7.3.1.4 重心迁移分析

粤港澳综合功能重心迁移图如图7-36所示。由图可知，粤港澳国土空间利用综合功能重心的迁移范围为北纬22°45′~22°50′，东经113°30′~113°35′。总体来看，重心呈从西北向东南的轨迹移动，仅有2020年略有反向回移，这说明研究期内粤港澳东南部地区国土空间综合利用质量相对西北部地区提升较大。

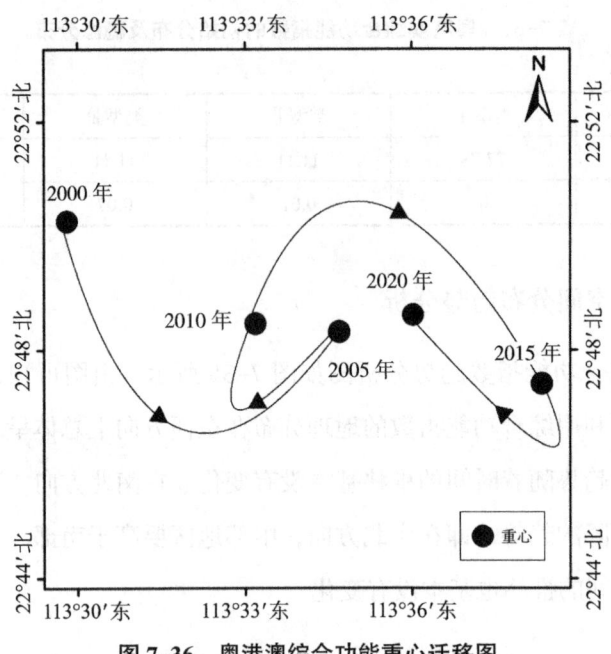

图 7-36　粤港澳综合功能重心迁移图

7.3.2　粤港澳生产功能评价结果分析

7.3.2.1　结果的描述性统计

粤港澳国土空间利用生产功能指数的描述性特征值和 2000 年、2005 年、2010 年、2015 年、2020 年 5 个时间节点指数的均值变化见表 7-62 和表 7-63，可以看出，粤港澳生产功能指数具有一定的时空差异性。虽然最大值 0.849 7 与最小值 0.023 9 之间的极差较大，即时空差异性较大，但从标准差 0.174 9 看，这种时空差异性可能是极值引起的。粤港澳的生产功能指数均值在 2000—2020 年呈上升趋势，数值从 0.054 7 逐渐增加到 0.265 1，有较大增幅，这说明研究期内粤港澳生产功能利用质量有较大的提升。

表 7-62　基于全样本的粤港澳生产功能指数描述性统计指标

特征指标	最小值	最大值	平均值	中位数	标准差
数值	0.023 9	0.849 7	0.152 5	0.079 1	0.174 9

表 7-63　各研究期粤港澳生产功能指数均值

年份	2000	2005	2010	2015	2020
均值	0.054 7	0.082 1	0.131 5	0.229 0	0.265 1

7.3.2.2　分布形态及动态演进分析

（1）分布形态及变化特征

粤港澳生产功能指数分布图如图 7-37 所示。由图可知，研究期内箱体各特征值均有向上的趋势，核密度曲线也有逐期右移的趋势，这说明粤港澳国土空间利用生产功能指数呈现上升趋势。从箱体图和核密度图的形态看，箱体图上下邻值之间的差距在研究期内逐渐变大，核密度曲线的宽度逐渐变宽，这说明研究区内各城市间生产功能的差异呈逐渐变大趋势。各研究期核密度曲线呈现出明显的右偏状态，且右偏程度研究期内逐渐增大，这说明研究区域内有极大值的存在且越来越大，即区域内个别城市的生产功能明显高于其他城市且与其他城市的差距越来越大，这也是区域内国土空间利用生产功能差异性扩大的主要原因。

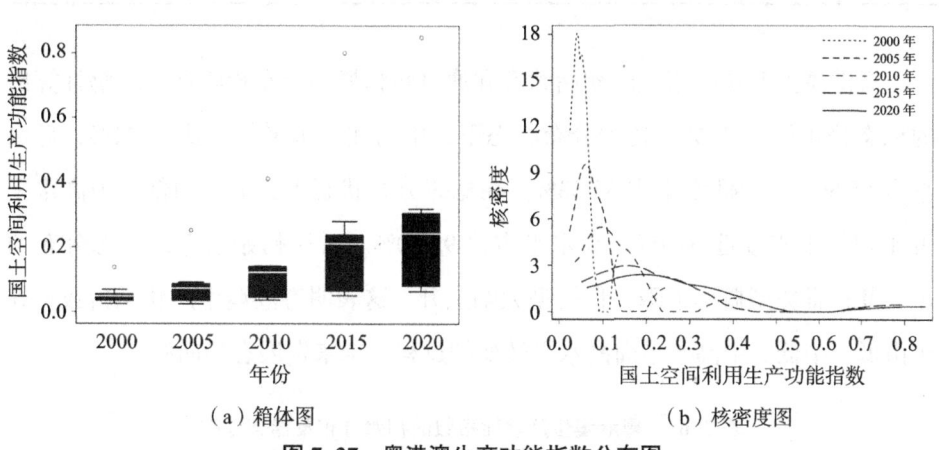

（a）箱体图　　　　　　　　　　　（b）核密度图

图 7-37　粤港澳生产功能指数分布图

（2）基于马尔可夫链的跃迁分析

粤港澳国土空间利用生产功能指数基于马尔可夫链转移概率矩阵见表 7-64。由表可见，类型Ⅰ的稳定性较高，期末有 54.55% 的概率保持不变，

45.45%的概率转变为类型Ⅱ，6%的概率转变为类型，没有转变为类型Ⅲ和Ⅳ的。类型Ⅱ的稳定性较低，在期末有66.67%的概率转变为类型Ⅲ，33.33%的概率保持不变，没有转变为类型Ⅰ或类型Ⅳ的。类型Ⅲ的稳定性也相对不高，期末有55.56%的概率转变为类型Ⅳ，44.44%的概率保持不变，没有转变为类型Ⅰ和Ⅱ的。类型Ⅳ的稳定性最高，期末有100%的概率保持不变，没有降级为其他类型的。除类型Ⅰ外，其他的类型都表现出向更高级别跃进的概率大于保持自身等级的概率，表现出较强的向上转移流动性，这说明了粤港澳内部各个城市的国土空间利用生产功能稳中向好的发展态势。

表7-64 粤港澳2000—2020年生产功能指数马尔可夫链转移概率分布矩阵

单位：%

期初/期末	类型Ⅰ	类型Ⅱ	类型Ⅲ	类型Ⅳ
类型Ⅰ	54.55	45.45	0	0
类型Ⅱ	0	33.33	66.67	0
类型Ⅲ	0	0	44.44	55.56
类型Ⅳ	0	0	0	100.00

粤港澳生产功能指数的初始状态和通过转移概率分布矩阵迭代求解计算出的稳态分布见表7-65。初始分布状态下，中高和高水平都占比11.11%，低水平占55.56%，中低水平占33.33%。在稳态分布状态下，低、中低、中高水平占比均等于或接近0.01%，高水平占比99.90%。对比初始状态，稳态分布的Ⅰ、Ⅱ、Ⅲ类型概率下降，Ⅳ类型大幅上升，这表明粤港澳生产功能指数正处于由低、中低、中高水平向高水平转变的过程，未来发展态势向好。

表7-65 粤港澳生产功能指数的初始分布及稳态分布

单位：%

分布	类型Ⅰ	类型Ⅱ	类型Ⅲ	类型Ⅳ
初态分布	55.56	33.33	11.11	0
稳态分布	0.01	0.01	0.08	99.90

7.3.2.3 空间分布趋势分析

粤港澳生产功能指数的空间趋势分布图如图 7-38 所示，总体来看，研究期内生产功能指数的地理分布上在南北方向呈现先升高后下降的趋势，中部地区要高于南北部地区，南部又略高于北部，但南北部差距并不大。在东西方向总体基本呈现东高西低的趋势，东部地区城市的生产功能指数要远高于西部地区城市。

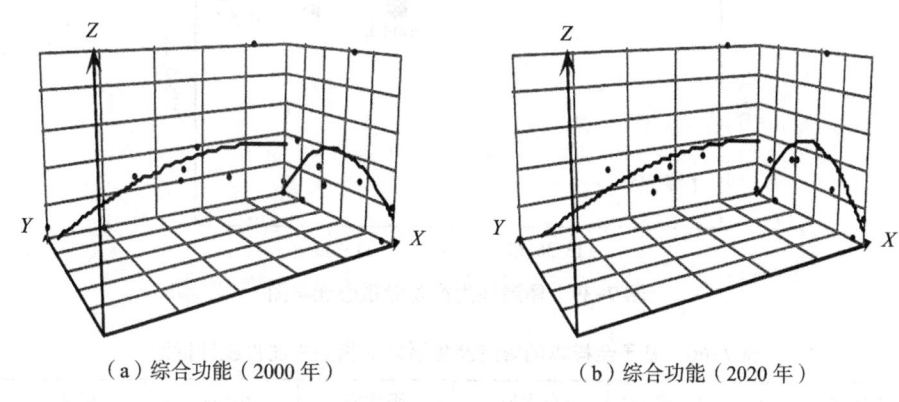

（a）综合功能（2000 年） （b）综合功能（2020 年）

图 7-38 粤港澳生产功能指数趋势分析图

7.3.2.4 重心迁移分析

粤港澳生产功能重心迁移的方向和轨迹如图 7-39。由图可知，在研究期内，生产功能重心的迁移范围为北纬 22°45′~22°50′，东经 119°43′~119°50′。总体来看，重心呈从西北向东南的轨迹移动，仅有 2020 年略有反向回移，这说明研究期内粤港澳地区东南部城市国土空间利用生产功能相对西北部地区提升较大。

7.3.3 粤港澳生活功能评价结果分析

7.3.3.1 结果的描述性统计

基于全样本的粤港澳生活功能指数描述性统计指标见表 7-66。

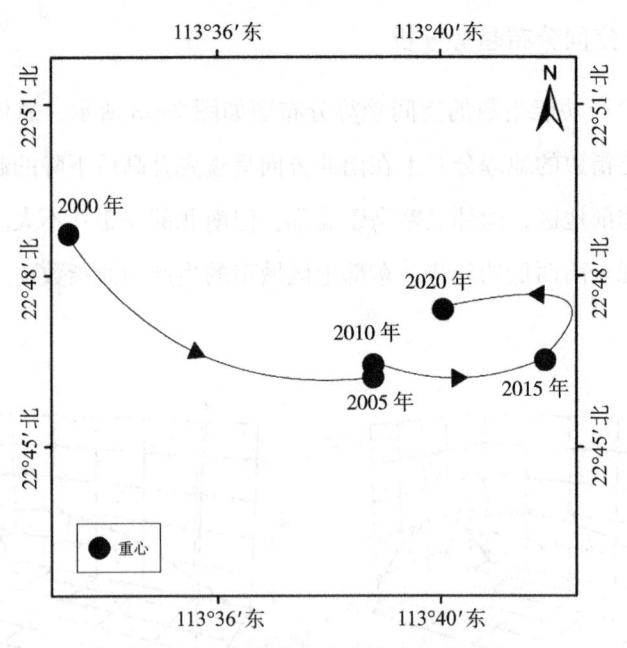

图 7-39　粤港澳生产功能重心迁移图

表 7-66　基于全样本的粤港澳生活功能指数描述性统计指标

特征指标	最小值	最大值	平均值	中位数	标准差
数值	0.034 2	0.187 7	0.102 5	0.106 2	0.031 6

由表可见，粤港澳地区全样本国土空间利用生活功能指数最小值为 0.034 2，最大值为 0.187 7，这说明粤港澳国土空间利用生活功能具有一定的时空差异性，但从全样本的标准差看，数据的分布又是相对集中的，这说明样本可能存在极值。

各研究期粤港澳生活功能指数均值见表 7-67。由表可见，生活功能指数在 2000—2020 年期间呈现整体上升的趋势，平均值从 0.059 2 增至 0.112 0，这表明粤港澳国土空间利用生活功能稳步提升。

表 7-67　各研究期粤港澳生活功能指数均值

年份	2000	2005	2010	2015	2020
均值	0.059 2	0.094 6	0.119 5	0.127 3	0.112 0

7.3.3.2 分布形态及动态演进分析

（1）分布形态及变化特征

粤港澳生活功能指数分布图如图 7-40 所示，研究期内整个箱体有先向上后略有向下的趋势，核密度曲线先右移后略有左移，这说明粤港澳国土空间利用生活功能整体呈上升趋势并于研究末期稳定于相对高位。从箱体图和核密度图的形态看，粤港澳国土空间利用生活功能指数在研究期内左偏变为右偏，之后又变为对称分布。差异程度也经历了一个波动变化的过程，除 2015 年差异程度较大之外，总体来讲，粤港澳国土空间利用生活功能的差异程度并不算大。

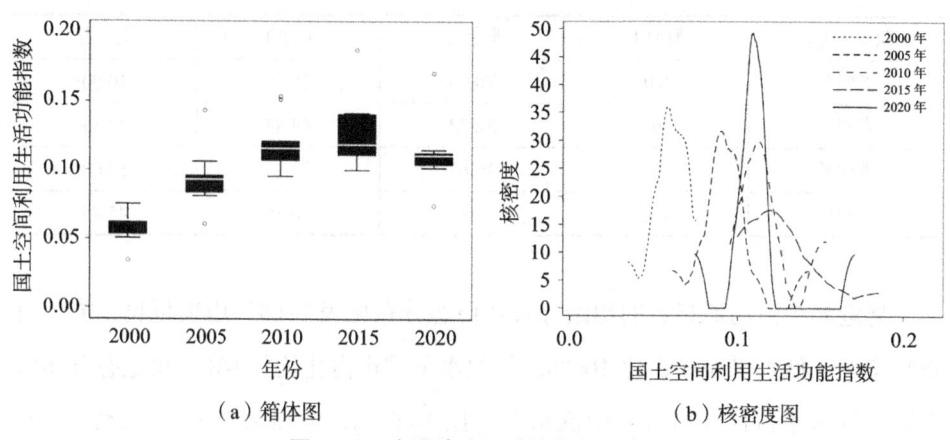

(a) 箱体图　　(b) 核密度图

图 7-40　粤港澳生活功能指数分布图

（2）基于马尔可夫链的跃迁分析

粤港澳生活功能指数基于马尔可夫链转移概率矩阵见表 7-68。由表可见，期初为类型Ⅰ的城市，在期末保持自身状态的概率为 10.00%，在期末跃升为类型Ⅱ的概率为 70.00%，跃升为类型Ⅲ的概率为 10.00%，跃升为类型Ⅳ的概率为 10.00%；在期初为类型Ⅱ的城市，保持自身状态的概率为 22.22%，跃升为类型Ⅲ的概率为 44.44%，跃升为类型Ⅳ的概率为 33.33%。期初为类型Ⅲ的城市在期末保持自身状态的概率为 33.33%，跃升为类型Ⅳ的概率为 50.00%，降级为类型Ⅱ的概率相对较小，为 16.67%。期初为类型Ⅳ的城市期末保持自身状态的概率为45.55%，降级为类型Ⅲ的概率为36.36%，降级为类型Ⅱ和Ⅰ的概率均为9.09%。总体来说，粤港澳区域中生活功能指数在低、中低水平类型的城市体现出向高水平跃迁的良好势头，且有相当一部分城市跨越式跃迁。类型Ⅲ城市大部分向上跃升了一个档次或保持不变，但有少部分向下跃迁了一个档次。类型Ⅳ城市则有一半以上向下跃迁，且有相当比例跨越式向下跃迁。整体来看，粤港澳国土空间利用生活功能体现出整体向好、高水平难以为继的特征。

表7-68 粤港澳2000—2020年生活功能指数马尔可夫链转移概率分布矩阵

单位：%

期初/期末	类型Ⅰ	类型Ⅱ	类型Ⅲ	类型Ⅳ
类型Ⅰ	10.00	70.00	10.00	10.00
类型Ⅱ	0	22.22	44.44	33.33
类型Ⅲ	0	16.67	33.33	50.00
类型Ⅳ	9.09	9.09	36.36	45.45

粤港澳生活功能指数的初始分布及稳态分布见表7-69。由表可见，初始分布状态下，低水平城市占比100%，其他水平城市占比均为0%，在稳态分布状态下，低水平占比4.39%和中低水平占比16.65%，中高水平占比35.47%，高水平占比43.49%。对比初始状态，稳态分布的Ⅰ类型概率下降，Ⅱ、Ⅲ、Ⅳ类型大幅上升，较高水平以上等级城市占比超过78%，这说明粤港澳生活功能指数整体上向更高的水平迈进，但离普遍达到最高水平还有一定的距离。

表7-69 粤港澳生活功能指数的初始分布及稳态分布

单位：%

分布	类型Ⅰ	类型Ⅱ	类型Ⅲ	类型Ⅳ
初态分布	100.00	0	0	0
稳态分布	4.39	16.65	35.47	43.49

7.3.3.3 空间分布趋势分析

粤港澳地区国土空间利用生活功能指数的空间趋势图如图 7-41 所示。由图可知,整个研究期内,在南北方向上,粤港澳生活功能指数呈现出波动变化的趋势,具体来看,2000 年,从北到南先下降后升高,中部地区低于南北部。2005 年,从北到南先升高后下降,中部地区高于南北部。2010 年,从北到南逐渐下降,2015 年的趋势大体与 2005 年相同,2020 年趋势线与 2000 年相似。就南部、北部对比而言,除 2015 年外,其他年份,北部均高于南部地区。在东西方向上,2000 年、2010 年、2020 年 3 个年份的趋势线所表现出的趋势一致,都是从西到东逐渐下降的趋势,2005 年与 2015 年趋势线大体上类似,都是从西到东总体上升高的趋势,但与 2005 年不同的是,2015 年是先上升后略有下降的趋势,中部地区要略高于东西部地区。

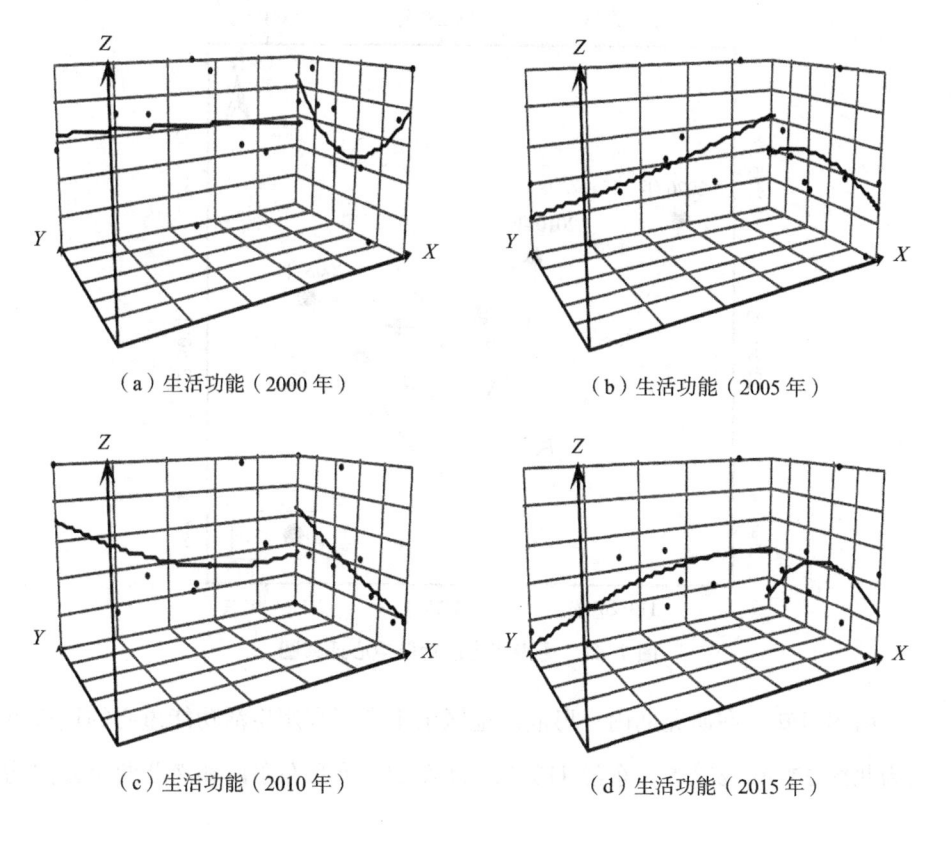

（a）生活功能（2000 年）　　　　　　　　（b）生活功能（2005 年）

（c）生活功能（2010 年）　　　　　　　　（d）生活功能（2015 年）

(e）生活功能（2020年）

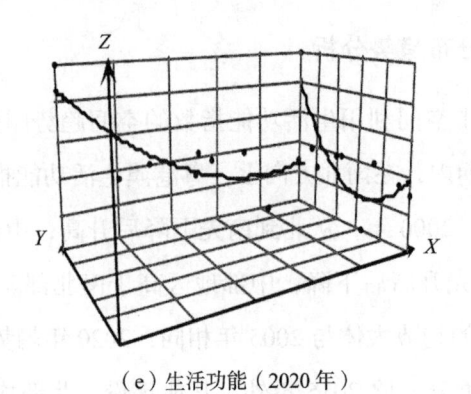

图 7-41　粤港澳生活功能指数趋势分析图

7.3.3.4　重心迁移分析

粤港澳生活功能重心迁移图如图 7-42 所示。

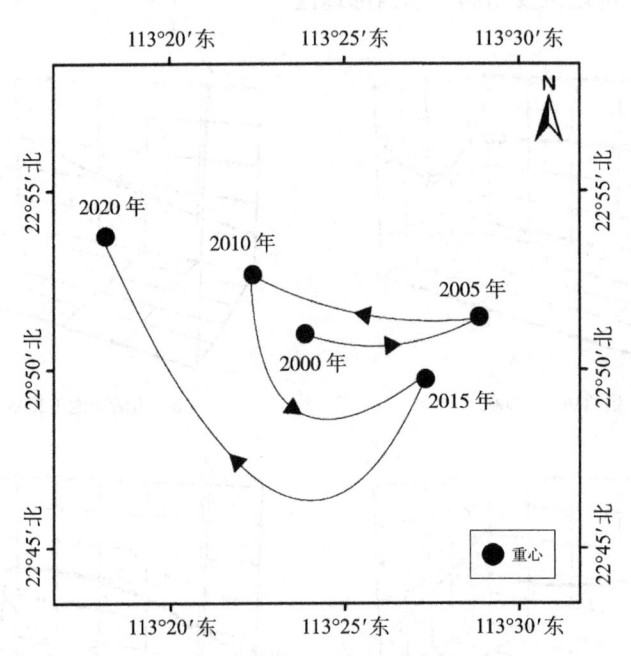

图 7-42　粤港澳生活功能重心迁移图

由图可知，在研究期内，粤港澳地区国土空间利用生活功能重心的迁移范围为北纬 22°50′~22°55′，东经 113°20′~113°25′。重心在东西和南北两个方向均呈现出波动移动规律,2000—2005 年向东偏北迁移,2005—2010 年向西北迁移,2010—2015 年向东南方向迁移,2015—2020 年又大幅度向西北迁移。总体来看,重心的迁移方向是从东南向西北的迁移轨迹。

7.3.4 粤港澳生态功能评价结果分析

7.3.4.1 结果的描述性统计

基于全样本的粤港澳生态功能指数描述性统计指标见表 7-70。由表可见,粤港澳国土空间利用生态功能指数全样本的最小值为 0.097 9,最大值为 0.168 1,极差为 0.070 2,标准差为 0.017 3,这表明粤港澳国土空间利用生态具有一定的时空差异性,相对来讲,差异性并不很大。

表 7-70　基于全样本的粤港澳生态功能指数描述性统计指标

特征指标	最小值	最大值	平均值	中位数	标准差
数值	0.097 9	0.168 1	0.131 7	0.127 1	0.017 3

各研究期粤港澳生态功能指数均值见表 7-71。由表可见,粤港澳生态功能指数的均值在 2000—2020 年期间呈现略微上升的趋势,平均值从 0.1273 增至 0.1337,上升幅度较小,这表明粤港澳国土空间生态功能利用质量在研究期相对稳定。

表 7-71　各研究期粤港澳生态功能指数均值

年份	2000	2005	2010	2015	2020
均值	0.127 3	0.130 1	0.132 2	0.135 0	0.133 7

7.3.4.2 分布形态及动态演进分析

(1) 分布形态及变化特征

粤港澳生态功能指数分布图如图 7-43 所示。由图可知,研究期内箱体各特征值变化趋势一致性较差，上相邻值呈持续上升趋势，中位数、下四分数和下相邻值呈现先上升后下降但总体上略有下降的趋势，上四分值则呈先下降后上升但总体略有上升的趋势。差异程度呈典型的先降后升的U形形态，这是区域内生态功能指数较大值前期上升有限，后期有较大幅提升，且极小值先上升后下降所致。核密度曲线也体现出同样的特征。从分布形态来看，由研究初期接近正态逐渐转变为右偏分布状态。

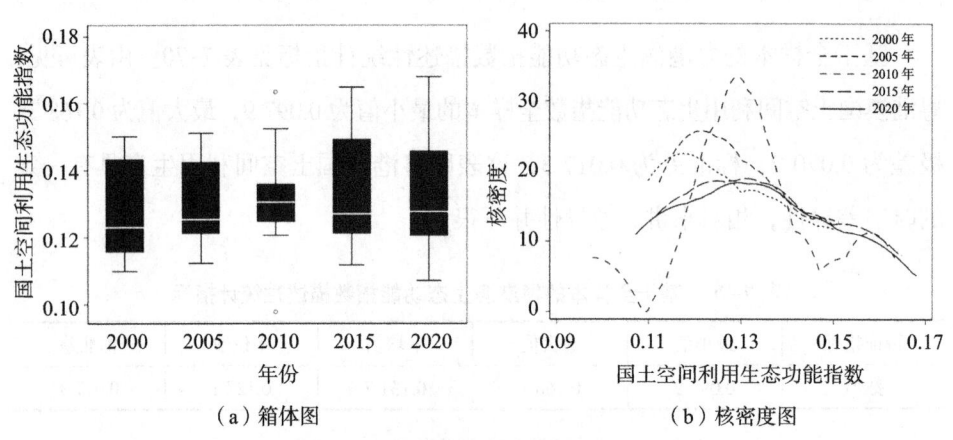

（a）箱体图　　（b）核密度图

图7-43　粤港澳生态功能指数分布图

（2）基于马尔可夫链的跃迁分析

粤港澳生态功能指数基于马尔可夫链的转移概率矩阵见表7-72。由表可见，研究期内类型Ⅰ维持自身水平状态的概率为37.5%，向类型Ⅱ转移的概率为37.50%，向类型Ⅲ和Ⅳ转移的概率为12.50%。类型Ⅱ保持自身水平状态的概率为30.00%，向上跃升为类型Ⅲ的概率分别为20.00%，降为类型Ⅰ的概率为50.00%。类型Ⅲ保持自身水平状态的概率为55.56%，向上跃迁为类型Ⅳ的概率为22.22%，降为类型Ⅱ的概率为22.22%。类型Ⅳ保持自身水平状态的概率为77.78%，降为类型Ⅲ的概率为22.22%。这说明，研究期内，粤港澳国土空间利用生态功能位于低水平的城市有较大的提升，甚至有跨越三级的提升，中低水平的城市则主要体现了向下跃迁。中高水平的城市以稳态为主，也有相当比例的城市分别向上或向下跃迁，高水平的城市也以稳态为主，有相当比例城市向下跃迁。各类型城市跃迁有各自的规律，但总体来看，除Ⅰ类型城市外，其他城市需重点关注其向下跃迁的趋势。

表 7-72 粤港澳 2000—2020 年生态功能指数马尔可夫链转移概率分布矩阵

单位：%

期初/期末	类型Ⅰ	类型Ⅱ	类型Ⅲ	类型Ⅳ
类型Ⅰ	37.50	37.50	12.50	12.50
类型Ⅱ	50.00	30.00	20.00	0
类型Ⅲ	0	22.22	55.56	22.22
类型Ⅳ	0	0	22.22	77.78

粤港澳国土空间利用生态功能指数的初始状态和通过转移概率分布矩阵迭代求解计算出的稳态分布见表 7-73。由表可见，初始分布状态下，低水平和中低水平城市均占 33.33%，中高水平的城市占比为 11.11%，高水平占比 22.22%，这说明，在初态分布下，粤港澳生态功能指数整体较低。对比初始状态，稳态分布的Ⅰ、Ⅱ类型概率下降，Ⅲ、Ⅳ类型有大幅上升，这表明粤港澳生态功能整体上向更高的水平迈进，但大部分城市远没有达到最高水平，区域国土空间利用生态功能仍有较大提升空间和难度。

表 7-73 粤港澳生态功能指数的初始分布及稳态分布

单位：%

分布	类型Ⅰ	类型Ⅱ	类型Ⅲ	类型Ⅳ
初态分布	33.33	33.33	11.11	22.22
稳态分布	13.83	17.20	30.72	38.24

7.3.4.3　空间分布趋势分析

粤港澳地区国土空间利用生态功能指数的空间趋势如图 7-44 所示。总体来看，研究期内粤港澳生态功能指数的地理分布在南北方向上呈现由北向南先下降后略有上升但整体北高南低的趋势，北部城市的指数值要明显大于南部城市。在东西方向总体基本呈现由西向东先下降再上升的但整体上西高东低的趋势，相对于西部，东部地区指数在研究期内有明显下降趋势。

（a）生态功能（2000年）　　　　　　（b）生态功能（2020年）

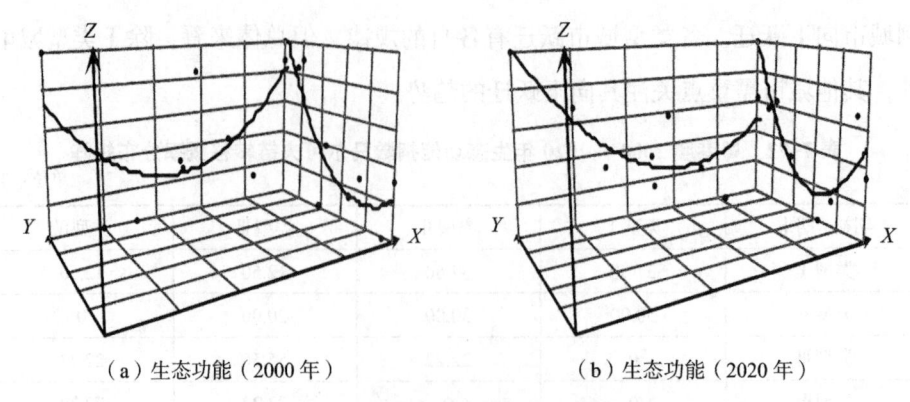

图 7-44　粤港澳生态功能指数趋势分析图

7.3.4.4　重心迁移分析

粤港澳国土空间利用生态功能的重心迁移趋势如图 7-45 所示。由图可知，生态功能重心在这 20 年间表现出由北向南再向西再向北迁移的轨迹，迁移范围为北纬 22°52′~22°54′，东经 113°33′~113°24′。总体来看，由东北向西南方向移动，这说明西南部城市的国土空间利用生态功能提升幅度相对较大。

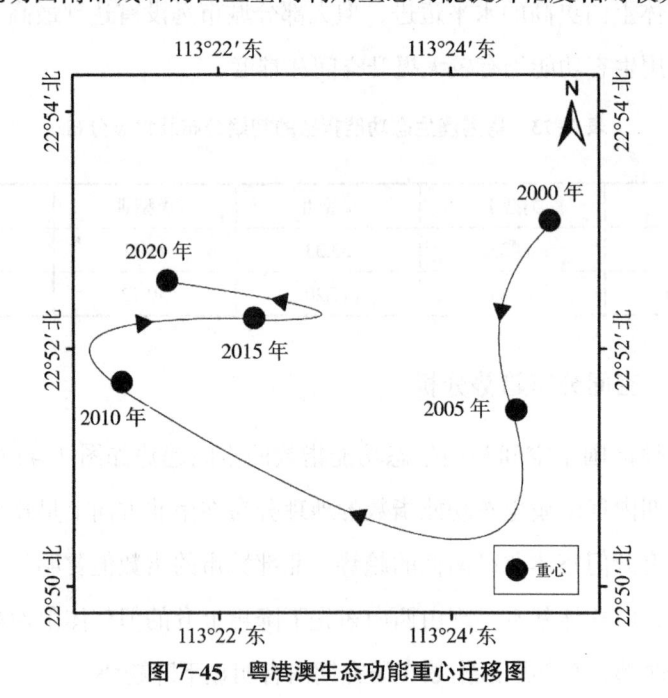

图 7-45　粤港澳生态功能重心迁移图

7.3.5 粤港澳"三生"功能耦合度评价结果分析

7.3.5.1 各评价单元"三生"耦合度

粤港澳地区国土空间利用"三生"功能耦合度的描述性特征值和 2000 年、2005 年、2010 年、2015 年、2020 年 5 个时间节点的均值变化见表 7-74 和 7-75。由表可见，粤港澳"三生"功能耦合度的变化区间为 0.150 7~0.953 9，总体平均值为 0.685 1，总体标准差为 0.150 7，体现出较明显的时空差异性。从年份的均值变化来看，指数的变化呈现出先上升后下降的变化规律，变化幅度并不大。

表 7-74 基于全样本的粤港澳"三生"功能耦合度描述性统计指标

特征指标	最小值	最大值	平均值	中位数	标准差
数值	0.225 3	0.953 9	0.685 1	0.683 1	0.150 7

表 7-75 各研究期粤港澳"三生"功能耦合度均值

年份	2000	2005	2010	2015	2020
均值	0.621 6	0.713 0	0.772 1	0.683 3	0.635 6

将粤港澳地区国土空间利用"三生"功能耦合度划分不同等级，结果见表 7-76。

表 7-76 各研究期粤港澳耦合度类型

单位：%

区间	协调程度	协调对比度	2000 年占比	2005 年占比	2010 年占比	2015 年占比	2020 年占比
[0.2, 0.3)	失调衰退	中度失调型	0	0	0	0	11.11
[0.3, 0.4)		轻度失调型	0	0	0	11.11	0
[0.4, 0.5)	过渡协调	濒临失调型	0	0	11.11	0	0
[0.5, 0.6)		勉强协调型	44.44	33.33	0	0	22.22
[0.6, 0.7)		初级协调型	33.33	11.11	33.33	33.33	22.22
[0.7, 0.8)	协调发展	中级协调型	22.22	22.22	0	44.44	44.44
[0.8, 0.9)		良好协调型	0	33.33	22.22	0	0
[0.9, 1)		优质协调型	0	0	33.33	11.11	0

由表可见，研究期内大多数城市属于勉强协调型以及初级、中级、良好协调型。另外，在研究期内，中度失调型、轻度失调型、濒临失调型城市分别仅在2020年、2015年、2010年存在，占比也较少，这说明粤港澳地区整体耦合水平相对较高。但由于研究期末出现中度失调型城市，而良好和优质协调型城市占比降为0，说明生态功能在相对最高最低水平上均有所下降，这一点需引起注意。

7.3.5.2 空间趋势分析

粤港澳国土空间利用质量耦合度的空间分布趋势如图7-46所示，从趋势线看，东西方向上，2015年之前耦合度整体均呈现倒U形趋势，中部地区高于东部和西部，东西相比，则东部高于西部。2015—2020年，逐渐呈现由西到东逐渐降低的趋势。南北方向上，粤港澳地区国土空间利用质量耦合度在2015年之前整体由南到北呈现先上升后下降的倒U形趋势，在2015年之后，这种趋势逐渐转变为由南到北先下降后上升的正U形。

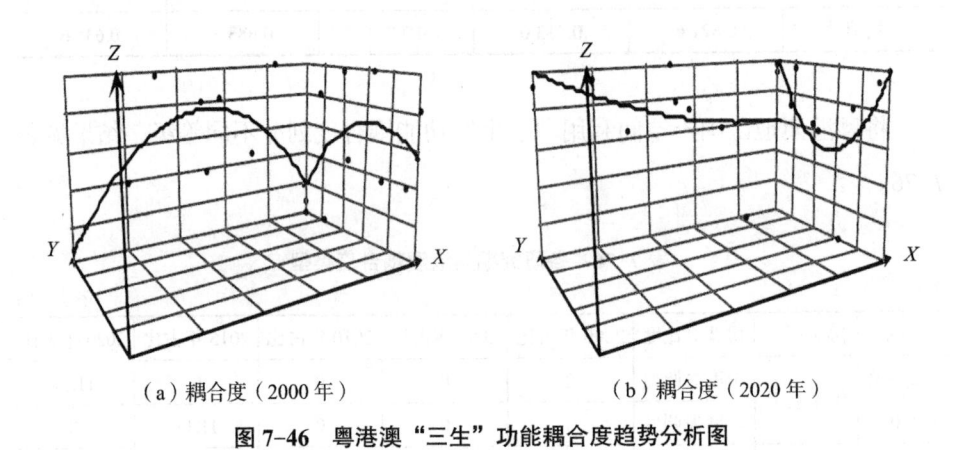

(a) 耦合度（2000年） (b) 耦合度（2020年）

图7-46 粤港澳"三生"功能耦合度趋势分析图

7.3.6 粤港澳"三生"功能协调发展度评价结果分析

7.3.6.1 各评价单元"三生"协调发展度

粤港澳地区国土空间利用"三生"功能协调发展度的描述性特征值和

2000年、2005年、2010年、2015年、2020年5个时间节点的均值变化见表7-77和表7-78。由表可见，粤港澳"三生"功能协调发展度的变化区间为0.157 7~0.466 6，样本平均值为0.300 7，标准差为0.088 3，具有一定的时空差异性。从年份的均值变化来看，指数的变化呈现出逐年上升的变化趋势。

表 7-77　基于全样本的粤港澳"三生"功能协调发展度描述性统计指标

特征指标	最小值	最大值	平均值	中位数	标准差
数值	0.157 7	0.466 6	0.300 7	0.296 8	0.088 3

表 7-78　各研究期粤港澳"三生"功能协调发展度均值

年份	2000	2005	2010	2015	2020
均值	0.204 5	0.262 5	0.323 7	0.355 9	0.357 0

各研究期粤港澳协调发展度类型见表7-79。由表可见，粤港澳国土空间利用协调发展度类型中，轻度失调和濒临失调型占比呈上升趋势，中度失调型占比基本稳定，而严重失调型占比从期初占比55.6%至2010年下降为0，这表明粤港澳协调发展度向好发展的整体态势，只是整体的协调发展水平还有很大的提升空间，整个研究期内没有协调发展类型的城市，这一点需要注意。

表 7-79　各研究期粤港澳协调发展度类型

单位：%

区间	协调程度	协调对比度	2000年占比	2005年占比	2010年占比	2015年占比	2020年占比
[0.1, 0.2)	失调衰退	严重失调型	55.56	33.33	0	0	0
[0.2, 0.3)		中度失调型	33.33	44.44	33.33	33.33	33.33
[0.3, 0.4)		轻度失调型	11.11	11.11	55.56	33.33	33.33
[0.4, 0.5)	过渡协调	濒临失调型	0	11.11	11.11	33.33	33.33

7.3.6.2　空间趋势分析

粤港澳国土空间利用"三生"功能协调发展度空间分布趋势如图7-47所示，从趋势线看，东西方向上，各时期协调发展度呈现由西向东升高后降低的倒 U 形趋势，但总体上看，西部较低，东部较高。南北方向上，各时期协调发展度呈由南向北升高后降低的倒 U 形趋势。各研究期这种空间分布趋势基本一致。

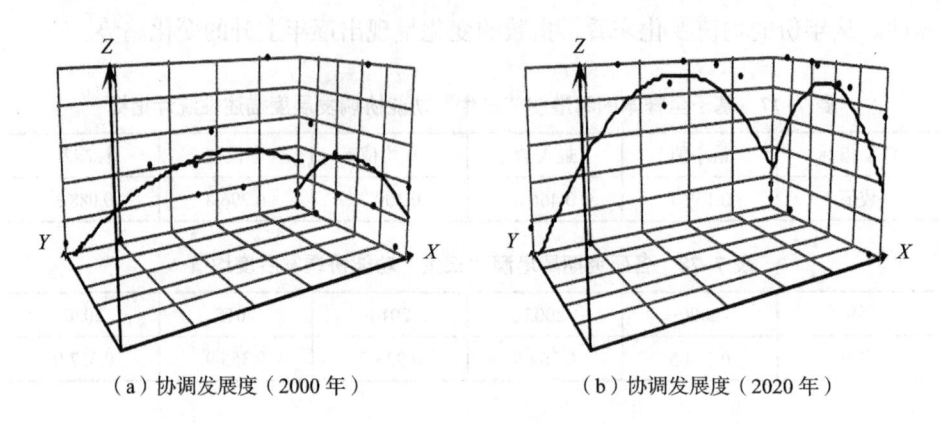

（a）协调发展度（2000 年）　　　　　（b）协调发展度（2020 年）

图 7-47　港澳"三生"功能协调发展度趋势分析图

第四篇 以县域为评价单元的研究

第8章 白洋淀流域国土空间利用质量评价——全流域

8.1 县域评价指标及数据说明

8.1.1 评价指标体系

借鉴已有相关研究成果，考虑数据的可获得性、便利性和权威性，并结合县域的特点，同时考虑其他各方面因素，最终确定了县级层面国土空间利用质量的评价指标体系，从生产、生活和生态3个基准层来表达国土空间利用质量，见表8-1。

表 8-1 县域国土空间评价指标体系

目标层	基准层	准则层	指标层	方向	单位
国土空间利用质量（综合功能指数）A	生产功能指数 B_1（集约高效）	利用效益指数 C_1	第一产业用地地均 GDP D_1	+	万元/km²
			建设用地地均夜间灯光总值 D_2	+	—
		利用强度指数 C_2	地均固定资产投入总额 D_3	+	万元/km²
		可持续利用指数 C_3	地均二氧化碳排放量 D_4	−	万吨/km²
			单位耕地化肥使用量 D_5	−	吨/km²
	生活功能指数 B_2（宜居适度）	生活适宜程度 C_4	人均生活用地 D_6	+	km²/万人
			人均生态用地 D_7	+	km²/万人

续表

目标层	基准层	准则层	指标层	方向	单位
国土空间利用质量（综合功能指数）A	生活功能指数B_2（宜居适度）	生活便捷程度C_5	公路网密度D_8	+	km/km²
			农村自来水收益覆盖率D_9	+	%
		生活保障程度C_6	每万人普通中学在校学生数D_{10}	+	人/万人
			每万人小学在校学生数D_{11}	+	人/万人
			每万人医疗卫生机构床位数D_{12}	+	张/万人
			每万人社会福利收养性单位床位数D_{13}	+	床/万人
	生态功能指数B_3（山清水秀）	生态利用质量指数C_7	气体调节D_{14}	+	万亿元
			气候调节D_{15}	+	万亿元
			水源涵养D_{16}	+	万亿元
			土壤形成与保护D_{17}	+	万亿元
			生物多样性保护D_{18}	+	万亿元
			娱乐文化D_{19}	+	万亿元
		生态景观质量指数C_8	景观破碎度D_{20}	−	—
			景观分维数D_{21}	−	—
			香农多样性指数D_{22}	+	—

注：GDP、第一产业GDP、固定资产投资总额均采用以2000年为基期的可比值。

以县域为评价单元的指标体系与以市域为评价单元的指标体系大部分是一致的，但因为县域部分数据获取难易程度的差异，导致指标体系也有一些区别，不同的地方主要如下：在准则层利用强度指数C_2中，删除了地均劳动力数量指标；在准则层可持续利用指数C_3中，将原有所有指标替换为地均二氧化碳排放量指标和单位耕地化肥使用量指标；在准则层生活适宜程度C_4中，只保留了人均生态用地指标，增加了人均生活用地指标，其他指标均删除；在准则层生活便捷程度C_5中，只保留了公路网密度指标，另外增加了农村自来水收益覆盖率指标；在准则层生活保障程度 C_6 中，只保留了每万人医疗机构床位数指标，增加了每万人普通中学在校学生数、每万人小学在校学生数、每万人社会福利收养性单位床位数 3 个指标；准则层生态环境质量指数全部删除。

8.1.2 数据说明

（1）数据来源及处理

县域指标数据主要来自各县域统计年鉴、各区县所属地城市的区县统计年鉴、经济统计年鉴等。土地利用（覆盖）数据、碳排放数据的来源与市级数据的来源相一致，其中碳排放数据由于中国碳排放数据库（CEADS）里的县市碳排放数据时间跨度为 1997—2019 年，本书通过线性插值的方式填补了 2020 年碳排放数据（其他个别缺失数据也基于此方法进行填补）。通过对数据的整理和研究区域的筛选，最终确定了包含 29 个区县（见表 8-3），2000 年、2005 年、2010 年、2015 年、2020 年共 5 年的平衡面板数据。

通过熵权法计算出各个指标层的权重值，具体见表 8-2。在基准层的权重中，权重最大的是生态空间利用质量指数，权重为 0.378 4，其又主要由生态系统服务价值贡献，权重为 0.814 3。生活空间权重贡献最大的是国土生活空间适宜程度，权重为 0.626 4；生产空间权重贡献最高的是国土生产空间利用强度指数，权重为 0.506 0。

表 8-2　指标体系权重表

基准层	权重	准则层	权重	指标层	权重
B_1	0.323 1	C_1	0.465 9	D_1	0.825 9
				D_2	0.174 1
		C_2	0.506 0	D_3	1.000 0
		C_3	0.028 1	D_4	0.769 8
				D_5	0.230 2

续表

基准层	权重	准则层	权重	指标层	权重
B_2	0.298 5	C_4	0.626 4	D_6	0.085 2
				D_7	0.914 8
		C_5	0.115 3	D_8	0.595 7
				D_9	0.404 3
		C_6	0.258 4	D_{10}	0.022 8
				D_{11}	0.016 2
				D_{12}	0.052 5
				D_{13}	0.034 0
B_3	0.378 4	C_7	0.814 3	D_{14}	0.166 7
				D_{15}	0.166 7
				D_{16}	0.166 7
				D_{17}	0.166 7
				D_{18}	0.166 7
				D_{19}	0.166 7
		C_8	0.185 7	D_{20}	0.238 0
				D_{21}	0.386 3
				D_{22}	0.375 7

注：$D_{14} \sim D_{19}$ 的权重未用熵权法计算，直接等权处理，这是由于本书借鉴谢高地的系列研究，基于单位面积生态系统服务价值当量与土地覆盖数据直接折算出 C_7 的数值，此处的 $D_{14} \sim D_{19}$ 项指标对 C_7 时贡献相等，这里列出只是为了从逻辑上体现指标体系的完整性。

（2）研究区域

本书以白洋淀流域自然边界为参考❶，将县域面积 50% 以上位于流域边界内的完整的县级行政区确定为最终的研究区，具体包括河北省行唐、莲池和肃宁等 27 县，以及北京市房山区、山西省灵丘县，共计 29 个区县。进一步根据 GEBCO 组织公布的 2023 年 DEM 地形数据，将研究区分成山区、平原两个二

---

❶ 白洋淀流域自然边界矢量数据来源见参考文献 74，县级行政区边界矢量数据来源于自然资源部"全国地理信息资源目录服务系统"中公开的 1∶100 万基础地理信息数据库。

级研究单元。具体划分方法是，运用 ArcGIS 10.2 软件的分区统计功能，得出白洋淀流域内 29 个区县的高程均值，并以 140 米为分界线，结合白洋淀流域的水系构成，依照其上游支流、中游支流、下游支流所流经的区县，综合考虑将房山区、行唐县、灵寿县等 12 个区县划分为山区，将新乐市、竞秀区、莲池区等 17 个区县划分为平原。具体见表 8-3。

表 8-3 山区平原区域划分

区域名称	覆盖范围	划分依据
山区	房山区、行唐县、灵寿县、满城区、涞水县、阜平县、唐县、涞源县、易县、曲阳县	高程均值高于 140 米，白洋淀流域上游水源地
平原	新乐市、竞秀区、莲池区、清苑区、徐水区、定兴县、高阳县、容城县、望都县、安新县、蠡县、博野县、涿州市、定州市、安国市、高碑店市、肃宁县	高程均值低于 140 米，白洋淀流域中游、下游地区

8.2 评价结果分析

8.2.1 白洋淀流域生产功能评价结果分析

8.2.1.1 结果的描述性统计

白洋淀流域国土空间利用生产功能指数的描述性特征值和 2000 年、2005 年、2010 年、2015 年、2020 年 5 个时间节点的均值见表 8-4 和表 8-5。由表可见，白洋淀流域生产功能指数的变化区间为 0.031 2~0.971 7，总体的平均值为 0.183 5，总体标准差为 0.159 7，这表现出明显的时空异质性。从年份的均值变化来看，指数的变化呈现出上升趋势。

表 8-4 基于全样本的白洋淀流域生产功能指数描述性统计

特征指标	最小值	最大值	平均值	中位数	标准差
数值	0.031 2	0.971 7	0.183 5	0.124 2	0.159 7

表 8-5 白洋淀流域生产功能指数年份均值表

年份	2000	2005	2010	2015	2020
均值	0.089 0	0.127 4	0.176 3	0.228 4	0.296 4

8.2.1.2 分布形态及动态演进分析

（1）分布形态及变化特征

图 8-1 用箱体图和核密度图展示了 2000 年、2005 年、2010 年、2015 年及 2020 年的全流域国土空间生产功能指数的分布况。可以看出，在研究期内白洋淀流域内生产功能整体水平上升趋势明显，差异程度明显增加，存在动态空间发散性特征。这说明各县域间国土空间生产功能差距呈扩大态势，发展不均衡问题明显。

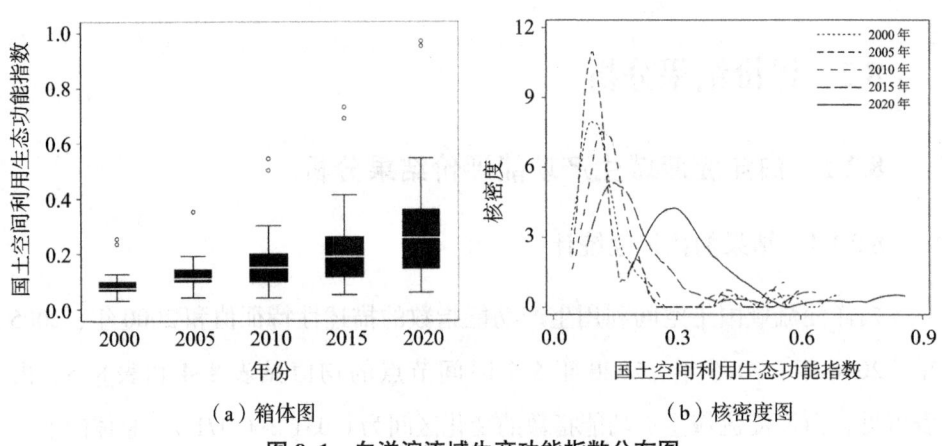

（a）箱体图　　　　　　　　　　　（b）核密度图

图 8-1　白洋淀流域生产功能指数分布图

（2）基于马尔可夫链的跃迁分析

根据国土空间利用功能指数全样本数据的四分位数和中位数，将研究期内每年各区县的国土生产空间利用质量分为低效（Ⅰ）、中低效（Ⅱ）、中高效（Ⅲ）、高效（Ⅳ）4 种利用效能类型，并计算转移概率的最大似然估计分布矩阵，见表 8-6。

表 8-6　白洋淀流域 2000—2020 年生产功能指数马尔可夫链转移概率分布矩阵

单位：%

期初/期末	类型Ⅰ	类型Ⅱ	类型Ⅲ	类型Ⅳ
类型Ⅰ	53.13	46.88	0	0
类型Ⅱ	6.06	36.36	57.58	0
类型Ⅲ	0	0	53.33	46.67
类型Ⅳ	0	0	0	100.00

从表 8-6 可以看出，白洋淀流域国土空间利用生产功能在研究期初为类型Ⅰ的区县中有 46.88% 在研究期末跃升为类型Ⅱ，53.13% 维持在类型Ⅰ。期初为类型Ⅱ的区县中有 57.58% 在期末跃升为类型Ⅲ，36.36% 维持在类型Ⅱ，6.06% 退化为类型Ⅰ。期初为类型Ⅲ的区县中有 46.67% 在期末跃升为类型Ⅳ，53.33% 维持在类型Ⅲ。期初为类型Ⅳ的区县皆维持在类型Ⅳ。总体来看，体现出较强的向上跃迁趋势，但个别县区存在向低水平转移的情形仍值得注意。

表 8-7　白洋淀流域国土空间利用生产功能指数初始分布及稳态分布

单位：%

分布	类型Ⅰ	类型Ⅱ	类型Ⅲ	类型Ⅳ
初态分布	58.62	31.03	3.45	6.90
稳态分布	0	0	0	100.00

白洋淀流域国土空间利用生产功能指数的初始状态和通过转移概率分布矩阵迭代求解计算出的稳态分布见表 8-7。由表可见，初始分布状态下，中高水平占比 3.45%，高水平占比 6.9%，低水平和中低水平占比 89.65%。在稳态分布状态下，低水平、中低水平、中高水平占比为 0，高水平占比 100%。对比初始状态，稳态分布的Ⅰ、Ⅱ、Ⅲ类型骤降，Ⅳ类型骤升，这表明流域内国土空间利用生产功能整体呈现向好发展趋势。

8.2.1.3 空间分布趋势分析

利用 ArcGIS10.2 绘制 2000 年、2020 年白洋淀流域国土空间利用生产功能指数的三维趋势面图[1]如图 8-2 所示。从趋势线上看，东西方向上，白洋淀全流域生产功能具有东高西低特征，且状态稳定，南北方向上，相对而言较为均衡，北部区县略低于其他地区，除中部保定主城区水平相对较高，南北走向各区县发展水平基本持平。

（a）生产功能（2000 年）　　　　　（b）生产功能（2020 年）

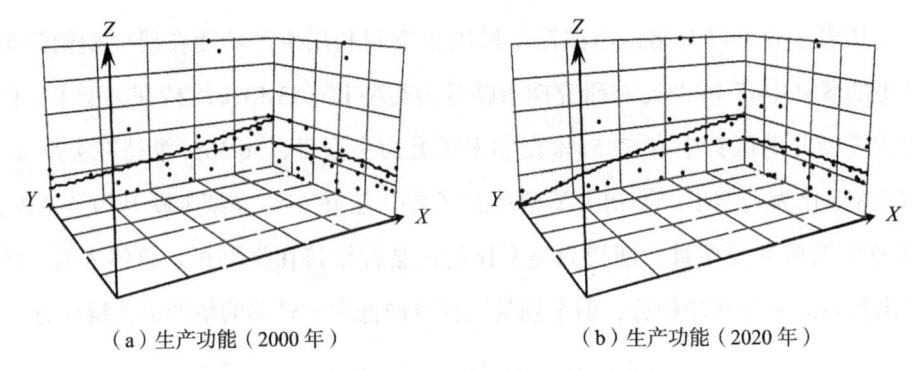

图 8-2　白洋淀流域生产功能指数趋势分析图

8.2.1.4 重心迁移分析

白洋淀流域生产功能重心迁移图如图 8-3 所示。由图可知，2000—2020 年生产功能重心位置始终保持在竞秀区，2005 年重心小幅北迁，之后 2010 年发生大幅度东迁，2015 年保持东迁势头，2020 年小幅度向东南方向转移。迁移方向以东迁为主，这说明白洋淀流域东部各区县国土空间利用生产功能在研究期内提升幅度相对较大。

8.2.1.5 空间集聚特征及其跃迁分析

（1）空间集聚特征

基于 Global Moran's *I* 的空间自相关检验见表 8-8。

---

[1] 为节省篇幅，除各研究期均有复杂的变化外，本章均只展示 2000 年和 2020 年两期的空间趋势图。

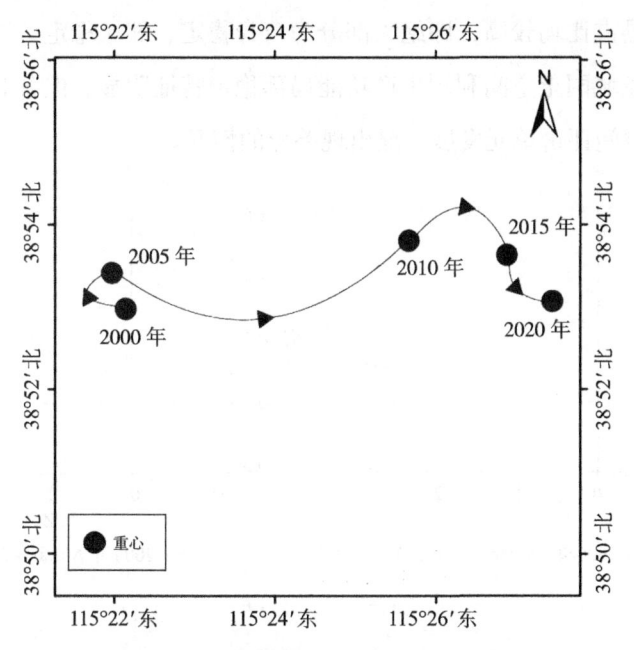

图 8-3　白洋淀流域生产功能重心迁移图

表 8-8　白洋淀流域生产功能 Global Moran's I 结果

年份	I	$E(I)$	sd(I)	z	p-value
2000	0.103	-0.036	0.109	1.272	0.102
2005	0.139	-0.036	0.110	1.588	0.056
2010	0.144	-0.036	0.111	1.612	0.053
2015	0.175	-0.036	0.113	1.871	0.031
2020	0.167	-0.036	0.113	1.799	0.036

注：本章集聚分析均采用 0-1 邻接空间权重矩阵。

由表可见，流域内国土空间利用生产功能 Global Moran's I 均为正，2005—2020 年均在 10% 置信水平下显著，2000 年在接近 10% 的水平下显著，说明研究期内白洋淀流域生产功能具备空间正相关性，存在空间集聚属性。

（2）集聚形态的动态变化

根据如图 8-4 所示的各期莫兰散点图变化统计国土空间利用生态功能集聚形态在各研究时段的占比情况，见表 8-9。可以看出，在各研究时段内，跃迁类型 I 的区县占比均较高，即绝大部分为自身稳定、邻域稳定，这说明研究期间内白洋淀流域国土空间利用生产功能局部稳定特征明显，但各时段内均存在少部分局部空间评价单元发展情况出现差异的情况。

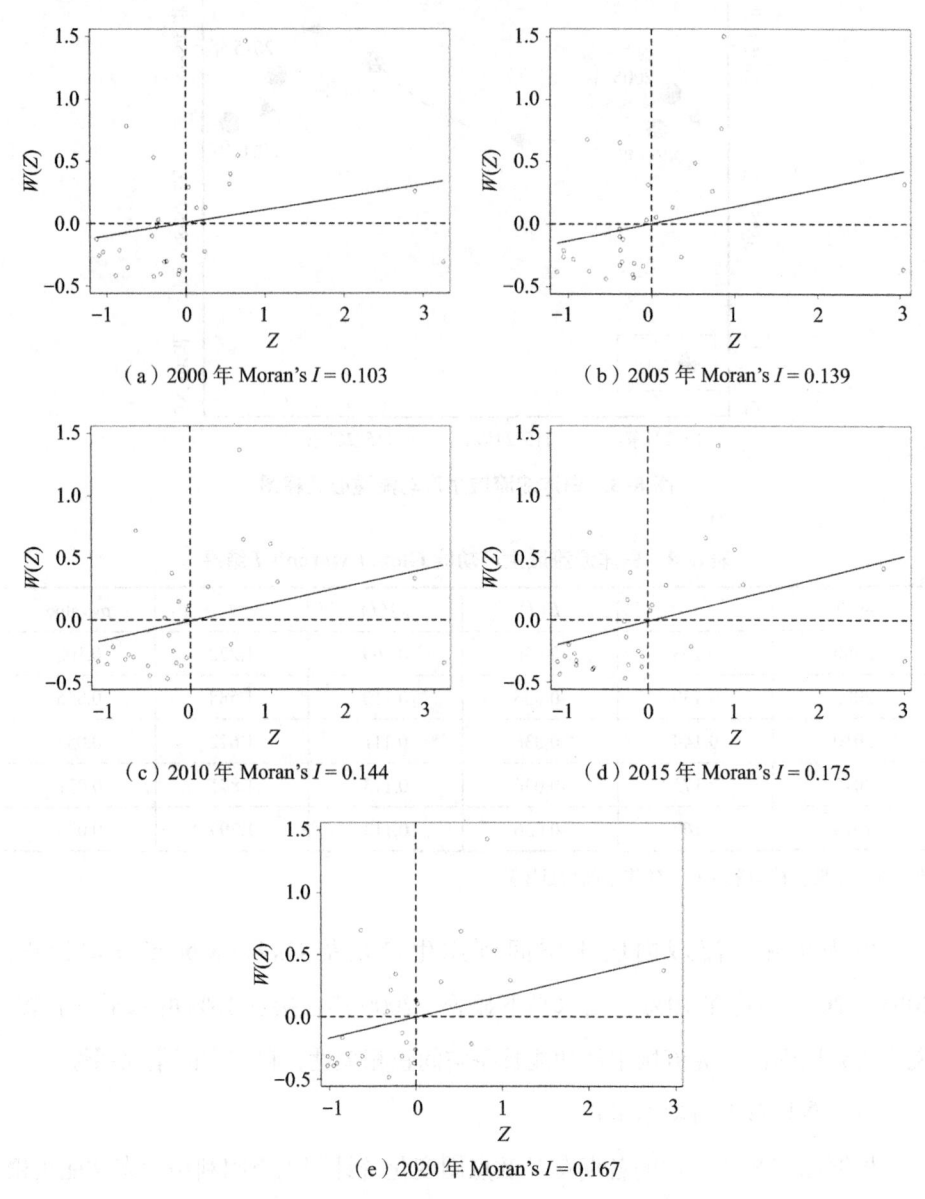

(a) 2000 年 Moran's I = 0.103

(b) 2005 年 Moran's I = 0.139

(c) 2010 年 Moran's I = 0.144

(d) 2015 年 Moran's I = 0.175

(e) 2020 年 Moran's I = 0.167

图 8-4　白洋淀全流域生产功能 Moran 散点图

表 8-9　白洋淀全流域生产功能集聚形态跃迁类型概率分布

单位：%

跃迁类型	2000—2005 年	2005—2010 年	2010—2015 年	2015—2020 年
类型 I	89.66	93.10	89.66	93.10
类型 II	6.90	3.45	6.90	3.45
类型 III	3.45	3.45	3.45	3.45
类型 IV A	0	0	0	0
类型 IV B	0	0	0	0

8.2.1.6　区域差异分析

（1）组内基尼系数

白洋淀流域生产功能组内基尼系数如图 8-5 所示。由图可知，全流域生产功能组内基尼系数为 0.30~0.41，差异变动经历小幅上升、阶段下降、小幅上升 3 个阶段，2005 年后差异情况缩小趋势明显。观察分区的基尼系数可知，平原区域各区县之间的生产功能组内基尼系数相对较小，在研究期内差异程度有轻微上升，基本变化不大。山区各区县之间的差异在研究初期基本与平原地区一致，2005 年时，差异情况有小幅度降低，但在此之后又逐期增加，至 2015 年山区内部差异与全流域内部整体差异持平，至 2020 年，由于流域整体不平衡问题有相对较大幅度的增加，山区内部差异程度略低于流域整体。

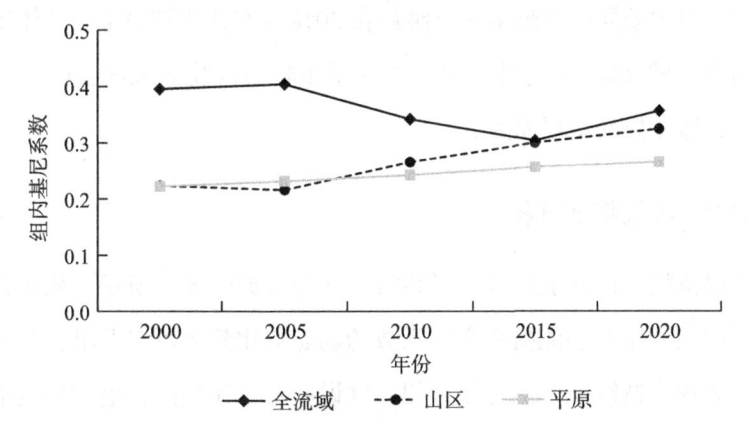

图 8-5　白洋淀流域生产功能组内基尼系数

（2）组间基尼系数

白洋淀流域内生产功能组间差异均值的时序变化情况见表 8-10。由表可见，研究期内山区、平原之间的生产功能指数差异持续增加，2005—2010 年这种差异增速大幅度提升，2015 年后差异增速放缓。

表 8-10　白洋淀流域生产功能组间差异变化情况

年份	2000	2005	2010	2015	2020
组间差异	0.332 4	0.335 9	0.426 0	0.485 3	0.521 9
变动率 /%	—	1.05	26.82	13.92	7.54

（3）差异来源分析

白洋淀流域生产功能空间差异来源及贡献如图 8-6 所示。由图可知，2000 年白洋淀流域生产功能差异来源中，组内差异的贡献率最大，组间差异的贡献率次之，超变密度贡献率最小。2005 年超变密度的贡献率最大，组内差异的贡献率次之，组间差异贡献率最小。2010 年组内差异和组间差异贡献率基本一致且略高于超变密度的贡献率。2015 年和 2020 年均是组间差异贡献率最大，组内差异贡献率次之，超变密度的贡献率最小。研究期间超变密度的贡献率先上升后下降，均值为 0.2 左右，相对较低，这说明组间交叉重叠问题不是流域生产功能存在差异的主要原因。除 2005 年之外，组间差异一直稳定于较高水平。相对而言，组内差异的贡献率一直维持在 30% 左右，比较稳定。总体来看，在全样本时期，除 2005 年之外，组间差异是影响白洋淀流域区县国土空间利用生产功能整体差异的主要原因。

8.2.1.7　收敛特征分析

白洋淀流域生产功能指数变异系数演变趋势如图 8-7 所示。从研究期内各年份白洋淀流域生产功能指数变异系数的动态变化趋势可以看出，全流域生产功能指数表现为持续上升的变化过程，这说明在全流域内，生产功能指数持续上升，且发散特征明显，不具备 σ 收敛特征。

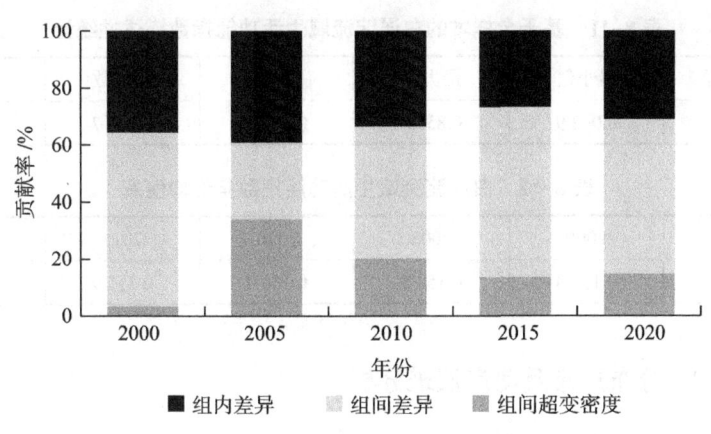

图 8-6　白洋淀流域生产功能空间差异来源及贡献

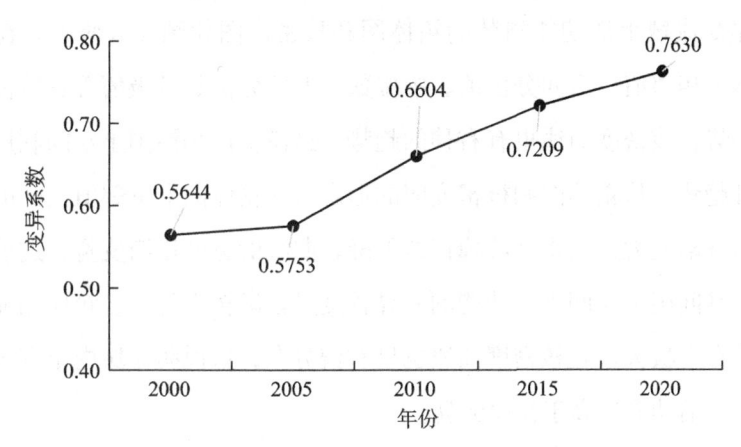

图 8-7　白洋淀流域生产功能指数变异系数演变趋势

8.2.2　白洋淀流域生活功能评价结果分析

8.2.2.1　结果的描述性统计

流域国土空间利用生活功能指数的描述性特征值和2000年、2005年、2010年、2015年、2020年5个时间节点的均值变化见表8-11和表8-12，可以看出，全样本白洋淀流域生产功能指数的变化区间为0.043 9~0.857 6，平均值为0.210 3，标准差为0.161 2，显示出明显的时空异质性。从年份的均值变化来看，生活功能指数的变化呈现上升趋势。

表 8-11　基于全样本的白洋淀流域生活功能指数描述性统计

特征指标	最小值	最大值	平均值	中位数	标准差
数值	0.043 9	0.857 6	0.210 3	0.144 7	0.161 2

表 8-12　白洋淀流域生活功能指数年份均值表

年份	2000	2005	2010	2015	2020
均值	0.156 4	0.151 8	0.168 9	0.215 9	0.357 7

8.2.2.2　分布形态及动态演进分析

（1）分布形态及变化特征

白洋淀流域生活功能指数的箱体图和核密度图如图 8-8 所示。在研究期内，箱体下相邻值、下四分位值、中位数、上四分位数及极值等各特征值均有向上的趋势，核密度曲线也有右移的趋势，这说明白洋淀国土空间利用生活功能呈上升趋势。从箱体图和核密度图的形态看，箱体图上下邻值之间的差距在研究期内逐渐变大，核密度波峰持续下降，曲线的宽度逐渐变宽，这说明研究区内各区县间国土空间生产功能的差异程度呈逐渐扩大趋势。箱体图显示研究各时期均存在极大值且核密度曲线也呈右偏分布，这说明流域内个别区县国土空间利用生活功能远高于其他区县。

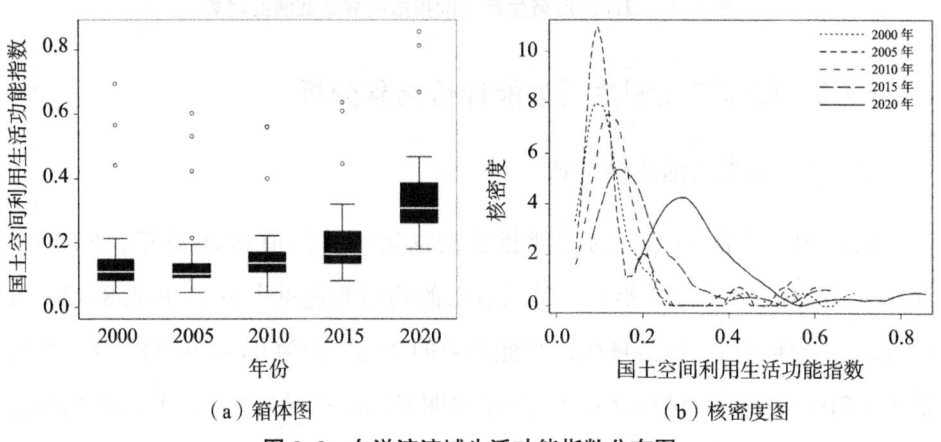

（a）箱体图　　　　　　　　　　（b）核密度图

图 8-8　白洋淀流域生活功能指数分布图

（2）基于马尔可夫链的跃迁分析

白洋淀流域国土空间利用生活功能指数转移概率分布矩阵见表 8-13，其中，生活功能指数在研究期初为类型Ⅰ的区县中有 38.89% 在研究期末跃升为类型Ⅱ，有 5.56% 在期末跃升为类型Ⅲ，有 2.78% 在期末跃升为类型Ⅳ，52.78% 维持在类型Ⅰ。期初为类型Ⅱ的区县中有 33.33% 在期末跃升为类型Ⅲ，22.22% 在期末跃升为类型Ⅳ，50% 维持在类型Ⅱ，有 11.11% 出现降级情况。期初为类型Ⅲ的区县中有 36.67% 在期末跃升为类型Ⅳ，56.67% 维持在类型Ⅲ，分别有 3.33% 的区县出现退化情况。期初为类型Ⅳ的区县皆维持在类型Ⅳ。从对角线单元格上的概率可以看出，维持在类型Ⅱ的概率相对较低，这说明该类型区县指数间流动性较强。维持在类型Ⅰ、Ⅲ两个类型的概率都比跃升为更高等级的概率高，这说明这两种类型区县生活功能指数的流动性相对较弱。

表 8-13　国土空间利用生活功能指数转移概率分布矩阵

单位：%

期初/期末	类型Ⅰ	类型Ⅱ	类型Ⅲ	类型Ⅳ
类型Ⅰ	52.78	38.89	5.56	2.78
类型Ⅱ	11.11	33.33	33.33	22.22
类型Ⅲ	3.33	3.33	56.67	36.67
类型Ⅳ	0	0	0	100.00

白洋淀流域内国土空间利用生活功能指数的初始状态和通过转移概率分布矩阵迭代求解计算出的稳态分布见表 8-14。由表可见，初始分布状态下，中高水平占比 17.24%，高水平占比 10.34%，低水平和中低水平占比 72.41%，在稳态分布状态下，低水平和中低水平占比为 0.01%，中高水平占比 0.01%，高水平占比 99.97%。对比初始状态，稳态分布下Ⅰ、Ⅱ、Ⅲ类型城市下降，Ⅳ类型区县占比接近 100%。结合表 8-19 可以看出，流域国土空间利用生活功能整体呈向好发展趋势。

表 8-14　山区国土空间利用生活功能指数初始分布及稳态分布

单位：%

分布	类型Ⅰ	类型Ⅱ	类型Ⅲ	类型Ⅳ
初态分布	41.38	31.03	17.24	10.34
稳态分布	0	0.01	0.01	99.97

8.2.2.3　空间分布趋势分析

白洋淀流域 2000 年和 2020 年国土空间利用生活功能指数空间变化趋势如图 8-9 所示。由图可知，南北方向上呈南低北高的趋势，东西方向上呈西高东低的趋势，且这种趋势在研究期内变化不大。这说明西北方向的区县国土空间利用生活功能普遍高于东南方向的区县。

（a）生活功能（2000 年）　　　　　（b）生活功能（2020 年）

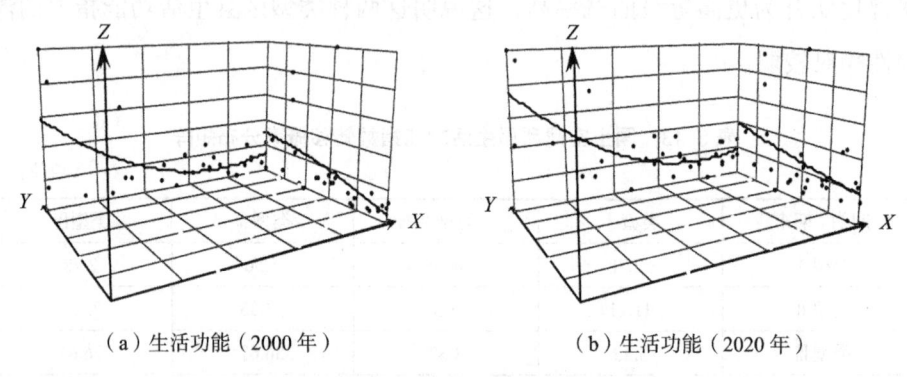

图 8-9　白洋淀流域生活功能趋势分析图

8.2.2.4　重心迁移分析

白洋淀流域生活功能重心迁移图如图 8-10 所示。由图可知，白洋淀流域国土空间利用生活功能的重心始终在顺平县，具有迂回式向东南迁移的趋势，2015 年重心由向东南迁移小幅变为西南迁移，而后 2020 年再次向东南方向迁移。虽然流域内国土空间利用生活功能分布上具有西北高、东南低的空间特征，但重心迁移方向说明研究期内东南部区县生活功能提升幅度高于西北区县。

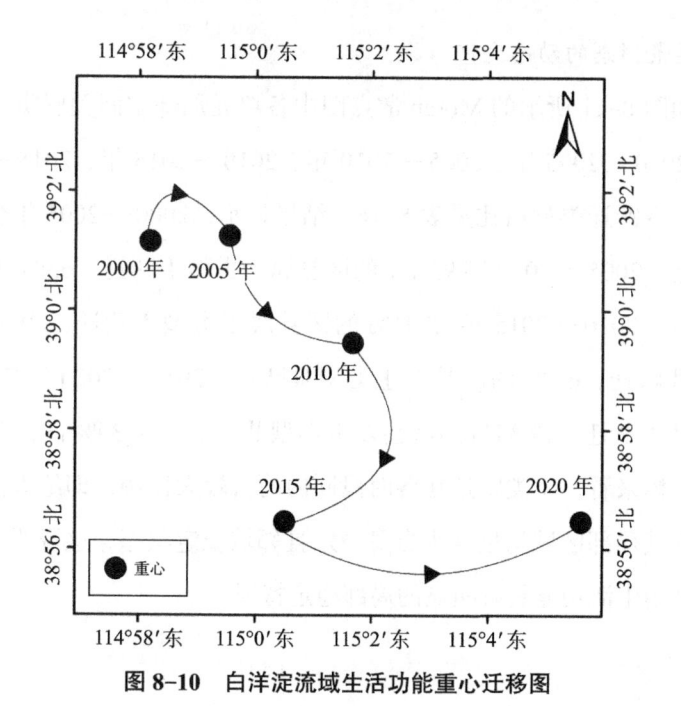

图 8-10 白洋淀流域生活功能重心迁移图

8.2.2.5 空间集聚特征及其跃迁分析

（1）空间集聚特征

各样本年份白洋淀流域内国土空间利用生活功能 Global Moran's I 结果见表 8-15，研究期间生活功能 Global Moran's I 均在 10% 水平下显著为正值，这说明国土空间利用生活功能呈显著的正相关，集聚属性明显。

表 8-15　白洋淀流域生活功能 Global Moran's I 结果

年份	I	$E(I)$	$sd(I)$	z	p-value
2000	0.178	−0.036	0.123	1.74	0.041
2005	0.201	−0.036	0.125	1.892	0.029
2010	0.146	−0.036	0.126	1.441	0.075
2015	0.198	−0.036	0.129	1.815	0.035
2020	0.248	−0.036	0.130	2.184	0.014

（2）集聚形态的动态变化

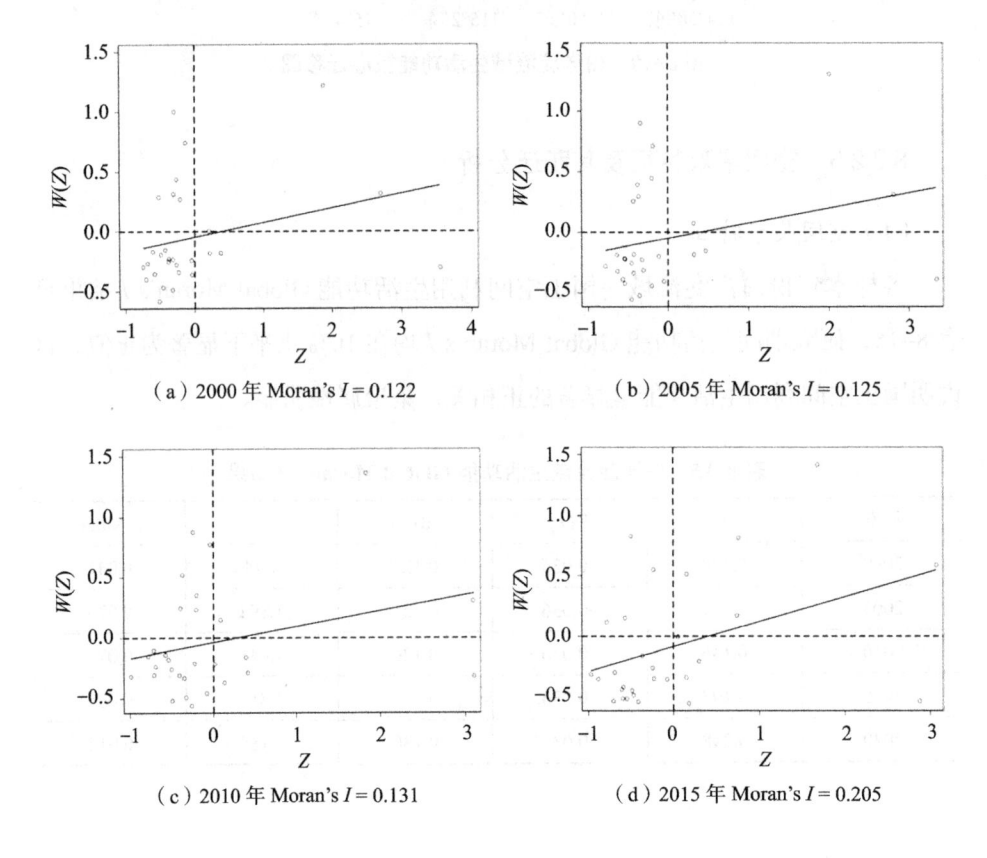

根据如图 8-11 所示的 Moran 散点图中各单元局部空间关联类型的转移情况，总结 2000—2005 年、2005—2010 年、2010—2015 年、2015—2020 年 4 个阶段各时空跃迁类型占比见表 8-16。结果显示，2000—2005 年全部区县为类型 I 跃迁。2005—2010 年 93.1% 的区县属于类型 I 跃迁，6.9% 的区域发生类型 II 跃迁。2010—2015 年 72.41% 的区县属于类型 I 跃迁，20.69% 的区县发生类型 II 跃迁，6.9% 的区县发生类型 III 跃迁。2015—2020 年 72.41% 的区县属于类型 I 跃迁，17.34% 的区县发生类型 II 跃迁，10.34% 的区县发生类型 III 跃迁。总体来看，I 类跃迁在各时段同内均占较大比例，即绝大部分区县在研究期内在其局部区域均呈现为自身稳定且邻域稳定状态，这说明白洋淀流域国土空间利用生活功能具有明显的局部稳定特征。

（a）2000 年 Moran's I = 0.122

（b）2005 年 Moran's I = 0.125

（c）2010 年 Moran's I = 0.131

（d）2015 年 Moran's I = 0.205

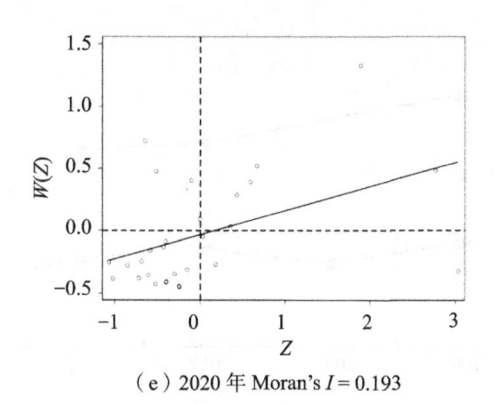

（e）2020 年 Moran's I = 0.193

图 8-11　白洋淀流域生活功能指数 Moran 散点图

表 8-16　白洋淀全流域生活功能指数跃迁类型概率分布

单位：%

跃迁类型	2000—2005 年	2005—2010 年	2010—2015 年	2015—2020 年
类型Ⅰ	100.00	93.10	72.41	72.41
类型Ⅱ	0	6.90	20.69	17.24
类型Ⅲ	0	0	6.90	10.34
类型ⅣA	0	0	0	0
类型ⅣB	0	0	0	0

8.2.2.6　区域差异分析

（1）组内基尼系数分析

白洋淀流域国土空间利用生活功能指数组内差异情况如图 8-12 所示。由图可知，研究期内生活功能指数基尼系数为 0.21~0.40，且具有向下的趋势，即区县之间差异逐年减弱，这说明流域内国土空间利用生活功能发展不平衡的问题逐年减弱。观察分区各自的情况可知，各研究时期山区各区县生活功能的差异程度及其变动规律与流域整体之间基本一致，平原地区之间的差异程度则明显低于流域整体平均水平，其曲线表现为下降趋势，这说明平原地区各区县之间的生活功能差异程度逐年减弱。

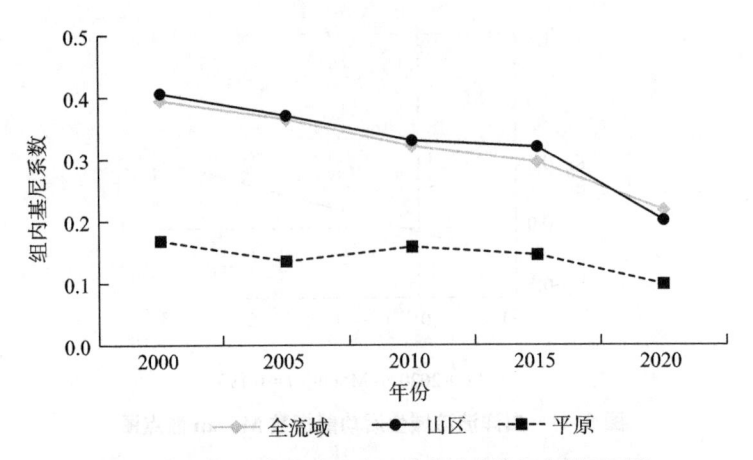

图 8-12　白洋淀全流域及分区域生活功能组内基尼系数

（2）组间基尼系数分析

白洋淀流域内生产功能指数组间差异的动态变化情况见表 8-17。由表可见，在研究期内组间生活功能差异程度持续降低，这说明山区、平原地区间国土空间利用生活功能不平衡状况有明显的改善。

表 8-17　白洋淀流域生活功能组间差异变化情况

年份	2000	2005	2010	2015	2020
组间差异	0.477 4	0.452 8	0.390 4	0.358 1	0.285 8
变动率 /%	—	-5.15	-13.78	-8.27	-20.19

（3）差异来源分析

白洋淀流域生活功能空间差异来源及贡献如图 8-13 所示。由图可知，研究期间组间超变密度的贡献率轻微波动下降且始终维持在较低水平，这表明组间交叉重叠问题不是各研究区域之间国土空间利用生活功能存在差异的主要原因。组内差异的贡献率一直维持在 34% 左右。相对而言，组间差异的贡献率在研究期内一直大于组内差异和组间超变密度（2015 年虽有减小趋势，但其贡献率依然大于组内差异和组间超变密度），是影响白洋淀流域国土空间利用生活功能整体差异最主要的原因。

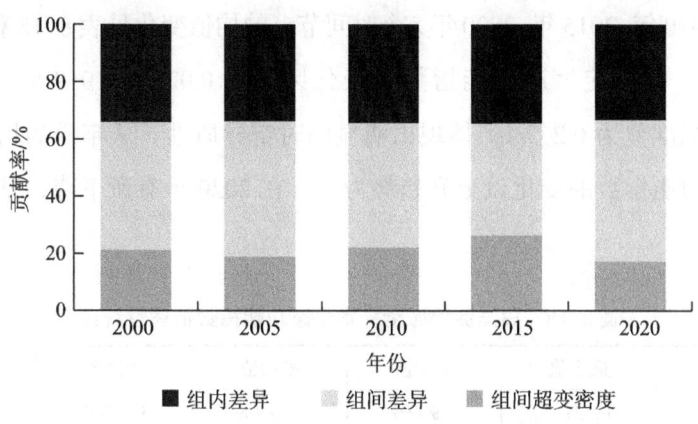

第 8 章 白洋淀流域国土空间利用质量评价——全流域

图 8-13 白洋淀流域生活功能空间差异来源及贡献

8.2.2.7 收敛特征分析

研究期内各年份白洋淀流域国土空间利用生活功能指数变异系数的动态变化趋势如图 8-14 所示。由图可知，全流域变异系数总体表现为持续下降的变化过程，这说明在全流域内各区县生活功能指数离散程度不断减小，具备 σ 收敛特征。

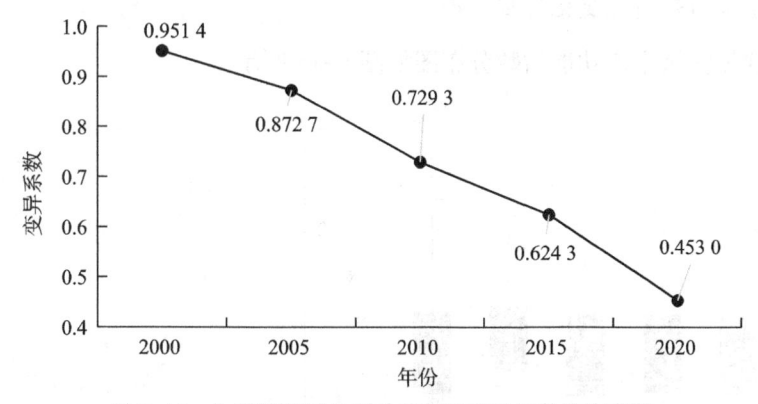

图 8-14 白洋淀流域生活功能指数变异系数演变趋势

8.2.3 白洋淀流域生态功能评价结果分析

8.2.3.1 结果的描述性统计

白洋淀流域全样本国土空间利用生态功能指数的描述性特征值和 2000 年、

2005年、2010年、2015年、2020年5个时间节点的均值变化见表8-18和表8-19。由表可见，白洋淀生产功能指数的变化区间为0.021 1~0.959 6，平均值为0.287 8，标准差为0.279 1，体现出明显的时空异质性。从年份的均值变化来看，生态功能指数的变化以上升趋势为主，在2020年有所下降，整体变化幅度不大。

表 8-18 白洋淀流域全样本生态功能指数描述性统计

特征指标	最小值	最大值	平均值	中位数	标准差
数值	0.021 1	0.959 6	0.287 8	0.167 5	0.279 1

表 8-19 白洋淀流域生态功能指数年份均值表

年份	2000	2005	2010	2015	2020
均值	0.265 4	0.273 8	0.274 8	0.341 5	0.283 3

8.2.3.2 分布形态及动态演进分析

（1）分布形态及变化特征

白洋淀流域生态功能指数分布图如图8-15所示。

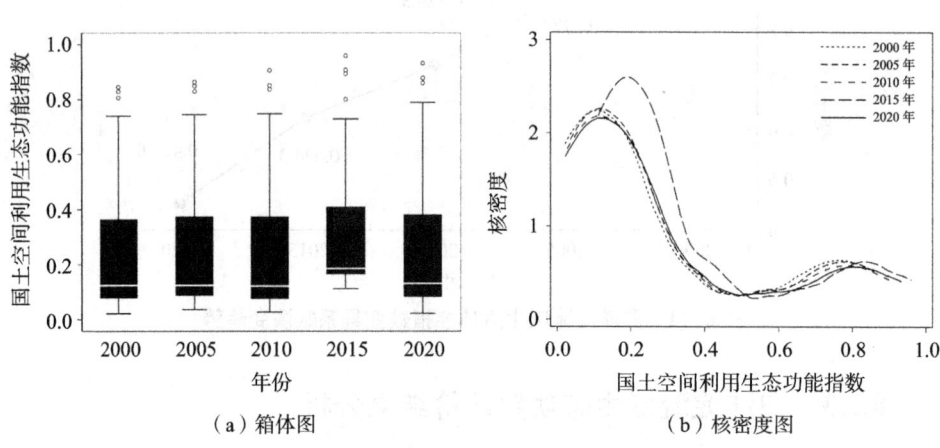

（a）箱体图　　　　　　　　　　　　（b）核密度图

图 8-15 白洋淀流域生态功能指数分布图

由图可知，研究期内整个箱体上下相邻值、四分位值、极值等各特征值变化不大，仅在2015年箱体小幅度上升，随后下降回原有水平，核密度曲线的形状与位置在各研究期中变化程度也很小，仅在2015年峰值存在小幅度上升，位置略微右移。从箱体图和核密度图的形态看，核密度图呈现明显的右偏分布，这说明流域内区县差异较大，且导致差异的主要原因是有极大值的存在。核密度曲线的双峰情况始终存在，这说明白洋淀流域各区县生态功能存在两极分化的特征。

（2）基于马尔可夫链的跃迁分析

国土空间利用生态功能指数转移概率分布矩阵见表8-20。由表可见，研究期内，白洋淀流域国土空间利用生态功能指数在研究期初为类型Ⅰ的区县中有29.63%在研究期末跃升为类型Ⅱ，有11.11%在期末跃升为类型Ⅲ，59.26%维持在类型Ⅰ。期初为类型Ⅱ的区县中有58.62%在期末跃升为类型Ⅲ，58.62%维持在类型Ⅱ，有24.14%出现退化情况。期初为类型Ⅲ的区县中有3.23%在期末跃升为类型Ⅳ，70.97%维持在类型Ⅲ，有9.68%的区县退化为低效，16.13%退化为中低效。期初为类型Ⅳ的区县皆维持在类型Ⅳ。总体来看，除Ⅰ类型有相对较高的向上跃迁的概率外，Ⅱ、Ⅲ类型向上跃迁的概率相对偏低，且存在相当比例的向下转移的区县，需引起注意。从对角线单元格上的概率可以看出，维持在类型Ⅰ、Ⅱ、Ⅲ 3个类型的概率都在50%以上，比跃迁为其他等级的概率总和都要高，这说明各类型区县生态功能各类型间流动性相对较弱。

表8-20 国土空间利用生态功能指数转移概率分布矩阵

单位：%

期初/期末	类型Ⅰ	类型Ⅱ	类型Ⅲ	类型Ⅳ
类型Ⅰ	59.26	29.63	11.11	0
类型Ⅱ	24.14	58.62	17.24	0
类型Ⅲ	9.68	16.13	70.97	3.23
类型Ⅳ	0	0	0	100.00

白洋淀流域内国土空间利用生态功能指数的初始状态和通过转移概率分布矩阵迭代求解计算出的稳态分布见表8-21。由表可见，初始分布状态下，中高水平占比20.69%，高水平占比24.14%，低水平和中低水平占比55.17%，在稳态分布状态下，低水平和中低水平占比0.59%，中高水平占比0.3%，高水平占比99.34%。对比初始状态，稳态分布的Ⅰ、Ⅱ、Ⅲ类型出现明显负向变化，Ⅳ类型出现明显正向增长，这说明虽然在研究期内白洋淀流域国土空间利用功能流动性相对较弱，但未来发展趋势向好。

表 8-21　国土空间利用生态功能指数初始分布及稳态分布

单位：%

分布	类型Ⅰ	类型Ⅱ	类型Ⅲ	类型Ⅳ
初态分布	34.48	20.69	20.69	24.14
稳态分布	0.27	0.32	0.30	99.34

8.2.3.3　空间分布趋势分析

白洋淀流域生态功能指数趋势分析图如图8-16所示。由图可知，白洋淀流域国土空间利用生态功能指数的空间分布在东西方向呈西高东低特征，南北方向则具有北高南低的特征，这种趋势在样本期间始终保持，这说明西北方向区县的国土空间利用生态功能相对较高。

（a）生态功能（2000年）　　　　　　（b）生态功能（2020年）

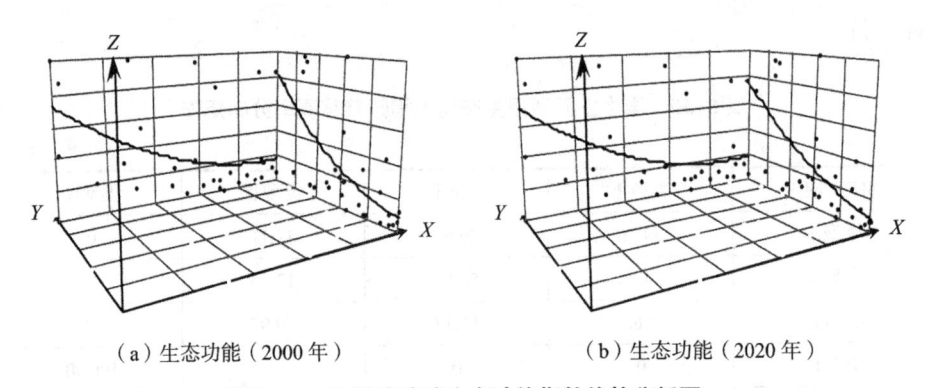

图 8-16　白洋淀流域生态功能指数趋势分析图

8.2.3.4 重心迁移分析

白洋淀流域生态功能重心迁移图如图 8-17 所示。由图可见，白洋淀流域国土空间利用生态功能重心具有稳定回归的特征，2005 年小幅度向东南方向迁移而后有极小程度的西迁，在 2015 年大幅度向东南方向迁移，由满城区和易县北部交界迁移至满城区东郊，但 2020 年重心回归，回迁至满城区易县交界附近。总体来看，研究期末与期初相比，生态空间利用质量的重心位置变化大。

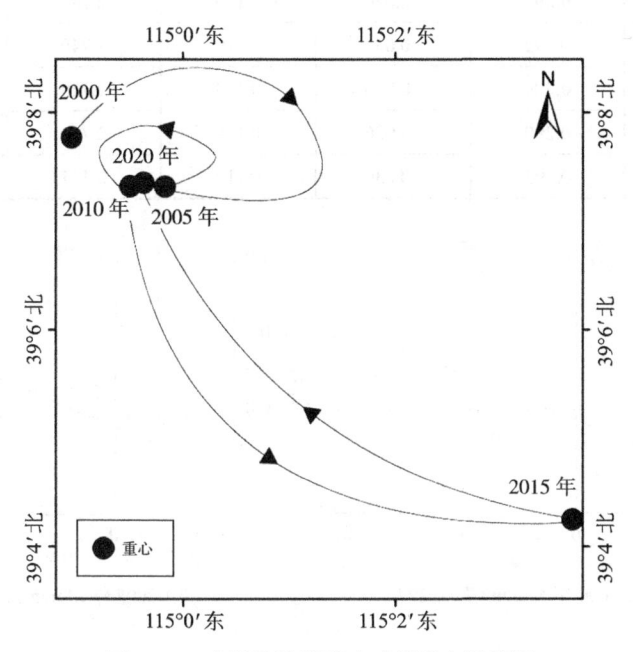

图 8-17　白洋淀流域生态功能重心迁移图

8.2.3.5　空间集聚特征及其跃迁分析

（1）空间集聚特征

根据 Global Moran's I 运算，得到 2000 年、2005 年、2010 年、2015 年及 2020 年白洋淀流域内各区县国土生态空间利用质量指数的 Global Moran's I，见表 8-22。研究期间，Global Moran's I 均为正值，国土生活空间利用质量指数在研究期间呈正相关。同时，研究期间皆通过 1% 显著性检验，存在显著空间相关性，集聚形态明显。通过对如图 8-18 所示的莫兰散点图的分析，可知白洋淀流域内各区县的生态空间时空集聚形态特征，研究区域内的生态空间利用情况集聚特征显著且稳定。在研究期间的 5 年内大多集中在第 3 象限。但分异情况仍然存在，部分局部空间单元在空间上呈现分异状态。

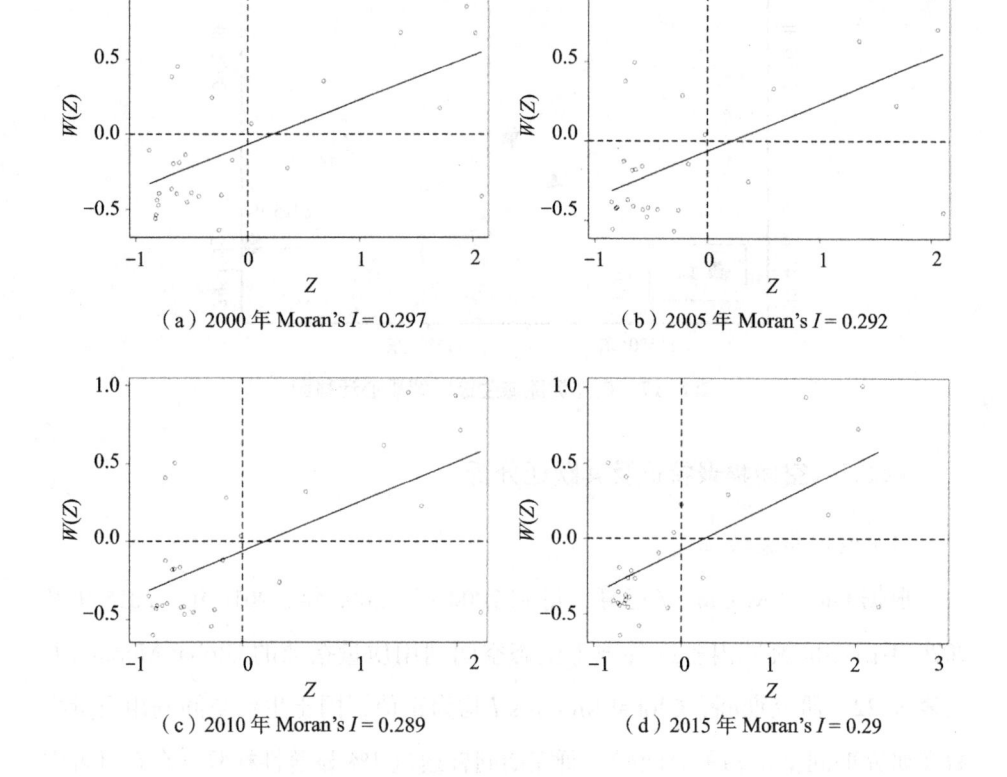

表 8-22　白洋淀流域生态功能 Global Moran's I 结果

年份	I	$E(I)$	sd(I)	z	p-value
2000	0.297	−0.036	0.120	2.781	0.003
2005	0.292	−0.036	0.119	2.740	0.003
2010	0.289	−0.036	0.119	2.720	0.003
2015	0.290	−0.036	0.119	2.738	0.003
2020	0.293	−0.036	0.119	2.757	0.003

（a）2000 年 Moran's I = 0.297

（b）2005 年 Moran's I = 0.292

（c）2010 年 Moran's I = 0.289

（d）2015 年 Moran's I = 0.29

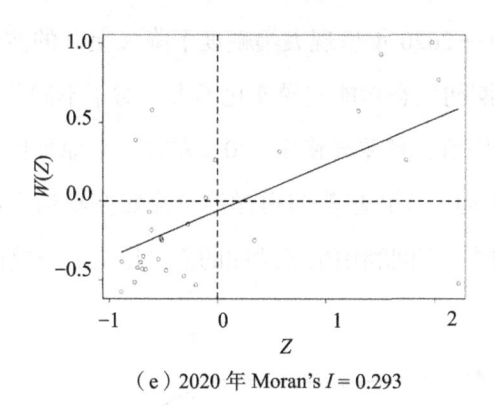

(e) 2020 年 Moran's I = 0.293

图 8-18　白洋淀流域生态功能指数 Moran 散点图

（2）集聚形态的动态变化

白洋淀流域生态功能集聚形态跃迁类型概率分布见表 8-23。由表可见，2000—2020 年白洋淀流域内全部区县生态功能集聚形态变化类型全部为类型Ⅰ，即自身稳定—邻域稳定，这说明研究期间内流域国土空间利用生态功能具有很强的局部稳定特征，集聚形态固化现象十分明显。

表 8-23　白洋淀流域生态功能集聚形态跃迁类型概率分布

单位：%

跃迁类型	2000—2005 年	2005—2010 年	2010—2015 年	2015—2020 年
类型Ⅰ	100.00	100.00	100.00	100.00
类型Ⅱ	0	0	0	0
类型Ⅲ	0	0	0	0
类型Ⅳ A	0	0	0	0
类型Ⅳ B	0	0	0	0

8.2.3.6　区域差异分析

（1）组内差异分析

各样本期白洋淀流域生态功能组内基尼系数如图 8-19 所示。由图可知，全流域基尼系数值为 0.39~0.52，这说明流域整体区县生态功能差异相对较大。就变化情况来看，2000—2010 年基尼系数较为稳定，折线斜率趋近于 0，波动幅度较小，但 2010—2020 年呈现大幅幅度下降又上升的波动变化情况。总体而言，期末相较于期初生态功能差异变化不大。对于不同分区而言，山区内的差异明显小于整体均值，且差异稳定在 0.3 左右。平原地区差异较小，基尼系数值在 0.11~0.29 变动，变化趋势与白洋淀全流域变动情况高度一致。总体而言，各分区域内部国土空间利用生态功能的差异比全流域整体要小。

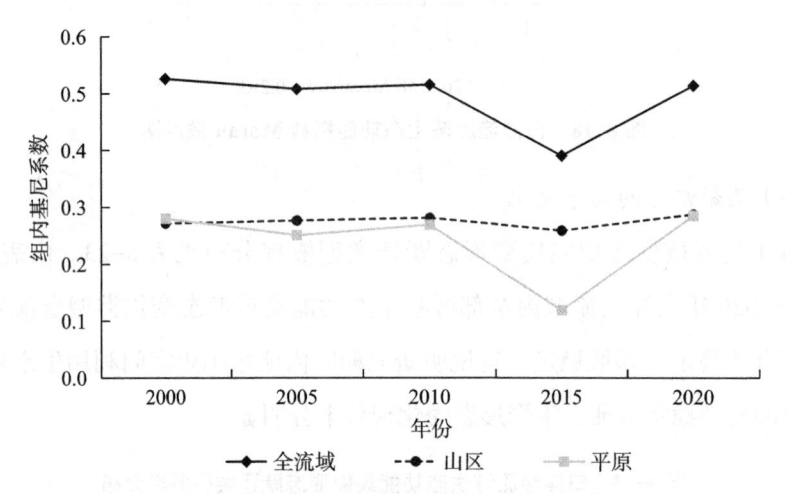

图 8-19　白洋淀全流域及分区域生态功能组内基尼系数

（2）组间差异分析

白洋淀流域国土空间利用生态功能指数组间差异的动态变化情况见表 8-24。由表可见，山区、平原之间的生态功能指数差异呈波动变化特征，波动幅度增加趋势明显，2000—2005 年差异情况小幅度缩小后，至 2010 年又略有回升，2015 年则大幅缩小，但在 2020 年又以 27.21% 的幅度回升，总体而言，分区域间国土空间利用生态功能缩小的趋势明显。

表 8-24　白洋淀流域生态功能组间差异变化情况

年份	2000	2005	2010	2015	2020
组间差异	0.728 5	0.701 7	0.707 9	0.549 4	0.698 9
变动率 /%	—	-3.68	0.88	-22.39	27.21

（3）差异来源分析

白洋淀流域生态功能空间差异来源及贡献如图 8-20 所示。由图可知，2000—2020 年，组间的贡献率始终是最大的，其次是组内差异的贡献率，组间超变密度贡献率最小，这表明研究期间内交叉重叠问题对流域内各区县之间国土空间利用生态功能的差异影响不大，而山地、平原两个区域间的差异则是最主要的原因。

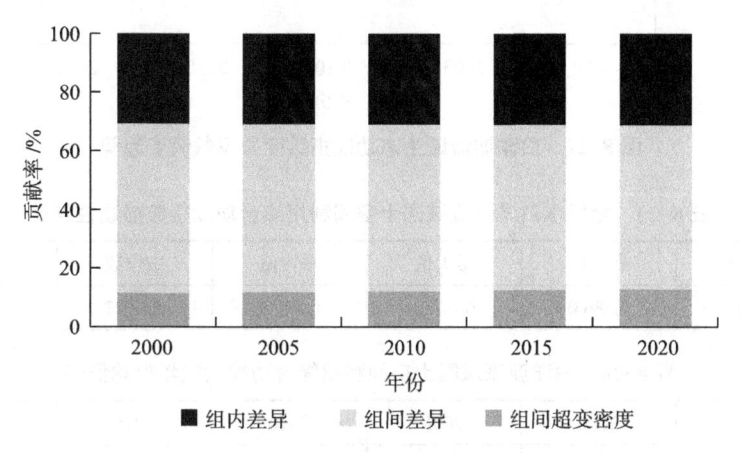

图 8-20　白洋淀流域生态功能空间差异来源及贡献

8.2.3.7　收敛特征分析

研究期内各年份白洋淀流域国土空间利用生态功能指数变异系数的动态变化趋势如图 8-21 所示。由图可知，除 2015 年离散程度明显降低外，其他各时期总体上较为平稳，没有体现出明显的趋势性下降，这说明在全流域国土空间利用生态功能指数离散程度并没有明显降低，不具备 σ 收敛特点。

8.2.4　白洋淀流域综合功能评价结果分析

8.2.4.1　结果的描述性统计

白洋淀流域国土空间利用综合功能指数的描述性结果和 2000 年、2005 年、2010 年、2015 年、2020 年 5 个时间节点的均值变化见表 8-25 和表 8-26。

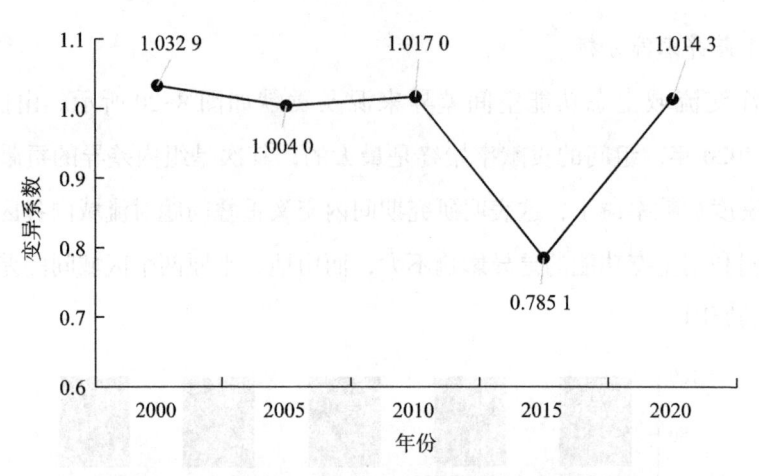

图 8-21 白洋淀流域生态功能指数变异系数演变趋势

表 8-25 全样本白洋淀流域国土空间利用综合功能指数描述性统计

特征指标	最小值	最大值	平均值	中位数	标准差
数值	0.286 0	0.675 8	0.220 9	0.178 7	0.153 3

表 8-26 白洋淀流域国土空间利用综合功能指数年份均值表

年份	2000	2005	2010	2015	2020
均值	0.159 6	0.174 5	0.198 3	0.260 0	0.311 9

由表可见，全样本白洋淀流域生产功能指数的变化区间为 0.286 0~0.675 8，平均值为 0.220 9，标准差为 0.153 3，表现出明显的时空异质性。从年份的均值变化来看，综合功能指数的变化呈现出上升趋势。

8.2.4.2 分布形态及动态演进分析

（1）分布形态及变化特征

综合功能指数分布形态变化特征如图 8-22 所示。由图可知，除极值之外，研究期内箱体上下相邻值、四分位值等各特征值均有向上的趋势，核密度曲线也有逐期右移的趋势，这说明了白洋淀流域国土空间综合功能利用质量呈上升趋势。从箱体图和核密度图的形态看，箱体图上下邻值之间的差距在研究期内逐渐变大,核密度曲线的峰值有下降的趋势,这说明流域内各区县间国土空间利用综合质量的差异有逐渐扩大趋势。但由于研究前期有极大值的存在,使得整个研究期内,密度曲线均呈明显右偏分布状态,且综合功能差异程度从密度曲线的宽度上体现并不明显。

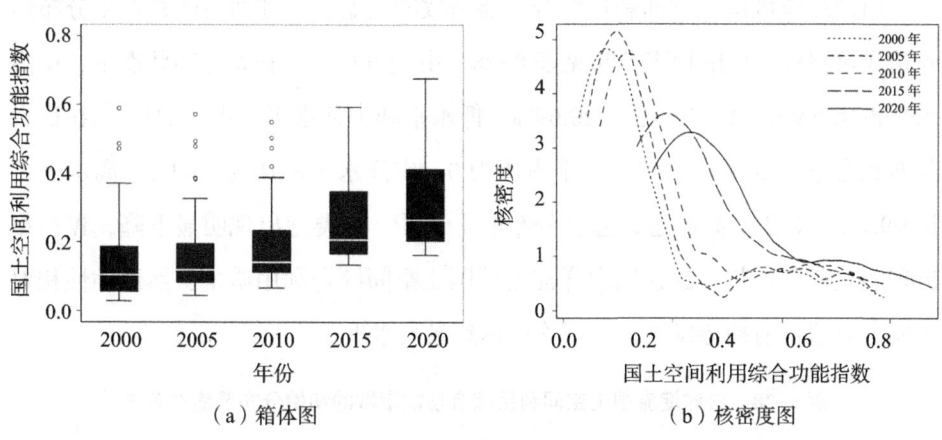

(a)箱体图　　　　　　　　(b)核密度图

图 8-22　综合功能指数分布形态变化特征

(2)基于马尔可夫链的跃迁分析

白洋淀流域国土空间利用综合功能指数转移概率分布矩阵见表 8-27。

表 8-27　白洋淀流域国土空间利用综合功能指数转移概率分布矩阵

单位:%

期初/期末	类型Ⅰ	类型Ⅱ	类型Ⅲ	类型Ⅳ
类型Ⅰ	55.56	44.44	0	0
类型Ⅱ	0	42.86	57.14	0
类型Ⅲ	0	0	77.78	22.22
类型Ⅳ	0	0	0	100.00

由表可见,研究期内白洋淀国土空间利用综合功能指数在研究期初为类型Ⅰ的区县中有 44.44% 在研究期末跃升为类型Ⅱ,55.56% 维持在类型Ⅰ。期初为类型Ⅱ的区县中有 57.14% 在期末跃升为类型Ⅲ,42.86% 维持在类型Ⅱ。期初为类型Ⅲ的区县中有 22.22% 在期末跃升为类型Ⅳ,77.78% 维持在类型Ⅲ。

期初为类型Ⅳ的区县皆维持在类型Ⅳ。从对角线单元格上的概率可以看出，维持在类型Ⅰ、Ⅲ两个类型的概率都比在更高等级的概率高，这说明这两类型区县综合功能的流动性相对较弱。维持在类型Ⅱ的概率相对较低，这说明该类型区县综合功能间流动性较强。

白洋淀流域国土空间利用综合功能指数的初始状态和通过转移概率分布矩阵迭代求解计算出的稳态分布见表8-28。由表可见，在初始分布状态下，中高水平占比6.9%，高水平占比20.69%，低水平和中低水平共占72.41%。在稳态分布状态下，低水平和中低水平占比为0，中高水平占比为0.03%，高水平占比99.7%。对比初始状态，稳态分布的Ⅰ、Ⅱ、Ⅲ类型出现明显下降，Ⅳ类型出现明显正向增长，这说明白洋淀流域国土空间综合利用质量虽然流动性相对较弱，但照目前趋势发展，未来均可达到最高水平。

表8-28 白洋淀流国土空间利用综合功能指数的初始分布及稳态分布

单位：%

分布	类型Ⅰ	类型Ⅱ	类型Ⅲ	类型Ⅳ
初态分布	55.17	17.24	6.90	20.69
稳态分布	0	0	0.03	99.70

8.2.4.3 空间分布趋势分析

白洋淀流域国土空间利用综合功能指数2000年和2020年的变化趋势如图8-23所示。由图可知，综合功能指数在东西方向上呈东高西低特征，南北走向呈倒U形趋势，南北综合功能指数基本持平，中部区县优于其他区县。综合功能指数的空间分布趋势在研究期内基本没有变化。

8.2.4.4 重心迁移分析

白洋淀流域综合功能重心迁移图如图8-24所示。由图可知，迁移方向西迁趋势明显，且近20年具有持续性特征，这说明样本期间，西部地区改善程度更为明显。同时综合功能的重心稳定在满城区。

(a)综合功能（2000 年）　　　　　　(b)综合功能（2020 年）

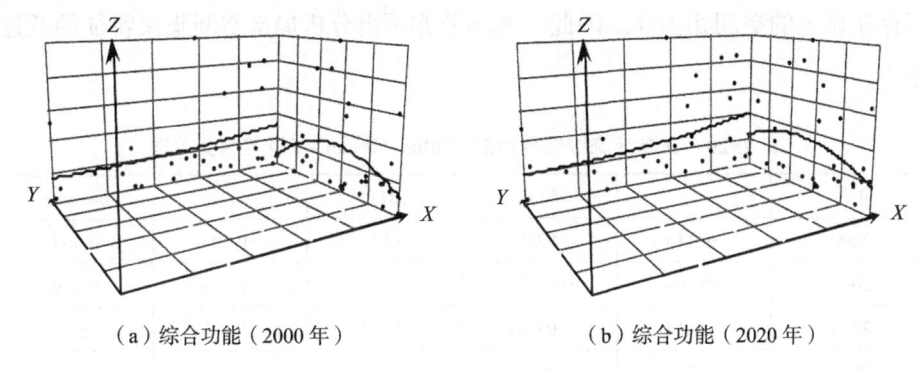

图 8-23　白洋淀流域综合功能指数趋势分析图

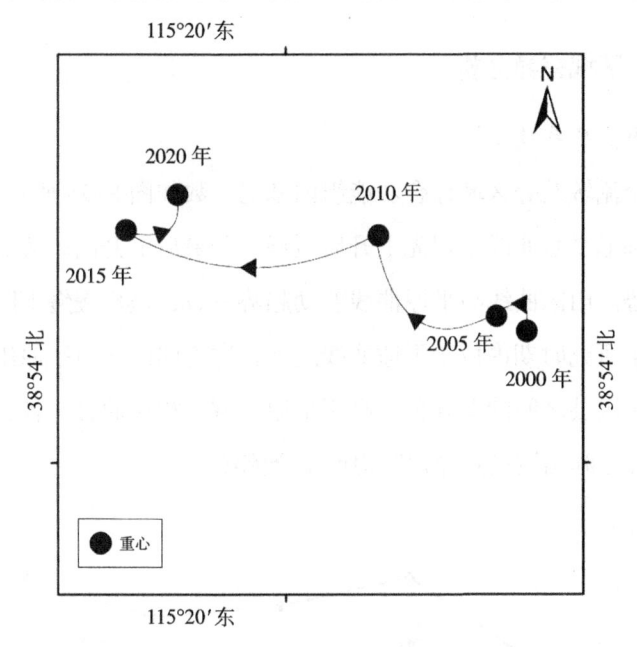

图 8-24　白洋淀流域综合功能重心迁移图

8.2.4.5　空间集聚特征及其跃迁分析

计算 2000 年、2005 年、2010 年、2015 年及 2020 年白洋淀流域国土空间利用综合功能 Global Moran's I，结果见表 8-29。各样本年份综合功能 Global Moran's I 均在 10% 的水平下不显著，这说明洋淀流域国土空间利用综合功能不存在显著的空间相关性。因此，本部分亦不再分析局部空间集聚特征的跃迁变化。

表 8-29 白洋淀流域综合功能 Global Moran's I 及其相关参数

年份	I	$E(I)$	$sd(I)$	z	p-value
2000	−0.115	−0.036	0.135	−0.094	0.463
2005	−0.101	−0.036	0.136	−0.054	0.479
2010	−0.114	−0.036	0.137	−0.193	0.423
2015	−0.140	−0.036	0.137	−0.532	0.297
2020	−0.130	−0.036	0.138	−0.427	0.335

8.2.4.6 区域差异分析

（1）组内基尼系数分析

白洋淀全流域及分区域综合功能组内基尼系数如图 8-25 所示。由图可知，全流域组内基尼系数曲线呈现先上升后缓慢下降最后上升的趋势。整体表现为波动上升趋势。山区曲线与平原曲线变动趋势一致，呈现缓慢下降的趋势，且山区曲线整个研究时期内位于平原曲线之上，这说明山区与平原组内差异逐年减小，但山区区县之间的差异程度高于平原区域。相比而言，各分区内部区县的国土空间综合利用质量差异程度均低于全流域。

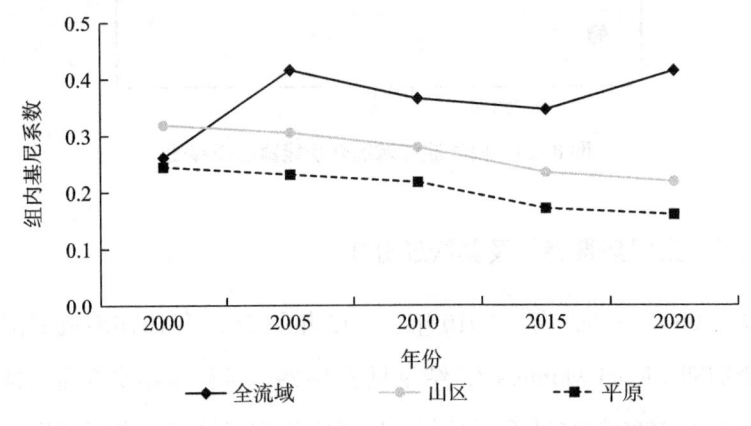

图 8-25 白洋淀全流域及分区域综合功能组内基尼系数

（2）组间基尼系数分析

白洋淀流域国土空间利用综合功能指数组间差异的动态变化情况见表8-30。由表可见，山区、平原之间的国土空间利用综合功能差异下降趋势明显，2015年之前下降速度逐年增大，2015—2020年有所放缓，这说明山区和平原之间的国土空间综合利用质量的区域不平衡状况不断改善。

表 8-30 综合功能组间差异变化情况

年份	2000	2005	2010	2015	2020
组间差异	0.610 2	0.540 1	0.448 3	0.315 9	0.293 7
变动率/%	—	-11.49	-17.00	-29.53	-7.03

（3）差异来源分析

白洋淀流域综合功能空间差异来源及贡献如图8-26所示。由图可知，2000—2020年的组间差异贡献率在各样本时期均最大，组内差异贡献率次之，超变密度的贡献率最小。组内差异和组间超变密度的贡献率虽相对较小，但都呈增长趋势。组间差异虽然呈逐年减小趋势，但一直稳定于相对较高水平，这说明研究期内组间差异始终是影响白洋淀流域国土空间综合利用质量差异的主要原因。

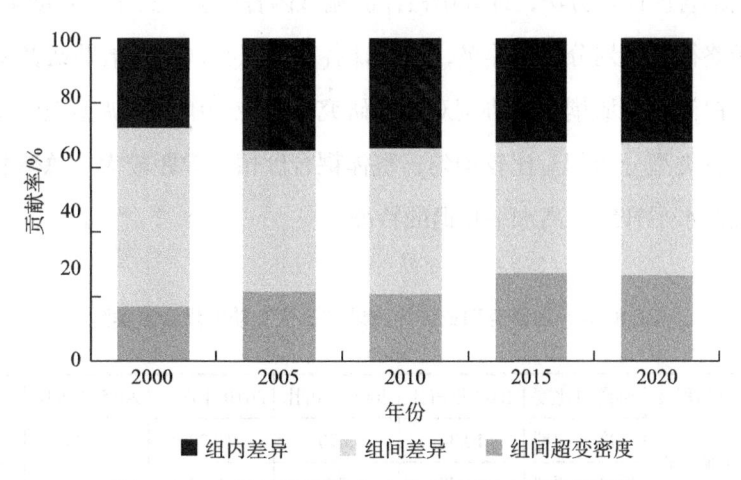

图 8-26 白洋淀流域综合功能空间差异来源及贡献

8.2.4.7 收敛特征分析

研究期内各年份白洋淀流域综合功能指数变异系数的动态变化趋势如图 8-27 所示。由图可知，综合功能变异系数表现为持续下降的变化过程，这说明在全流域综合功能指数离散程度不断减小，国土空间利用综合功能具备 σ 收敛特征。

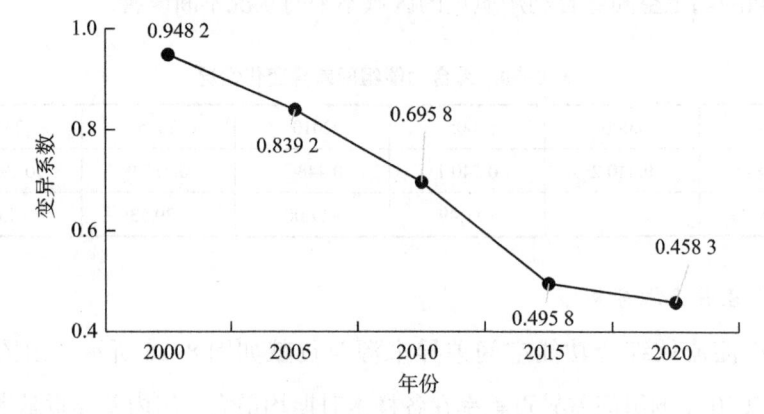

图 8-27 白洋淀流域综合功能指数变异系数演变趋势

8.2.5 "三生"功能耦合协调评价结果分析

8.2.5.1 耦合度评价结果

根据耦合度评价方法，计算出白洋淀流域内各区县"三生"功能耦合结果，并根据最终得分，划分不同等级，并统计各等级区县占比，结果见表 8-31。由表可见，白洋淀流域耦合度协调对比度研究期内位于中度失调型至优质协调性区间内，各类型分布相对比较均匀，整体耦合度情况差距较大。总体看，样本期间出现低水平升级、高水平衰退的特征。

表 8-31 各研究期白洋淀流域"三生"功能耦合度类型

单位：%

区间	协调程度	协调对比度	2000 年占比	2005 年占比	2010 年占比	2015 年占比	2020 年占比
[0.2, 0.3)	失调衰退	中度失调型	10.34	6.90	10.34	10.34	6.90
[0.3, 0.4)		轻度失调型	13.79	17.24	10.34	13.79	17.24

续表

区间	协调程度	协调对比度	2000年占比	2005年占比	2010年占比	2015年占比	2020年占比
[0.4, 0.5)	过渡协调	濒临失调型	10.34	13.79	13.79	6.90	13.79
[0.5, 0.6)		勉强协调型	6.90	0	17.24	10.34	17.24
[0.6, 0.7)	协调发展	初级协调型	13.79	24.14	20.69	17.24	27.59
[0.7, 0.8)		中级协调型	17.24	17.24	17.24	17.24	10.34
[0.8, 0.9)		良好协调型	20.69	6.90	10.34	24.14	3.45
[0.9, 1]		优质协调型	6.90	13.79	0	0	3.45

白洋淀流域国土空间利用"三生"功能耦合度各研究时段内的演变特征见表8-32。由表可见，2000—2005年大部分区县固化特征明显，但改善占比多于衰退。2005—2010年衰退问题凸显，51.72%的区县耦合度出现降级，退化为初级协调的数量激增。2010—2015年"三生"功能失衡问题得到一定缓解，41.38%的区县耦合度出现升级，17.24%升级为良好协调型，但退化问题没有得到彻底自改善。2015—2020年降级退化情况再次发生，且退化程度严重，竞秀区、莲池区出现中度失调情况。综上可知，白洋淀流域的耦合度稳定性较差，同时区县之间的差异也在不断加大。

表8-32 白洋淀流域"三生"功能耦合度动态演变情况

单位：%

年份	协调程度	协调对比度	升级	衰退
2000—2005	失调衰退	极度失调型	—	—
		严重失调型	—	—
		中度失调型	—	—
		轻度失调型	3.45	—
	过渡协调	濒临失调型	3.45	3.45
		勉强协调型	—	—
	协调发展	初级协调型	6.90	10.34
		中级协调型	—	10.34
		良好协调型	6.90	—
		优质协调型	13.79	—
总计			34.48	24.14

续表

年份	协调程度	协调对比度	升级	衰退
2005—2010	失调衰退	极度失调型	—	—
		严重失调型	—	—
		中度失调型	—	3.45
		轻度失调型	—	3.45
	过渡协调	濒临失调型	—	3.45
		勉强协调型	6.90	10.34
	协调发展	初级协调型	—	17.24
		中级协调型	10.34	3.45
		良好协调型	—	10.34
		优质协调型	—	—
	总计		17.24	51.72
2010—2015	失调衰退	极度失调型	—	—
		严重失调型	—	—
		中度失调型	—	—
		轻度失调型	—	6.90
	过渡协调	濒临失调型	3.45	—
		勉强协调型	3.45	3.45
	协调发展	初级协调型	10.34	6.90
		中级协调型	6.90	3.45
		良好协调型	17.24	—
		优质协调型	—	—
	总计		41.38	20.69
2015—2020	失调衰退	极度失调型	—	—
		严重失调型	—	—
		中度失调型	—	10.34
		轻度失调型	10.34	3.45
	过渡协调	濒临失调型	3.45	10.34
		勉强协调型	3.45	13.79

续表

年份	协调程度	协调对比度	升级	衰退
2015—2020	协调发展	初级协调型	3.45	17.24
		中级协调型	3.45	6.90
		良好协调型	3.45	—
		优质协调型	3.45	—
总计			31.03	62.07

注：表内数据代表较低水平跃升（衰退）至本水平的区县占比，例如：2015—2020年、优质协调型、升级 3.45%，说明优质协调型以下所有类型的区县中在此研究时间段升级为优质协调型的数量占流域总区县数量的比例为 3.45%。

研究期内白洋淀流域"三生"功能耦合度的变化趋势如图 8-28 所示。由图可知，东西方向上，东部区县耦合度高于西部区县，随着西部地区耦合度的升高，这种趋势在期末有所缓和。南北方向上，南部区县耦合度优于北部区县，值得注意的是，样本期间南部、北部耦合度差异也逐渐缩小。总体而言，耦合度整体空间分布在研究期内趋势没根本的变化，只是区域间朝着更加均衡的方向发展。

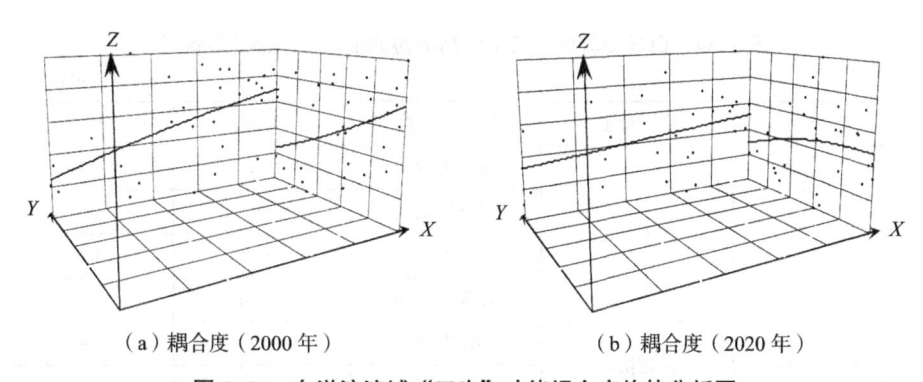

(a) 耦合度（2000 年） (b) 耦合度（2020 年）

图 8-28 白洋淀流域"三生"功能耦合度趋势分析图

8.2.5.2 协调发展度评价结果

白洋淀流域"三生"功能协调发展度评价结果见表 8-33。由表可见，白洋淀流域协调发展度的协调对比度研究期内位于严重失调型至勉强协调型区间内，整体协调发展度情况较差，但整体情况逐年好转，大部分区县耦合度类型集中在中度失调转移到轻度失调。

表 8-33 白洋淀流域"三生"功能协调发展度评价结果

单位：%

区间	协调程度	协调对比度	2000年占比	2005年占比	2010年占比	2015年占比	2020年占比
[0.1, 0.2)	失调衰退	严重失调型	24.14	10.34	0	0	0
[0.2, 0.3)		中度失调型	55.17	62.07	44.83	3.45	6.90
[0.3, 0.4)		轻度失调型	13.79	20.69	48.28	82.76	62.07
[0.4, 0.5)	过渡协调	濒临失调型	6.90	6.90	6.90	13.79	27.59
[0.5, 0.6)		勉强协调型	0	0	0	0	3.45

白洋淀流域"三生"功能协调发展度动态演变情况见表 8-34。由表可见，白洋淀流域的国土空间利用"三生"功能协调发展度呈现逐年改善的趋势。2000—2005 年有 24.14% 的区县发生改善，2005—2010 年改善区县占比 34.4%，2010—2015 年升级占比提高至 48.28%，这说明有近一半的区县协调发展度明显改善。而 2015—2020 年改善速度放缓，改善占比总计 24.14%。

表 8-34 白洋淀流域"三生"功能协调发展度动态演变情况

单位：%

年份	协调程度	协调对比度	升级	衰退
2000—2005	失调衰退	极度失调型	—	—
		严重失调型	—	—
		中度失调型	13.79	3.45
		轻度失调型	10.34	—
	过渡协调	濒临失调型	—	—
		勉强协调型	—	—
	协调发展	初级协调型	—	—
		中级协调型	—	—
		良好协调型	—	—
		优质协调型	—	—
总计			24.14	3.45

续表

年份	协调程度	协调对比度	升级	衰退
2005—2010	失调衰退	极度失调型	—	—
		严重失调型	—	—
		中度失调型	3.45	—
		轻度失调型	27.59	3.45
	过渡协调	濒临失调型	3.45	—
		勉强协调型	—	—
	协调发展	初级协调型	—	—
		中级协调型	—	—
		良好协调型	—	—
		优质协调型	—	—
总计			34.48	3.45
2010—2015	失调衰退	极度失调型	—	—
		严重失调型	—	—
		中度失调型	—	—
		轻度失调型	41.38	3.45
	过渡协调	濒临失调型	6.90	—
		勉强协调型	—	—
	协调发展	初级协调型	—	—
		中级协调型	—	—
		良好协调型	—	—
		优质协调型	—	—
总计			48.28	3.45
2015—2020	失调衰退	极度失调型	—	—
		严重失调型	—	—
		中度失调型	—	6.90
		轻度失调型	3.45	3.45
	过渡协调	濒临失调型	17.24	—
		勉强协调型	3.45	—

续表

年份	协调程度	协调对比度	升级	衰退
2015—2020	协调发展	初级协调型	—	—
		中级协调型	—	—
		良好协调型	—	—
		优质协调型	—	—
总计			24.14	10.34

注：表内数据代表较低水平跃升（衰退）至本水平的区县占比，例如：2015—2020年、勉强协调型、升级3.45%，说明勉强协调型以下所有类型的区县中在所研究时间段升级为勉强协调型的数量占流域总区县数量的比例为3.45%。

"三生"功能协调发展度趋势分析图如图8-28所示。总体来看，白洋淀流域协调发展度空间分布在东西方向，总体呈现西高东低的趋势，由于中部地区更低，所以略微呈U形趋势。研究期末相比期初来看，由于西部地区相对下降而东部地区相对提升，U形趋势更加明显，南北方向呈现北高南低的趋势，样本期间整体趋势无明显变化。

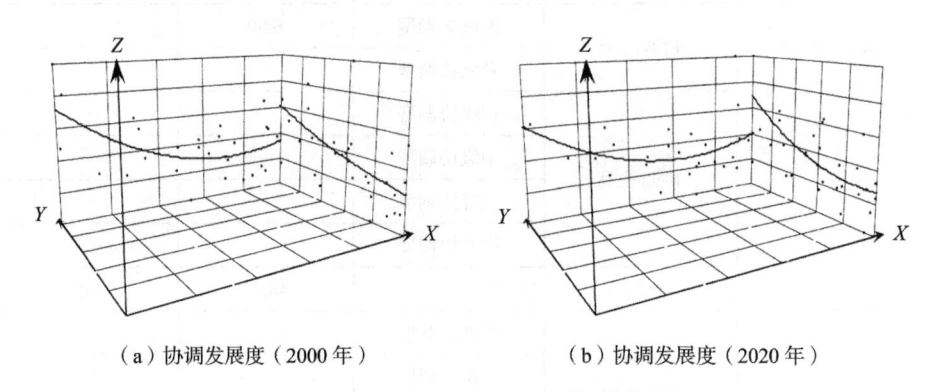

（a）协调发展度（2000年）　　　（b）协调发展度（2020年）

图8-29　"三生"功能协调发展度趋势分析图

第9章 白洋淀流域国土空间利用质量评价——分区域

9.1 山区、平原评价指标及数据说明

9.1.1 评价指标体系

为了对白洋淀流域内国土空间利用质量进行更深入的分析，本章对白洋淀流域山区、平原进行独立评价，评价指标仍使用第8章的评价指标体系，详见表8-1。

9.1.2 指标权重

使用熵权法计算得出分区各指标层的权重及得分，山地区域见表9-1，平原区域见表9-2。在基准层的权重中，山区地区权重最大的是生产功能指数，权重为0.492 6，该指数主要受国土生产空间利用强度影响，其权重为0.663 5。生活功能指数权重为0.295 2，对该指数影响最大的准层指标是国土生活空间保障程度，其权重为0.427 9。生态功能指数权重为0.212 2，对其贡献度最高的准则层指标是生态系统服务价值指数，其权重为0.823 9。就平原地区而言，在基准层指标中，影响最大的是生活空间利用质量指数，其权重为0.419 4，该指数主要受国土生活空间适宜程度影响，其权重为0.614 0。生产功能指数权重为0.374 5，对其贡献最大的准则层指标是国土生产空间利用效益指数，其权重为0.518 7。生态空间权重为0.206 1，其各准则层指标贡献率相对均衡，分别为0.435 2、0.564 8。

表 9-1 山区指标体系权重表

基准层	权重	准则层	权重	指标层	权重
B_1	0.492 6	C_1	0.262 4	D_1	0.681 4
				D_2	0.318 6
		C_2	0.663 5	D_3	1.000 0
		C_3	0.074 2	D_4	0.612 6
				D_5	0.387 4
B_2	0.295 2	C_4	0.304 9	D_6	0.210 8
				D_7	0.789 2
		C_5	0.267 2	D_8	0.622 2
				D_9	0.377 8
		C_6	0.427 9	D_{10}	0.095 5
				D_{11}	0.098 5
				D_{12}	0.168 1
				D_{13}	0.637 9
B_3	0.212 2	C_7	0.823 9	D_{14}	0.166 7
				D_{15}	0.166 7
				D_{16}	0.166 7
				D_{17}	0.166 7
				D_{18}	0.166 7
				D_{19}	0.166 7
		C_8	0.176 1	D_{20}	0.224 6
				D_{21}	0.417 0
				D_{22}	0.358 4

注：D_{14}~D_{19} 的权重未用熵权法计算，直接等权处理，这是由于本书借鉴谢高地的系列研究，基于单位面积生态系统服务价值当量与土地覆盖数据直接折算出 C_7 的数值，此处的 D_{14}~D_{19} 项指标对 C_7 贡献相等，这里列出只是为了从逻辑上体现指标体系的完整性。

表 9-2　平原指标体系权重表

基准层	权重	准则层	权重	指标层	权重
B_1	0.374 5	C_1	0.518 7	D_1	0.829 6
				D_2	0.170 4
		C_2	0.428 6	D_3	1.000 0
		C_3	0.052 7	D_4	0.765 5
				D_5	0.234 5
B_2	0.419 4	C_4	0.614 0	D_6	0.201 2
				D_7	0.798 8
		C_5	0.086 6	D_8	0.430 5
				D_9	0.569 5
		C_6	0.299 5	D_{10}	0.114 8
				D_{11}	0.196 2
				D_{12}	0.269 3
				D_{13}	0.419 7
B_3	0.206 1	C_7	0.564 8	D_{14}	0.166 7
				D_{15}	0.166 7
				D_{16}	0.166 7
				D_{17}	0.166 7
				D_{18}	0.166 7
				D_{19}	0.166 7
		C_8	0.435 2	D_{20}	0.219 4
				D_{21}	0.440 7
				D_{22}	0.339 9

9.2 评价结果分析

9.2.1 山区、平原生产功能评价结果分析

9.2.1.1 结果的描述性统计

白洋淀流域分区域国土空间利用生产功能指数的描述性特征值和 2000 年、2005 年、2010 年、2015 年、2020 年 5 个时间节点的均值变化情况见表 9-3 和表 9-4。由表可见，山区生产功能指数的变化区间为 0.077 2~0.754 2，平均值为 0.196 5，标准差为 0.129 6。从年份的均值变化来看，指数的变化呈现出上升趋势。平原生产功能指数的变化区间为 0.057 6~0.949 6，平均值为 0.239 9，总体标准差为 0.172 3。而从年份的均值变化来看，指数的变化呈现出上升趋势。总体看，两个分区域的国土空间利用生产功能指数均具有较强的时空异质性。相比而言，平原地区生产功能差异性更大。

表 9-3 白洋淀流域分区域生产功能指数描述性统计

组别	最小值	最大值	平均值	中位数	标准差
山区	0.077 2	0.754 2	0.196 5	0.159 0	0.129 6
平原	0.057 6	0.949 6	0.239 9	0.190 3	0.172 3

表 9-4 白洋淀流域分区域生产功能指数年份均值表

组别	2000 年	2005 年	2010 年	2015 年	2020 年
山区	0.122 0	0.185 4	0.192 7	0.230 6	0.279 1
平原	0.116 7	0.161 6	0.227 6	0.297 6	0.396 0

9.2.1.2 分布形态及动态演进分析

（1）分布形态及变化特征

山区生产功能指数分布图如图 9-1 所示。由图可知，研究期内山区生产功能指数箱体图的上下相邻值、四分位值、极值等各特征值均有上升趋势，核密度曲线也有明显右移趋势，这说明山区生产功能整体呈上升趋势。从箱体图和

核密度图的形态看，箱体图上、下四分位数之间以及上下相邻值之间的差异越来越大，核密度曲线的峰值越来越低，这说明山区各区县生产功能间的空间差异程度在研究期内有扩大趋势。核密度图右拖尾现象明显以及箱体图中有极大值的出现，说明极值的存在且极值越来越大。这是山区国土空间利用生产功能差异程度扩大的一个重要原因。

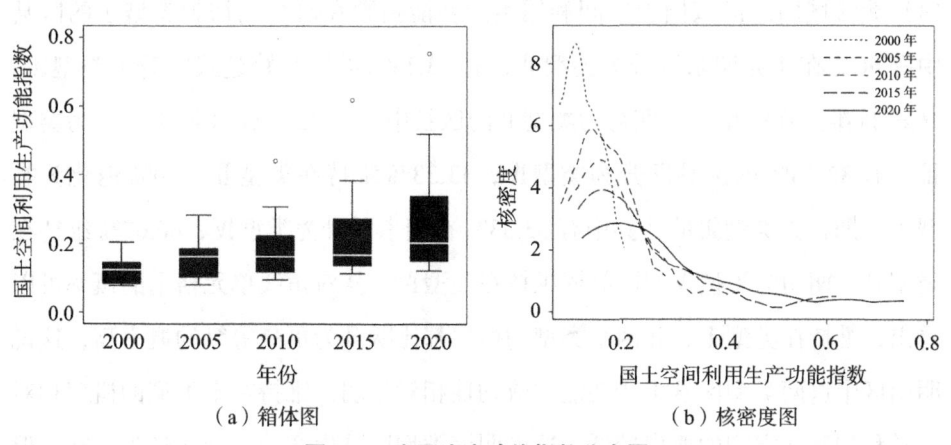

(a) 箱体图　　　　　　　　　　　　　　(b) 核密度图

图 9-1　山区生产功能指数分布图

平原生产功能指数分布图如图 9-2 所示。

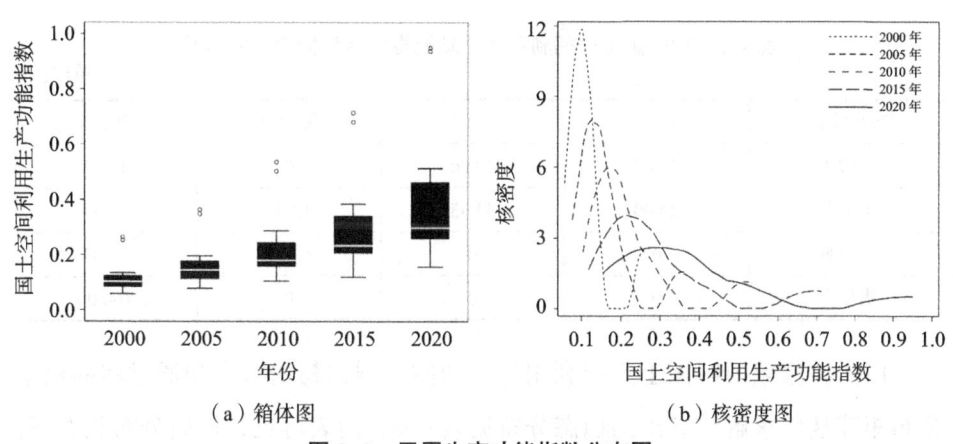

(a) 箱体图　　　　　　　　　　　　　　(b) 核密度图

图 9-2　平原生产功能指数分布图

由图可知，平原地区国土空间利用生产功能指数的分布状态及其变化规律与山区地区类似。不同之处在于，在期初，平原地区生产功能的空间差异程度相比山区较小，而后逐渐扩大至与山区相当，且其主要原因是平原地区中有极大值存在。

（2）基于马尔可夫链的跃迁分析

山区国土空间利用生产功能指数转移概率分布矩阵见表9-5。由表可见，白洋淀流域山地区域国土空间利用生产功能指数在研究期初为类型Ⅰ的区县中有40%在研究期末跃升为类型Ⅱ，有13.33%的区县跨越式跃升为类型Ⅳ，46.67%维持在类型Ⅰ。期初为类型Ⅱ的区县中，有13.33%在期末跃升为类型Ⅲ，有33.33%的区县跃升为类型Ⅳ，33.33%维持在类型Ⅱ，20%退化为类型Ⅰ。期初为类型Ⅲ的区县中有33.33%在期末跃升为类型Ⅳ，66.67%维持在类型Ⅲ。期初为类型Ⅳ的区县皆维持在类型Ⅳ。从对角线单元格上的概率可以看出，维持在类型Ⅰ、Ⅱ两个类型的概率都比跃升为更高等级的概率高，这说明山区中这两类型区县生产功能的流动性相对较弱，维持在本类型的概率相对于转移到其他类型的概率较低，这说明该类型区县生产功能变化较为活跃。但类型Ⅱ同时具有向上和向下转移的概率出现，且向两个方向转移的概率大体相当，需要对向下转移的现象高度重视。

表9-5 山区国土空间利用生产功能指数转移概率分布矩阵

单位：%

期初/期末	类型Ⅰ	类型Ⅱ	类型Ⅲ	类型Ⅳ
类型Ⅰ	46.67	40.00	0	13.33
类型Ⅱ	20.00	33.33	13.33	33.33
类型Ⅲ	0	0	66.67	33.33
类型Ⅳ	0	0	0	100.00

白洋淀流域山区国土空间利用生产功能类型的初始状态和通过转移概率分布矩阵迭代求解计算出的稳态分布见表9-6。由表可见，初始分布状态下，中高水平占比25%，高水平占比0，低水平和中低水平占比75%。在稳态分布状态下，低水平和中低水平占比为0，中高水平占比为0.01%，高水平占比

99.97%。对比初始状态，稳态分布的Ⅰ、Ⅱ、Ⅲ类型骤降，Ⅳ类型骤升，这表明白洋淀流域山区区县国土空间利用生产功能正处于由低、中低、中高水平向高水平转变的过程，且未来发展趋势良好。

表 9-6　山区国土空间利用生产功能指数初始分布及稳态分布

单位：%

分布	类型Ⅰ	类型Ⅱ	类型Ⅲ	类型Ⅳ
初态分布	41.67	33.33	25.00	0
稳态分布	0	0	0.01	99.97

山区国土空间利用生产功能指数转移概率分布矩阵见表 9-7。由表可见，研究期内，白洋淀流域平原区域国土空间利用生产功能在研究期初为类型Ⅰ的区县中有 61.9% 在研究期末跃升为类型Ⅱ，38.1% 维持在类型Ⅰ。期初为类型Ⅱ的区县中有 81.25% 在期末跃升为类型Ⅲ，有 6.25% 的区县跃升为类型Ⅳ，12.5% 维持在类型Ⅱ。期初为类型Ⅲ的区县中有 58.82% 在期末跃升为类型Ⅳ，41.18% 维持在类型Ⅲ。期初为类型Ⅳ的区县皆维持在类型Ⅳ。从主对角线单元格上的概率可以看出，维持在类型Ⅰ、Ⅱ、Ⅲ 3 个类型的概率都比跃升为更高等级的概率低，这说明在平原地区中这 3 个类型的区县生产功能指数的流动性较强且呈向好的发展态势。

表 9-7　山区国土空间利用生产功能指数转移概率分布矩阵

单位：%

期初／期末	类型Ⅰ	类型Ⅱ	类型Ⅲ	类型Ⅳ
类型Ⅰ	38.10	61.90	0	0
类型Ⅱ	0	12.50	81.25	6.25
类型Ⅲ	0	0	41.18	58.82
类型Ⅳ	0	0	0	100.00

白洋淀流域内平原地区国土空间利用生产功能的初始状态和通过转移概率分布矩阵迭代求解计算出的稳态分布见表 9-8。由表可见，初始分布状态下，

中高水平占比5.88%，高水平占比5.88%，低水平和中低水平占88.23%。在稳态分布状态下，低水平、中低水平、中高水平为0，高水平占比99.99%。对比初始状态，稳态分布的Ⅰ、Ⅱ类型下降明显，Ⅳ类型骤升，这表明白洋淀流域平原地区国土空间利用生产功能正处于由低、中低、中高水平向高水平转变的过程，且未来发展呈向好态势，最终都能达到最高水平。

表9-8 平原国土空间利用生产功能指数初始分布及稳态分布

单位：%

分布	类型Ⅰ	类型Ⅱ	类型Ⅲ	类型Ⅳ
初态分布	76.47	11.76	5.88	5.88
稳态分布	0	0	0	99.99

9.2.1.3 空间分布趋势分析

白洋淀流域山区生产综合功能指数在2000年和2020年的变化趋势如图9-3所示。由图可知，在东西方向上，白洋淀流域山区生产功能呈现U形分布特征，但东部地区高于西部地区，并且东西差异逐年增加。南北方向上，分布区县也呈U形分布，南部、北部地区生产功能水平在研究初期基本持平，但随着时间的推移，北部区县逐渐超越南部区县。

（a）生产功能（2000年） （b）生产功能（2020年）

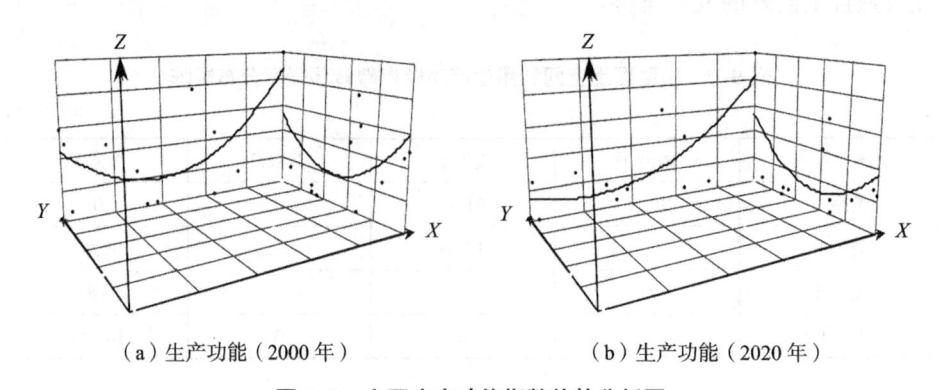

图9-3 山区生产功能指数趋势分析图

白洋淀流域平原地区国土空间利用生产功能指数在2000年和2020年的变化趋势如图9-4所示。从趋势线可以看出，在东西方向上，平原地区生产功能样本期间发展相对均衡。南北方向上，生产功能指数呈倒U形分布，但北部地区略高于南部地区，且北高南低的特征在研究期末有所加强。

（a）生产功能（2000年）　　　　　（b）生产功能（2020年）

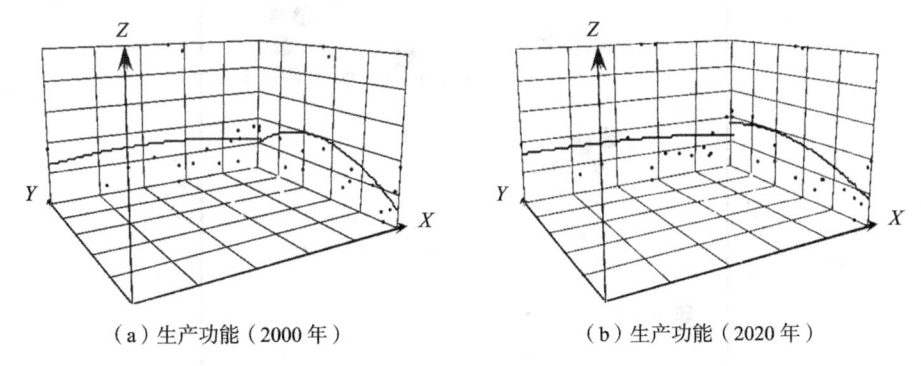

图 9-4　平原生产功能指数趋势分析图

9.2.1.4　重心迁移分析

白洋淀流域分区域生产功能指数重心迁移图如图9-5所示。由图9-5（a）可知，白洋淀流域山区国土空间利用生产功能重心2000—2005年在唐县境内向西北略有迁移，2005—2010年和2010—2015年两个阶段均向东北方向有较大幅度迁移，重心先后移至满城和易县，2015—2020年在易县界内又向东南方向略有迁移。总体而言，生产功能用地由西南向东北方向迁移。

由图9-5（b）可知，白洋淀流域平原地区国土空间利用生产功能重心2000—2005年向西北小幅迁移，2005—2010年向东北方向大幅迁移，2010—2015年和2015—2020年两个阶段均向西南迁移，但重心一直在保定市莲池区内。

9.2.2　山区、平原生活功能评价结果分析

9.2.2.1　结果的描述性统计

分区域国土空间利用生活功能指数的描述性特征值和2000年、2005年、2010年、2015年、2020年5个时间节点的均值变化见表9-9和表9-10。

(a) 山区

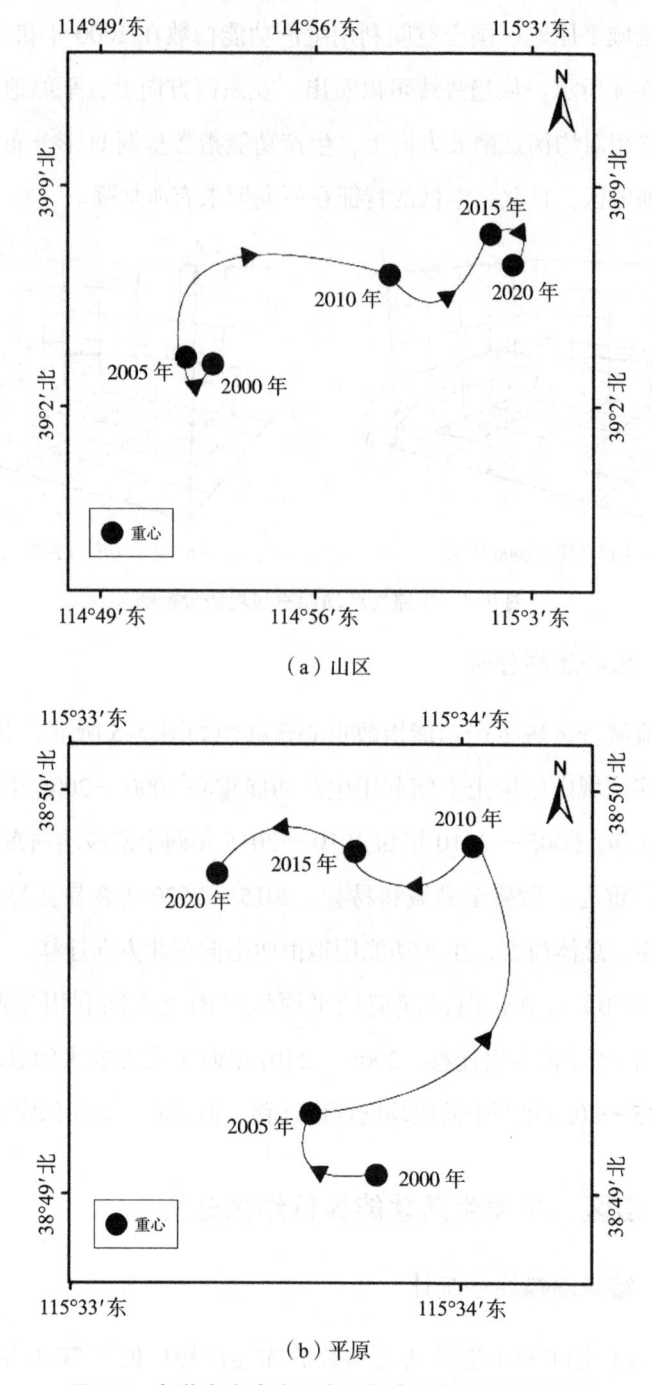

(b) 平原

图 9-5 白洋淀流域分区域生产功能指数重心迁移图

表 9-9　全样本白洋淀流域分区域生活功能指数描述性统计

组别	最小值	最大值	平均值	中位数	标准差
山区	0.100 4	0.798 4	0.361 9	0.310 2	0.190 3
平原	0.044 1	0.868 8	0.215 7	0.143 8	0.169 4

表 9-10　白洋淀流域分区域生活功能指数年份均值表

组别	2000 年	2005 年	2010 年	2015 年	2020 年
山区	0.100 4	0.798 4	0.361 9	0.310 2	0.190 3
平原	0.044 1	0.868 8	0.215 7	0.143 8	0.169 4

由表可见，山区生活功能指数的变化区间为 0.100 4~0.798 4，平均值为 0.361 9，标准差为 0.190 3，表现出较强的时空差异特征。从年份均值变化来看，生活功能指数变化呈现出上升趋势。平原生活功能指数的变化区间为 0.044 1~0.868 8，平均值为 0.215 7，标准差为 0.169 4，这说明具有较强的时空异质性。从年份的均值看，平原地区生活功能指数稍低于山区，但变化趋势与山区一致，也呈现波动上升趋势。值得注意的是，两个分区在研究期末的生活功能均未较大幅度提升。

9.2.2.2　分布形态及动态演进分析

（1）分布形态及变化特征

山区生活功能指数分布图如图 9-6 所示。由图可知，研究期内箱体呈向上升高的趋势，核密度曲线右移趋势明显，这说明白洋淀流域山区国土空间利用生活功能呈上升趋势。从箱体图和核密度图的形态看，除 2005 年箱体宽度有所下降、核密度曲线峰值有所上升之外，其他时期的箱体宽度和核密度曲线峰值变化大，这说明山区国土空间利用生活功能的差异程度在研究期内相对比较稳定。核密度图显示，从 2005 年开始，双峰现象越来越明显，这说明随时间推移白洋淀流域山区国土空间利用生活功能两极化现象逐渐凸显。

平原生活功能指数分布图如图 9-7 所示。

(a) 箱体图　　　　　　　　　(b) 核密度图

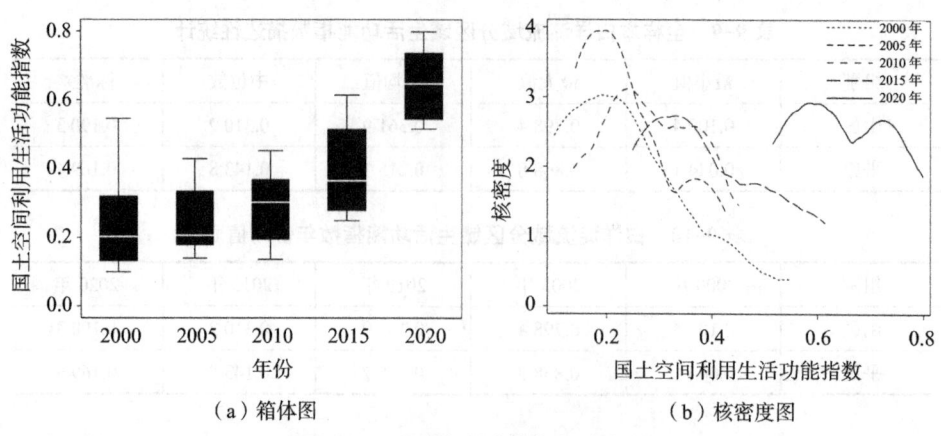

图 9-6　山区生活功能指数分布图

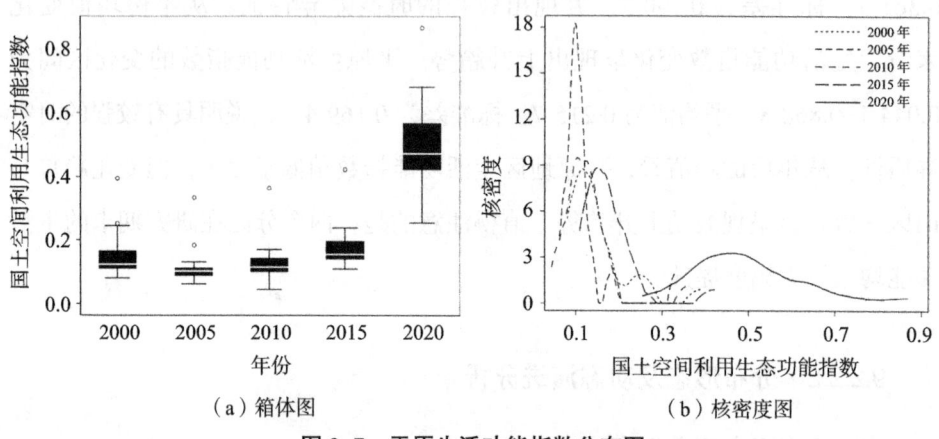

(a) 箱体图　　　　　　　　　(b) 核密度图

图 9-7　平原生活功能指数分布图

由图可知，研究期内箱体各特征值在前 3 个研究期段内呈现先下降后上升的 U 形趋势，总体来看变化在第 4 个研究时段内，即各特征值均明显大幅增长。核密度曲线也体现出先略微左移后右移，2015—2020 这个时段内有大幅右移的特征，这说明白洋淀流域平原地区国土空间利用生活功能整体水平在 2015 年之前相对较为稳定，2015 年之后则有显著增强。从箱体图和核密度图的形态看，箱体高度先缩小后大幅上升，核密度曲线主峰高度先升高后又大幅降低，这说明白洋淀流域平原地区国土空间利用生活功能差异程度有先下降后大幅上升的趋势。核密度图逐渐由双峰或多峰转变为单峰，这说明白洋淀流域平原地区生活功能两极分化现象有所减弱。总体来看，平原区国生活功能指数分布特征的变化主要发生在 2015—2020 年期间。

（2）基于马尔可夫链的跃迁分析

山区国土空间利用生活功能指数指转移概率分布矩阵见表 9-11。由表可见，研究期内，白洋淀流域山地区域国土空间利用生活功能在研究期初为类型Ⅰ的区县中有 40% 在研究期末跃升为类型Ⅱ，60% 维持在类型Ⅰ。期初为类型Ⅱ的区县中有 26.67% 在期末跃升为类型Ⅲ，有 40% 的区县跃升为类型Ⅳ，33.33% 维持在类型Ⅱ。期初为类型Ⅲ的区县中有 35.71% 在期末跃升为类型Ⅳ，57.14% 维持在类型Ⅲ，有 7.14% 的区县退化为类型Ⅱ。期初为类型Ⅳ的区县有 25% 出现退化为类型Ⅲ的情况，75% 的区县保持不变。而主对角线单元格上的转移概率显示，维持在类型Ⅰ、Ⅲ、Ⅳ 3 个水平类型的概率相比转移到其他类型的概率整体较高，这说明此 3 类区县国土空间利用生活功能流动性较差。维持在类型Ⅱ效能水平的概率相比之下整体较低，这说明该类区县国土空间利用生活功能流动性较高，并且Ⅱ类型区域存在"跨越式发展"，且比例相对较高。总体来看，白洋淀流域山区生活功能向上与向下两个方向转移的趋势中，向上跃迁趋势虽然更明显，但向下转移趋势也明显。

表 9-11　山区国土空间利用生活功能指数指转移概率分布矩阵

单位：%

期初/期末	类型Ⅰ	类型Ⅱ	类型Ⅲ	类型Ⅳ
类型Ⅰ	60.00	40.00	0	0
类型Ⅱ	0	33.33	26.67	40.00
类型Ⅲ	0	7.14	57.14	35.71
类型Ⅳ	0	0	25.00	75.00

白洋淀流域山地区域国土空间利用生活功能的初始状态和通过转移概率分布矩阵迭代求解计算出的稳态分布见表 9-12。由表可见，初始分布状态下，中高水平、高水平占比 25%，低水平和中低水平占比 75%。在稳态分布状态下，

低水平和中低水平占比0.01%、3.96%，中高水平占比为36.91%，高水平占比59.06%。对比初始状态，稳态分布的Ⅰ、Ⅱ类型占比明显下降，Ⅲ、Ⅳ类型占比显著提高，这表明白洋淀流域内山区区县国土生活空间利用质量整体处在由低效率向高效率转变的时期，但离普遍达到最高水平仍有较大的距离。

表9-12 山区国土空间利用生活功能指数初始分布及稳态分布

单位：%

分布	类型Ⅰ	类型Ⅱ	类型Ⅲ	类型Ⅳ
初态分布	50.00	25.00	16.67	8.33
稳态分布	0.01	3.96	36.91	59.06

平原国土空间利用生活功能指数转移概率分布矩阵见表9-13。由表可见，研究期内白洋淀流域平原区域国土空间利用生活功能指数研究期初为类型Ⅰ的区县中有28.57%在研究期末跃升为类型Ⅱ，23.81%的区县跨越式跃升为类型Ⅲ，47.62%维持在类型Ⅰ。期初为类型Ⅱ的区县中有37.5%在期末跃升为类型Ⅲ，有18.75%的区县跃升为类型Ⅳ，18.75%维持在类型Ⅱ，25%的区县出现退化情况。期初为类型Ⅲ的区县中有68.42%在期末跃升为类型Ⅳ，5.26%维持在类型Ⅲ，26.32%出现退化情况，且有15.79%的区域出现严重衰退。期初为类型Ⅳ的区县83.33%维持在类型Ⅳ，16.67%退化为类型Ⅲ。维持在类型Ⅰ、Ⅱ、Ⅲ效能水平的概率相比之下整体较低，这说明平原地区国土空间利用生活功能指数流动性较高，且"跨越式发展"的比例也相对较高。但同时需要注意，向下转移的区县占比也不小，这一点，与山区情况类似。

表9-13 平原国土空间利用生活功能指数转移概率分布矩阵

单位：%

期初/期末	类型Ⅰ	类型Ⅱ	类型Ⅲ	类型Ⅳ
类型Ⅰ	47.62	28.57	23.81	0
类型Ⅱ	25.00	18.75	37.50	18.75
类型Ⅲ	15.79	10.53	5.26	68.42
类型Ⅳ	0	0	16.67	83.33

白洋淀流域平原地区国土空间利用生活功能指数的初始分布状态和通过转移概率分布矩阵迭代求解计算出的稳态分布见表9-14。初始分布状态下,中高水平占比29.41%,高水平占比17.65%,低水平和中低水平占比52.94%。在稳态分布状态下,低水平、中低水平、中高水平占比分别为7.12%、4.62%、16.28%,高水平占比71.98%。对比初始状态,稳态分布的Ⅰ、Ⅱ类型下降明显,Ⅳ类型明显增加,这表明白洋淀流域内平原地区各区县国土空间利用生活功能发展情况较好,大多数区县实现国土生活空间利用质量由低、中低、中高水平向高水平转变,但仍有相当比例的区县未能达到最高水平。

表9-14 平原国土空间利用生活功能指数的初始分布及稳态分布

单位: %

分布	类型Ⅰ	类型Ⅱ	类型Ⅲ	类型Ⅳ
初态分布	23.53	29.41	29.41	17.65
稳态分布	7.12	4.62	16.28	71.98

9.2.2.3 空间分布趋势分析

白洋淀流域山区国土空间利用生活功能2000年和2020年的空间分布趋势如图9-8所示。由图可知,东西方向上,山区生活功能呈U形分布,期末与期初相比,西部区县有明显上升,远高于中部和南部地区。南北方向上,生活功能趋势线由期初的倒U形逐渐变为U形,期初北部地区相对较高,期末则南部地区超越北部地区。总体来看,研究期内西南部区县生活功能提升较大,在期末已经明显超越了东北区域。

白洋淀流域平原地区国土空间利用生活功能指数2000年和2020年的空间分布趋势图如图9-9所示。由图可知,东西方向上,期初平原地区生活功能分布西部地区高于东部地区,而期末结果显示中部情况略优于东部、西部,东部、西部相比基本持平。南北方向上,生活功能分布呈U形,南部始终高于北部。总体而言,东南地区区县的生活功能在研究期内普遍高于西北地区。

（a）生活功能（2000年）　　　　　　　（b）生活功能（2020年）

图 9-8　山区生活功能指数空间趋势分析图

（a）生活功能（2000年）　　　　　　　（b）生活功能（2020年）

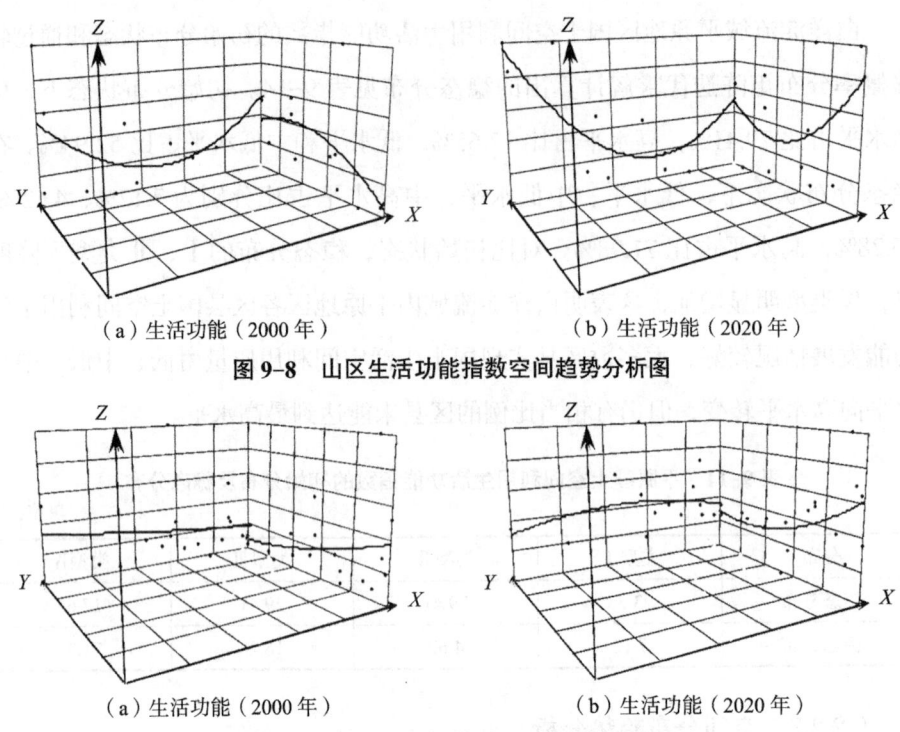

图 9-9　平原生活功能指数空间趋势分析图

9.2.2.4　重心迁移分析

白洋淀流域分区域生活功能重心迁移图如图 9-10 所示。图 9-10（a）显示，白洋淀流域山区国土空间利用生活功能重心 2000—2010 年向南小幅迁移，2010—2015 年向西南方向大幅迁移，2015—2020 年向东北方向大幅折回。2010 年之前，山区国土空间利用生活功能重心在涞源县境内，2010 年之后则移至唐县境内。总体来看，山区生活功能重心由北向南迁移，这说明南部地区国土空间利用生活功能有相对较大提升。

图 9-10（b）显示，白洋淀流域平原地区生活用地重心迁移轨迹比较复杂。2000—2005 年向东北方向迁移，2005—2010 年则又向西南方向迁移，2010—2015 年向北迁移，2015—2020 又转向东南方向迁移。平原地区生活用地重心在研究期间一直在清苑区内，整体向东北方向移动，这说明东北部生活功能在研究期间有相对较大提升。

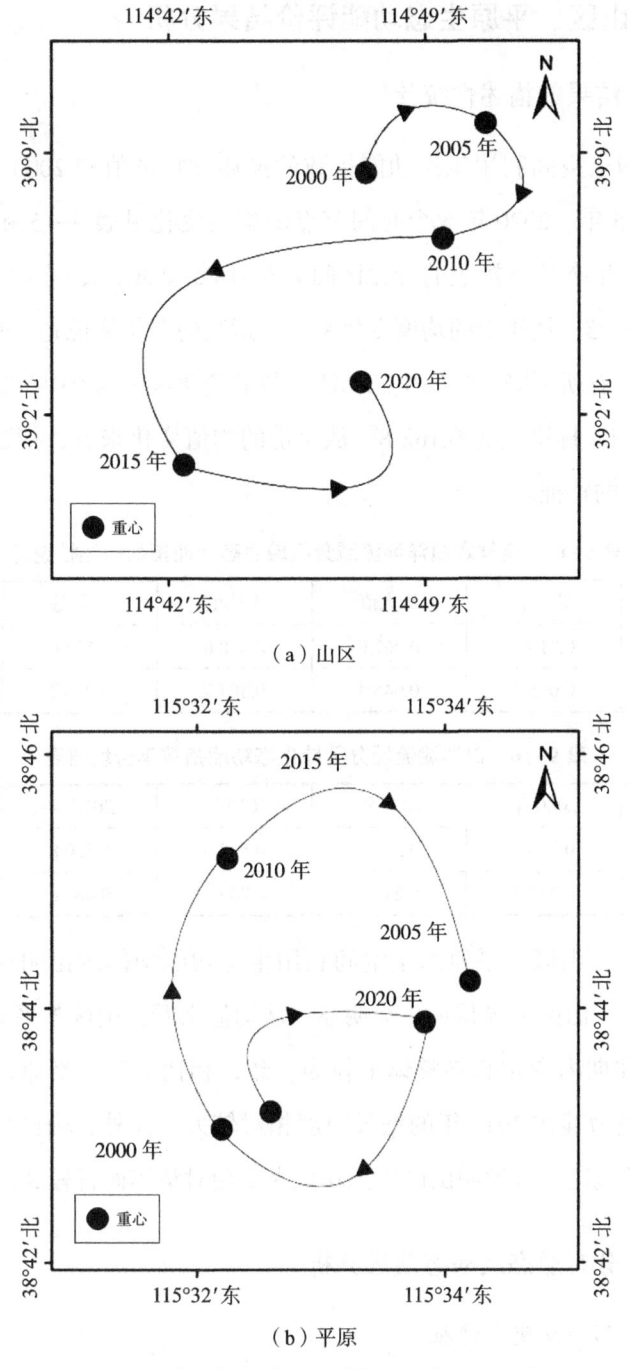

第 9 章 白洋淀流域国土空间利用质量评价——分区域

(a) 山区

(b) 平原

图 9-10 白洋淀流域分区域生活功能重心迁移图

· 343 ·

9.2.3 山区、平原生态功能评价结果分析

9.2.3.1 结果的描述性统计

分区域国土空间利用生态功能指数的描述性特征值和 2000 年、2005 年、2010 年、2015 年、2020 年 5 个时间节点的均值变化见表 9-15 和表 9-16。如表可见，山区生态功能指数的变化区间为 0.014 5~0.961 0，平均值为 0.518 6，标准差为 0.295 5。从年份的均值变化来看，指数的变化呈现先上升后下降的特征，2015 年后有所下降。平原生态功能指数的变化区间为 0.055 2~0.945 4，平均值为 0.215 7，标准差为 0.162 8。从年份的均值变化来看，指数的变化呈现先上升后下降的特征。

表 9-15 全样本白洋淀流域分区域生态功能指数描述性统计

组别	最小值	最大值	平均值	中位数	标准差
山区	0.014 5	0.961 0	0.518 6	0.554 6	0.295 5
平原	0.055 2	0.945 4	0.307 9	0.286 2	0.162 8

表 9-16 白洋淀流域分区域生态功能指数年份均值表

组别	2000 年	2005 年	2010 年	2015 年	2020 年
山区	0.498 6	0.503 7	0.508 0	0.560 8	0.521 9
平原	0.248 7	0.272 2	0.269 1	0.462 6	0.286 9

总体来看，山区、平原国土空间利用生态功能均体现出明显的时空异质性，相对而言，山区差异特征更为明显。从均值来看，山区与平原地区生态功能指数在研究期内变化趋势整体上较为一致，相比而言，平原地区波动性较强，主要体现为其在 2015 年的增长幅度相对较大。此外，山区生态功能指数始终高于平原地区，这说明山区生态功能水平相对整体而言较高。

9.2.3.2 分布形态及动态演进分析

（1）分布形态及变化特征

山区生态功能指数分布图如图 9-11 所示。由图可知，除 2015 年之外，研

究期内箱体各特征值无明显变化,核密度曲线也没有十分明显左右移动,这说明研究期内白洋淀流域山区国土空间生活功能水平整体变化不大。从箱体图和核密度图的形态看,箱体相对较宽,核密度曲线宽度也较大,这说明山区生活功能差异程度相对较大。核密度图的主峰高度略有下降,这说明研究期内山区生活功能差异程度有略微增加的趋势。另外,研究期内,核密度图双峰状况始终存在,这说明白洋淀流域山区生活功能存在两极分化。

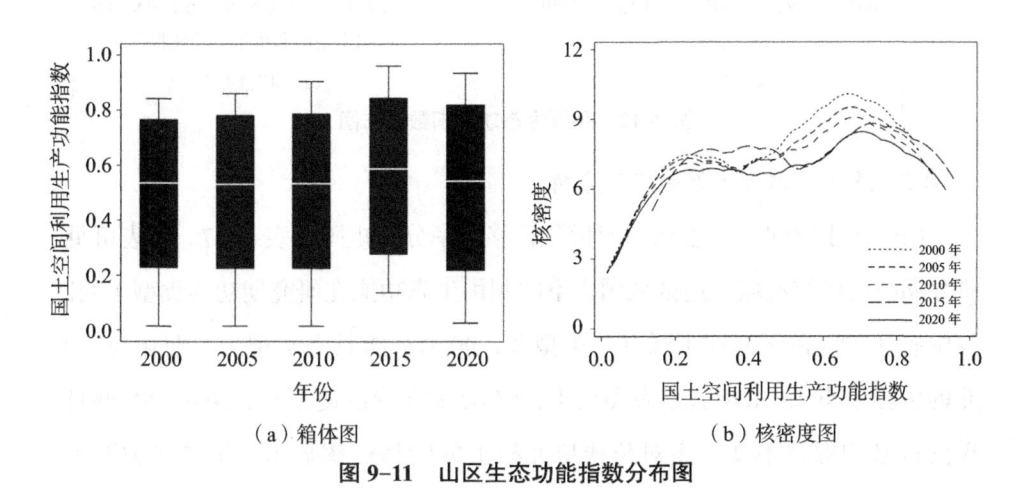

(a)箱体图   (b)核密度图

图 9-11　山区生态功能指数分布图

平原生态功能指数分布图如图 9-12 所示。由图可知,研究期内整个箱体四分位数、中位数除 2015 年有明显上升之外,其他各时期无明显变化,核密度曲线除 2015 年明显右移之外其各期也无明显变化,这说明白洋淀流域平原国土空间生活功能研究期内呈先增强后又回落的趋势,总体而言相对比较稳定。从箱体图和核密度图的形态看,整个箱体先变窄后变宽,核密度曲线的主峰高度先升后下降,这说明研究期内平原地区各区县之间国土空间利用生产功能差异程度呈波动趋势,总体变化不大。核密度曲线在各研究期都具有双峰状存在,这说明白洋淀流域平原地区国土空间利用生活功能存在两极分化现象。

（a）箱体图　　　　　　　　　　（b）核密度图

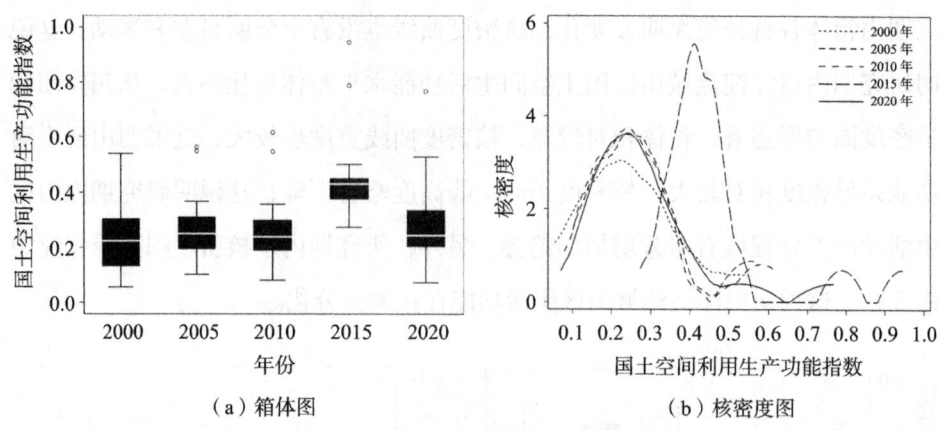

图 9-12　平原生态功能指数分布图

（2）基于马尔可夫链的跃迁分析

山区国土空间利用生态功能指数转移概率分布矩阵见表 9-17。由表可见，研究期内白洋淀流域山地区域国土空间利用生态功能在研究期初为类型 I 的区县中有 9.09% 在研究期末跃升为类型 II，90.91% 维持在类型 I。期初为类型 II 的区县中有 15.38% 退化为类型 I，84.62% 维持在类型 II。期初为类型 III、IV 的区县均保持不变。主对角线单元格上的转移概率显示，维持在类型 I、II、III、IV 4 个效能水平的概率明显大于其他单元，这说明白洋淀流域山区国土空间利用生态功能流动性较差。此外，需要注意的是，有一定比例的类型 II 区县退化为 I 类型。

表 9-17　山区国土空间利用生态功能指数转移概率分布矩阵

单位：%

期初/期末	类型 I	类型 II	类型 III	类型 IV
类型 I	90.91	9.09	0	0
类型 II	15.38	84.62	0	0
类型 III	0	0	100.00	0
类型 IV	0	0	0	100.00

白洋淀流域内山地区域国土生态空间利用质量的初始状态和通过转移概率分布矩阵迭代求解计算出的稳态分布见表 9-18。由表可见，初始分布状态下，低效

率、中低效率、中高效率、高效率均占比25%。在稳态分布状态下，低水平有所增加，中低水平有所降低，中高水平和高水平占比均保持25%不变。结果表明，山区国土空间生态功能指数具有较强的惰性，且有存在一定的生态退化风险。

表9-18 山区国土空间生态功能指数的初始分布及稳态分布

单位：%

分布	类型Ⅰ	类型Ⅱ	类型Ⅲ	类型Ⅳ
初态分布	25.00	25.00	25.00	25.00
稳态分布	31.40	18.60	25.00	25.00

平原国土空间生态功能指数转移概率分布矩阵见表9-19。由表可见，研究期内，白洋淀流域平原区域国土空间利用生态功能在研究期初为类型Ⅰ的区县中分别有25.53%的区县跨越式跃升为类型Ⅲ，25.53%的区县飞跃式发展为类型Ⅳ，52.94%维持在类型Ⅰ。期初为类型Ⅱ的区县中有21.43%的区县跨越式跃升为类型Ⅳ，57.14%维持在类型Ⅱ，21.43%的区县出现退化情况。期初为类型Ⅲ的区县中有22.22%在期末跃升为类型Ⅳ，50%维持在类型Ⅲ，27.78%的区县出现退化情况，且有11.11%的区县出现跨级衰退。期初为类型Ⅳ的区县有42.11%保持不变，剩余区县均发生退化情况。维持在类型Ⅰ、Ⅱ、Ⅲ 3个水平的概率相比之下整体较高，说明这3类区县的国土生态空间利用质量流动性相对较差，维持在类型Ⅳ效能水平的概率相比之下整体较低，这说明该类区县的国土空间利用生态功能流动性相对较差。虽然存在"跨越式发展"，但整体退化情况相对较高，这表明平原地区国土空间利用生态功能发展态势存在一定的隐患。

表9-19 平原国土空间生态功能指数转移概率分布矩阵

单位：%

期初/期末	类型Ⅰ	类型Ⅱ	类型Ⅲ	类型Ⅳ
类型Ⅰ	52.94	0	23.53	23.53
类型Ⅱ	21.43	57.14	0	21.43
类型Ⅲ	11.11	16.67	50.00	22.22
类型Ⅳ	10.53	26.32	21.05	42.11

白洋淀流域平原地区国土空间利用生态功能的初始状态和通过转移概率分布矩阵迭代求解计算出的稳态分布见表9-20。初始分布状态下，低水平、中低水平、中高水平均为29.41%，高水平占比11.76%。稳定状态中高水平占比29.41%，高水平占比27.87%，中低水平与低水平共占比49.38%。对比初始状态，稳态分布的类型Ⅰ、类型Ⅱ小幅下降，类型Ⅳ明显增加，这表明白洋淀流域平原地区发展虽呈向好趋势，但从最终结果看，仍不够理想。

表9-20 平原国土空间生态功能指数初始分布及稳态分布

单位：%

分布	类型Ⅰ	类型Ⅱ	类型Ⅲ	类型Ⅳ
初态分布	29.41	29.41	29.41	11.76
稳态分布	23.42	25.96	22.76	27.87

9.2.3.3 空间分布趋势分析

白洋淀流域山区生态功能指数2000年和2020年的空间分布趋势如图9-13所示。由图可知，在东西方向上，山区生态功能分布呈U形分布趋势，且东部地区高于西部地区。南北方向上北高南低。这种趋势在研究期间基本保持不变，这说明白洋淀流域山区位于东北部区县的生态功能整体优于西南部区县。

（a）生态功能（2000年） （b）生态功能（2020年）

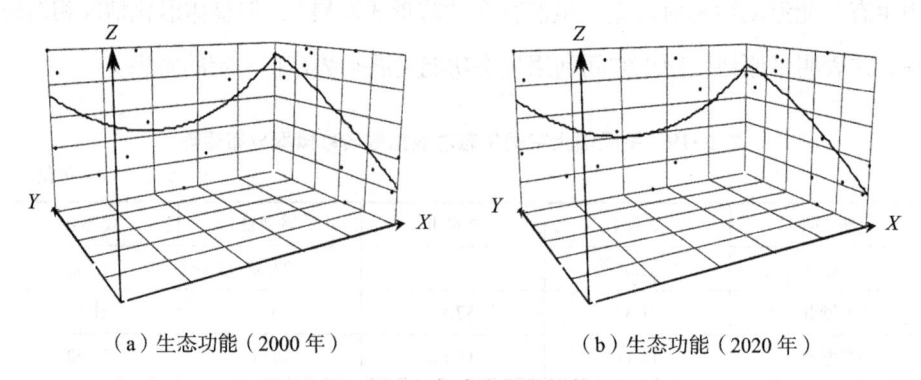

图9-13 山区生态功能指数趋势分析图

白洋淀流域平原地区国土空间利用生态功能 2000 年和 2020 年的空间分布趋势如图 9-14 所示。由图可知，东西方向上，平原地区生态功能空间分布在研究期初呈 U 形分布趋势，期末则呈由西向东逐渐升高的趋势。南北方向上，则呈由南至北逐渐升高的趋势。在南北方向上，中部地区期末相较于期初略有提升。平原地区国土空间利用生态功能的空间趋势在研究期内，整体变化不大。

（a）生态功能（2000 年） （b）生态功能（2020 年）

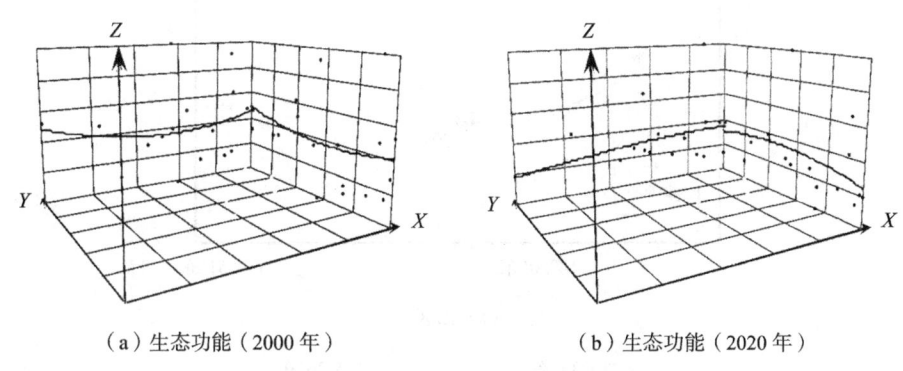

图 9-14 平原生态功能指数趋势分析图

9.2.3.4 重心迁移分析

白洋淀流域分区域生态功能重心迁移图如图 9-15 所示。由图 9-15（a）可知，白洋淀流域山区国土空间利用生态功能重心 2000—2005 年向西北方向迁移，2005—2010 年向西南方向迁移，2010—2015 年向南偏东方向迁移，2015—2020 年又向西北方向迁移。山区生态功能重心在研究期间一直处于涞源县内。

由图 9-15（b）可知，白洋淀流域平原地区国土空间利用生态功能重心 2000—2005 年向东南方向迁移，2005—2010 年向东北方向迁移，2010—2015 年折向西南方向迁移，2015—2020 又向东北方向大幅迁移。整个研究期间，平原地区生态功能重心始终位于清苑区，整体上向东略有迁移。

（a）山区

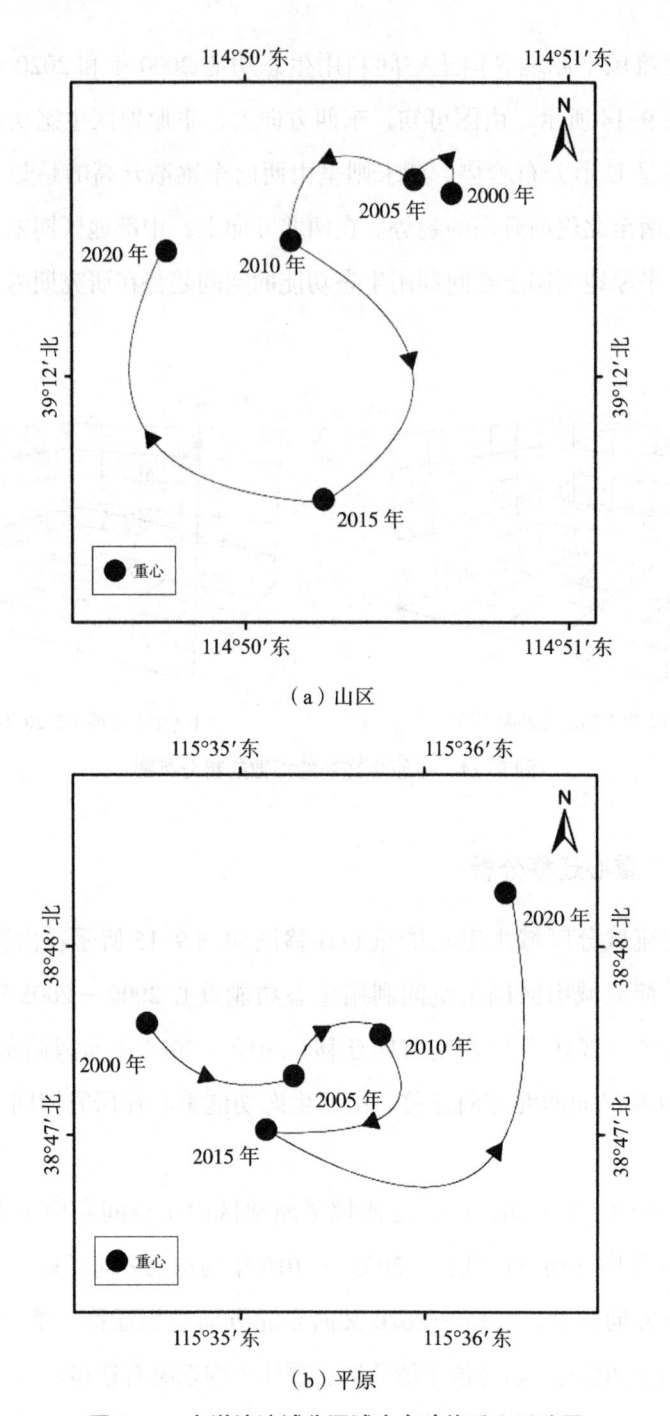

（b）平原

图 9-15　白洋淀流域分区域生态功能重心迁移图

9.2.4 山区、平原综合功能评价结果分析

9.2.4.1 结果的描述性统计

分区域国土空间利用"三生"综合功能的描述性特征值和 2000 年、2005 年、2010 年、2015 年、2020 年 5 个时间节点的均值变化见表 9-21 和表 9-22。由表可见，山区综合功能指数的变化区间为 0.200 3~0.902 7，平均值为 0.311 9，标准差为 0.155 2。从年份均值变化来看，综合指数的变化呈现上升趋势。平原国土空间利用综合功能指数的变化区间为 0.047 6~0.569 8，平均值为 0.222 3，总体标准差为 0.134 5。从年份的均值变化来看，也呈现明显上升趋势。总体来讲，两个地区的综合功能指数均具有明显的时空异质性，相比而言，山区的差异程度较高。从均值来看，两个地区均呈上升趋势。在 2015 年之前，两地区增长速度差别不大，山区综合功能明显高于平原地区，但 2015—2020 年，平原地区有较大幅度增长，与山区均值几乎持平。

表 9-21 全样本白洋淀流域分区域国土空间功能综合功能指数描述性统计

组别	最小值	最大值	平均值	中位数	标准差
山区	0.079 6	0.902 7	0.311 9	0.299 0	0.155 2
平原	0.047 6	0.569 8	0.222 3	0.188 6	0.134 5

表 9-22 白洋淀流域分区域国土空间功能综合功能指数年份均值表

组别	2000 年	2005 年	2010 年	2015 年	2020 年
山区	0.200 3	0.231 6	0.275 6	0.359 3	0.492 4
平原	0.125 4	0.130 8	0.163 5	0.264 0	0.427 8

9.2.4.2 分布形态及动态演进分析

（1）分布形态及变化特征

山区综合功能指数分布形态变化如图 9-16 所示。由图可知，研究期内整个箱体呈上升趋势，核密度曲线逐年向右移动，这说明白洋淀流域山区国土空间利用综合功能在样本期内明显提升。从箱体图和核密度图的形态看，箱体高

度随着时间的推移有所降低，核密度曲线的主峰有所上升，这说明山区综合功能差异程度逐渐变大。各期核密度曲线均具有双峰，这说明白洋淀流域山区综合功能存在两极化分化现象。

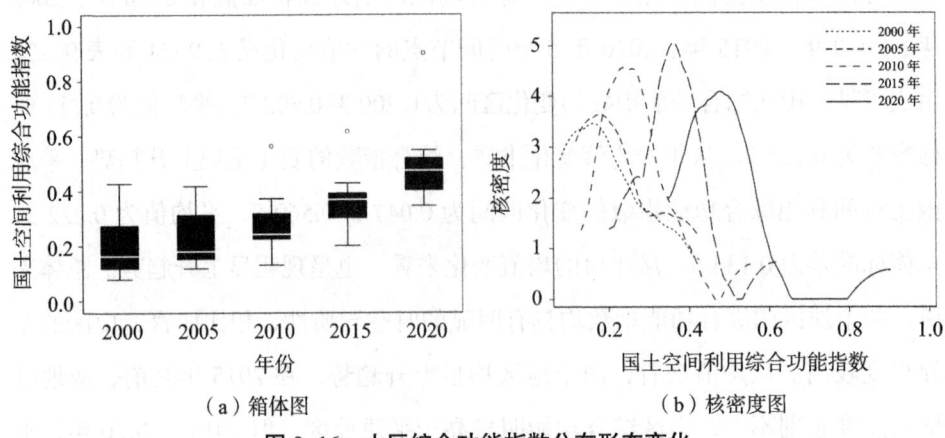

（a）箱体图　　　　　　　　　　　（b）核密度图

图 9-16　山区综合功能指数分布形态变化

平原综合功能指数分布形态变化如图 9-17 所示。

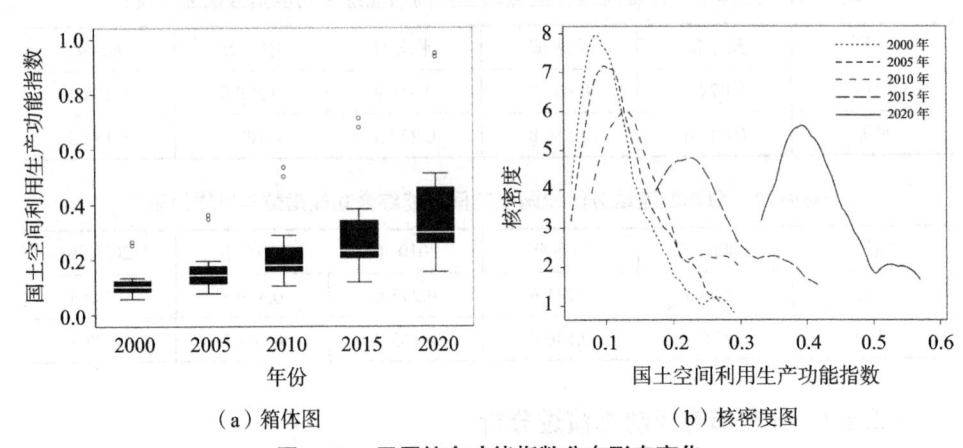

（a）箱体图　　　　　　　　　　　（b）核密度图

图 9-17　平原综合功能指数分布形态变化

由图可知，研究期内整个箱体四分位值、均值、极值等特征值均呈上升趋势，核密度曲线逐年向右移动，这说明白洋淀流域平原地区国土空间利用综合功能在研究期内逐渐提升。从箱体图和核密度图的形态看，箱体高度逐年逐期增加，核密度曲线的主峰高度也逐期降低，这说明平原地区各区县之间国土空间综合利用质量在研究期间逐渐增大。研究期内大部分时间核密度曲线均有双峰特征，这说明平原地区综合功能存在两极化。由于极大值的存在，综合能指数分布呈右偏状态。

（2）基于马尔可夫链的跃迁分析

山区国土空间利用综合功能指数转移概率分布矩阵见表9-23。由表可见，研究期内，白洋淀流域山地区域国土空间综合利用质量研究期初为类型Ⅰ的区县中有33.33%在研究期末跃升为类型Ⅱ，有6.67%跨越式跃升为类型Ⅲ，60%维持在类型Ⅰ。期初为类型Ⅱ的区县中有13.33%跃升为类型Ⅲ，40%的区县跨越式跃升为类型Ⅳ，46.67%维持在类型Ⅱ。期初为类型Ⅲ的区县有40%跨越为类型Ⅳ，有53.33%保持不变。期初为类型Ⅳ的区县有66.67%保持不变，33.33%退化为类型Ⅲ。由此可见，除Ⅱ类型外，其他类型县区保持稳定不变的概率均大于转移的概率，这说明其综合功能流动性相对较差。总体来看，山地区域综合功能整体呈上升趋势，且存在"跨越式发展"，但高水平和中高水平类型退化形势也不容忽视。

表9-23 山区国土空间利用综合功能指数转移概率分布矩阵

单位：%

期初/期末	类型Ⅰ	类型Ⅱ	类型Ⅲ	类型Ⅳ
类型Ⅰ	60.00	33.33	6.67	0
类型Ⅱ	0	46.67	13.33	40.00
类型Ⅲ	0	6.67	53.33	40.00
类型Ⅳ	0	0	33.33	66.67

白洋淀流域山地区域国土空间利用质量综合情况的初始状态和通过转移概率分布矩阵迭代求解计算出的稳态分布见表9-24。由表可见，初始分布状态下，低水平占比50%，中低水平占比16.67%，中高水平占比25%，高水平占比8.33%。在稳态分布状态下，低水平和中低水平为5.08%，中高水平占比为40.39%，高水平占比54.54%。低水平和中低水平占比大幅下降，中高和高水

平占比大幅提升，这说明白洋淀流域山区国土空间综合利用质量总体向好，但最终的结果仍不够理想。

表 9-24　山区国土空间利用综合功能指数的初始分布及稳态分布

单位：%

分布	类型Ⅰ	类型Ⅱ	类型Ⅲ	类型Ⅳ
初态分布	50.00	16.67	25.00	8.33
稳态分布	0.01	5.07	40.39	54.54

平原国土空间利用综合功能指数转移概率分布矩阵见表9-25。由表可见，研究期内，白洋淀流域平原地区国土空间利用综合功能指数在研究期初为类型Ⅰ的区县中有28.57%的区县跨越式跃升为类型Ⅱ，有19.05%飞跃式发展为类型Ⅲ，52.38%维持在类型Ⅰ。期初为类型Ⅱ的区县中有12.5%的区县跨越式跃升为类型Ⅳ，50%跃升为类型Ⅲ，31.25%维持在类型Ⅱ，6.25%的区县出现退化情况。期初为类型Ⅲ的区县中有73.68%在期末跃升为类型Ⅳ，21.05%维持在类型Ⅲ，5.26%的平原地区出现退化情况。期初为类型Ⅳ的区县均维持在类型Ⅳ。主对角线单元格上的转移概率显示，维持在类型Ⅱ、Ⅲ两类效能水平的概率相对较小，这说明平原地区国土空间综合利用生态功能流动性较强。研究期内，没有向下转型的情形，这说明山区国土空间综合利用质量向上发展态势良好。但值得注意的是，低水平区县向上转移的概率相对较低，对其需给予更多关注。

表 9-25　平原国土空间利用综合功能指数转移概率分布矩阵

单位：%

期初/期末	类型Ⅰ	类型Ⅱ	类型Ⅲ	类型Ⅳ
类型Ⅰ	52.38	28.57	19.05	0
类型Ⅱ	6.25	31.25	50.00	12.50
类型Ⅲ	0	5.26	21.05	73.68
类型Ⅳ	0	0	0	100.00

白洋淀流域平原地区国土空间利用综合功能指数的初始状态和通过转移概率分布矩阵迭代求解计算出的稳态分布见表9-26。由表可见，初始分布状态下，低水平和中低水平占比为76.47%，中高水平为17.65%，高水平占比5.88%。稳定状态下，低水平和中低水平占比为0，高水平占比0.03%，高水平占比99.97%。对比初始状态，稳态分布的类型Ⅰ、Ⅱ、Ⅲ大幅下降，类型Ⅳ大幅增加，这表明白洋淀流域平原地区国土空间综合利用情况未来均能达到最高水平。

表9-26 平原国土空间利用综合功能指数的初始分布及稳态分布

单位：%

分布	类型Ⅰ	类型Ⅱ	类型Ⅲ	类型Ⅳ
初态分布	52.94	23.53	17.65	5.88
稳态分布	0	0	0.03	99.97

9.2.4.3 空间分布趋势分析

白洋淀流域山区国土空间利用综合功能2000年和2020年的空间分布趋势如图9-18所示。由图可知，在东西方向上，山区综合功能呈U形分布趋势，且东部地区高于西部地区。南北方向上，则由期初的北高南低转变为期末的U形分布，南部追赶效应明显。总体来讲，白洋淀流域东北部国土空间综合利用质量高于西南部。

（a）综合功能（2000年）　　　　（b）综合功能（2020年）

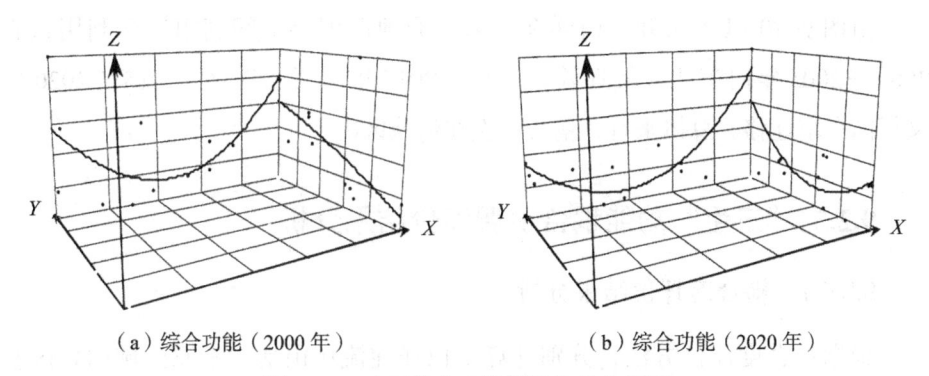

图9-18 山区综合功能指数趋势分析图

平原地区综合功能2000年和2020年的空间变化趋势如图9-19。从趋势线可以看出，东西方向上，2020 年平原地区综合功能西高东低，但东西差异相对较小。至 2020 年，由于中部和东部地区整体有所升高，综合功能分布趋势转变为倒 U 形，中部地区最高，东西部大体持平。南北方向上，样本期间平原地区南部国土空间综合利用质量始终略高于北部。

（a）综合功能（2000 年）　　　　（b）综合功能（2020 年）

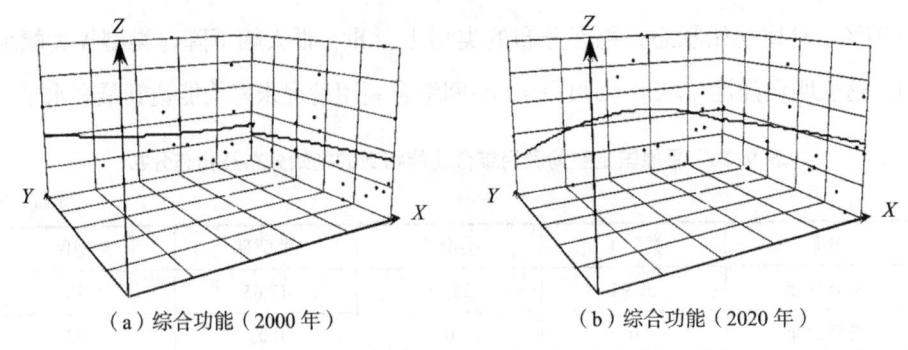

图 9-19　平原综合功能指数趋势分析图

9.2.4.4　重心迁移分析

白洋淀流域分区域综合功能重心迁移图如图 9-20 所示。由图 9-20（a）可知，白洋淀流域山区国土空间利用综合功能重心 2000—2005 年向东南方向小幅度迁移，2005—2010 年大幅东迁，2010—2015 年向西南方向迁移，2015—2020 年又继续向东迁移，总体呈由西北向东南迁移轨迹。除 2010 年重心在易县之外，其他各期均在涞源县。

由图 9-20（b）可知，白洋淀流域平原地区国土空间利用综合利用重心 2000—2005 年向东北大幅迁移，2005—2015 年向西北迁移，2015—2020 年又折向东南迁移。总体来看，重心一直在清苑区内

9.2.5　"三生"功能耦合协调评价结果分析

9.2.5.1　耦合度评价结果分析

根据耦合度评价方法，分别计算出白洋淀流域山地、平原区域内各区县"三生"功能耦合结果，根据最终得分划分不同等级，并统计各等级区县占比，最终结果见表 9-27 和表 9-28。

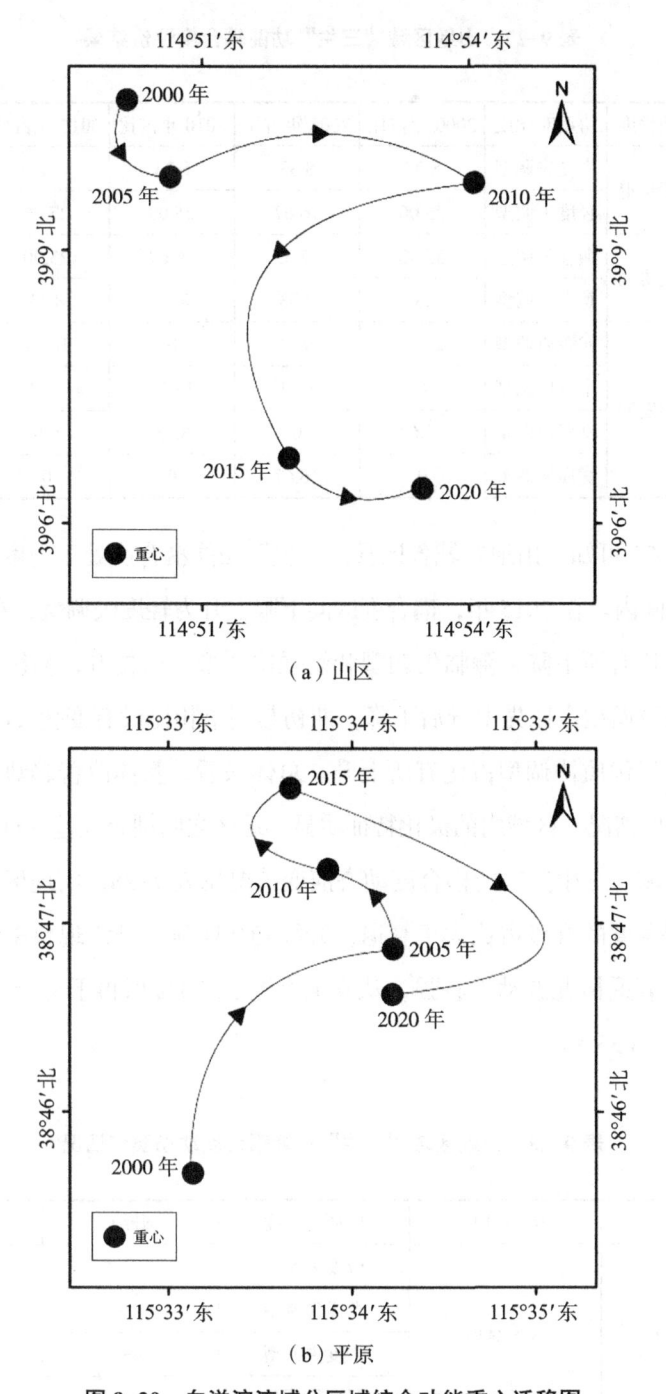

第 9 章　白洋淀流域国土空间利用质量评价——分区域

（a）山区

（b）平原

图 9-20　白洋淀流域分区域综合功能重心迁移图

表 9-27 山地区域"三生"功能耦合度评价结果

单位：%

区间	协调程度	协调对比度	2000 年占比	2005 年占比	2010 年占比	2015 年占比	2020 年占比
[0.2, 0.3)	失调衰退	中度失调型	8.33	8.33	8.33	0	0
[0.3, 0.4)		轻度失调型	25.00	16.67	25.00	25.00	8.33
[0.4, 0.5)	过渡协调	濒临失调型	33.33	33.33	16.67	25.00	41.67
[0.5, 0.6)		勉强协调型	8.33	8.33	8.33	8.33	33.33
[0.6, 0.7)		初级协调型	8.33	8.33	0	16.67	8.33
[0.7, 0.8)	协调发展	中级协调型	0	8.33	33.33	8.33	0
[0.8, 0.9)		良好协调型	16.67	0	8.33	16.67	0
[0.9, 1)		优质协调型	0	16.67	0	0	8.33

由表 9-27 可知，山地区域各区县"三生"功能耦合度处于中度失调型至优质协调型区间内。在 2015 年，耦合度区间下限上升为轻度失调型，在研究期末，轻度失调占比有所下降，濒临失调型和勉强协调型有所提升，初级协调型占比不变，中级协调型占比先上升后下降，期初与期末相比没有变化，良好协调型有所下降，但优质协调型占比有所上升。总体来看，整体改善趋势明显，但存在断层式发展情况，区域内的极化特征明显，地区之间耦合度差异逐步加大。

山地区域"三生"功能耦合度动态演变情况见表 9-28，山地区域各县"三生"功能耦合度的升级占比大于衰退，升级趋势明显，升级现象多集中在过渡协调水平。衰退情况波动性较强，从 0 上升至 33.33% 后再下降至 16.67%，又再次回升至 33.33%。

表 9-28 山地区域"三生"功能耦合度动态演变情况

单位：%

年份	协调程度	协调对比度	升级	衰退
2000—2005	失调衰退	极度失调型	—	—
		严重失调型	—	—
		中度失调型	—	—
		轻度失调型	—	—

续表

年份	协调程度	协调对比度	升级	衰退
2000—2005	过渡协调	濒临失调型	8.33	—
		勉强协调型	8.33	—
	协调发展	初级协调型	8.33	—
		中级协调型	8.33	—
		良好协调型	—	—
		优质协调型	16.67	—
	总计		50.00	0
2005—2010	失调衰退	极度失调型	—	—
		严重失调型	—	—
		中度失调型	—	—
		轻度失调型	—	16.67
	过渡协调	濒临失调型	8.33	—
		勉强协调型	8.33	—
	协调发展	初级协调型	—	—
		中级协调型	16.67	—
		良好协调型	—	8.33
		优质协调型	—	8.33
	总计		33.33	33.33
2010—2015	失调衰退	极度失调型	—	—
		严重失调型	—	—
		中度失调型	—	—
		轻度失调型	8.33	—
	过渡协调	濒临失调型	—	8.33
		勉强协调型	—	—
	协调发展	初级协调型	—	8.33
		中级协调型	8.33	—
		良好协调型	8.33	—
		优质协调型	—	—
	总计		25.00	16.67

续表

年份	协调程度	协调对比度	升级	衰退
2015—2020	失调衰退	极度失调型	—	—
		严重失调型	—	—
		中度失调型	—	—
		轻度失调型	—	8.33
	过渡协调	濒临失调型	25.00	—
		勉强协调型	8.33	25.00
	协调发展	初级协调型	8.33	—
		中级协调型	—	—
		良好协调型	—	—
		优质协调型	8.33	—
总计			50.00	33.33

注：表内数据代表较低水平跃升（衰退）至本水平的区县占比，例如：2015—2020年、优质协调型、升级8.33%，说明优质协调型以下所有类型的区县中在此研究时间段升级为优质协调型的数量占山地区域总区县数量的比例为8.33%。

平原区域"三生"功能耦合度评价结果见表9-29。由表可见，平原地区各区县耦合度水平呈现两极化的发展特征，区域内发展不协调问题明显。2000—2005年耦合度水平处在濒临失调型至优质协调型之间，而后区间上限水平下降，降级为良好协调型，并在2015年继续下降至中级协调型，"三生"功能耦合度水平区间整体衰退至轻度失调型至中级协调型之间。在2020年，平原区域耦合度极化现象凸显，发展水平较为分散。总体来看，白洋淀流域平原地区各区县国土空间利用协调发展状况在研究期内波动性相对较强，稳定性相对较差。

平原区域"三生"功能耦合度动态演变情况见表9-30。由表可见，平原地区内部各区县的衰退占比总体大于上升占比，尤其2010—2015年间，有58.82%的区县出现衰退情况，而在2015—2020年间衰退情况没有得到明显改善，同时，在此期间有5.88%的区县升级为优质协调型，5.88%的区县降级为轻度衰退，耦合度两极极化问题凸显。

表 9-29 平原区域"三生"功能耦合度评价结果

单位：%

区间	协调程度	协调对比度	2000年占比	2005年占比	2010年占比	2015年占比	2020年占比
[0.3, 0.4)	失调衰退	轻度失调型	0	0	0	11.76	5.88
[0.4, 0.5)	过渡协调	濒临失调型	5.88	11.76	11.76	11.76	23.53
[0.5, 0.6)	过渡协调	勉强协调型	35.29	41.18	23.53	23.53	23.53
[0.6, 0.7)	协调发展	初级协调型	17.65	17.65	29.41	47.06	11.76
[0.7, 0.8)	协调发展	中级协调型	23.53	17.65	23.53	5.88	17.65
[0.8, 0.9)	协调发展	良好协调型	0	11.76	11.76	0	11.76
[0.9, 1)	协调发展	优质协调型	17.65	0	0	0	5.88

表 9-30 平原区域"三生"功能耦合度动态演变情况

单位：%

年份	协调程度	协调对比度	升级	衰退
2000—2005	失调衰退	极度失调型	—	—
		严重失调型	—	—
		中度失调型	—	—
		轻度失调型	—	—
	过渡协调	濒临失调型	—	5.88
		勉强协调型	—	11.76
	协调发展	初级协调型	—	5.88
		中级协调型	5.88	5.88
		良好协调型	5.88	5.88
		优质协调型	—	—
	总计		11.76	35.29
2005—2010	失调衰退	极度失调型	—	—
		严重失调型	—	—
		中度失调型	—	—
		轻度失调型	—	—
	过渡协调	濒临失调型	—	5.88
		勉强协调型	—	5.88

续表

年份	协调程度	协调对比度	升级	衰退
2005—2010	协调发展	初级协调型	23.53	—
		中级协调型	11.76	—
		良好协调型	—	—
		优质协调型	—	—
	总计		35.29	11.76
2010—2015	失调衰退	极度失调型	—	—
		严重失调型	—	—
		中度失调型	—	—
		轻度失调型	—	11.76
	过渡协调	濒临失调型	—	5.88
		勉强协调型	—	17.65
	协调发展	初级协调型	5.88	23.53
		中级协调型	—	—
		良好协调型	—	—
		优质协调型	—	—
	总计		5.88	58.82
2015—2020	失调衰退	极度失调型	—	—
		严重失调型	—	—
		中度失调型	—	—
		轻度失调型	—	5.88
	过渡协调	濒临失调型	5.88	17.65
		勉强协调型	5.88	11.76
	协调发展	初级协调型	—	—
		中级协调型	11.76	—
		良好协调型	11.76	—
		优质协调型	5.88	—
	总计		41.18	35.29

白洋淀流域山地区域国土空间利用"三生"功能耦合度 2000 年和 2020 年的空间分布趋势如图 9-21 所示，从趋势线看，东西方向上，山区耦合度呈 U 形分布且研究期末耦合度整体有所下降，中西部地区下降尤其明显。南北方向上呈 U 形分布趋势，且这种趋势在研究期内越来越明显，主要因为中部地区耦合度有较大幅度的下降。

（a）生态功能（2000 年）　　　　（b）生态功能（2020 年）

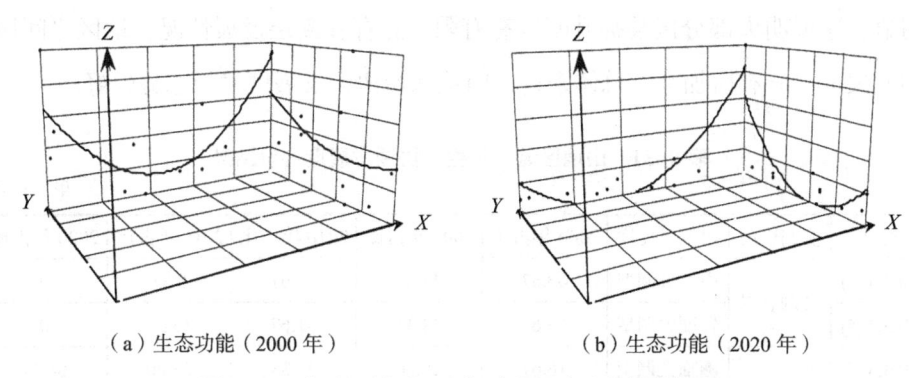

图 9-21　山地区域"三生"功能耦合度趋势分析图

平原区域耦合度 2000 年和 2020 年的空间分布趋势如图 9-22 所示。与山区一样，东西方向上，平原地区耦合度趋势线也呈 U 形分布。不同的是，平原地区期初为西部地区高于东部地区，期末则东部与西部基本持平。南北方向上，期初呈南高北低趋势，期末北部地区大幅升高，优于其他地区，同时中部地区相对下降明显，使趋势线呈非对称 U 形特征。

（a）生态功能（2000 年）　　　　（b）生态功能（2020 年）

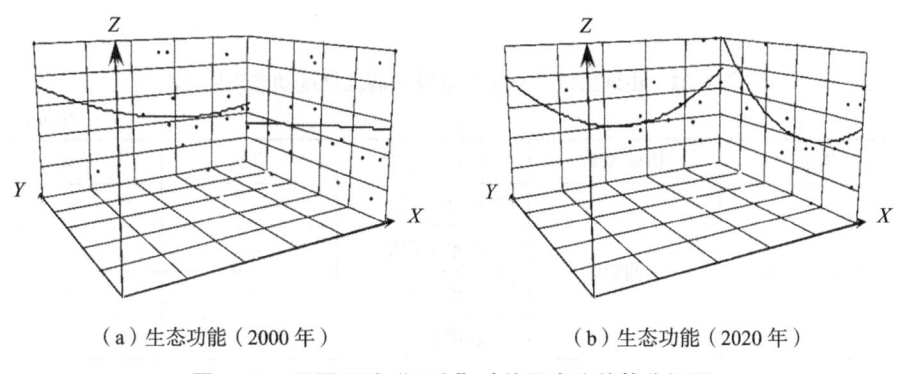

图 9-22　平原区域"三生"功能耦合度趋势分析图

9.2.5.2 协调发展度评价结果

山地区域"三生"协调发展度评价结果见表 9-31。由表可见,白洋淀流域内山地区域国土空间利用"三生"功能协调发展度在 2000—2015 年处于中度失调型至初级协调型区间内,2020 年协调发展度区间下限上升为过渡协调型,上限上升为优质协调发展型,整体有大幅度提升,但濒临失调型集中趋势明显,这说明大部分区县提升幅度有限,且存在断层发展情况,地区之间协调发展度差异有所加大。总体来讲,山地区域协调发展度发展态势较好。

表 9-31 山地区域"三生"协调发展度评价结果

单位:%

区间	协调程度	协调对比度	2000 年占比	2005 年占比	2010 年占比	2015 年占比	2020 年占比
[0.2, 0.3)	失调衰退	中度失调型	66.67	41.67	16.67	8.33	0
[0.3, 0.4)		轻度失调型	16.67	33.33	41.67	33.33	0
[0.4, 0.5)	过渡协调	濒临失调型	16.67	25.00	33.33	25.00	66.67
[0.5, 0.6)		勉强协调型	0	0	0	25.00	25.00
[0.6, 0.7)	协调发展	初级协调型	0	0	8.33	8.33	0
[0.9, 1)		优质协调型	0	0	0	0	8.33

山地区域"三生"功能协调发展度动态演变情况见表 9-32。由表可知,山地区域国土空间利用"三生"功能协调发展度升级趋势明显,且衰退情况极少发生,整体发展态势良好。从升级情况占比来看,多集中在过渡协调水平。

表 9-32 山地区域"三生"功能协调发展度动态演变情况

单位:%

年份	协调程度	协调对比度	升级	衰退
2000—2005	失调衰退	极度失调型	—	—
		严重失调型	—	—
		中度失调型	—	—
		轻度失调型	25.00	—

续表

年份	协调程度	协调对比度	升级	衰退
2000—2005	过渡协调	濒临失调型	8.33	—
		勉强协调型	—	—
	协调发展	初级协调型	—	—
		中级协调型	—	—
		良好协调型	—	—
		优质协调型	—	—
	总计		33.33	0
2005—2010	失调衰退	极度失调型	—	—
		严重失调型	—	—
		中度失调型	—	—
		轻度失调型	25.00	8.33
	过渡协调	濒临失调型	25.00	—
		勉强协调型	—	—
	协调发展	初级协调型	8.33	—
		中级协调型	—	—
		良好协调型	—	—
		优质协调型	—	—
	总计		58.33	8.33
2010—2015	失调衰退	极度失调型	—	—
		严重失调型	—	—
		中度失调型	—	—
		轻度失调型	8.33	—
	过渡协调	濒临失调型	8.33	—
		勉强协调型	25.00	—
	协调发展	初级协调型	—	—
		中级协调型	—	—
		良好协调型	—	—
		优质协调型	—	—
	总计		41.67	0

续表

年份	协调程度	协调对比度	升级	衰退
2015—2020	失调衰退	极度失调型	—	—
		严重失调型	—	—
		中度失调型	—	—
		轻度失调型	—	—
	过渡协调	濒临失调型	41.67	8.33
		勉强协调型	—	—
	协调发展	初级协调型	—	—
		中级协调型	—	—
		良好协调型	—	—
		优质协调型	8.33	
总计			50.00	8.33

平原区域"三生"协调发展度评价结果见表9-33。由表可知，平原地区国土空间利用"三生"功能协调发展度在2000—2005年协调程度全部集中在失调衰退，大多数集中在中度失调。2005—2015年的协调发展度持续提升，协调程度类型的下限上升至中度失调，且轻度失调型区县占比在2010年开始大于中度失调型占比，2015年协调发展度具有优势的区县继续升级，上限提升至濒临失调，向好发展趋势良好。2015年之后，向好发展的趋势进一步增加，协调发展度上限、下限都明显提升，且发展较为集中。濒临失调和勉强协调型区县占比达到95%左右。总体来看，平原地区协调发展度在研究期内，不论在数量和质量上，都表现出趋势持续向好的趋势。

平原区域"三生"功能协调发展度动态演变情况见表9-34。由表可见，平原地区国土空间利用"三生"功能协调发展度在研究期内升级的区县占比始终上升，退化情况几乎为0，并且升级水平不断提高，表现出良好的向好发展态势。

表 9-33 平原区域"三生"协调发展度评价结果

单位：%

区间	协调程度	协调对比度	2000年占比	2005年占比	2010年占比	2015年占比	2020年占比
[0.1, 0.2)	失调衰退	严重失调型	5.88	11.76	0	0	0
[0.2, 0.3)		中度失调型	70.59	58.82	41.18	5.88	0
[0.3, 0.4)		轻度失调型	23.53	29.41	58.82	58.82	5.88
[0.4, 0.5)	过渡协调	濒临失调型	0	0	0	35.29	52.94
[0.5, 0.6)		勉强协调型	0	0	0	0	41.18

表 9-34 平原区域"三生"功能协调发展度动态演变情况

单位：%

年份	协调程度	协调对比度	升级	衰退
2000—2005	失调衰退	极度失调型	—	—
		严重失调型	—	5.88
		中度失调型	5.88	—
		轻度失调型	—	—
	过渡协调	濒临失调型	—	—
		勉强协调型	—	—
	协调发展	初级协调型	—	—
		中级协调型	—	—
		良好协调型	—	—
		优质协调型	—	—
	总计		5.88	5.88
2005—2010	失调衰退	极度失调型	—	—
		严重失调型	—	—
		中度失调型	11.76	—
		轻度失调型	35.29	—
	过渡协调	濒临失调型	—	—
		勉强协调型	—	—
	协调发展	初级协调型	—	—
		中级协调型	—	—
		良好协调型	—	—
		优质协调型	—	—
	总计		47.06	0

续表

年份	协调程度	协调对比度	升级	衰退
2010—2015	失调衰退	极度失调型	—	—
		严重失调型	—	—
		中度失调型	—	—
		轻度失调型	29.41	—
	过渡协调	濒临失调型	35.29	—
		勉强协调型	—	—
	协调发展	初级协调型	—	—
		中级协调型	—	—
		良好协调型	—	—
		优质协调型	—	—
总计			64.71	0
2015—2020	失调衰退	极度失调型	—	—
		严重失调型	—	—
		中度失调型	—	—
		轻度失调型	—	—
	过渡协调	濒临失调型	41.18	—
		勉强协调型	35.29	—
	协调发展	初级协调型	—	—
		中级协调型	5.88	—
		良好协调型	—	—
		优质协调型	—	—
总计			82.35	0

白洋淀流域山地区域国土空间利用协调发展指数在2000年和2020年的空间变化趋势如图9-23所示。由图可知，东西方向上，期初山区协调发展度相对均衡，西部地区略高于东部地区，期末则东部地区有大幅提升并且超过西部地区，而中部地区相对略有下降，从而使趋势线呈东西向先中幅下降再大幅上升的U形趋势。南北方向上，期初和期末均呈U形趋势，但期初南部地区大

幅高于北部地区，而期末则北部协调发展程度有明显大幅提高，而南部地区则大幅下降，从而形成北高南低的态势。总体来看，在研究期内，白洋淀流域山区位于东北部的区县协调发展度有大幅提升，而西南部则有所下降。

（a）生态功能（2000年）　　　　　（b）生态功能（2020年）

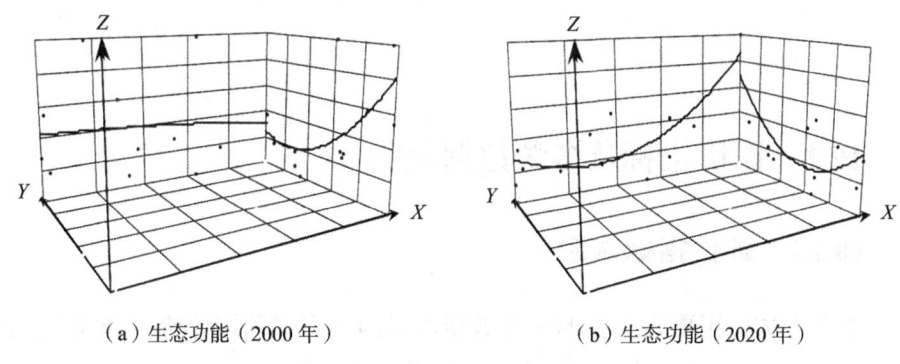

图 9-23　山地区域"三生"功能协调发展度趋势分析图

平原地国土空间利用区协调发展指数 2000 年和 2020 年的空间变化趋势如图 9-24 所示。由图可知，东西方向上，平原地区协调发展度在研究期内由西高东低逐渐转变为由西向东先下降后上升的 U 形分布趋势，这说明东部地区有明显上升，而中部地区则有明显的下降。南北方向上，除 2000 年协调发展度呈现由南到北逐渐下降的趋势外，其余各年份均呈现北高南低的非对称 U 形分布。与山地一样，白洋淀流域平原区域东北部区县整体协调发展度在研究期内有较大幅度的提升。

（a）生态功能（2000年）　　　　　（b）生态功能（2020年）

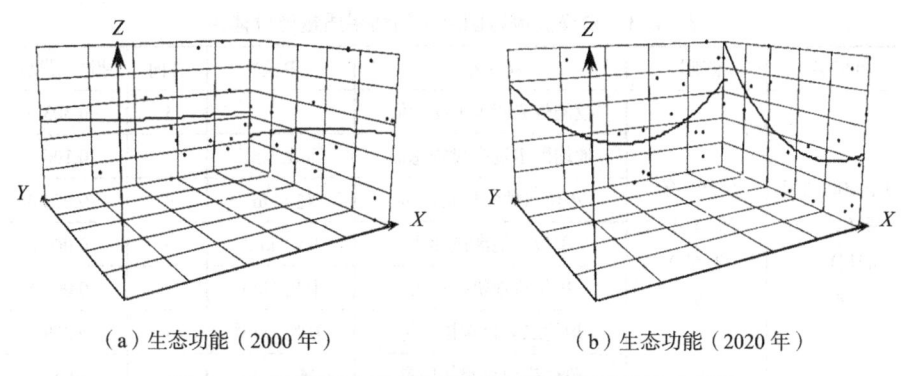

图 9-24　平原区域"三生"功能协调发展度趋势分析图

第10章 县域国土空间利用质量评价扩展研究——基于更多多源数据的应用

10.1 评价指标及多源数据说明

10.1.1 评价指标体系

本章尝试应用更多类型的多源数据进行国土空间利用评价，仍以白洋淀流域为研究区域，以县域为基本的评价单元，对国土空间利用质量进行扩展研究。由于多源数据的多时序数据的可获得性较差，本章在结合现有文献的基础上，考虑数据的可获得性，重新梳理指标体系，评价时期仅限于2018年。

具体指标体系及基于熵权法计算的权重见表10-1，生产功能主要基于第一产业和第二三产业，从产出、投入和可持续3个方面进行评价。产出方面，选取夜间灯光年度DN均值和耕地地均农作物产量2个指标度量；投入方面，选取地均固定资产投资总额、单位耕地灌溉面积和单位耕地机械动力3个指标表征；可持续方面，选取地均二氧化碳排放量和单位耕地化肥使用量2个指标。

表10-1 白洋淀流域国土空间利用质量评价体系

目标层	准则层	指标层	单位	方向	指标层权重
国土空间利用质量（综合功能指数）A	生产功能指数（集约高效）B_1	夜间灯光年度DN均值	—	+	0.303 9
		地均固定资产投资总额	万元/km^2	+	0.196 3
		单位耕地农作物产量	吨/km^2	+	0.054 0
		单位耕地灌溉面积	hm^2/km^2	+	0.040 5
		单位耕地机械动力	千瓦/km^2	+	0.068 5
		地均二氧化碳排放量	万吨/km^2	+	0.279 1
		单位耕地化肥使用量	吨/km^2	+	0.057 7

续表

目标层	准则层	指标层	单位	方向	指标层权重
国土空间利用质量（综合功能指数）A	生活功能指数（宜居适度）B_2	地区平均房价	元/m^2	+	0.140 5
		人均农村居民点面积	km^2/万人	+	0.025 2
		人均生态用地面积	km^2/万人	+	0.310 2
		人均公共设施	个/万人	+	0.192 3
		人均生活服务设施	个/万人	+	0.035 3
		人均文体服务设施	个/万人	+	0.081 0
		风景名胜区数量	个	+	0.101 1
		公路网密度指数	—	+	0.067 0
		生活保障设施	个/万人	+	0.047 3
	生态功能指数（山清水秀）B_3	植被覆盖指数	—	+	0.136 2
		生物丰度指数	—	+	0.294 0
		水域面积	km^2	+	0.318 6
		生态系统服务价值	—	+	0.251 1

注：①生态用地面积指林地、草地和水域面积之和；②生活服务设施包括购物服务、汽车服务、汽车维修、摩托车服务、餐饮服务、金融保险、生活服务和汽车销售8个方面；③文体服务设施包括科教文化和体育休闲2个方面；④生活保障设施包括公安系统、消防系统和医院3个方面。

生活功能基于生活舒适度、生活便捷度和生活保障水平3个维度构建指标体系。生活舒适度通过地区平均房价、人均农村居民点面积、人均生态用地面积和风景名胜区数量表征；生活便捷度则由人均公共设施量、人均生活服务设施、人均文体服务设施和公路网密度指数表征；生活保障度则由人均生活保障设施数量度量。

生态功能则由植被覆盖指数、生物丰度指数、水域面积和生态系统服务价值4个指标反映。

10.1.2 数据说明

本章所使用的人口、农作物产量、农作物灌溉面积、耕地机械动力、固定资产投入和化肥使用量等数据来源于地方统计年鉴或统计公报；二氧化碳排放量来源于中国碳核算数据库；夜间灯光数据来源于中国研究数据服务平台（CNRDS）；风景名胜、文体服务、生活服务和公共设施等来源于高德开放平台的POI兴趣点；房价来源于房天下网站；道路网密度指数基于从1∶100万基础地理信息数据（来源于自然资源部全国地理信息资源目录服务系统）中提取的路网数据计算得出；其他数据均从中国科学院地理科学与资源研究所的资源环境科学与数据中心获取，其中，生态用地、耕地、农村居民点及水域面积来源于中国土地利用遥感监测数据（1km分辨率），植被覆盖指数来源于中国年度植被指数（NDVI）空间分布数据集❶，生物丰度指数和生态系统服务价值来源于中国陆地生态系统服务价值空间分布数据集❷。

10.2 评价结果分析

10.2.1 结果的描述性统计

2018年白洋淀流域国土空间利用"三生"功能指数的描述性特征值见表10-2。由表可见，"三生"功能指数整体均偏低，其中，生态指数的均值相对最高，为0.252 8，但方差也相对较大，这说明其分异程度相对明显。生产指数均值最低，为0.180 0，标准差为0.180 6。生活指数的均值与生产功能相当，但标准差相对较低，为0.015 0。综合功能指数均值高于生产和生活功能指数，低于生态功能指数，差异程度则低于生态和生产功能指数。总体来看，白洋淀流域各区县的国土空间利用"三生"功能上普遍不高，且均具有一定的时空异质性，相对而言，生态功能指数差异程度较高。

---

❶ 徐新良.中国年度植被指数（NDVI）空间分布数据集.中国科学院资源环境科学数据中心数据注册与出版系统(http://www.resdc.cn/DOI),2018.DOI:10.12078/2018060601

❷ 徐新良.中国陆地生态系统服务价值空间分布数据集.资源环境科学数据注册与出版系统(http://www.resdc.cn/DOI),2018.DOI:10.12078/2018060503

表 10-2　白洋淀流域国土空间利用"三生"功能指数描述性统计

组别	最小值	最大值	平均值	中位数	标准差
生产指数	0.031 0	0.821 7	0.180 0	0.141 2	0.180 6
生活指数	0.033 5	0.541 1	0.181 4	0.139 9	0.122 5
生态指数	0	0.803 3	0.237 5	0.122 4	0.252 8
综合指数	0.066 4	0.489 4	0.208 7	0.142 1	0.129 2

10.2.2　分布形态分析

2018年白洋淀流域国土空间利用"三生"功能指数的分布形态和动态演进趋势如图10-1所示。由图可知，"三生"功能指数整体均呈现低水平集聚特征，其中，生产功能指数集中程度最高，其次是生活和综合功能指数，生态功能指数最低，国土空间利用生态功能不均衡问题明显。

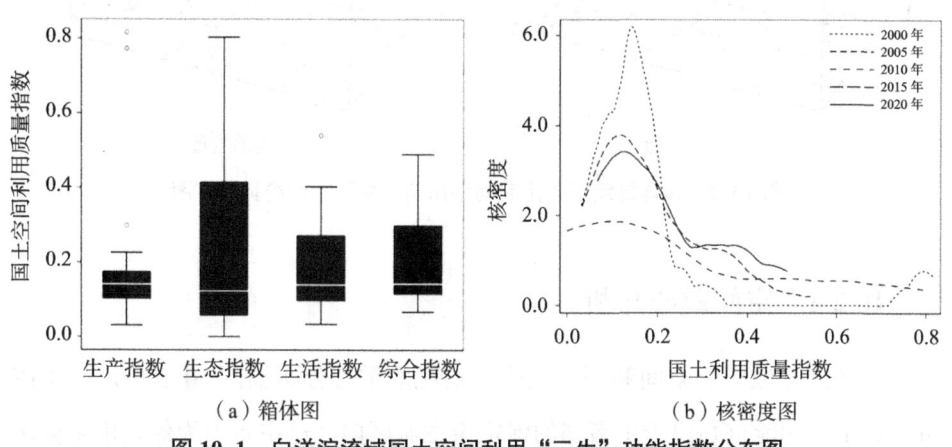

（a）箱体图　　　　　　　　　　（b）核密度图
图 10-1　白洋淀流域国土空间利用"三生"功能指数分布图

10.2.3　空间分布趋势分析

2018年白洋淀流域"三生"功能指数的空间分布趋势如图10-2所示。由图可知，生产功能指数呈现中部最高、东南次之、西北低的空间分布格局，整体差异相对不大，发展相对平均。生活功能指数在东西方向上呈U形分布趋势，在南北方向上则北部明显高于南部地区。生态功能指数和综合指数空间分布基本一致，均呈现西北高、东南低的分布格局。

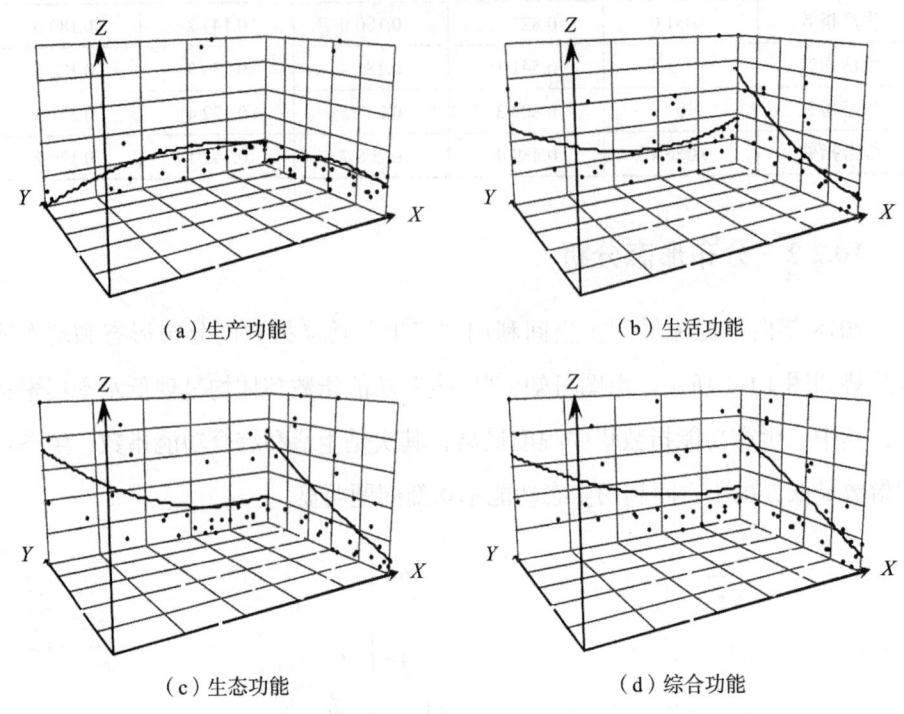

(a) 生产功能

(b) 生活功能

(c) 生态功能

(d) 综合功能

图 10-2 白洋淀流域国土空间利用"三生"功能趋势分布图

10.2.4 空间重心分析

白洋淀流域国土空间利用"三生"功能的重心分布如图 10-3 所示。由图可知，生产功能重心位于东南部的保定市主城区内，这主要因为保定市主城区莲池和竞秀区经济发展水平较流域内其他区县相对较高。生态功能重心大致位于西北的满城区、顺平县和易县三地交界处，这是由于生态功能指数较高的区域主要分布于西北广袤的多山县区。生活功能重心位于略偏东北的易县南部，综合指数重心位于白洋淀流域的几何中心附近。

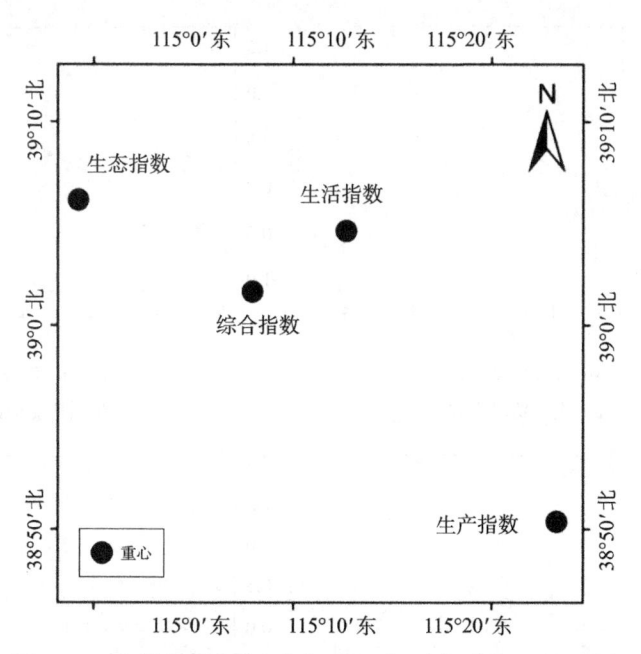

第 10 章 县域国土空间利用质量评价扩展研究——基于更多多源数据的应用

图 10-3 白洋淀流域国土空间利用"三生"功能重心迁移图

10.2.5 空间集聚特征及其跃迁分析

2018 年白洋淀 Global Moran's I 见表 10-3。由表可见，生产、生活、生态和综合功能 Global Moran's I 均为正，p 值均小于 0.01，这说明它们均在 1% 的水平下存在显著的空间正相关，表现为高高集聚或低低集聚特征。

表 10-3 白洋淀流域国土空间利用"三生"功能 Global Moran's I 及其相关参数

参数	生产功能	生活功能	生态功能	综合功能
Global Moran's I	0.383	0.391	0.446	0.364
z	4.178	3.652	4.034	3.323
p	0	0	0	0

白洋淀流域国土空间利用质量局部莫兰散点图如图 10-4 所示。由图可知，在生产、生活、生态和综合功能指数的局部 Moran 散点图中，大部分区县位于第 1 和第 3 象限，这也说明白洋淀流域国土空间利用质量呈现明显的非均质空间集聚特征，存在显著的正向空间溢出效应。

(a) 生产功能指数　Moran's I = 0.383

(b) 生活功能指数　Moran's I = 0.391

(c) 生态功能指数　Moran's I = 0.446

(d) 综合功能指数　Moran's I = 0.364

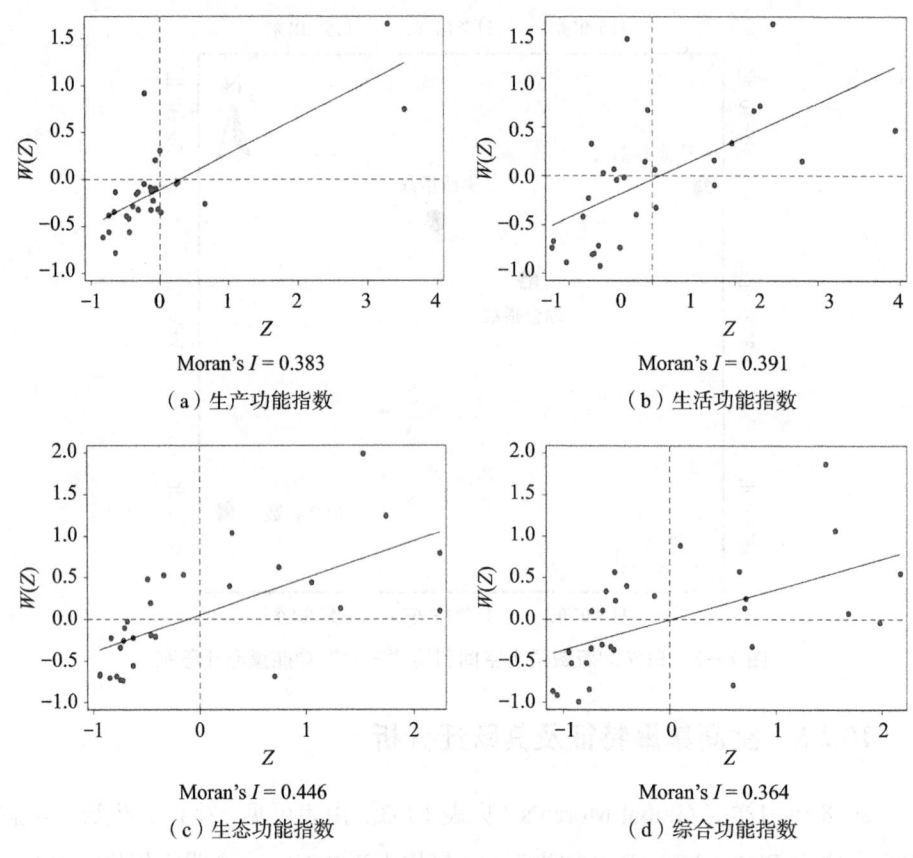

图 10-4　白洋淀流域国土空间利用质量局部莫兰散点图

10.2.6　耦合协调评价结果分析

根据耦合度评价方法，分别计算出 2018 年白洋淀流域各区县"三生"功能耦合结果，根据最终得分划分不同等级，并统计各等级区县占比，最终结果见表 10-4 和表 10-5。由表 10-4 可知，白洋淀流域各区县耦合度大体呈正态分布，中间水平占比较高，处于高、低水平的占比相对较低，分布比较分散，这说明各区县间国土空间利用"三生"功能协调性方面差异程度较高。从表 10-5 可知，白洋淀流域国土空间利用"三生"功能协调发展度整体水平不高，最高等级仅处于濒临失调状态，有 93.10% 县域均在轻度失调及以下水平。

对比而言，耦合度整体高于协调发展度，这说明白洋淀流域国土空间利用"三生"功能处于低水平协调状况。

表 10-4 白洋淀流域国土空间利用"三生"功能耦合度评价结果

区间	协调程度	协调对比度	占比/%
[0, 0.1)		极度失调型	6.90
[0.2, 0.3)	失调衰退	中度失调型	10.34
[0.3, 0.4)		轻度失调型	6.90
[0.4, 0.5)	过渡协调	濒临失调型	3.45
[0.5, 0.6)		勉强协调型	31.03
[0.6, 0.7)		初级协调型	17.24
[0.7, 0.8)	协调发展	中级协调型	10.34
[0.8, 0.9)		良好协调型	13.79

表 10-5 白洋淀流域国土空间利用"三生"功能协调发展度评价结果

区间	协调程度	协调对比度	占比/%
[0, 0.1)		极度失调型	3.45
[0.1, 0.2)		严重失调型	6.90
[0.2, 0.3)	失调衰退	中度失调型	37.93
[0.3, 0.4)		轻度失调型	44.83
[0.4, 0.5)	过渡协调	濒临失调型	6.90

参考文献

[1] 张衍毓，陈美景. 国土空间系统认知与规划改革构想[J]. 中国土地科学，2016，30（02）：11-21.

[2] 刘纪远，匡文慧，张增祥，等. 20世纪80年代末以来中国土地利用变化的基本特征与空间格局[J]. 地理学报，2014，69（01）：3-14.

[3] 樊杰. 我国主体功能区划的科学基础[J]. 地理学报，2007，62（04）：339-350.

[4] 王思翀. 土地评价综述[J]. 吉林农业，2011（5）：80-81.

[5] 李小燕. 土地评价相关问题研究综述[J]. 陕西理工学院学报（社会科学版），2013，31（02）：6-79.

[6] 张雁，谭伟. 国内外土地评价研究综述[J]. 中国行政管理，2009（9）：115-118.

[7] 唐常春，孙威. 长江流域国土空间开发适宜性综合评价[J]. 地理学报，2012，67（12）：1587-1598.

[8] 喻忠磊，张文新，梁进社，等. 国土空间开发建设适宜性评价研究进展[J]. 地理科学进展，2015，34（09）：1107-1122.

[9] 吴艳娟，杨艳昭，杨玲，等. 基于"三生空间"的城市国土空间开发建设适宜性评价——以宁波市为例[J]. 资源科学，2016，38（11）：2072-2081.

[10] 纪学朋，黄贤金，陈逸，等. 基于陆海统筹视角的国土空间开发建设适宜性评价——以辽宁省为例[J]. 自然资源学报，2019，34（03）：451-463.

[11] 王敏. 资源与环境综合承载力分析——以银川滨河新区总体规划为例[J]. 环境保护科学，2016，42（06）：37-42，48.

[12] 何秋萍. 珠江资源环境承载力指标体系构建[J]. 中国农业资源与区划，2018，39（07）：99-105.

[13] 杜海娥，李正，郑煜. 资源环境承载能力评价和国土空间开发适宜性评价研究进展[J]. 中国矿业，2019，28（S2）：159-165.

[14] 李秋颖，方创琳，王少剑. 中国省级国土空间利用质量评价：基于"三生"空间视角[J]. 地域研究与开发，2016，35（05）：163-169.

[15] 张玉茜，姜仁荣，杜荃深. 面向新型城镇化的城市国土空间利用质量评析——城市国土空间利用质量内涵初探 [J]. 中国国土资源经济，2016（09）：61-64.

[16] 张景鑫. 基于"三生空间"的区域国土空间利用质量及耦合协调度评价——以苏南城市群为例 [J]. 农业科学研究，2017，38（03）：57-63.

[17] 潘晓桦. 基于"三生"空间视角的区域国土空间利用质量综合评价——以贵港市为例 [D]. 南宁：广西师范学院，2018.

[18] 郑雅. 县域国土空间利用质量评价及提升策略研究 [D]. 合肥：合肥工业大学，2019.

[19] Deng X, Du J. Land Quality: Environmental and Human Health Effects Reference Module in Earth Systems and Environmental Sciences, from Encyclopedia of Environmental Health [J]. Land Quality, 2014, 8（12）: 362-365.

[20] Keith D Shepherd, Gemma Shepherd, Markus G. Walsh. Land health surveillance and response: A framework for evidence-informed land management [J]. Agricultural Systems, 2015（132）: 93-106.

[21] Christer Persson. Deliberation or doctrine and use and spatial planning for sustainable development in Sweden Original [J]. Land Use Policy, 2013（34）: 301-313.

[22] 樊杰，周侃，陈东. 生态文明建设中优化国土空间开发格局的经济地理学研究创新与应用实践 [J]. 经济地理，2013，33（01）：1-8.

[23] 张红旗，许尔琪，朱会义. 中国"三生用地"分类及其空间格局 [J]. 资源科学，2015，37（07）：1332-1338.

[24] 马世发，马梅，蔡玉梅等. 面向国土规划的空间评价标准地域单元划分 [J]. 地域研究与开发，2015，34（03）：112-117.

[25] 李广东，方创琳. 城市生态—生产—生活空间功能定量识别与分析 [J]. 地理学报，2016，71（01）：49-65.

[26] 刘继来，刘彦随，李裕瑞. 中国"三生空间"分类评价与时空格局分析 [J]. 地理学报，2017，72（07）：1290-1304.

[27] 黄金川，林浩曦，漆潇潇. 面向国土空间优化的三生空间研究进展 [J]. 地理科学进展，2017，36（03）：378-391.

[28] 赵小风，黄贤金，陈逸，等. 城市土地集约利用研究进展 [J]. 自然资源学报，2010，25（11）1979-1996.

[29] 李广东, 方创琳. 中国县域国土空间集约利用计量测度与影响机理 [J]. 地理学报, 2014, 69（12）: 1739-1752.

[30] 王良健, 李辉, 石川. 中国城市土地利用效率及其溢出效应与影响因素 [J]. 地理学报, 2015, 70（11）: 1788-1799.

[31] 朱志远, 苗建军. 城市土地集约利用的空间极化特征、不均衡性与空间收敛性分析 [J]. 统计与决策, 2018（18）: 131-135.

[32] 赵会顺, 陈超, 高素芳. 城市土地集约利用评价及驱动因子分析 [J]. 西南大学学报（自然科学版）, 2019, 41（05）: 112-119.

[33] 张文忠. 城市内部居住环境评价的指标体系和方法 [J]. 地理科学, 2007, 27（01）: 17-23.

[34] 谌丽, 张文忠, 李业锦. 大连居民的城市宜居性评价 [J]. 地理学报, 2008, 63（10）: 1022-1032.

[35] 贾占华, 谷国锋. 东北地区城市宜居性评价及影响因素分析——基于2007—2014年面板数据的实证研究 [J]. 地理科学进展, 2017, 36（07）: 832-842.

[36] Gaston K J. Global Patterns in Biodiversity [J]. Nature, 2000, 405: 220-227.

[37] 傅伯杰. 我国生态系统研究的发展趋势与优先领域 [J]. 地理研究, 2010, 29（03）: 383-396.

[38] 张玉茜, 姜仁荣, 杜茎深. 面向新型城镇化的城市国土空间利用质量评析——城市国土空间利用质量内涵初探 [J]. 中国国土资源经济, 2016（09）: 61-64.

[39] 李秋颖, 方创琳, 王少剑. 中国省级国土空间利用质量评价: 基于"三生"空间视角 [J]. 地域研究与开发. 2016, 35（05）: 163-169.

[40] 王映月, 李朦. 西安市城市"三生"空间综合利用评价与耦合协调度分析 [J]. 西部大开发（土地开发工程研究）, 2019, 4（11）: 8-14.

[41] 张景鑫. 基于"三生空间"的区域国土空间利用质量及耦合协调度评价——以苏南城市群为例 [J]. 农业科学研究, 2017, 38（03）: 57-63.

[42] 陈莹. 珠三角城市群国土空间利用质量评价研究 [J]. 中国房地产, 2019（21）: 45-54.

[43] 杨惠. "三生"空间适宜性评价及优化路径研究——以扬中市为例 [D]. 南京: 南京师范大学, 2018.

[44] 潘晓桦. 基于"三生"空间视角的区域国土空间利用质量综合评价——以贵港市为例 [D]. 南宁: 广西师范学院, 2018.

[45] 徐康宁，陈丰龙，刘修岩. 中国经济增长的真实性：基于全球夜间灯光数据的检验 [J]. 经济研究, 2015, 50（09）: 17-29, 57.

[46] 何强，董志勇. 利用互联网大数据预测季度 GDP 增速的方法研究 [J]. 统计研究, 2020, 37（12）: 91-104.

[47] 罗君，石培基，张学斌. 基于乡镇尺度的兰西城市群人口分布特征及其影响因素 [J]. 干旱区资源与环境, 2020, 34（07）: 104-111.

[48] 罗君，石培基，张学斌. 兰西城市群人口分布格局及其与地形要素的关系 [J]. 经济地理, 2020, 40（06）: 106-115.

[49] 罗君，石培基，张学斌. 黄河上游兰西城市群人口时空特征多维透视 [J]. 资源科学, 2020, 42（03）: 474-485.

[50] 张景奇，娄成武，修春亮. 地方政府竞争的空间形态——基于长三角城市群蔓延的实证分析 [J]. 中国软科学, 2020（05）: 85-93.

[51] 李星月，陈福临. 基于手机信令数据的中小城市区域联系及人口研究 [J]. 城市交通, 2020, 18（04）: 47-54, 70.

[52] 朱玉娇，姚晓婧，陈伟，等. 基于多源数据的福州市中心城区人居环境质量评价 [J]. 应用生态学报, 2020, 31（08）: 2721-2730.

[53] 桑潇，国巧真，乔悦等. 基于多源数据的山西省长治市宜居性研究 [J]. 国土资源遥感, 2020, 32（03）: 200-207.

[54] 贾琦. 基于多源数据融合的县域城乡生活空间宜居性研究——以河南修武县为例 [J]. 农业与技术, 2020, 40（11）: 121-126.

[55] 高阳，刘悦忻，钱建利，等，基于多源数据综合观测的生态安全格局构建——以江西省万年县为例 [J]. 资源科学, 2020, 42（10）: 2010-2021.

[56] 孔宇，甄峰，张姗琪，等. 基于多源数据的国土空间高质量利用评价思路 [J]. 中国土地科学, 2020, 34（05）: 115-124.

[57] 王振华，李萌萌，江金启. 交通可达性提升对城市经济增长的影响——基于 283 个城市 DMSP/OLS 夜间卫星灯光数据的空间计量分析 [J]. 中国经济问题, 2020（05）: 84-97.

[58] 刘涟涟，尉闻. 步行性评价方法与工具的国际经验 [J]. 国际城市规划, 2018, 33（04）: 103-110.

[59] 周弦.15分钟社区生活圈视角的单元规划公共服务设施布局评估：以上海市黄浦区为例[J].城市规划学刊，2020（01）：57-64.

[60] 王芳，朱明稳，陈崇旺，等.基于步行指数与人口空间格局的城市健康资源公平性——以广州市中心城区为例[J].资源科学，2021，43（02）：390-402.

[61] 陈曦，冯建喜.基于步行性与污染物暴露空间格局比较的建成环境健康效应——以南京为例[J].地理科学进展，2019，38（02）：296-304.

[62] 李芝倩，樊士德.长三角城市群网络结构研究——基于社会网络分析方法[J].华东经济管理，2021，35（06）：31-41.

[63] 侯兰功，孙继平.复杂网络视角下的成渝城市群网络结构韧性演变[J].世界地理研究，2022，31（03）：561-571.

[64] 马海涛.科学认知"国土空间"[J].科学，2015，67（05）：42-44.

[65] 王淑佳，孔伟，任亮，等.国内耦合协调度模型的误区及修正[J].自然资源学报，2021，36（3）：793-810.

[66] 丛晓男.耦合度模型的形式、性质及在地理学中的若干误用[J].经济地理，2019，39（4）：18-25.

[67] 谢高地，张彩霞，张昌顺，等.中国生态系统服务的价值[J].资源科学，2015，37（09）：1740-1746.

[68] 谢高地，张彩霞，张雷明，等.基于单位面积价值当量因子的生态系统服务价值化方法改进[J].自然资源学报，2015，30（08）：1243-1254.

[69] 王少剑，王泽宏，方创琳.中国城市碳排放绩效的演变特征及驱动因素[J].中国科学：地球科学，2022，52（08）：1613-1626.

[70] 杨骞，刘鑫鹏，孙淑惠.中国科技创新效率的时空格局及收敛性检验[J].数量经济技术经济研究，2021，38（12）：105-123.

[71] 张卓群，张涛，冯冬发.中国碳排放强度的区域差异、动态演进及收敛性研究[J].数量经济技术经济研究，2022，39（04）：67-87.

[72] 唐庆祥.东北地区城市群协调发展问题研究[D].长春：吉林大学，2017.

[73] 袁瑞强，宋献方.白洋淀流域界线数据-全球变化数据大百科辞条[J/DB/OL].全球变化数据仓储电子杂志（中英文），2020.

后 记

本书完稿时，本书作者是有些窃喜的。但当短暂的喜悦、轻松之感过去，更多的是遗憾。现在，想对本书写作的不足进行反思。因为，对任何事物进行科学评价都不容易。我们总是说不要随意评价别人。实际上，这话有更为普遍的适用场景。对于国土空间利用质量的评价，我们的感受是，不要随意评价。人类自古以来就不断对国土空间利用质量进行评价，虽然不是那么随意，但其结果，至少从科学性角度来看，恐怕未必是尽如人意的。本书自然也如此。

理想的科学研究应该尽量客观，能处处定量说明原因、道理。对国土空间利用质量的评价，我们现在做到的是研究方法和评价结果的定量化。至于指标到底选几个，对同一个指标的量化表达选哪个更合适，目前都缺少有效的方法去证明，更多的是根据经验（包括对已有研究的了解）主观定下的。如果评价的空间区域很大，面对的问题可能会很多。例如，本书作者刚开始就定下目标，要对全国国土空间系统、全面评价。虽然后来也是这样做的，但现在看来，未免过于自信。记得本书第一作者的博士导师吴克宁教授看到以本书研究为主要内容和思路的课题申报资料时，当场就说："你写得太大了，根本做不了。应该就一个较小的区域好好进行深入评价。"此话当时是不太能令人接受的，但现在回想起来，真是一语中的。对于大空间区域的系统评价是不易的。首先，要考虑结果的可比性，这就要统一评价指标体系。这个逻辑似乎是不错的。但偌大的中国，一套指标体系评价下来，恐怕对各地区而言，是不能令人满意的。因此，照顾可比性的原则，显然有些顾此失彼。对不同区域选取不同的评价指标进行评价，之后再想办法解决可比性问题，这种做法更合理。不同尺度的评价单元，其评价指标也应该不一样，本书也确实是不一样的，但指标的选取更多被局限于数据可获得性。最初的想法是尽量一致，从而使不同尺度的评价单元的结果具有较强的可比性。后来由于不同尺度评价单元的数据可获得性不同，最终指标体系是做不到一致的。因此，在可比性上就不很理想。说到数据的可获得性，在刚开始酝酿研究思路时，我们还有另一个宏愿，就是对手头没有的数据，一定要想办法利用一切手段获得可替代的所谓多源数据，但实现也不理想。坦率地说，我们没有做到。多时序的多源数据的可获得性尤其差。此外，很多好用的数据是收费的，而我们本来的想法是尽量利用免费数据。问题还有很多，但我们尽力了。

当然，除了研究本身，我们也有意外的收获，而且，这种收获也许比本书的研究更有意义。本书所采用的结果分析方法主要是统计学较为基本的描述性分析方法。在我的经验，学生们学过其中一些有关数据分布的描述分析方法之后，对其的理解和应用是不到位的。再加上里面还有一些空间统计的方法，大多数非统计专业的本科生由于基本没有学过专门的课程，很少有机会学到，所以，我们有意对这些方法进行了一个梳理，并且有意在所做研究中进行系统应用。我们的初衷是想对这些方法进行系统梳理和展示，以使更多学生了解。在授课过程中，也将其可作为对基础统计学教材内容的补充。意外之喜是指河北大学有不少非常优秀的学生主动要求了解、参与、感受科研的过程。因此，本书作者正好借此机会给他们普及一下这些方法的应用。本书成稿的过程也是他们学习、成长的好机会。这个过程也是与他们一起学习、交流、感悟，共同加深理解的过程。此外，也正由于他们的参与和帮助，本书才得以成稿。在此过程中，他们进行了大量的协助工作，作出了很大的贡献。研究小组成员里还有本书作者带的几个研究生，他们都是研究小组重要的成员，在此一并表示感谢。最后，我们带着喜悦的心情，将他们的名字列出。他们是：范谋远、刘海洋、房硕、赵震、刘雨晴、马天乐、刘冠颉、刘璐、高铄辉、王心语、赵玲玲、王欣慧、孙鑫、徐元璐、黄奕惠、刘佳萌、田天语、闫心语、刘相余、古秋月、韩金芮、张雨晴、许晨阳、李东磊、常锦涛、冯静璇。